JPT 최신기출 VOCA

주제별 어휘집

저자 서경원

30일 완성

JPT 최신기출 VOCA
주제별 어휘집 · 30일 완성

발행인	권오찬
펴낸곳	와이비엠홀딩스
저자	서경원
기획	고성희
마케팅	박천산, 고영노, 김한석, 박찬경, 김동진, 문근호
디자인	이미화
일러스트	김영진
초판 발행	2017년 9월 1일
7쇄 발행	2025년 7월 1일
신고일자	2012년 4월 12일
신고번호	제2012-000060호
주소	서울시 종로구 종로 104
전화	(02)2000-0154
팩스	(02)2271-0172
홈페이지	www.ybmbooks.com

ISBN 978-89-6348-150-0

저작권자 ⓒ2017 서경원

이 책의 저작권은 저자에게 있으며, 책의 제호 및 디자인에 대한 모든 권리는 출판사인 와이비엠홀딩스에 있습니다. 서면에 의한 와이비엠홀딩스의 허락없이 내용의 일부 혹은 전부를 인용 및 복제하거나 발췌하는 것을 금합니다.
낙장 및 파본은 교환해 드립니다. 구입 철회는 구매처 규정에 따라 교환 및 환불 처리됩니다.

머리말

일본어 실력을 지금보다 한 단계 끌어올리기 위해서 필요한 것이 무엇일까요? 아마 대부분의 일본어 학습자분들은 어휘라고 대답할 것입니다.

일본어는 한국어와 어순이 같고 한자를 어느 정도 알면 읽을 수는 없더라도 의미를 유추할 수 있는 언어입니다. 게다가 문법 체계가 간단해서 주요 조동사의 접속과 의미 정도만 익히면 작문을 하거나 대화를 나누는 데 크게 무리가 없습니다.

그렇다면 어휘를 어떤 식으로 공부하는 것이 가장 좋을까요? 언어학자들에 따르면 어휘는 하나하나씩 외우는 것보다 주제별로 분류를 해서, 그것을 묶어서 외우는 것이 머릿속에 오래 남는다고 합니다.

JPT 시험에 출제되는 어휘도 마찬가지입니다. 예를 들어 청해 파트에서 쇼핑이나 물건 구입과 관련된 대화가 나올 때 그 주제와 관련 있는 어휘를 알고 있으면 청취에도 크게 무리가 없고 정답도 쉽게 찾아낼 수 있습니다.

본 교재는 위에서 말씀드린 그런 언어적 관점에서 JPT라는 시험에 출제된 기출 어휘를 30개의 주제로 분류하고, 그 어휘가 나오면 꼭 같이 등장하는 필수 표현들을 함께 정리해 둠으로써, 주제별 어휘를 종합적으로 완성해 나갈 수 있도록 구성했습니다.

또한 기존의 JPT 어휘집에서는 볼 수 없었던, 하나의 주제에 대한 짧은 글 형식으로 기출 핵심 어휘를 자연스럽게 습득한 후 동의어, 반의어, 파생어 등으로 좀 더 세부적인 어휘까지 습득할 수 있도록 했습니다. 따라서 각 과의 도입부에 나오는 글만 몇 번 읽어도 주제별 기출 핵심 어휘는 충분히 숙지할 수 있습니다.

마지막으로 표제어와 예문은 네이티브의 음성을 통해 들어 볼 수 있도록 했으므로, 홈페이지에서 무료로 다운받아 청취 학습용으로 활용하시어 청취력을 높이시기 바랍니다.

부디 본 교재가 JPT 시험을 준비하는 학습자분들께 많은 도움이 되기를 진심으로 바라며, 이 교재가 나오기까지 많이 수고해 주신 YBM 관계자분들께도 감사의 말씀을 드립니다.

서경원

목차

이 책의 구성과 특징 | JPT란 | 파트별 전략 | 학습 유형 진단 | 학습 스케줄

Day 01	가족과 함께 간 바닷가의 추억	동작·자세	01.MP3	18
Day 02	나른한 오후의 풍경	사물·풍경	02.MP3	30
Day 03	오늘은 정말 최악의 하루였다	일상생활	03.MP3	42
Day 04	쇼핑의 기본은 가격 비교	쇼핑·물건 구입	04.MP3	54
Day 05	나는 외모가 아닌 성격을 바꾸고 싶다	외모·성격	05.MP3	66
Day 06	정신 없는 우리 가족의 아침	의성어·의태어	06.MP3	78
Day 07	취미생활로 일상에 여유를!	취미·여가	07.MP3	90
Day 08	1박 2일의 가족 온천여행	여행·관광	08.MP3	102
Day 09	우리 것이 좋은 것이여~!	문화	09.MP3	114
Day 10	아깝다, 통한의 역전패	스포츠·경기	10.MP3	126
Day 11	우리 모두 자원을 아낍시다	자원·환경	11.MP3	138
Day 12	오늘도 잔업, 직장인은 괴로워!	업무·비즈니스	12.MP3	150
Day 13	은행 대출은 언제 다 갚지?	금융	13.MP3	162
Day 14	물이 얼면 부피가 늘어나는 이유는?	과학	14.MP3	174
Day 15	무궁화 삼천리 화려강산	역사·전통	15.MP3	186

Day 16	이제 TV 없이는 못 살아?!	대중매체 · 미디어	16.MP3	198
Day 17	오늘은 아빠가 우리 집 요리사	요리 · 음식	17.MP3	210
Day 18	괴롭힘과 차별이 없는 학교	교육	18.MP3	222
Day 19	취업빙하기, 정말 일하고 싶다	취업 · 고용	19.MP3	234
Day 20	길을 건널 때는 파란신호에!	도로 · 교통	20.MP3	246
Day 21	건강관리 철저, 난 소중하니까!	건강 · 질병	21.MP3	258
Day 22	문제는 경제에 있어!	경제	22.MP3	270
Day 23	건강한 노후, 즐거운 인생	노후	23.MP3	282
Day 24	오늘 날씨는 흐린 뒤 맑음	기상 · 기후	24.MP3	294
Day 25	의미 없는 싸움은 이제 그만!	정치	25.MP3	306
Day 26	벼랑 끝 외교의 달인은 어느 나라?	국제관계 · 외교	26.MP3	318
Day 27	"그냥!"이라는 말이 제일 무서워	사건 · 사고	27.MP3	330
Day 28	잊을 수 없는 그날의 악몽	재난 · 재해	28.MP3	342
Day 29	니트! 이대로 괜찮은가?	사회문제	29.MP3	354
Day 30	오늘은 스마트폰 사러 가는 날	IT · 통신	30.MP3	366

★ 주요 어휘 색인   380

이 책의 구성과 특징

★ 테마별로 익히는
JPT 최신기출 어휘 베스트 14

★ 최신기출 어휘 24와 그 쓰임새를
정확히 익히는 맞춤형 실전 예문

★ 실전 적응력을 높이는 필수 동의어,
반의어 및 주요 관련 어휘

★ 실전에 완벽대비하는
적중 포인트

★ 'Check Up Test'를 통해 어휘 습득 정도를 확인

★ 기본 어휘와 고득점 어휘로 어휘력 향상

★ 찾고 싶은 주요 어휘는 색인으로 바로 확인

이 책의 구성과 특징 · 7

JPT란

JPT란

JPT(Japanese Proficiency Test)는 국내의 대표적인 일본어 능력 평가 시험으로, TOEIC 시험을 주관하는 YBM이 시행·관리하고 있습니다.
학문적인 지식의 정도를 측정하기 위한 시험이 아니라, 언어 본래의 기능인 커뮤니케이션 능력을 측정하는 것을 목적으로 합니다. 급수 없이 하나의 Test에 각 파트별로 난이도를 초급부터 고급까지 일정한 비율로 배분하여 출제함으로써 모든 수험자가 자신의 정확한 능력을 측정할 수 있습니다.

JPT 구성

구성	PART	PART별 내용	문항 수	시간	배점
청해	1	사진 묘사	20	45분	495점
	2	질의 응답	30		
	3	회화문	30		
	4	설명문	20		
독해	5	정답 찾기	20	50분	495점
	6	오문 정정	20		
	7	공란 메우기	30		
	8	독해	30		
Total	8 PARTS		200	95분	990점

청해 문항 수: 100
독해 문항 수: 100

JPT 점수와 JLPT 상관관계

JLPT	JPT 권장점수(2011년)
N1	660점 이상
N2	525점 이상
N3	430점 이상

★ JPT 접수 등에 관한 자세한 사항은 JPT 홈페이지(www.jpt.co.kr)를 참조해 주세요.

파트별 전략

PART 1 사진 묘사(1~20번)

청취력과 더불어 순간적인 판단력이 요구되는 파트입니다. 사진 묘사는 크게 1인 등장 사진, 2인 이상 등장 사진, 사물 및 동물 등장 사진, 풍경 및 상황 묘사 사진의 4개 유형으로 나눌 수 있는데, 인물 등장 사진이 가장 많이 출제되므로 자동사와 타동사별로 진행이나 상태를 나타내는 문법 정리가 필요합니다.

(A) この人は本を読んでいます。　　(A) 이 사람은 책을 읽고 있습니다.
(B) この人は掃除をしています。　　(B) 이 사람은 청소를 하고 있습니다.
(C) この人は電話をしています。　　(C) 이 사람은 전화를 하고 있습니다.
(D) この人はビールを飲んでいます。　(D) 이 사람은 맥주를 마시고 있습니다.

✚ 이 사람의 동작에 주목할 것. 전화 통화를 하고 있으므로「電話(でんわ)」(전화)라는 단어를 연상할 수 있다. 정답은 (C)로, 나머지 선택지의「本(ほん)」(책),「掃除(そうじ)」(청소),「ビール」(맥주)는 사진과 관련이 없는 표현이다.

PART 2 질의 응답(21~50번)

문제와 선택지 모두 문제지에 인쇄가 되어 있지 않습니다. 주요 출제 유형으로는 의문사형 질문, 예・아니요형 질문, 인사 표현 및 정해진 문구, 일상생활 표현, 업무 및 비즈니스 표현 등 5개 유형을 들 수 있는데, 특히 주로 40번 문제 이후에 출제되는 업무 및 비즈니스 표현은 평소 접해 보지 못한 어휘나 관용 표현 등이 많이 출제됩니다.

明日は何をしますか。　　　　　　내일은 무엇을 하나요?
(A) 土曜日です。　　　　　　　　(A) 토요일이에요.
(B) 朝ご飯の後にします。　　　　(B) 아침 식사 후에 해요.
(C) 友達の家に行きます。　　　　(C) 친구 집에 가요.
(D) テニスをしました。　　　　　(D) 테니스를 쳤어요.

✚「何(なに)」(무엇)라는 의문사가 나오는 의문사형 문제다. 여기서「何(なに)」(무엇)는 상대방의 동작을 묻고 있고 시제는 미래이므로, 과거형으로 답한 (D)는 답이 될 수 없다. 정답은 친구 집에 간다고 한 (C)가 된다.

파트별 전략

PART 3 회화문(51~80번)

짧은 대화를 듣고 바로 문제지에 있는 문제를 풀어야 하므로 속독 능력이 필요한 파트입니다. 주요 출제 유형으로는 숫자 청취 및 인물 설명, 성별에 따른 의견 및 행동 구분과 대화 내용에 대한 이해 문제, 업무 및 비즈니스에 관한 내용을 묻는 문제가 출제됩니다.

女 すみません。この辺に本屋がありますか。	여 저기요. 이 근처에 서점이 있나요?
男 はい、駅の前にありますよ。	남 예, 역 앞에 있어요.
女 郵便局も本屋のそばにありますか。	여 우체국도 서점 옆에 있나요?
男 いいえ。郵便局はあのデパートのとなりです。	남 아니요. 우체국은 저 백화점 옆이에요.

郵便局はどこにありますか。 　　　　　우체국은 어디에 있습니까?
(A) 駅の前　　　　　(B) 本屋のとなり　　(A) 역 앞　　　(B) 서점 옆
(C) 本屋の前　　　　(D) デパートのとなり　(C) 서점 앞　　(D) 백화점 옆

✚ 대화문을 듣기 전에 문제를 먼저 읽어 둔다. 문제는 「郵便局(ゆうびんきょく)」(우체국)의 위치를 묻고 있으므로, 남자의 말에 주목한다. 남자는 두 번째 대화에서 우체국은 백화점 옆에 있다고 했으므로, 정답은 (D)가 된다.

PART 4 설명문(81~100번)

30초 내외의 지문을 듣고 3문항 또는 4문항에 답하는 형식입니다. 주요 출제 유형으로는 인물 소개 및 일상생활, 공지·안내 및 소개, 뉴스·기사 및 이슈의 3개 유형을 들 수 있습니다.

> 山田さんは、もう8年間銀行に勤めています。去年結婚してから、奥さんと2人でテニスを始めました。
>
> 야마다 씨는 벌써 8년간 은행에 근무하고 있습니다. 작년에 결혼한 후 부인과 둘이서 테니스를 시작했습니다.

(1) 山田さんは何年間銀行に勤めていますか。　　(1) 야마다 씨는 몇년간 은행에 근무하고 있나요?
　(A) 4年間　　　(B) 6年間　　　　(A) 4년간　　(B) 6년간
　(C) 8年間　　　(D) 10年間　　　　(C) 8년간　　(D) 10년간

✚ 문제에 「何年間(なんねんかん)」(몇 년간)이라는 기간을 묻는 의문사가 있으므로, 지문을 들을 때 숫자에 특히 주의해서 들어야 한다. 첫 번째 문장에서 「8年間(はちねんかん)」(8년간)이라는 표현이 등장하므로, 정답은 (C)가 된다.

PART 5 정답 찾기(101~120번)

한자의 올바른 음독과 훈독, 같은 의미의 표현이나 동일한 용법으로 쓰인 선택지를 고르는 형식입니다. 주요 출제 유형으로는 발음 및 한자 찾기, 대체 표현 찾기, 의미 및 용법 구분의 3개 유형을 들 수 있는데, 5분 이내에 문제를 풀고 다음 파트로 넘어가야 합니다. 특히 의미 및 용법 구분은 보통 형태가 동일한 선택지를 고르면 대부분 정답인 경우가 많으므로, 문제 문장을 해석하려고 하지 말고 일단은 형태가 동일한 선택지가 있는지를 찾는 것이 급선무입니다.

> 私の趣味は旅行です。　제 취미는 여행입니다.
> (A) しゅみ　　　(B) しゅうみ　　　(C) じゅみ　　　(D) じゅうみ

✚ 2자 한자의 발음을 찾는 문제로, 밑줄 친 「趣味」(취미)는 (A)의 「しゅみ」라고 읽는다. 장음이 아니라는 점에 주의한다.

PART 6 오문 정정(121~140번)

4개의 선택지 중 틀린 곳이나 문장의 흐름상 어색한 부분을 고르는 형식으로, 독해 파트 중 응시자가 가장 어려워하는 파트입니다. 출제 유형은 크게 문법 오용과 어휘 오용으로 나눌 수 있는데, 20문항 중 15문항 이상이 문법 관련 문제이므로, 무엇보다도 문법 정리가 필요한 파트라고 할 수 있습니다. 문법 표현 오용 문제는 JLPT N1이나 N2의 문법 표현을 완벽하게 숙지하고 있어야 풀 수 있습니다.

> 古いで　きたない　オフィスより、新しくて　きれいな方がいい。
> 　(A)　　　(B)　　　　　(C)　　　　　(D)
> 오래되고 더러운 사무실보다 새것이고 깨끗한 쪽이 좋다.

✚ 오문 정정에서는 동사나 형용사의 활용에 대해 묻는 경우가 많으므로, 이에 주의해서 문장을 살펴보자. 정답은 (A)로, い형용사의 て형은 어미 「い」를 떼고 「くて」를 붙인다. 따라서 「古(ふる)いで」는 「古(ふる)くて」(오래되고)로 고쳐야 한다.

파트별 전략

PART 7 공란 메우기(141~170번)

공란에 들어갈 적절한 표현이나 어휘를 찾는 형식으로, 표현력과 문법, 그리고 작문 능력을 간접적으로 평가하는 파트입니다. 문법 관련 문제로는 품사별 활용 및 접속 형태, 문법 표현 찾기 등이 있고, 어휘 관련 문제로는 명사와 부사, 동사 찾기가 있습니다.

休みの日にはどんな_____をしますか。 쉬는 날에는 어떤 것을 합니까?
(A) ところ (B) もの (A) 곳 (B) 것
(C) こと (D) の (C) 것 (D) 것

✚ 형식명사에 관한 문제. (B), (C), (D)는 모두 '것'으로 해석할 수 있는데 「もの」는 '사물'을 대표해서 쓰고, 「こと」는 '일, 사실, 사항'을 대표해서 쓰며, 「の」는 '사람, 물건, 사항'을 대신해서 쓴다. 예를 들어 「一番(いちばん)運(うん)がいいのはたけし君(くん)です」(가장 운이 좋은 것은 다케시 군입니다)에서 「の」는 '사람'을 대신하고 있다. 정답은 (C)의 「こと」로, 여기서는 '일'을 대표해서 쓰였다.

PART 8 독해(171~200번)

장문의 글을 읽고 3문항 또는 4문항에 답하는 형식입니다. 주요 출제 유형으로는 밑줄 문제, 공란 문제, 내용 일치 문제의 3개 유형을 들 수 있는데, 내용으로는 인물 소개 및 일상생활, 설명문, 뉴스·기사 및 이슈 등으로 나눌 수 있습니다.

> 「サクラホテル」はお正月の3日間と、ゴールデンウィークの間は特別料金で1泊2食付きで2万円になります。①さらに、20名以上の団体でご利用いただきますと、特別料金の20パーセント割引になります。
>
> '사쿠라 호텔'은 설 사흘간과 황금연휴 동안은 특별요금으로 1박 2식 포함에 2만 엔이 됩니다. ①더욱이 20명 이상 단체로 이용하시면 특별요금의 20% 할인이 됩니다.

(1) ①さらにと言い換えられるのは何ですか。 (1) ①더욱이와 바꿔 쓸 수 있는 것은 무엇입니까?
 (A) それで (B) そして (A) 그래서 (B) 그리고
 (C) それから (D) その上 (C) 그리고 (D) 게다가

✚ 유의어를 찾는 문제. 「さらに」는 '더욱이, 더 한층'이라는 뜻의 부사로, 이와 바꿔 쓸 수 있는 것은 (D)의 「その上(うえ)」(게다가)다.

학습 유형 진단

이 책은 '30일 완성'을 목표로 만들었지만 각자의 학습 타입에 따라 분량 조절이 가능합니다. 자가 진단을 통해 자신의 학습 유형을 선택해 보세요.

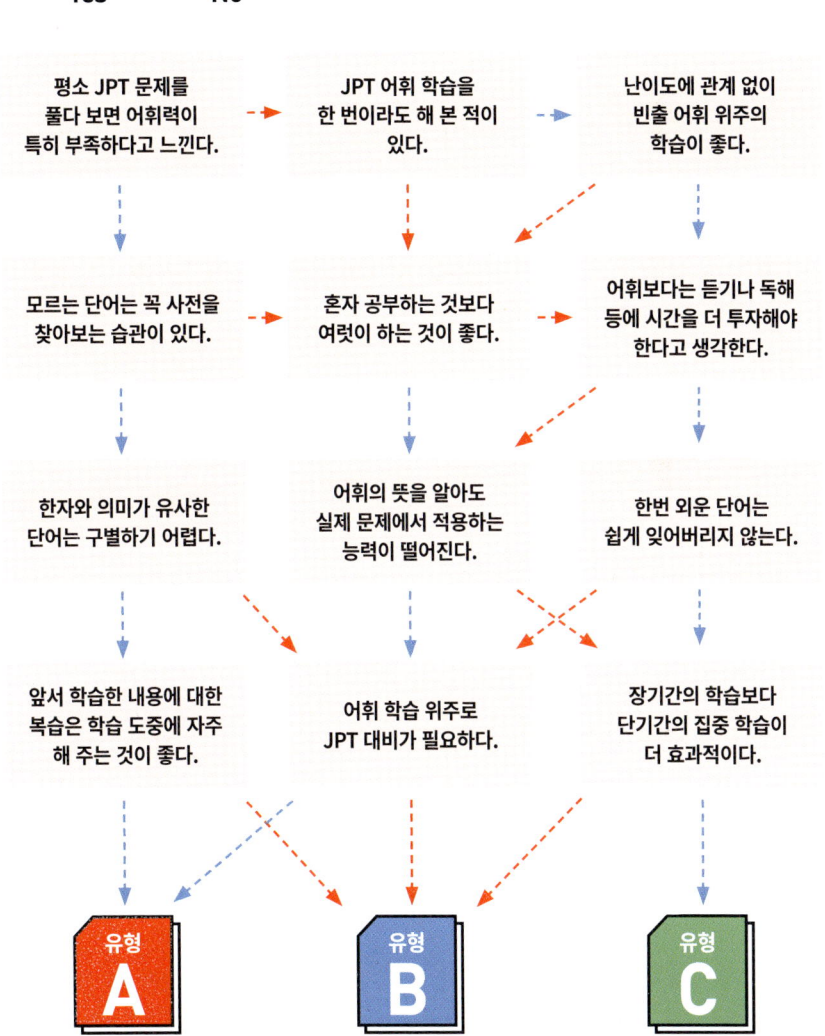

학습 스케줄

차근차근 **45일** 프로젝트

기초부터 필요한 학습자라면 꾸준한 반복과 꼼꼼한 학습으로 차근차근 어휘력을 늘려 나가도록 합니다. 특히 표제어뿐만 아니라 동의어와 반의어, 핵심 표현까지 완벽하게 마스터할 수 있도록 합니다.

1일	2일	3일	4일	5일	6일	7일	8일
Day 01	Day 02	Day 01-02 복습	Day 03	Day 04	Day 03-04 복습	Day 05	Day 06
9일	**10일**	**11일**	**12일**	**13일**	**14일**	**15일**	**16일**
Day 07	Day 05-07 복습	Day 08	Day 09	Day 10	Day 08-10 복습	Day 11	Day 12
17일	**18일**	**19일**	**20일**	**21일**	**22일**	**23일**	**24일**
Day 11-12 복습	Day 13	Day 14	Day 13-14 복습	Day 01-14 전체 복습	Day 15	Day 16	Day 17
25일	**26일**	**27일**	**28일**	**29일**	**30일**	**31일**	**32일**
Day 15-17 복습	Day 18	Day 19	Day 18-19 복습	Day 20	Day 21	Day 20-21 복습	Day 22
33일	**34일**	**35일**	**36일**	**37일**	**38일**	**39일**	**40일**
Day 23	Day 24	Day 22-24 복습	Day 25	Day 26	Day 25-26 복습	Day 27	Day 28
41일	**42일**	**43일**	**44일**	**45일**			
Day 27-28 복습	Day 29	Day 30	Day 29-30 복습	Day 15-30 전체 복습			

 # 빠르게 습득하는 **30일** 프로젝트

한 달 스케줄로 어휘에 대한 자신감을 높이는 것을 목표로 합니다. 익숙한 어휘라도 쉽게 넘기지 말고, 시험에서의 활용법이나 쓰임새 등에 초점을 맞추어 하루에 Day 하나씩 부지런히 학습합니다.

1일	2일	3일	4일	5일	6일	7일	8일
Day 01	Day 02	Day 03	Day 04	Day 05	Day 06	Day 07	Day 08
9일	10일	11일	12일	13일	14일	15일	16일
Day 09	Day 10	Day 11	Day 12	Day 13	Day 14	Day 15	Day 16
17일	18일	19일	20일	21일	22일	23일	24일
Day 17	Day 18	Day 19	Day 20	Day 21	Day 22	Day 23	Day 24
25일	26일	27일	28일	29일	30일		
Day 25	Day 26	Day 27	Day 28	Day 29	Day 30		

학습 스케줄

 고수들의 **15일** 최단기 프로젝트

단기간에 고도의 집중력을 발휘해야 하는 스케줄로, 고득점자들을 위한 초스피드 학습법입니다. 단기간에 부족한 부분을 보완해야 하므로 생소하거나 난이도가 높은 어휘는 따로 정리하면서 학습합니다.

1일	2일	3일	4일	5일	6일	7일	8일
Day 01-02	Day 03-04	Day 05-06	Day 07-08	Day 09-10	Day 11-12	Day 13-14	Day 15-16

9일	10일	11일	12일	13일	14일	15일
Day 17-18	Day 19-20	Day 21-22	Day 23-24	Day 25-26	Day 27-28	Day 29-30

Day 01~30

- JPT 최신기출 어휘와 실전 예문 익히기
- Check Up Test
- 최신기출 기본 어휘 다지기
- 최신기출 고득점 어휘 공략하기

Day 01

동작 · 자세

가족과 함께 간 바닷가의 추억

매일 의자에 **腰掛ける**해서 **動作**의 변화도 없이 **俯く**한 **姿勢**로 일만 하는 자신에게 휴가를 주고 싶어서 주말을 이용해 가족과 함께 바닷가로 놀러 갔다. 모래사장에 **寝そべる**하고 있는 아이들 옆에서 **寝転ぶ**해 푸른 하늘을 **見上げる**하고 있으니 세상을 다 가진 기분이었다. 다음 날 아침 일찍 **起きる**해서 **ひげを剃る**하고 **歯を磨く**한 후 바닷가 근처 바위에서 **釣り**를 했다. 아이들은 바위 옆에 **しゃがむ**한 채 조개껍질을 **拾う**하고 있었다. 그런 가족의 모습을 **眺める**하면서 앞으로 자주 놀러 다녀야겠다고 생각했다.

JPT 최신기출 어휘 베스트 14

- □ 腰掛(こしか)ける 걸터앉다
- □ 動作(どうさ) 동작
- □ 俯(うつむ)く 고개를 숙이다
- □ 姿勢(しせい) 자세
- □ 寝(ね)そべる 엎드려 눕다
- □ 寝転(ねころ)ぶ 아무렇게나 드러눕다, 뒹굴다
- □ 見上(みあ)げる (위를) 쳐다보다, 올려다보다
- □ 起(お)きる 일어나다, 기상하다
- □ ひげを剃(そ)る 수염을 깎다, 면도하다
- □ 歯(は)を磨(みが)く 이를 닦다
- □ 釣(つ)り 낚시
- □ しゃがむ 쭈그리고 앉다
- □ 拾(ひろ)う 줍다
- □ 眺(なが)める 바라보다

01 ★★★

腰掛（こしか）ける

- 席（せき）に着（つ）く 자리에 앉다
- あぐらをかく 책상다리를 하고 앉다

걸터앉다

二人（ふたり）とも椅子（いす）に腰掛（こしか）けています。
두 사람 모두 의자에 걸터앉아 있습니다.

公園（こうえん）のベンチに腰掛（こしか）けて、休（やす）んでいる人（ひと）がいます。
공원 벤치에 걸터앉아서 쉬고 있는 사람이 있습니다.

📝 적중 포인트

腰（こし）を下（お）ろす 앉다

02 ★★

動作（どうさ）

- 動（うご）き 움직임, 몸놀림, 동작

동작

何度（なんど）も練習（れんしゅう）したのに、どうも動作（どうさ）が合（あ）わなくて先生（せんせい）に注意（ちゅうい）された。
몇 번이나 연습했는데도 도무지 동작이 맞지 않아서 선생님께 주의를 받았다.

単純（たんじゅん）に見（み）える動作（どうさ）でも、様々（さまざま）な筋肉（きんにく）の収縮（しゅうしゅく）や動（うご）きが必要（ひつよう）である。
단순하게 보이는 동작이라도 여러 근육의 수축과 움직임이 필요하다.

03 ★★★

俯（うつむ）く

- 目（め）を伏（ふ）せる 눈을 내리깔다
- うなだれる 고개를 떨어뜨리다
- 目（め）をそらす 시선을 돌리다

고개를 숙이다

彼（かれ）は何（なに）も言（い）わないで俯（うつむ）いてばかりいた。
그는 아무 말도 하지 않고 고개를 숙이고만 있었다.

彼女（かのじょ）は俯（うつむ）いたまま、ずっと黙（だま）っていた。
그녀는 고개를 숙인 채로 계속 입을 다물고 있었다.

04 ★★★

姿勢(しせい)

- 图 ポーズ 포즈, 자세
- 姿勢(しせい)を取(と)る 자세를 취하다

자세

椅子(いす)に座(すわ)っていると、立(た)っている時(とき)より姿勢(しせい)が崩(くず)れやすい。
의자에 앉아 있으면 서 있을 때보다 자세가 흐트러지기 쉽다.

良(よ)い姿勢(しせい)を保(たも)つことは、身体(しんたい)にとって様々(さまざま)なメリットをもたらす。
좋은 자세를 유지하는 것은 신체에 있어서 여러 가지 이점을 가져다준다.

---

05 ★★★

寝(ね)そべる

- うつ伏(ぶ)せる 엎드리다

엎드려 눕다

うちの子(こ)はいつも寝(ね)そべって本(ほん)を読(よ)む。
우리 애는 늘 엎드려 누워서 책을 읽는다.

男(おとこ)の人(ひと)は寝(ね)そべってスマホの操作(そうさ)をしています。
남자는 엎드려 누워서 스마트폰 조작을 하고 있습니다.

---

06 ★★★

寝転(ねころ)ぶ

- 图 寝転(ねころ)がる 아무렇게나 누워 뒹굴다

아무렇게나 드러눕다, 뒹굴다

芝生(しばふ)の上(うえ)に寝転(ねころ)んで休(やす)んでいる人(ひと)がいます。
잔디밭 위에 드러누워서 쉬고 있는 사람이 있습니다.

今度(こんど)の連休(れんきゅう)にはどこにも行(い)かず、小説(しょうせつ)でも読(よ)みながら寝転(ねころ)んでいたい。
이번 연휴에는 아무 데도 가지 않고 소설이라도 읽으면서 뒹굴며 있고 싶다.

📝 적중 포인트

图 横(よこ)になる 눕다

07 ★★★

見上げる
- 동 仰ぐ 위를 보다, 쳐다보다
- 반 見下ろす 내려다보다

(위로) 쳐다보다, 올려다보다

男の人が立って空を見上げています。
남자가 서서 하늘을 쳐다보고 있습니다.

空を見上げると、今にも雨が降りそうだ。
하늘을 쳐다보니 당장에라도 비가 올 것 같다.

08 ★★★

起きる
- 반 寝る 자다(=眠る)
- 起床する 기상하다

일어나다, 기상하다

私は朝起きたら、すぐにシャワーを浴びる。
나는 아침에 일어나면 바로 샤워를 한다.

最近疲れっぽくて、朝なかなか起きられない。
요즘 쉬 피곤해서 아침에 좀처럼 일어나지 못한다.

📝 적중 포인트

동+독 目が覚める 잠이 깨다

09 ★★★

ひげを剃る
- 伸びる 자라다
- 生える 나다, 자라다

수염을 깎다, 면도하다

男の人は伸びたひげを剃っています。
남자는 자라난 수염을 깎고 있습니다.

男の人は鏡の前でひげを剃っています。
남자는 거울 앞에서 면도하고 있습니다.

10 ★★★

□ **歯を磨く**
- 歯磨き粉 치약
- 歯ブラシ 칫솔
- 歯医者 치과, 치과의사

이를 닦다

私は毎朝起きたらすぐに、歯を磨いて水を一杯飲むことにしています。
저는 아침에 일어나면 바로 이를 닦고 물을 한 잔 마시기로 하고 있습니다.

虫歯にならないように、寝る前には必ず歯を磨いている。
충치가 되지 않도록 자기 전에 반드시 이를 닦고 있다.

11 ★★

□ **釣り**
- 圄 フィッシング 낚시
- 釣りをする 낚시를 하다
- 餌 먹이

낚시

船に乗って、釣りをしている人がいます。
배를 타고 낚시를 하고 있는 사람이 있습니다.

岩の上に立って、釣りをしている人がいます。
바위 위에 서서 낚시를 하고 있는 사람이 있습니다.

12 ★★★

□ **しゃがむ**
- 屈める 굽히다, 구부리다

쭈그리고 앉다

子供がしゃがんで池の中を覗き込んでいます。
아이가 쭈그리고 앉아서 연못 안을 들여다보고 있습니다.

女の人はしゃがんで靴の紐を結んでいます。
여자는 쭈그리고 앉아서 신발 끈을 묶고 있습니다.

📝 적중 포인트

圄 うずくまる 웅크리다, 웅크리고 앉다

13 ★★★

□ **拾う** (ひろう)

- 凹 捨てる 버리다
- 掻き集める 그러모으다(=寄せ集める)

줍다

誰かが私の財布を拾って交番に届けてくれた。
누군가가 내 지갑을 주워서 파출소에 신고해 주었다.

ポイ捨てされたゴミを拾って、近くのゴミ箱に入れた。
아무렇게나 버려진 쓰레기를 주워서 근처 쓰레기통에 넣었다.

📝 적중 포인트

   명 紛失物 (ふんしつぶつ) 분실물

14 ★★★

□ **眺める** (ながめる)

- 見つめる 응시[주시]하다
- 見渡す (멀리) 바라보다
- 覗き込む 들여다보다

바라보다

大勢の人が展望台で景色を眺めています。
많은 사람이 전망대에서 경치를 바라보고 있습니다.

海をじっと眺めていると、心が静まるような気がする。
바다를 가만히 바라보고 있자니 마음이 차분해지는 듯한 느낌이 든다.

📝 적중 포인트

   명+동 見渡す限り 눈에 들어오는 것은 모두

15 ★★★

□ **掃く** (はく)

- 掃き集める 쓸어 모으다
- 落ち葉 낙엽
- 掃除 청소

쓸다

ほうきで、落ち葉を掃いているところです。
빗자루로 낙엽을 쓸고 있는 중입니다.

掃いたそばから、また葉が舞い落ちてくる。
쓸자마자 바로 또 잎이 훨훨 떨어진다.

16 ★★

□ 抱<ruby>く<rt>だ</rt></ruby>

- 抱<ruby>き<rt>だ</rt></ruby>締<ruby>める<rt>し</rt></ruby> 꽉 껴안다
- 抱<ruby>える<rt>かか</rt></ruby> 안다, 껴안다

(실제로) 안다

<ruby>女<rt>おんな</rt></ruby>の<ruby>人<rt>ひと</rt></ruby>が<ruby>赤<rt>あか</rt></ruby>ちゃんを<ruby>抱<rt>だ</rt></ruby>いて<ruby>笑<rt>わら</rt></ruby>っています。
여자가 아기를 안고 웃고 있습니다.

しくしくと<ruby>泣<rt>な</rt></ruby>いている<ruby>娘<rt>むすめ</rt></ruby>を<ruby>母親<rt>ははおや</rt></ruby>は<ruby>優<rt>やさ</rt></ruby>しく<ruby>抱<rt>だ</rt></ruby>いてあげた。
훌쩍훌쩍 울고 있는 딸을 어머니는 다정하게 안아 주었다.

📋 적중 포인트

[청] <ruby>抱<rt>いだ</rt></ruby>く (마음속에) 안다, 품다

---

17 ★★

□ <ruby>拭<rt>ふ</rt></ruby>く

- [일] <ruby>拭<rt>ぬぐ</rt></ruby>う 닦다
- こぼす 엎지르다

닦다, 훔치다

タオルで<ruby>顔<rt>かお</rt></ruby>を<ruby>拭<rt>ふ</rt></ruby>いています。
타월로 얼굴을 닦고 있습니다.

<ruby>店員<rt>てんいん</rt></ruby>が<ruby>飲<rt>の</rt></ruby>み<ruby>物<rt>もの</rt></ruby>をこぼして、<ruby>拭<rt>ふ</rt></ruby>いているところです。
점원이 음료를 엎질러서 닦고 있는 중입니다.

---

18 ★★★

□ <ruby>並<rt>なら</rt></ruby>ぶ

- <ruby>並<rt>なら</rt></ruby>べる (물건 등을) 늘어놓다, 진열하다
- <ruby>行列<rt>ぎょうれつ</rt></ruby> 행렬
- <ruby>長蛇<rt>ちょうだ</rt></ruby>の<ruby>列<rt>れつ</rt></ruby> 장사진

(나란히) 늘어서다, (줄을) 서다

<ruby>魚市場<rt>うおいちば</rt></ruby>には<ruby>新鮮<rt>しんせん</rt></ruby>な<ruby>魚<rt>さかな</rt></ruby>がずらりと<ruby>並<rt>なら</rt></ruby>んでいます。
어시장에는 신선한 생선이 죽 늘어서 있습니다.

ラーメン<ruby>屋<rt>や</rt></ruby>の<ruby>前<rt>まえ</rt></ruby>に<ruby>人<rt>ひと</rt></ruby>がたくさん<ruby>並<rt>なら</rt></ruby>んでいます。
라면가게 앞에 사람이 많이 줄을 서 있습니다.

📋 적중 포인트

[청]+[일] ずらりと 즐비하게, 죽

19 ★★

□ おんぶする

- 園 負ぶう 업다
- 負ぶさる 업히다

업다

女の人は赤ちゃんをおんぶしています。
여자는 아기를 업고 있습니다.

赤ちゃんをおんぶして、自転車に乗る行為は危険極まりない。
아기를 업고 자전거를 타는 행위는 위험하기 짝이 없다.

📝 적중 포인트

청+독 背負う 짊어지다, 업다

20 ★★★

□ 寄り掛かる

- 園 もたれる 기대다

기대다

彼は壁に寄り掛かって何かを読んでいた。
그는 벽에 기대어 뭔가를 읽고 있었다.

疲れたのか、彼女はソファーに寄り掛かって眠っていた。
피곤했는지 그녀는 소파에 기대어 자고 있었다.

21 ★★★

□ 足を組む

- 腕を組む 팔짱을 끼다
- 肩を組む 어깨동무하다

다리를 꼬다

この人は足を組んで本を読んでいます。
이 사람은 다리를 꼬고 책을 읽고 있습니다.

足を組むのはもう止めようと思うが、知らず知らずのうちにまた足を組んでしまう。
다리를 꼬는 것은 이제 그만해야지 하고 생각하지만 부지불식간에 또 다리를 꼬고 만다.

22 ★★

□ **撫<ruby>な</ruby>でる**

- 揉<ruby>も</ruby>む 비비다
- 触<ruby>さわ</ruby>る (가볍게) 닿다, 손을 대다

쓰다듬다

女<ruby>おんな</ruby>の人<ruby>ひと</ruby>は犬<ruby>いぬ</ruby>の頭<ruby>あたま</ruby>を撫<ruby>な</ruby>でています。
여자는 개의 머리를 쓰다듬고 있습니다.

女<ruby>おんな</ruby>の子<ruby>こ</ruby>が道端<ruby>みちばた</ruby>にしゃがんで猫<ruby>ねこ</ruby>を撫<ruby>な</ruby>でています。
여자 아이가 길가에 쭈그리고 앉아서 고양이를 쓰다듬고 있습니다.

📝 적중 포인트

> 類 猫撫<ruby>ねこな</ruby>で声<ruby>ごえ</ruby> 간사스러운 목소리, 알랑거리는 목소리

23 ★★★

□ **つかむ**

- 握<ruby>にぎ</ruby>る (손가락을 구부려) 쥐다

붙잡다, 잡다

男<ruby>おとこ</ruby>の人<ruby>ひと</ruby>は電車<ruby>でんしゃ</ruby>の吊革<ruby>つりかわ</ruby>をつかんでいます。
남자는 전철의 손잡이를 붙잡고 있습니다.

女<ruby>おんな</ruby>の人<ruby>ひと</ruby>はドアの取<ruby>と</ruby>っ手<ruby>て</ruby>をつかんで、引<ruby>ひ</ruby>っ張<ruby>ぱ</ruby>っているところです。
여자는 문 손잡이를 잡고 잡아당기고 있는 중입니다.

24 ★★

□ **ひざまずく**

- 膝<ruby>ひざ</ruby>を伸<ruby>の</ruby>ばす 다리를 뻗다

무릎을 꿇다

女<ruby>おんな</ruby>の人<ruby>ひと</ruby>はひざまずいて、飲<ruby>の</ruby>み物<ruby>もの</ruby>を取<ruby>と</ruby>り出<ruby>だ</ruby>そうとしています。
여자는 무릎을 꿇고 음료를 꺼내려고 하고 있습니다.

私<ruby>わたし</ruby>は彼女<ruby>かのじょ</ruby>にひざまずいて、プロポーズしました。
저는 그녀에게 무릎을 꿇고 프러포즈했습니다.

📝 적중 포인트

> 類 膝<ruby>ひざ</ruby>を崩<ruby>くず</ruby>す 편히 앉다

Day 01 Check Up Test

★ 다음 단어의 뜻을 오른쪽에서 찾아 연결해 보세요.

❶ 腰掛ける　　•　　　•　ⓐ 걸터앉다

❷ 俯く　　•　　　•　ⓑ 바라보다

❸ 寝そべる　　•　　　•　ⓒ 고개를 숙이다

❹ 寝転ぶ　　•　　　•　ⓓ 아무렇게나 드러눕다, 뒹굴다

❺ 眺める　　•　　　•　ⓔ 엎드려 눕다

★ 공란에 들어갈 적절한 단어를 보기에서 골라 넣으세요.

ⓐ 姿勢	ⓑ 撫でる	ⓒ 見上げる
ⓓ 足を組む	ⓔ 並ぶ	ⓕ 動作
ⓖ つかむ	ⓗ 歯を磨く	ⓘ ひざまずく

❻ 田舎で夜空を_____と、数多くの星がきらきらと輝いていた。

❼ 彼はサッカーを始めたばかりなのか、ちょっと_____がぎこちない。

❽ 右足を上にして_____ことで、骨盤は右上にひねられた状態になる。

❾ 朝起きたら_____という習慣は何歳頃からつけるのがよいのでしょうか。

❿ あの店はいつも_____人が多すぎるから、まだ食べたことがありません。

정답　❶ ⓐ　❷ ⓒ　❸ ⓔ　❹ ⓓ　❺ ⓑ　❻ ⓒ　❼ ⓕ　❽ ⓓ　❾ ⓗ　❿ ⓔ

+ 최신기출 기본 어휘

가족과 함께 간 바닷가의 추억 (동작·자세)

청해

일본어	의미	일본어	의미
★ 蹴る	차다	★ 差し出す	내밀다
★ 結ぶ	매다, 묶다	見物する	구경하다
★ 演奏する	연주하다	叩く	두드리다, 치다
塗る	칠하다, 바르다	★ 反らす	(뒤로) 젖히다
水を撒く	물을 뿌리다	傘を差す	우산을 쓰다
★ 踊りを踊る	춤을 추다	手を伸ばす	손을 뻗다
★ 広げる	펴다, 펼치다	あくびをする	하품을 하다
★ 腰を伸ばす	허리를 펴다	眼鏡をかける	안경을 쓰다
★ 片付ける	치우다, 정리하다	★ 肩車をする	목말을 태우다
★ お金を下ろす	돈을 찾다	順番を待つ	순번을 기다리다

독해

일본어	의미	일본어	의미
★ 渡る	(길을) 건너다	立ち止まる	멈춰 서다
★ 運ぶ	나르다, 옮기다	歌を歌う	노래를 부르다
★ 降りる	(탈것에서) 내리다	絵を描く	그림을 그리다
★ 投げる	던지다	ズボンをはく	바지를 입다
杖をつく	지팡이를 짚다	スーツを着る	정장을 입다
★ 手袋をする	장갑을 끼다	万歳をする	만세를 부르다
★ 列をなす	줄을 서다	片手を挙げる	한 손을 들다
★ 腰を曲げる	허리를 굽히다	ペダルを踏む	페달을 밟다
★ 作業をする	작업을 하다	洗濯物を干す	빨래를 널다
★ 指差す	손가락으로 가리키다	たき火をする	모닥불을 피우다

최신기출 고득점 어휘

가족과 함께 간 바닷가의 추억 〔동작·자세〕

청해

- ★ またぐ (가랑이를 벌리고) 넘다
- ★ 横切る 가로지르다, 횡단하다
- ★ くぐる (허리를 구부려) 빠져 나가다
- ★ よじ登る 기어오르다
- ★ 輪になる 원이 되다
- ★ 尻込み 뒷걸음질
- ★ 背伸びをする 발돋움을 하다
- ★ 背中を合わせる 등을 맞대다
- ★ 小脇に抱える 겨드랑이에 끼다
- ★ 笑みを浮かべる 미소를 띠우다
- ★ おどける 익살부리다
- ★ すれ違う 마주 스쳐 지나가다
- ★ 向かい合わせる 마주 보다
- ★ 立ち読みする 서서 읽다
- ★ 足を揃える 발을 모으다
- ★ 盛る (그릇에) 수북이 담다

독해

- ★ 塗装する 도장하다, 칠하다
- ★ 掘る (땅을) 파다
- ★ 振り向く 뒤돌아보다
- ★ 束ねる 다발로 묶다
- ★ 行き交う 오가다, 왕래하다
- ★ 視線をそらす 시선을 돌리다
- ★ 植木を刈る 정원수를 베다
- ★ 引き寄せる 끌어당기다, 끌어모으다
- ★ しがみつく 매달리다, 붙들고 늘어지다
- ★ 盛り付ける (음식을 그릇에) 보기 좋게 담다
- ★ 拍手喝采 박수갈채
- ★ 積み込む 짐을 싣다
- ★ 頬杖をつく 턱을 괴다
- ★ 肘をつく 팔꿈치를 괴다
- ★ 踵を上げる 발뒤꿈치를 들다
- ★ 逆立ちする 물구나무를 서다
- ★ いじる 만지작거리다

Day 01 가족과 함께 간 바닷가의 추억 │동작·자세│ · 29

Day 02

사물·풍경

나른한 오후의 풍경

나른한 오후. 소파에 앉아 천천히 주위를 둘러본다. 맨 먼저 눈에 들어오는 것은 **丸い** 한 테이블. 그 위에는 **曲線**이 아름다운 찻잔과 **四角い**한 상자, **置き時計** 등이 놓여 있다. 거실 한쪽 **隅**의 책장을 보니 책이 **ぎっしり**하게 꽂혀 있다. 그 옆 부엌에는 **食器**와 가스레인지 위의 **やかん**도 보인다. 산책 삼아 거리로 나가 본다. 평일 오후라 그런지 사람의 모습도 **疎ら**하다. 거리 중간중간에 **電柱**와 **自動販売機**가 있고 가게의 **看板**들도 보인다. 나무들이 **生い茂る**한 공원 **噴水**에서는 기세 좋게 물이 뿜어 나오고 있다.

JPT 최신기출 어휘 베스트 14

- ☐ 丸(まる)い 둥글다
- ☐ 曲線(きょくせん) 곡선
- ☐ 四角(しかく)い 네모나다
- ☐ 置(お)き時計(どけい) 탁상시계
- ☐ 隅(すみ) 구석
- ☐ ぎっしり 가득, 잔뜩
- ☐ 食器(しょっき) 식기
- ☐ やかん 주전자
- ☐ 疎(まば)ら 드문드문함, 뜸함
- ☐ 電柱(でんちゅう) 전봇대
- ☐ 自動販売機(じどうはんばいき) 자동판매기
- ☐ 看板(かんばん) 간판
- ☐ 生(お)い茂(しげ)る 우거지다
- ☐ 噴水(ふんすい) 분수

01 ★★★

□ **丸い** (まるい)

- 円形(えんけい) 원형
- 真ん丸い(まんまるい) 아주 둥글다

둥글다

建物の入口は丸い形です。
건물 입구는 둥근 모양입니다.

中庭に丸い形の彫刻がいくつか置かれています。
안뜰에는 둥근 모양의 조각이 몇 개인가 놓여 있습니다.

02 ★★

□ **曲線** (きょくせん)

- 동 カーブ 커브, 곡선
- 반 直線(ちょくせん) 직선
- 曲がる(まがる) 구부러지다

곡선

その国には、なだらかな曲線を多用した建物が多い。
그 나라에는 완만한 곡선을 많이 쓴 건물이 많다.

白砂に緩やかな曲線を描いて並んでいる、青いパラソルがとても印象的だった。
백사장에 완만한 곡선을 그리며 늘어서 있는 파란 파라솔이 아주 인상적이었다.

📝 **적중 포인트**

동 曲線を描く 곡선을 그리다

03 ★★★

□ **四角い** (しかくい)

- 長方形(ちょうほうけい) 직사각형
- 正方形(せいほうけい) 정사각형
- 三角形(さんかくけい) 삼각형

네모나다

この空間には四角いテーブルが似合うと思う。
이 공간에는 네모난 테이블이 어울릴 것 같다.

美術館の出入口には、日光が差し込む四角い窓がたくさんあった。
미술관 출입구에는 햇빛이 들어오는 네모난 창문이 많이 있었다.

04 ★★

□ **置(お)き時計(どけい)**

- 目覚(めざ)まし時計(どけい) 자명종시계
- 腕時計(うでどけい) 손목시계

탁상시계

置(お)き時計(どけい)は少(すこ)し遅(おく)れています。
탁상시계는 조금 늦게 가고 있습니다.

テーブルの上(うえ)には、ユニークなデザインの置(お)き時計(どけい)が置(お)いてあった。
테이블 위에는 독특한 디자인의 탁상시계가 놓여 있었다.

📝 적중 포인트

[청]+[독] 電池(でんち)を入(い)れ替(か)える 전지를 교체하다

05 ★★

□ **隅(すみ)**

- 真(ま)ん中(なか) 한가운데
- 端(はし) 끝, 가장자리

구석

装飾(そうしょく)スタンドが部屋(へや)の隅(すみ)に立(た)っています。
장식 스탠드가 방 구석에 서 있습니다.

店(みせ)の隅(すみ)に置(お)いてある、かわいい人形(にんぎょう)が目(め)に入(はい)った。
가게 구석에 놓여 있는 귀여운 인형이 눈에 들어왔다.

📝 적중 포인트

[청]+[독] 隅(すみ)に置(お)けない 보통내기가 아니다, 함부로 얕볼 수 없다

06 ★★★

□ **ぎっしり**

- [동] ぎっちり 가득
- 隙間(すきま)なく 빈틈없이

가득, 잔뜩(빈틈없이 차 있는 모양)

トラックに荷物(にもつ)がぎっしり積(つ)んであります。
트럭에 짐이 가득 실려 있습니다.

引(ひ)き出(だ)しの中(なか)に、がらくたがぎっしり詰(つ)まっている。
서랍 안에 잡동사니가 잔뜩 차 있다.

📝 적중 포인트

[청]+[독] びっしり 꽉, 빽빽이

07 ★★

□ **食器** (しょっき)
- 皿 (さら) 접시
- 器 (うつわ) 그릇

식기

食器の上には、布が被せられています。
식기 위에는 천이 씌워져 있습니다.

テーブルの上には、大きさや模様の異なる食器が置いてあります。
테이블 위에는 크기와 모양이 다른 식기가 놓여 있습니다.

📝 **적중 포인트**

> 청 後片付け (あとかたづけ) 뒷마무리, 설거지

08 ★

□ **やかん**
- 電気ポット (でんきポット) 전기주전자
- 蓋 (ふた) 뚜껑, 덮개

주전자

やかんにお湯を沸かしています。
주전자에 물을 끓이고 있습니다.

ガスレンジの上のやかんから、湯気が立っています。
가스레인지 위의 주전자에서 김이 나고 있습니다.

📝 **적중 포인트**

> 청+독 お湯を沸かす 물을 끓이다

09 ★★★

□ **疎ら** (まばら)
- 閑散 (かんさん) 한산
- 人影 (ひとかげ) 사람의 모습
- 人通り (ひとどおり) 사람의 왕래

드문드문함, 뜸함

細くて狭い道に看板が疎らに見えます。
가늘고 좁은 길에 간판이 드문드문 보입니다.

平日の商店街は人影も疎らですね。
평일의 상점가는 사람의 모습도 뜸하네요.

Day 02 나른한 오후의 풍경 | 사물·풍경

10 ★★

□ **電柱**(でんちゅう)
- 電信柱(でんしんばしら) 전신주
- そびえる 우뚝 솟다

전봇대

電柱(でんちゅう)から、電線(でんせん)が複雑(ふくざつ)に伸(の)びています。
전봇대에서 전선이 복잡하게 뻗어 있습니다.

オートバイが、電柱(でんちゅう)に激突(げきとつ)して大破(たいは)しています。
오토바이가 전봇대에 세게 부딪혀 크게 부서져 있습니다.

11 ★★

□ **自動販売機**(じどうはんばいき)
- お金(かね)を入(い)れる 돈을 넣다
- 紙幣(しへい) 지폐

자동판매기

道端(みちばた)に自動販売機(じどうはんばいき)がずらりと並(なら)んでいます。
길가에 자동판매기가 죽 늘어서 있습니다.

自動販売機(じどうはんばいき)から、飲(の)み物(もの)を買(か)っている人(ひと)が見(み)えます。
자동판매기에서 음료를 사고 있는 사람이 보입니다.

📝 **적중 포인트**

> 청 取(と)り出(だ)す 꺼내다

12 ★★★

□ **看板**(かんばん)
- 立(た)て看板(かんばん) 입간판
- 案内板(あんないばん) 안내판
- 掲示板(けいじばん) 게시판
- 立(た)て札(ふだ) 팻말

간판

通行人(つうこうにん)に注意(ちゅうい)を呼(よ)び掛(か)ける看板(かんばん)が立(た)っています。
통행인에게 주의를 호소하는 간판이 서 있습니다.

電線(でんせん)や看板(かんばん)などが、道路(どうろ)の上(うえ)にごちゃごちゃに出(で)ています。
전선과 간판 등이 도로 위에 어수선하게 나와 있습니다.

13 ★★★

□ **生い茂る** (お い しげ)
- 樹木(じゅもく) 수목, 나무
- 大木(たいぼく) 큰 나무

우거지다

公園(こうえん)の中(なか)には雑草(ざっそう)が生(お)い茂(しげ)っています。
공원 안에는 잡초가 우거져 있습니다.

子供(こども)たちが草木(くさき)が生(お)い茂(しげ)っている野原(のはら)を駆(か)け回(まわ)っている絵(え)ですね。
아이들이 초목이 우거져 있는 들판을 뛰어다니고 있는 그림이네요.

📝 적중 포인트

[청] うっそう 울창함

---

14 ★★★

□ **噴水** (ふん すい)
- 勢(いきお)いよく 기세 좋게
- 噴(ふ)き出(だ)す 내뿜다

분수

デパートの前(まえ)には大(おお)きな噴水(ふんすい)が作(つく)られています。
백화점 앞에는 커다란 분수가 만들어져 있습니다.

噴水(ふんすい)は、木(き)の高(たか)さを超(こ)えて勢(いきお)いよく噴(ふ)き出(だ)しています。
분수는 나무 높이를 넘어 기세 좋게 내뿜고 있습니다.

📝 적중 포인트

[청]+[독] びっしょり 흠뻑(완전히 젖은 모양)

---

15 ★★★

□ **水道** (すい どう)
- 蛇口(じゃぐち) 수도꼭지
- ひねる 돌리다, 틀다
- 水漏(みずも)れ 누수

수도

水道(すいどう)の蛇口(じゃぐち)を懸命(けんめい)にひねっています。
수도꼭지를 열심히 틀고 있습니다.

ここにはまだ、電気(でんき)も水道(すいどう)もなく、住民(じゅうみん)は不便(ふべん)な生活(せいかつ)をしています。
여기에는 아직 전기도 수도도 없어서 주민은 불편한 생활을 하고 있습니다.

📝 적중 포인트

[청]+[독] だらだら (액체가) 질질, 줄줄, 지루하게

Day 02 나른한 오후의 풍경 | 사물·풍경 |

16 ★★★

□ **実る** (みの)
- 実が生る 열매가 열리다
- 実を摘む 열매를 따다
- ふさふさ 주렁주렁

열매를 맺다, 열매가 열리다

枝には多くの果物が実っています。
가지에는 많은 과일이 열려 있습니다.

銀杏の並木に銀杏が多く実っています。
은행나무 가로수에 은행이 많이 열려 있습니다.

17 ★★★

□ **ひびが入る** (はい)
- ひび割れ 금이 감, 균열
- 亀裂 (きれつ) 균열

금이 가다

その建物の壁は、ひびが入っていて今にも崩れそうだった。
그 건물의 벽은 금이 가 있어서 당장에라도 무너질 것 같았다.

携帯を落としてしまい、液晶画面に細かいひびが入ってしまった。
휴대전화를 떨어뜨려 버려서 액정화면에 자잘한 금이 가 버렸다.

18 ★★

□ **人力車** (じんりきしゃ)
- 二輪車 (にりんしゃ) 이륜차
- 屋根付き (やねつき) 지붕이 달림

인력거

男の人が、人力車に子供を乗せて引っ張っています。
남자가 인력거에 아이를 태우고 끌고 있습니다.

人力車に乗って観光すれば、疲れを感じないで景色や観光名所を楽しむことができます。
인력거를 타고 관광하면 피로를 느끼지 않고 경치와 관광명소를 즐길 수 있습니다.

📝 **적중 포인트**

독 **風情** (ふぜい) 풍치, 운치

19 ★★★

□ **矢印**(やじるし)

- 印(しるし) 표, 표시
- 目印(めじるし) 표지, 표시

화살표

車(くるま)は矢印(やじるし)に従(したが)って通行(つうこう)しなければなりません。
차는 화살표를 따라서 통행해야 합니다.

二(ふた)つの矢印(やじるし)は違(ちが)う方向(ほうこう)を指(さ)しています。
두 개의 화살표는 다른 방향을 가리키고 있습니다.

---

20 ★★

□ **彫刻**(ちょうこく)

- [동] 彫(ほ)り物(もの) 조각
- 銅像(どうぞう) 동상

조각

この彫刻(ちょうこく)は人間(にんげん)の全身像(ぜんしんぞう)です。
이 조각은 인간의 전신상입니다.

男(おとこ)の人(ひと)は彫刻(ちょうこく)に向(む)かって、両手(りょうて)を差(さ)し伸(の)べています。
남자는 조각을 향해서 양손을 내밀고 있습니다.

📝 **적중 포인트**

[청]+[독] 刻(きざ)む 조각하다, 새기다(=彫る)

---

21 ★★★

□ **覆う**(おおう)

- 覆(おお)い被(かぶ)さる (위에서) 덮이다

(위에) 덮다, 뒤덮다

公園(こうえん)の木々(きぎ)はすべて葉(は)で覆(おお)われて枝(えだ)が見(み)えません。
공원의 나무들은 모두 잎으로 덮여서 가지가 보이지 않습니다.

タクシー乗(の)り場(ば)は、全体(ぜんたい)が屋根(やね)で覆(おお)われています。
택시 승차장은 전체가 지붕으로 덮여 있습니다.

📝 **적중 포인트**

[청]+[독] 覆(くつがえ)す 뒤집다, 뒤엎다

22 ★★

□ **並(なみ)木(き)**

- 類 街(がい)路(ろ)樹(じゅ) 가로수
- 並(なら)び立(た)つ 줄지어 서다

가로수

並(なみ)木(き)の間(あいだ)の道(みち)を、大(おお)勢(ぜい)の人(ひと)が歩(ある)いています。
가로수 사이의 길을 많은 사람이 걷고 있습니다.

桜(さくら)の並(なみ)木(き)がトンネルのように並(なら)び立(た)っていた。
벚꽃 가로수가 터널처럼 줄지어 서 있었다.

23 ★★

□ **浜(はま)辺(べ)**

- 類 海(うみ)辺(べ) 해변, 바닷가
- 海(かい)岸(がん) 해안

바닷가, 해변

浜(はま)辺(べ)に寝(ね)そべって、日(にっ)光(こう)浴(よく)をしている人(ひと)がいます。
바닷가에 엎드려 누워서 일광욕을 하고 있는 사람이 있습니다.

浜(はま)辺(べ)は海(かい)水(すい)浴(よく)客(きゃく)で込(こ)み合(あ)っていた。
바닷가는 해수욕객으로 혼잡했다.

24 ★★

□ **散(ち)らかる**

- 類 散(ち)らばる 흩어지다

흩어지다, 어질러지다

部(へ)屋(や)は泥(どろ)棒(ぼう)に荒(あ)らされ、散(ち)らかっています。
방은 도둑에게 털려서 어질러져 있습니다.

ゴミはカラスに食(く)い荒(あ)らされ、散(ち)らかっています。
쓰레기는 까마귀에게 먹혀서 어질러져 있습니다.

📝 **적중 포인트**

> 類 足(あし)の踏(ふ)み場(ば)もない 발 디딜 곳도 없다

Day 02 Check Up Test

★ 다음 단어의 뜻을 오른쪽에서 찾아 연결해 보세요.

- ❶ やかん •   • ⓐ (위에) 덮다, 뒤덮다
- ❷ 散らかる •   • ⓑ 전봇대
- ❸ 食器 •   • ⓒ 주전자
- ❹ 覆う •   • ⓓ 식기
- ❺ 電柱 •   • ⓔ 흩어지다, 어질러지다

★ 공란에 들어갈 적절한 단어를 보기에서 골라 넣으세요.

ⓐ ひびが入る	ⓑ 噴水	ⓒ 並木
ⓓ 四角い	ⓔ 看板	ⓕ 彫刻
ⓖ 矢印	ⓗ 疎ら	ⓘ ぎっしり

❻ 試合終了後のスタジアムは、人影も_____でした。
❼ 子供たちが_____から噴き出ている水で遊んでいる。
❽ その道は方向を示す_____がなくてちょっとわかりにくい。
❾ 広告のために設置した店頭の_____は、通行の妨げになる。
❿ 彼の陳列棚には今まで集めたコレクションが_____並んでいた。

정답 ❶. ⓒ ❷. ⓔ ❸. ⓓ ❹. ⓐ ❺. ⓑ ❻. ⓗ ❼. ⓑ ❽. ⓖ ❾. ⓔ ❿. ⓘ

+ 최신기출 기본 어휘 | 나른한 오후의 풍경 (사물·풍경)

청해

★ 角 (かど) 모퉁이	★ 市場 (いちば) 시장
★ 線路 (せんろ) 선로	窓口 (まどぐち) 창구
★ 公園 (こうえん) 공원	屋上 (おくじょう) 옥상
通過 (つうか) 통과	台所 (だいどころ) 부엌
広場 (ひろば) 광장	居間 (いま) 거실
売店 (ばいてん) 매점	廊下 (ろうか) 복도
★ 遮断機 (しゃだんき) 차단기	★ 売り場 (うりば) 매장
★ 駐車場 (ちゅうしゃじょう) 주차장	★ スペース 공간
★ コンビニ 편의점	★ ガレージ 차고
★ ガラス戸 (ガラスど) 유리문	★ 住宅街 (じゅうたくがい) 주택가

독해

★ 徒歩 (とほ) 도보	現金 (げんきん) 현금
★ 走行 (そうこう) 주행	用紙 (ようし) 용지
開店 (かいてん) 개점	書類 (しょるい) 서류
弊店 (へいてん) 폐점	床屋 (とこや) 이발소
清掃車 (せいそうしゃ) 청소차	扇風機 (せんぷうき) 선풍기
遊覧船 (ゆうらんせん) 유람선	両替機 (りょうがえき) 환전기
★ 繁華街 (はんかがい) 번화가	路線図 (ろせんず) 노선도
遊園地 (ゆうえんち) 유원지	消防車 (しょうぼうしゃ) 소방차
★ 近付く (ちかづく) 다가오다	救急車 (きゅうきゅうしゃ) 구급차
細長い (ほそながい) 가늘고 길다	★ アーケード 아케이드

최신기출 고득점 어휘

나른한 오후의 풍경 〔사물·풍경〕

청해

- ★ 布(ぬの) 천
- ★ 船舶(せんぱく) 선박
- 垂(た)れ幕(まく) 현수막
- 舞台(ぶたい) 무대
- 欄干(らんかん) 난간
- ★ 額縁(がくぶち) 액자
- ★ 空(あ)き地(ち) 공터
- ★ 路地(ろじ) 골목길
- ★ 塞(ふさ)がる 막히다
- 尖(とが)る 뾰족해지다

- ★ 塀(へい) 울타리, 담
- ★ 店舗(てんぽ) 점포
- 岸壁(がんぺき) 암벽
- ★ 境内(けいだい) (신사·절의) 경내
- 屋台(やたい) 포장마차
- ★ 交互(こうご)に 번갈아
- 蛍光灯(けいこうとう) 형광등
- 菱形(ひしがた) 마름모꼴
- 円錐形(えんすいけい) 원추형
- 通行止(つうこうど)め 통행금지

독해

- 塔(とう) 탑
- 壁画(へきが) 벽화
- ★ 対称(たいしょう) 대칭
- 側面(そくめん) 측면
- 正面(しょうめん) 정면
- ★ 植(う)える 심다
- ★ 貨物船(かもつせん) 화물선
- ★ 扇子(せんす) 접부채
- ★ 段(だん)ボール 골판지 상자
- 刈(か)る (초목을) 베다, (털을) 깎다

- ★ 盆栽(ぼんさい) 분재
- 川岸(かわぎし) 냇가, 강기슭, 강변
- ★ 田(た)んぼ 논
- 体育館(たいいくかん) 체육관
- 記念碑(きねんひ) 기념비
- 滑走路(かっそうろ) 활주로
- 遥(はる)か 아득함
- 雑踏(ざっとう) 붐빔, 혼잡
- 種(たね)を蒔(ま)く 씨를 뿌리다

Day 03

일상생활

오늘은 정말 최악의 하루였다

오늘은 정말 **最悪**의 하루였다. 아침에 자명종시계가 **壊れる**했는지 울리지 않아서 **朝寝坊する**해 버리는 바람에 **慌てる**하며 출근 **身支度**를 한 후 버스 승차장으로 뛰어갔다. 하지만 간발의 차로 버스를 놓치고 **それに** 비까지 내리기 시작해서 **仕方なく** 택시를 탔다. 길이 너무 막혀서 결국은 **遅刻**⋯. 비는 **一日中** 내렸고 **置き傘**가 없어서 퇴근하고 근처 **食堂**에서 저녁을 먹으며 비가 그치기를 기다렸다. 집에 돌아와 보니 **空き巣**가 들었는지 집안이 **めちゃくちゃ**. 경찰에 신고하고 조사가 끝난 후 샤워를 하려 했는데 **停電**. 아~, 오늘은 정말 재수가 없었다.

JPT 최신기출 어휘 베스트 14

- 最悪(さいあく) 최악
- 壊(こわ)れる 고장 나다
- 朝寝坊(あさねぼう)する 늦잠을 자다
- 慌(あわ)てる 당황하다, 허둥거리다
- 身支度(みじたく) 치장, 몸차림
- それに 게다가
- 仕方(しかた)なく 어쩔 수 없이
- 遅刻(ちこく) 지각
- 一日中(いちにちじゅう) 하루 종일
- 置(お)き傘(がさ) 예비로 근무처 등에 비치해 두는 우산
- 食堂(しょくどう) 식당
- 空(あ)き巣(す) 빈집털이
- めちゃくちゃ 엉망진창, 형편없음
- 停電(ていでん) 정전

01 ★★

□ **最悪**(さいあく)

- 凹 最善(さいぜん) 최선
- 備(そな)える 대비하다

최악

道路(どうろ)は、ゆうべから降(ふ)り続(つづ)いている雪(ゆき)で最悪(さいあく)の状態(じょうたい)だ。
도로는 어젯밤부터 계속 내리고 있는 눈으로 최악의 상태이다.

今朝(けさ)は朝寝坊(あさねぼう)をしたし、電車(でんしゃ)では足(あし)を踏(ふ)まれたし、遅刻(ちこく)して部長(ぶちょう)には怒(おこ)られたし、最悪(さいあく)だった。
오늘 아침은 늦잠을 잤지, 전철에서는 발을 밟혔지, 지각해서 부장님께 혼났지, 최악이었다.

📝 **적중 포인트**

관 奈落(ならく)に落(お)ちる 나락[지옥]에 떨어지다

02 ★★★

□ **壊**(こわ)**れる**

- 통 故障(こしょう)する 고장 나다
- 欠陥(けっかん) 결함

고장 나다

会社(かいしゃ)のコピー機(き)が壊(こわ)れて修理(しゅうり)に出(だ)した。
회사 복사기가 고장 나서 수리하러 보냈다.

クーラーが壊(こわ)れたのか、動(うご)かなくて修理屋(しゅうりや)さんを呼(よ)んだ。
냉방 장치가 고장 났는지 작동하지 않아서 수리하는 사람을 불렀다.

03 ★★★

□ **朝寝坊**(あさねぼう)**する**

- 통 寝過(ねす)ごす 늦잠을 자다
- 眠(ねむ)い 졸리다
- 居眠(いねむ)りする (앉아서) 졸다

늦잠을 자다

今朝(けさ)朝寝坊(あさねぼう)してしまい、会社(かいしゃ)に1時間(いちじかん)も遅(おく)れてしまった。
오늘 아침 늦잠을 자 버려서 회사에 1시간이나 늦어 버렸다.

毎日仕事(まいにちしごと)が忙(いそが)しくて、ゆっくり朝寝坊(あさねぼう)できるのは日曜日(にちようび)だけです。
매일 일이 바빠서 느긋하게 늦잠을 잘 수 있는 것은 일요일뿐입니다.

📝 **적중 포인트**

청+통 昼寝(ひるね)をする 낮잠을 자다

04 ★★★

慌てる

- 類 狼狽える 허둥거리다, 당황하다
- 反 落ち着く (마음・행동이) 침착하다
- パニックに陥る 패닉에 빠지다

당황하다, 허둥거리다

先週の入社試験は、予想外の問題が多くて慌てました。
지난주 입사시험은 예상외의 문제가 많아서 당황했습니다.

鍵をかけ忘れて家を出たことに気付き、慌てて引き返した。
열쇠를 잠그는 것을 깜박하고 집을 나온 것을 깨닫고 허둥거리며 되돌아갔다.

📝 적중 포인트

청+동 頭が真っ白になる 머리가 새하얘지다. (놀라거나 갑작스러워서) 아무 생각이 나지 않다

05 ★★

身支度

- 類 身ごしらえ 치장, 몸차림
- 身なりを整える 옷차림을 단정히 하다
- 支度 채비, 준비

치장, 몸차림

起きてからすぐシャワーを浴び、歯を磨き、身支度をすると、大体1時間程度かかる。
일어난 후에 바로 샤워를 하고 이를 닦고 치장을 하면 대체로 1시간 정도 걸린다.

外出の身支度のために、服を取っ換え引っ換え着てみた。
외출 치장을 위해서 옷을 이것저것 바꿔 입어 봤다.

06 ★★

それに

- 類 しかも 게다가(=その上)
- なお 덧붙여 말하면, 또한

게다가

朝から雨が降っている。それに風も強い。
아침부터 비가 내리고 있다. 게다가 바람도 강하다.

この食堂の料理はおいしいです。それに値段も安いです。
이 식당의 요리는 맛있습니다. 게다가 가격도 쌉니다.

07 ★★★

仕方(しかた)なく
- いやいや 마지못해(=しぶしぶ)
- しょうがない 어쩔 수 없다

어쩔 수 없이

生計(せいけい)を保(たも)つために、仕方(しかた)なく働(はたら)いている人(ひと)も大勢(おおぜい)いるだろう。
생계를 유지하기 위해서 어쩔 수 없이 일하고 있는 사람도 많이 있을 것이다.

暴風雨(ぼうふうう)のため、仕方(しかた)なく大会(たいかい)を中止(ちゅうし)した。
폭풍우 때문에 어쩔 수 없이 대회를 중지했다.

📝 **적중 포인트**

[청]+[동] やむを得(え)ず 어쩔 수 없이, 부득이하게

08 ★★★

遅刻(ちこく)
- 遅(おく)れ 늦음
- 遅延(ちえん) 지연
- 間(ま)に合(あ)う 시간에 대다, 시간에 늦지 않다

지각

もう7時(しちじ)だよ。早(はや)く起(お)きないと遅刻(ちこく)するよ。
벌써 7시야. 빨리 일어나지 않으면 지각해.

重要(じゅうよう)な会議(かいぎ)があったのに、バスが途中(とちゅう)で故障(こしょう)して、30分(さんじゅっぷん)も遅刻(ちこく)してしまいました。
중요한 회의가 있었는데 버스가 도중에 고장 나서 30분이나 지각하고 말았습니다.

09 ★★★

一日中(いちにちじゅう)
- 昼夜(ちゅうや)を問(と)わず 주야를 불문하고
- 寝(ね)ても覚(さ)めても 자나 깨나

하루 종일

昨日(きのう)は風邪(かぜ)で一日中(いちにちじゅう)寝(ね)ていました。
어제는 감기 때문에 하루 종일 잤습니다.

今日(きょう)は朝(あさ)から一日中(いちにちじゅう)雨(あめ)が降(ふ)っていて、ちょっとうっとうしい。
오늘은 아침부터 하루 종일 비가 내리고 있어서 조금 우울하다.

📝 **적중 포인트**

[동] 四六時中(しろくじちゅう) 온종일, 하루 종일

Day 03 오늘은 정말 최악의 하루였다 | 일상생활 | 45

10 ★★

置き傘(おきがさ)

- 傘(かさ)を差(さ)す 우산을 쓰다(↔傘を畳む)
- 折(お)り畳(たた)み傘(がさ) 접는 우산
- 傘立(かさた)て 우산꽂이
- 雨具(あまぐ) (우산·비옷 등) 우비

예비로 학교나 근무처 등에 비치해 두는 우산

置(お)き傘(がさ)とは、不意(ふい)の雨(あめ)に備(そな)えて、学校(がっこう)や勤(つと)め先(さき)などに置(お)いておく傘(かさ)のことである。
예비 우산이란 갑작스런 비에 대비해서 학교나 근무처 등에 놔 두는 우산을 말한다.

突然雨(とつぜんあめ)が降(ふ)り出(だ)したが、会社(かいしゃ)に置(お)き傘(がさ)があったので、濡(ぬ)れずに帰宅(きたく)することができた。
갑자기 비가 내리기 시작했지만 회사에 예비 우산이 있었기 때문에 젖지 않고 귀가할 수 있었다.

11 ★★

食堂(しょくどう)

- 社員食堂(しゃいんしょくどう) 사원식당
- 学生食堂(がくせいしょくどう) 학생식당
- レストラン 레스토랑

식당

昼食(ちゅうしょく)はいつも社員食堂(しゃいんしょくどう)で食(た)べています。
점심은 항상 사원식당에서 먹고 있습니다.

新(あたら)しくできた食堂(しょくどう)に行(い)ってみたが、味(あじ)は今一(いまいち)だった。
새로 생긴 식당에 가 봤는데 맛은 조금 부족했다.

12 ★★★

空(あ)き巣(す)

- 空(あ)き巣犯(すはん) 빈집털이범
- 泥棒(どろぼう) 도둑
- すり 소매치기
- 万引(まんび)き 물건을 사는 척하고 슬쩍 훔침

빈집털이

部屋(へや)が荒(あ)らされていたなど、空(あ)き巣(す)の被害(ひがい)に遭(あ)ったら、落(お)ち着(つ)いて110番(ひゃくとおばん)に電話(でんわ)してください。
방이 어질러져 있는 등 빈집털이의 피해를 입었다면 침착하게 110번으로 전화해 주십시오.

13 ★★★

□ めちゃくちゃ

- 동 めちゃめちゃ 엉망진창
- 台無(だいな)し 형편없이 됨, 엉망이 됨

엉망진창, 형편없음

車(くるま)の接触(せっしょく)事故(じこ)で、バンパーがめちゃくちゃになってしまいました。
차 접촉사고로 범퍼가 엉망진창이 되어 버렸습니다.

明(あ)け方(がた)の地震(じしん)で、部屋(へや)がめちゃくちゃになっていた。
새벽의 지진으로 방이 엉망진창이 되어 있었다.

14 ★★

□ 停電(ていでん)

- ブレーカー (회로) 차단기(=遮断機(しゃだんき))
- 漏電(ろうでん) 누전
- ショートする 합선되다

정전

雷(かみなり)の音(おと)が近(ちか)くなってきたので、停電(ていでん)の恐(おそ)れがある。
천둥 소리가 가까워져 왔으므로 정전의 우려가 있다.

突然(とつぜん)の停電(ていでん)で、部屋(へや)の中(なか)が真(ま)っ暗(くら)になってしまった。
갑작스러운 정전으로 방 안이 캄캄해져 버렸다.

📝 **적중 포인트**

청 落雷(らくらい) 낙뢰, 벼락이 떨어짐

15 ★★★

□ 冷(さ)める

- 반 温(あたた)まる 따뜻해지다
- 温度(おんど)が下(さ)がる 온도가 내려가다

식다, 차가워지다

どうぞ冷(さ)めないうちに、召(め)し上(あ)がってください。
어서 식기 전에 드세요.

入(い)れ立(た)てのコーヒーが冷(さ)めないうちに、早(はや)く召(め)し上(あ)がってください。
막 내린 커피가 식기 전에 빨리 드세요.

📝 **적중 포인트**

독 温(ぬる)い 미지근하다

16 ★★★

真(ま)っ青(さお)

- 顔(かお)が真(ま)っ青(さお)になる 얼굴이 새파래지다

새파람

真(ま)っ青(さお)な海(うみ)に浮(う)かんだ白(しろ)い船(ふね)、ロマンチックですね。
새파란 바다에 뜬 흰 배, 낭만적이네요.

彼(かれ)の話(はなし)にショックを受(う)けたのか、彼女(かのじょ)は顔(かお)が真(ま)っ青(さお)になった。
그의 이야기에 충격을 받았는지 그녀는 얼굴이 새파래졌다.

📝 적중 포인트

청+독 真(ま)っ赤(か) 새빨감

17 ★★★

お勘定(かんじょう)

- 支払(しはら)う 지불하다
- レジ 계산대
- お釣(つ)り 거스름돈

계산

すみません。お勘定(かんじょう)をお願(ねが)いします。
저기요. 계산을 부탁드립니다.

お勘定(かんじょう)は別々(べつべつ)にお願(ねが)いします。
계산은 따로따로 부탁드립니다.

18 ★★★

暖房(だんぼう)

- 冷房(れいぼう) 냉방
- 暖房(だんぼう)を付(つ)ける 난방을 켜다
- 暖房機器(だんぼうきき) 난방기기

난방

今年(ことし)は例年(れいねん)より寒(さむ)さの訪(おとず)れが早(はや)かったせいか、暖房(だんぼう)機器(きき)の売(う)れ行(ゆ)きが好調(こうちょう)ですね。
올해는 예년보다 추위가 빨리 찾아온 탓인지 난방기기의 팔림새가 호조네요.

暖房(だんぼう)を付(つ)けて、かなり時間(じかん)が経(た)っているのに、なかなか部屋(へや)が温(あたた)まらない。
난방을 켜고 상당히 시간이 지났는데도 좀처럼 방이 따뜻해지지 않는다.

19 ★★★

お腹が空く

- お腹の虫が鳴く ('뱃속의 벌레가 울다'라는 뜻으로) 배가 고프다
- 空腹 공복(↔満腹)

배가 고프다

お腹が空いていないので、何も食べたくない。
배가 고프지 않기 때문에 아무것도 먹고 싶지 않다.

きちんと三食食べているのに、午後の4時頃になるとお腹が空いて仕方がありません。
제대로 세 끼를 먹고 있는데도 오후 4시쯤이 되면 배가 너무 고픕니다.

📝 적중 포인트

청+독 ぺこぺこ (배가) 몹시 고픔

20 ★★★

焦る

- 苛立つ (신경이) 곤두서다, 초조해지다
- 気を揉む 마음을 졸이다

안달하다, 초조하게 굴다

今更焦っても始まりませんよ。
이제 와서 안달해도 소용 없어요.

彼は最近勉強がはかどらず、少し焦り気味になっているようだ。
그는 요즘 공부가 잘 되지 않아서 조금 초조해하는 기색인 것 같다.

21 ★★★

鈍い

- 反 鋭い 예리하다
- 愚鈍 우둔함
- 鈍感 둔감

둔하다, 느리다, 굼뜨다

反応が鈍い人って、聞いているのか聞いていないのか、わかっているのかわかっていないのかが、相手に伝わりにくい人です。
반응이 느린 사람은 듣고 있는지 안 듣고 있는지 이해했는지 이해 못했는지가 상대에게 잘 전달되지 않는 사람입니다.

📝 적중 포인트

청+독 曖昧 애매함, 모호함

22 ★★★

骨を折る

- 苦労する 고생[수고]하다
- 力を尽くす 힘을 쓰다

애를 쓰다

彼女は中国との関係改善に骨を折った。
그녀는 중국과의 관계 개선에 애를 썼다.

彼は後輩の就職のために、ずいぶん骨を折った。
그는 후배의 취직을 위해서 몹시 애를 썼다.

23 ★★★

目眩

- 目眩がする 현기증이 나다(=目がくらむ)
- 気が遠くなる 정신이 아찔해지다

현기증

突然目眩がして、目の前が暗くなった。
갑자기 현기증이 나서 눈앞이 캄캄해졌다.

自律神経の乱れは、目眩だけではなく、耳鳴りも伴うことが多いです。
자율신경의 난조는 현기증뿐만 아니라 이명도 동반하는 경우가 많습니다.

📝 적중 포인트

청+독 くらくら 어질어질(현기증이 나는 모양)

24 ★★★

気の毒

- かわいそう 불쌍함, 가엾음
- 痛ましい 애처롭다, 가엾다, 참혹하다

안됐음, 딱함, 가엾음, 불쌍함

火事に遭われたそうですね。それは本当にお気の毒なことでしたね。
화재를 당하셨다면서요. 그거 정말 안됐네요.

おいおいと泣いている彼女を見て、一層気の毒に思われた。
엉엉 울고 있는 그녀를 보고 한층 가엾게 여겨졌다.

📝 적중 포인트

청 哀れ 가엾음, 불쌍함

Day 03 Check Up Test

★ 다음 단어의 뜻을 오른쪽에서 찾아 연결해 보세요.

❶ 壊れる　　　　•　　　• ⓐ 고장 나다

❷ 食堂　　　　　•　　　• ⓑ 엉망진창, 형편없음

❸ めちゃくちゃ　•　　　• ⓒ 식당

❹ 朝寝坊する　　•　　　• ⓓ 늦잠을 자다

❺ 置き傘　　　　•　　　• ⓔ 예비로 근무처 등에 비치해 두는 우산

★ 공란에 들어갈 적절한 단어를 보기에서 골라 넣으세요.

　ⓐ 仕方なく　　　ⓑ 遅刻　　　　ⓒ 焦る
　ⓓ 停電　　　　　ⓔ 暖房　　　　ⓕ 冷める
　ⓖ 真っ青　　　　ⓗ 一日中　　　ⓘ 目眩

❻ 何かありましたか。顔が_____ですよ。

❼ まだ余裕があるから、そんなに_____ことはないよ。

❽ 一昨日から徹夜したので、今日は_____寝ました。

❾ あまり気が進まなかったが、_____彼の誘いに応じた。

❿ 突然の_____で、部屋が真っ暗になって何もできなかった。

정답　❶ ⓐ　❷ ⓒ　❸ ⓑ　❹ ⓓ　❺ ⓔ　❻ ⓖ　❼ ⓒ　❽ ⓗ　❾ ⓐ　❿ ⓓ

+ 최신기출
기본 어휘

오늘은 정말 최악의 하루였다 일상생활

청해

★ 歌手(かしゅ) 가수	★ 荷物(にもつ) 짐
★ 複雑(ふくざつ) 복잡	★ 禁煙(きんえん) 금연
★ 調子(ちょうし) 상태, 컨디션	時速(じそく) 시속
★ 注文(ちゅうもん) 주문	返事(へんじ) 답장
転勤(てんきん) 전근	家賃(やちん) 집세
★ 往復(おうふく) 왕복	★ 内容(ないよう) 내용
★ 冷(さ)ます 식히다	★ 痛(いた)い 아프다
★ 戻(もど)る 되돌아가[오]다	★ 細(こま)かい 자잘하다, 세심하다
★ 首(くび)になる 해고되다	★ 電話(でんわ)をかける 전화를 걸다
★ 詳(くわ)しい 상세하다, 자세하다	★ 電話(でんわ)を切(き)る 전화를 끊다

독해

★ 駐車(ちゅうしゃ) 주차	緊張(きんちょう) 긴장
★ 体験(たいけん) 체험	事故(じこ) 사고
★ 費用(ひよう) 비용	責任(せきにん) 책임
★ 観光(かんこう) 관광	運転(うんてん) 운전
★ 混雑(こんざつ) 혼잡	★ 相手(あいて) 상대
本人(ほんにん) 본인	★ 借(か)りる 빌리다
★ 苦手(にがて) 서투름, 잘 못함	★ 貸(か)す 빌려 주다
★ レポート 보고서	★ 飼(か)う 기르다, 키우다
★ ぴったり 꼭 어울림	★ 受験(じゅけん) 수험, 입시
★ 飽(あ)きる 질리다, 싫증나다	★ 生意気(なまいき) 건방짐, 주제넘음

+ 최신기출 고득점 어휘

오늘은 정말 최악의 하루였다 〔일상생활〕

청해

- ★ 洪水(こうずい) 홍수
- ★ 日照(ひで)り 가뭄
- ★ 都合(つごう) 형편, 사정
- ★ 評判(ひょうばん) 평판
- ★ 締(し)め切(き)り 마감
- ★ 無駄遣(むだづか)い 낭비
- おごる 한턱내다
- 流行(はや)る 유행하다
- ★ 大好物(だいこうぶつ) 아주 좋아하는 음식
- 破損(はそん) 파손
- ★ 比較(ひかく) 비교
- ★ 提案(ていあん) 제안
- ★ 孤独(こどく) 고독
- ★ 接待(せったい) 접대
- ★ 銭湯(せんとう) 대중목욕탕
- ★ ひいきする 편애하다
- ★ 念(ねん)のため 만약을 위해
- 一休(ひとやす)みする 잠깐 쉬다
- ★ 雨宿(あまやど)り 비를 피함
- 寝不足(ねぶそく) 수면 부족

독해

- ★ 容量(ようりょう) 용량
- 指示(しじ) 지시
- ★ 納得(なっとく) 납득
- ★ 圧倒(あっとう) 압도
- ★ 魅力(みりょく) 매력
- ★ 紅葉(こうよう) 단풍
- ★ 重(かさ)なる 거듭되다
- ★ かじる 조금 알다
- ★ 週休二日制(しゅうきゅうふつかせい) 주5일근무제
- ★ 出前(でまえ)を取(と)る (음식을) 배달시켜 먹다
- ★ 栄養(えいよう) 영양
- ★ 赴任(ふにん) 부임
- ★ 厳格(げんかく) 엄격
- ★ 仮病(けびょう) 꾀병
- ★ 叱責(しっせき) 질책
- ★ 装置(そうち) 장치
- ★ 勘違(かんちが)い 착각
- ★ 一戸建(いっこだ)て 단독주택
- ★ 電話(でんわ)が遠(とお)い 전화 감이 멀다

Day 04

쇼핑·물건 구입

쇼핑의 기본은 가격 비교

衝動買い를 하는 경우가 ほとんど 없는 나를 보고 친구들은 買い物上手라고 한다. 나는 クレジットカード를 전혀 사용하지 않고 現金으로만 購入한다. 왜냐하면 신용카드 사용은 支払う하는 것을 미루는 것에 불과하기 때문이다. 그리고 가게를 몇 군데 돌면서 価格도 꼼꼼히 비교한 후 考えに考えた末 사기 때문에 저렴하게 구입할 수 있는 것이다. 게다가 中古가게의 물건은 조금 낡았을 뿐 品質에는 문제가 없는 製品이 많기 때문에 자주 이용하고 있다. 그렇다고 해서 내가 결코 けち한 것은 아니며 친구에게 おごる하기도 한다.

JPT 최신기출 어휘 베스트 14

- □ 衝動買い(しょうどうがい) 충동구매
- □ ほとんど 대부분, 거의
- □ 買い物上手(かいものじょうず) 쇼핑을 잘함
- □ クレジットカード 신용카드
- □ 現金(げんきん) 현금
- □ 購入(こうにゅう) 구입
- □ 支払う(しはらう) 지불하다
- □ 価格(かかく) 가격
- □ 考えに考えた末(かんがえにかんがえたすえ) 생각하고 생각한 끝에
- □ 中古(ちゅうこ) 중고
- □ 品質(ひんしつ) 품질
- □ 製品(せいひん) 제품
- □ けち 인색함, 쩨쩨함
- □ おごる 한턱내다

01 ★★★

衝動買い
- つい 그만, 무심코
- 購買 구매

충동구매

ストレスがたまった時、衝動買いをしてしまうことが多い。
스트레스가 쌓였을 때 충동구매를 해 버리는 경우가 많다.

私は前もって手帳に買う物を書いておくようにしているので、衝動買いをすることはめったにない。
나는 미리 수첩에 살 물건을 써 두도록 하고 있기 때문에 충동구매를 하는 경우는 좀처럼 없다.

02 ★★★

ほとんど
- ほぼ 거의, 대강, 대략
- 大抵 대강, 대개

대부분, 거의

週末のほとんどは、たまった家事をやるのに使ってしまう。
주말의 대부분은 밀린 집안일을 하는 데에 써 버린다.

📝 적중 포인트

청+독 危うく〜ところだった 하마터면 〜할 뻔했다

03 ★★

買い物上手
- 出費を抑える 지출을 억제하다
- 切り詰める 절약하다, (지출을) 줄이다

쇼핑을 잘함

彼女はいつも値段の割に品質のいい物を購入するので、買い物上手だと言われる。
그녀는 항상 가격에 비해서 품질이 좋은 물건을 구입하기 때문에 쇼핑을 잘한다는 말을 듣는다.

買い物上手な人は、たとえ値段が安くても必要のない物は決して買わないそうだ。
쇼핑을 잘하는 사람은 설령 가격이 싸더라도 필요가 없는 물건은 결코 사지 않는다고 한다.

📝 적중 포인트

청 安物買いの銭失い 싼 것이 비지떡

04 ★★

☐ クレジットカード

- **決済**(けっさい) 결제
- **手数料**(てすうりょう) 수수료
- **レシート** 영수증

신용카드

クレジットカードは、カード裏面(うらめん)の署名(しょめい)をした本人(ほんにん)しか利用(りよう)できない。
신용카드는 카드 뒷면의 서명을 한 본인밖에 이용할 수 없다.

落(お)とした**クレジットカード**を、誰(だれ)かに使(つか)われてしまいました。
분실한 신용카드를 누군가가 사용해 버렸습니다.

05 ★★

☐ 現金(げんきん)

- 日 **キャッシュ** 캐시, 현금
- **手持**(ても)**ち** 수중에 있음

현금

私(わたし)はクレジットカードが嫌(きら)いで、支払(しはら)いはいつも**現金**(げんきん)です。
저는 카드를 싫어해서 지불은 늘 현금입니다.

申(もう)し訳(わけ)ありませんが、お申(もう)し込(こ)み金(きん)は**現金**(げんきん)でお願(ねが)いします。
죄송하지만 신청금은 현금으로 부탁드립니다.

📝 **적중 포인트**

> 日 **持(も)ち合(あ)わせ** 그때 마침 가지고 있음, 현재 가진 돈

06 ★★★

☐ 購入(こうにゅう)

- **買**(か)**い入**(い)**れる** 사들이다, 매입하다
  (=買(か)い取(と)る)

구입

車(くるま)を**購入**(こうにゅう)するには、色々(いろいろ)な書類(しょるい)や手続(てつづ)きが必要(ひつよう)です。
차를 구입하려면 여러 가지 서류와 수속이 필요합니다.

この度(たび)は弊社(へいしゃ)の商品(しょうひん)をご**購入**(こうにゅう)していただき、誠(まこと)にありがとうございます。
이번에는 폐사[저희 회사]의 상품을 구입해 주셔서 대단히 감사합니다.

📝 **적중 포인트**

> 관+日 **金遣**(かねづか)**いが荒**(あら)**い** 돈의 씀씀이가 헤프다

07 ★★★

支払(しはら)う
지불하다

- 前払(まえばら)い 선불 (=先払(さきばら)い)
- 後払(あとばら)い 후불
- 一括払(いっかつばら)い 일시불
- 着払(ちゃくばら)い 착불

代金(だいきん)は月末(げつまつ)までに支払(しはら)ってください。
대금은 월말까지 지불해 주십시오.

1回(いっかい)で払(はら)い切(き)ることを「一括払(いっかつばら)い」、何回(なんかい)かに分(わ)けて支払(しはら)うことを「分割払(ぶんかつばら)い」と呼(よ)びます。
한 번에 다 지불하는 것을 '일시불', 몇 번인가로 나눠서 지불하는 것을 '할부'라고 부릅니다.

📝 적중 포인트

청+독 分割払(ぶんかつばら)い 할부

08 ★★★

価格(かかく)
가격

- 値段(ねだん) 값, 가격 (=値(ね))

このくらいの価格(かかく)が、妥当(だとう)な線(せん)でしょう。
이 정도의 가격이 타당한 선이겠죠.

この品質(ひんしつ)でこの価格(かかく)というのは、割高(わりだか)じゃないですか。
이 품질에 이 가격이라는 것은 좀 비싸지 않나요?

📝 적중 포인트

청+독 値(ね)が張(は)る 값이 비싸다

09 ★★

考(かんが)えに考(かんが)えた末(すえ)
생각하고 생각한 끝에

- 頭(あたま)を捻(ひね)る 골똘히 생각하다

考(かんが)えに考(かんが)えた末(すえ)、バイクを買(か)うことを断念(だんねん)した。
생각하고 생각한 끝에 오토바이를 사는 것을 단념했다.

考(かんが)えに考(かんが)えた末(すえ)、10年以上(じゅうねんいじょう)の乗(の)り続(つづ)けていた車(くるま)を買(か)い換(か)えることにしました。
생각하고 생각한 끝에 10년 이상 계속 타던 차를 새로 바꾸기로 했습니다.

📝 적중 포인트

독 苦渋(くじゅう)の決断(けつだん) 고뇌의 결단

10 ★★

□ 中古
- 中古品 중고품(=セコハン)
- お下がり (윗사람의) 후물림

중고

中古の家電製品を捨て値で買った。
중고 가전제품을 헐값에 샀다.

中古自転車は、買う前に販売証明書の発行ができるかどうか、確認してから買うべきだ。
중고 자전거는 사기 전에 판매증명서 발행이 가능한지 어떤지 확인하고 나서 사야 한다.

11 ★★★

□ 品質
- 粗悪 조악
- 劣る 떨어지다, 뒤지다

품질

消費者のニーズに添えるよう、品質管理をいつも心がけております。
소비자의 요구에 부합될 수 있도록 품질관리를 늘 유념하고 있습니다.

その国のものだからといって、全て品質が悪いとは限らない。
그 나라의 물건이라고 해서 모두 품질이 나쁘다고 할 수는 없다.

12 ★★★

□ 製品
- 新製品 신제품
- 試作品 시작품, 시제품

제품

すみません。この製品は200ボルト地域で使えますか。
저기요. 이 제품은 200V 지역에서 사용할 수 있나요?

我が社も市場の様々なニーズに応じた製品を開発していくべきだと思います。
우리 회사도 시장의 다양한 요구에 따른 제품을 개발해 나가야 한다고 생각합니다.

13 ★★

□ **けち**

- 一文惜しみ 인색함, 구두쇠
- 惜しむ 아끼다

인색함, 쩨쩨함

けちな人でも自分のためならお金を使う。
인색한 사람이라도 자신을 위해서라면 돈을 쓴다.

節約を心がけるのはいいが、度が過ぎるとけちな人だと思われるかも知れない。
절약을 유념하는 것은 좋지만 도가 지나치면 인색한 사람이라고 여길지도 모른다.

14 ★★★

□ **おごる**

- ご馳走する 대접하다
- ご馳走になる 대접받다
- 割り勘 각자 부담

한턱내다

アルバイト代もらったから、今日は私がおごるよ。
아르바이트비 받았으니까 오늘은 내가 한턱낼게.

この間はご馳走になったので、ここは私におごらせてください。
요전에는 대접받았으니까 여기는 제가 내게 해 주세요.

15 ★★★

□ **割引**

- 國 値引き 할인(=ディスカウント)

할인

この店はセール期間中なので、何でも20パーセント割引です。
이 가게는 세일 기간 중이어서 무엇이든지 20% 할인입니다.

こちらの商品は、割引の対象外となっております。
이쪽 상품은 할인 대상 외로 되어 있습니다.

16 ★★★

□ 売り切れる
- 切れる 떨어지다, 다 되다
- 品切れ 품절

> 다 팔리다, 매진되다

今日の分は、もう売り切れてしまいました。
오늘 분량은 이미 다 팔려 버렸습니다.

新しいゲーム機は、たちまち売り切れてしまった。
새로운 게임기는 순식간에 다 팔려 버렸다.

---

17 ★★★

□ きつい
- 窮屈 (꼭 끼어) 갑갑함
- ぶかぶか 헐렁헐렁(헐거운 모양)

> 꼭 끼다

太ったのか、スカートがちょっときつかった。
살이 쪘는지 치마가 조금 꼭 끼었다.

ちょっときついですね。もう少し大きいのはありませんか。
조금 꼭 끼네요. 조금 더 큰 건 없나요?

📝 적중 포인트

[청]+[독] だぶだぶ 헐렁헐렁(옷 따위가 커서 몸에 맞지 않는 모양)

---

18 ★★

□ 返品
- 返送 반송
- 交換 교환

> 반품

先週買ったばかりのデジカメなんですが、調子が悪くて返品できますか。
지난주에 막 산 디지털 카메라인데요, 상태가 나빠서 반품 가능한가요?

返品の際には、レシートの控えが必要となります。
반품 시에는 영수증 준비가 필요합니다.

19 ★★★

□ **届ける**
- 圏 配達する 배달하다
- 配送する 배송하다

보내다, 배달하다

お客様のご希望日に合わせて、お届けいたします。
손님께서 희망하시는 날에 맞춰서 배달해 드립니다.

ご注文の商品は、明日の午前10時頃お届けする予定です。
주문하신 상품은 내일 오전 10시쯤 배달해 드릴 예정입니다.

20 ★★★

□ **出費**
- 支出 지출
- 出費が嵩む 지출이 늘어나다

출비, 지출

年末年始には飲み会などで、出費が多くなるものだ。
연말연시에는 회식 등으로 지출이 많아지는 법이다.

出費と言えば洋服代や交通費などを思い浮かべがちだが、書籍代や昼食代など、意外とかかる思わぬ出費もある。
지출이라고 하면 옷값이나 교통비 등을 떠올리기 쉬운데 책값이나 점심값 등 의외로 드는 뜻밖의 지출도 있다.

21 ★★

□ **喉から手が出る**
- 欲しい 갖고 싶다

(목에서 손이 나올 정도로) 몹시 갖고 싶다

喉から手が出るほど車が欲しかったが、お金が足りなくて買えなかった。
차가 몹시 갖고 싶었지만 돈이 부족해서 살 수 없었다.

喉から手が出るほど買いたかったが、売り切れだった。
목에서 손이 나올 만큼 사고 싶었지만 품절이었다.

📝 적중 포인트

청+동 手に入れる 손에 넣다, 입수하다

22 ★★★

□ **持ち帰り**

- 图 テイクアウト 테이크 아웃
- 使い捨て容器 일회용 용기

(집으로) 가지고 돌아감, 포장

こちらでお召し上がりですか、それともお持ち帰りですか。
여기서 드시나요? 아니면 포장이신가요?

店舗のエリアによって、お持ち帰り用のお取り扱い単品メニューが異なります。
점포 지역에 따라서 포장용 취급 단품 메뉴가 다릅니다.

23 ★★★

□ **手頃**

- 適当 적당

(자기 능력・조건에) 알맞음, 적당함

そのレストランは駅から近いし、値段も手頃だし、料理もおいしいです。
그 레스토랑은 역에서 가깝고 가격도 적당하고 음식도 맛있습니다.

その店は手頃な値段もさることながら、何よりも種類の多さが魅力的である。
그 가게는 적당한 가격은 물론이거니와 무엇보다도 종류가 많다는 것이 매력적이다.

📋 **적중 포인트**

图+图 持ってこい 꼭 알맞음, 안성맞춤

24 ★★

□ **なりすまし使用**

- なりすます ~인 체[척]하다(=~ふりをする)
- 無断 무단
- 禁じる 금하다, 금지하다

남의 것을 자신의 것인 것처럼 사용함, 부정사용

最近、クレジットカードのなりすまし使用が急増しており、警察庁は注意を呼び掛けている。
최근 신용카드의 부정사용이 급증하고 있어 경찰청은 주의를 호소하고 있다.

📋 **적중 포인트**

图 アカウントを乗っ取る 계정을 빼앗다

Day 04 Check Up Test

★ 다음 단어의 뜻을 오른쪽에서 찾아 연결해 보세요.

❶ 価格 • • ⓐ 가격
❷ 支払う • • ⓑ 지불하다
❸ 持ち帰り • • ⓒ 품질
❹ おごる • • ⓓ (집으로) 가지고 돌아감, 포장
❺ 品質 • • ⓔ 한턱내다

★ 공란에 들어갈 적절한 단어를 보기에서 골라 넣으세요.

ⓐ 衝動買い	ⓑ 出費	ⓒ 現金
ⓓ きつい	ⓔ 返品	ⓕ ほとんど
ⓖ 買い物上手	ⓗ 購入	ⓘ けち

❻ 買いたい物が多すぎて、つい_____をしてしまった。
❼ 先週買ったものですが、_____は可能でしょうか。
❽ 結婚式や旅行など、今月は_____がちょっと多かった。
❾ 最近、食べ過ぎて太ってしまったのか、ズボンがちょっと_____。
❿ こんなに質のいい商品を1万円で購入するなんて、本当に_____だね。

정답 ❶ ⓐ ❷ ⓑ ❸ ⓓ ❹ ⓔ ❺ ⓒ ❻ ⓐ ❼ ⓔ ❽ ⓑ ❾ ⓓ ❿ ⓖ

+ 최신기출 기본 어휘

쇼핑의 기본은 가격 비교 `쇼핑·물건 구입`

청해

★ 無료(むりょう) 무료	★ 管理(かんり) 관리
★ 有料(ゆうりょう) 유료	★ 指定(してい) 지정
★ 保留(ほりゅう) 보류	★ 用意(ようい) 준비
★ 送料(そうりょう) 배송료	★ 参考(さんこう) 참고
★ 日時(にちじ) 일시	★ 注文(ちゅうもん) 주문
★ 安心(あんしん) 안심	★ ギフト 선물
★ 選択(せんたく) 선택	★ 中身(なかみ) 내용물
★ 複数(ふくすう) 복수	★ クーポン券(けん) 쿠폰권
★ 任(まか)せる 맡기다	★ 税込(ぜいこ)み 세금 포함
★ 勧(すす)める 권하다	★ 取(と)り扱(あつか)う (물건을) 취급하다

독해

★ 決断(けつだん) 결단	★ 困難(こんなん) 곤란
★ 比較(ひかく) 비교	★ 形式(けいしき) 형식
★ 経由(けいゆ) 경유	★ 余裕(よゆう) 여유
★ 訪問(ほうもん) 방문	★ 産地(さんち) 산지
★ 店舗(てんぽ) 점포	★ 日用品(にちようひん) 일용품
★ 業者(ぎょうしゃ) 업자	★ 空(むな)しい 허무하다
★ レビュー 리뷰	★ 買(か)い手(て) 사는 사람
★ 是非(ぜひ) 부디, 꼭	★ 売(う)り手(て) 파는 사람
★ 厳重(げんじゅう) 엄중	★ 出(で)かける (밖에) 나가다
★ 通信販売(つうしんはんばい) 통신판매	★ 占(し)める 점하다, 차지하다

최신기출 고득점 어휘

쇼핑의 기본은 가격 비교 [쇼핑·물건 구입]

청해

- ★ 吟味(ぎんみ) 음미
- 構造(こうぞう) 구조
- ★ 従来(じゅうらい) 종래
- 多数(たすう) 다수
- 輸送(ゆそう) 수송
- 流通(りゅうつう) 유통
- 商業(しょうぎょう) 상업
- ★ 探索(たんさく) 탐색
- 工夫(くふう) 궁리, 고안
- 良し悪し(よしあし) 좋고 나쁨

- ★ 家計(かけい) 가계, 생계
- 範囲(はんい) 범위
- 接客(せっきゃく) 접객
- ★ 放置(ほうち) 방치
- 導入(どうにゅう) 도입
- 印刷(いんさつ) 인쇄
- ★ 揃える(そろえる) (고루) 갖추다
- ★ 不特定(ふとくてい) 불특정
- 崩れる(くずれる) 무너지다
- ★ 急かす(せかす) 재촉하다

독해

- ★ 商圏(しょうけん) 상권
- 復活(ふっかつ) 부활
- ★ 承認(しょうにん) 승인
- 代行(だいこう) 대행
- ★ 処理(しょり) 처리
- 弱者(じゃくしゃ) 약자
- ★ 激安(げきやす) 가격이 현저하게 싼 것
- ★ 上乗せ(うわのせ) 덧붙임, 추가
- ★ 選り好み(えりごのみ) 좋아하는 것을 골라 취함
- ★ 目玉が飛び出る(めだまがとびでる) (눈알이 튀어나올 정도로) 값이 비싸다

- ★ 追加(ついか) 추가
- 発散(はっさん) 발산
- 滞納(たいのう) 체납
- 所持(しょじ) 소지
- ★ 快楽(かいらく) 쾌락
- ★ 解消(かいしょう) 해소
- 浸透(しんとう) 침투
- 繰り返す(くりかえす) 되풀이하다

Day 05

외모·성격

나는 외모가 아닌 성격을 바꾸고 싶다

사실 나는 내 **外見**에 대해 딱히 불만은 없다. 비교적 **背が高い**하고 매일 운동을 해서 **がっちり**한 **体付き**다. 하지만 나름대로 **コンプレックス**가 있는데, 그것은 바로 **性格**다. 나는 **第一印象**가 **おおらか**하고 다소 **生意気**한 것 같다는 소리를 많이 듣는데, 실은 정말 **内気**하고 **心配性**라서 다른 사람 앞에서는 긴장해서 말도 제대로 하지 못하는 경우가 많다. 그래서 **気さく**하고 **朗らか**한 사람이 너무 **羨ましい**하다. 노력한다고 성격이 금방 바뀌지는 않겠지만 천천히 조금씩 바꿔 나가고 싶다.

나…내성…

JPT 최신기출 어휘 베스트 14

- □ **外見**(がいけん) 외견, 외관, 겉모습
- □ **背が高い**(せがたかい) 키가 크다
- □ **がっちり** (체격이나 짜임새가) 다부진
- □ **体付き**(からだつき) 몸매, 체격
- □ **コンプレックス** 콤플렉스, 열등감
- □ **性格**(せいかく) 성격
- □ **第一印象**(だいいちいんしょう) 첫인상
- □ **おおらか** 느긋하고 대범한 모양
- □ **生意気**(なまいき) 건방짐, 주제넘음
- □ **内気**(うちき) 내성적임, 소심함
- □ **心配性**(しんぱいしょう) 사소한 일에도 고민하며 걱정하는 성질, 또는 그런 사람
- □ **気さく**(きさく) 소탈함, 싹싹함, 서글서글함
- □ **朗らか**(ほがらか) 명랑함, 쾌활함
- □ **羨ましい**(うらやましい) 부럽다

01 ★★★

外見(がいけん)

- 圓 見(み)た目(め) 겉보기, 외관(=外形(がいけい))
- 外観(がいかん) 외관

외견, 외관, 겉모습

彼女(かのじょ)は自分(じぶん)の外見(がいけん)を気(き)にしすぎるきらいがある。
그녀는 자신의 겉모습을 너무 신경 쓰는 경향이 있다.

人(ひと)は外見(がいけん)より内面(ないめん)がもっと大事(だいじ)だと思(おも)います。
사람은 외견보다 내면이 더 중요하다고 생각합니다.

📝 적중 포인트

圓 見(み)せかけ 외관, 외견, 겉치레

02 ★★

背(せ)が高(たか)い

- 凹 背(せ)が低(ひく)い 키가 작다
- 背(せ)が伸(の)びる 키가 자라다

키가 크다

山本(やまもと)さんと田中(たなか)さん、どちらが背(せ)が高(たか)いですか。
야마모토 씨와 다나카 씨, 어느 쪽이 키가 큰가요?

昔(むかし)は結婚相手(けっこんあいて)に求(もと)める条件(じょうけん)として、背(せ)が高(たか)い人(ひと)を挙(あ)げる女性(じょせい)も多(おお)かった。
옛날에는 결혼 상대에게 요구하는 조건으로서 키가 큰 사람을 드는 여성도 많았다.

📝 적중 포인트

圏 どんぐりの背比(せいくら)べ 도토리 키 재기, 어슷비슷함

03 ★★

がっちり

- 筋(きん)トレ 근력운동
- たくましい 늠름하다, 건장하다
- 頑丈(がんじょう) 튼튼함

(체격이나 짜임새가) 다부진

彼(かれ)は最近筋肉(さいきんきんにく)を鍛(きた)えて、がっちりした体(からだ)になった。
그는 요즘 근육을 단련해서 다부진 몸이 되었다.

久(ひさ)しぶりに会(あ)った彼(かれ)は、筋肉(きんにく)が付(つ)いてがっちりした体(からだ)に変(か)わっていた。
오랜만에 만난 그는 근육이 붙어서 다부진 몸으로 변해 있었다.

04 ★★★

□ **体付き**(からだつき)
- 图 体格(たいかく) 체격
- 身(み)なり 몸집

몸매, 체격

スリムできれいな体付きを保つには、筋トレも一つの方法です。
날씬하고 아름다운 몸매를 유지하려면 근력운동도 하나의 방법입니다.

彼女はピラティスのおかげで、大分しなやかな体付きになったそうだ。
그녀는 필라테스 덕분에 상당히 유연한 몸매가 되었다고 한다.

05 ★★

□ **コンプレックス**
- 图 劣等感(れっとうかん) 열등감(=引(ひ)け目(め))
- コンプレックスを抱(いだ)く 열등감을 갖다

콤플렉스, 열등감

高校時代、顔のにきびがずっとコンプレックスだった。
고등학교 시절, 얼굴의 여드름이 쭉 콤플렉스였다.

昔は老けて見える顔がコンプレックスだったが、今はむしろ若く見えると言われることが多い。
옛날에는 나이 들어 보이는 얼굴이 콤플렉스였지만 지금은 오히려 젊어 보인다는 말을 듣는 경우가 많다.

▶ 적중 포인트

> 图 トラウマ 트라우마, 정신적인 외상

06 ★★

□ **性格**(せいかく)
- 性格(せいかく)が合(あ)う 성격이 맞다

성격

こんな飽きっぽい性格の人は、採用できません。
이런 싫증을 잘 내는 성격의 사람은 채용할 수 없습니다.

彼は今時珍しい、男っぽくて優しい性格の持ち主だ。
그는 요즘 드물게 남자답고 상냥한 성격의 소유자다.

▶ 적중 포인트

> 图 気(き)が合(あ)う 마음이 맞다

07 ★★

□ 第一印象
だいいち いんしょう

- 初対面 첫 대면
しょたいめん
- 好印象 좋은 인상
こういんしょう

첫인상

正直なところ、彼女の第一印象はあまりよくなかった。
솔직히 그녀의 첫인상은 그다지 좋지 않았다.

私がそこを訪れた第一印象は、島全体が自然に囲まれ、あたかも楽園のようだった。
내가 그곳을 방문한 첫인상은 섬 전체가 자연에 둘러싸여 마치 낙원과 같았다.

---

08 ★★

□ おおらか

- 大まか 대범함
おお
- 太っ腹 도량이 큼, 배짱이 두둑함
ふと ばら

느긋하고 대범한 모양

彼のおおらかな性格は、私も見習いたいものだ。
그의 느긋하고 대범한 성격은 나도 본받고 싶은 바이다.

嫌なことだって笑い飛ばせるおおらかな人は、どんな状況でもいつも笑顔を忘れない。
싫은 일이라도 웃어넘길 수 있는 느긋하고 대범한 사람은 어떤 상황에서도 항상 미소를 잊지 않는다.

---

09 ★★★

□ 生意気
なま いき

- 横柄 무례함, 건방짐
おうへい
- 傍若無人 방약무인, 아무 거리낌도 없이 제멋대로 행동하는 것
ぼうじゃく ぶ じん

건방짐, 주제넘음

彼の生意気な態度に、つい怒ってしまった。
그의 건방진 태도에 그만 화를 내고 말았다.

彼女は周りから生意気だと言われるが、私にとっては打ち解けて話し合えるいい友達だ。
그녀는 주위로부터 건방지다는 말을 듣지만 나에게 있어서는 마음을 터놓고 서로 이야기할 수 있는 좋은 친구다.

📝 **적중 포인트**

[청]+[독] 図々しい 뻔뻔스럽다, 낯두껍다, 철면피다
ずうずう

10 ★★

□ **内気**(うちき)

- 気(き)が弱(よわ)い 마음이 약하다
- 気弱(きよわ) 심약함, 심지가 약함

내성적임, 소심함

あんなに内気(うちき)じゃ、人前(ひとまえ)に立(た)てないね。
그렇게 내성적이어서는 남 앞에 설 수 없지.

生(う)まれながらの内気(うちき)な性格(せいかく)のため、損(そん)ばかりしているような気(き)がする。
타고난 내성적인 성격 때문에 손해만 보고 있는 것 같은 생각이 든다.

📝 **적중 포인트**

형+명 引(ひ)っ込(こ)み思案(じあん) 소극적임, 또는 그런 태도·성격

11 ★★

□ **心配性**(しんぱいしょう)

- 心配(しんぱい)する 걱정하다
- 気(き)にかける 마음에 두다

사소한 일에도 고민하며 걱정하는 성질, 또는 그런 사람

私(わたし)はかなりの心配性(しんぱいしょう)なので、ドアの鍵(かぎ)などを閉(し)めたかどうか、何度(なんど)も確認(かくにん)しないと気(き)が済(す)まない。
나는 꽤 걱정이 많은 타입이라서 문의 열쇠 등을 잠갔는지 어떤지 몇 번이고 확인하지 않으면 마음이 놓이지 않는다.

身(み)の周(まわ)りで起(お)こる様々(さまざま)なことを細(こま)かく分析(ぶんせき)して、考(かんが)えを巡(めぐ)らすのは心配性(しんぱいしょう)の人(ひと)の特徴(とくちょう)です。
신변에서 일어나는 여러 가지 일을 세세히 분석하고 이리저리 생각하는 것은 걱정이 많은 사람의 특징입니다.

12 ★★

□ **気(き)さく**

- 気安(きやす)い 허물없다, 거리낌 없다

소탈함, 싹싹함, 서글서글함

気(き)さくな人(ひと)は感情(かんじょう)の起伏(きふく)が小(ちい)さく、気分(きぶん)をコントロールすることができるため、気分(きぶん)が悪(わる)い時(とき)でも人(ひと)に明(あか)るく接(せっ)することができる。
서글서글한 사람은 감정의 기복이 작고 기분을 컨트롤할 수 있기 때문에 기분이 좋지 않을 때에도 다른 사람을 밝게 대할 수 있다.

13 ★★★

☐ **朗(ほが)らか**

- 園 明朗(めいろう) 명랑
- 快活(かいかつ) 쾌활

명랑함, 쾌활함

横山(よこやま)さんって、本当(ほんとう)におおらかで朗(ほが)らかな人(ひと)ですよね。
요코야마 씨는 정말로 느긋하고 대범하며 쾌활한 사람이죠.

朗(ほが)らかな人(ひと)とは、特(とく)に不安(ふあん)や心配事(しんぱいごと)がなく、前向(まえむ)きで明(あか)るい人(ひと)を指(さ)す。
명랑한 사람이란 특별히 불안이나 걱정거리가 없고 적극적이고 밝은 사람을 가리킨다.

14 ★★★

☐ **羨(うらや)ましい**

- 羨(うらや)む 부러워하다

부럽다

いつも計画的(けいかくてき)できちんと物事(ものごと)をこなす彼(かれ)が羨(うらや)ましい。
항상 계획적이고 깔끔하게 매사를 처리하는 그가 부럽다.

商売繁盛(しょうばいはんじょう)で羨(うらや)ましい限(かぎ)りですよ。
장사가 번창하신다니 부럽기 그지없네요.

📝 **적중 포인트**

[청]+[독] 焼(や)き餅(もち)を焼(や)く 질투하다

15 ★★★

☐ **負(ま)けず嫌(ぎら)い**

- 勝(か)ち気(き) 지기 싫어하는 성질
- 負(ま)け惜(お)しみ (지고도) 억지를 부림
- 悔(くや)し涙(なみだ)を流(なが)す 분해서 눈물을 흘리다

(유달리) 지기 싫어함, 또는 그런 사람

人間(にんげん)は誰(だれ)しも負(ま)けず嫌(ぎら)いな部分(ぶぶん)を持(も)っている。
인간은 누구나 지기 싫어하는 부분을 가지고 있다.

彼(かれ)は負(ま)けず嫌(ぎら)いで、何事(なにごと)も一生懸命(いっしょうけんめい)やる性格(せいかく)です。
그는 지기 싫어해서 뭐든지 열심히 하는 성격입니다.

📝 **적중 포인트**

[청]+[독] やり返(かえ)す 반박하다

16 ★★

□ **飽きっぽい**

- 気が多い 변덕스럽다
- 気まぐれ 변덕, 변덕쟁이

싫증을 잘 내다

彼女は美人でスタイルもいいが、怒りっぽくて飽きっぽいのが短所だ。
그녀는 미인이고 스타일도 좋지만 화를 잘 내고 싫증을 잘 내는 것이 단점이다.

彼ときたら、かなり飽きっぽい性格で、何一つ長続きした例がない。
그로 말하자면 상당히 싫증을 잘 내는 성격으로 무엇 하나 오래 계속한 예가 없다.

📝 적중 포인트

[칭]+[독] 三日坊主 작심삼일

17 ★★

□ **お調子者**

- 調子に乗る 기분이 좋아 경망스러운 말과 행동을 하다
- 軽率 경솔

경박한 사람, 비위를 잘 맞추는 사람, 살살이

彼はお調子者だ。
그는 경박한 사람이다.

お調子者は内心と関係なく、誰にでも喜ぶようなことを言ったりする。
비위를 잘 맞추는 사람은 속마음과 관계없이 누구에게나 좋아할 만한 말을 하거나 한다.

18 ★★★

□ **几帳面**

- 繊細 섬세

꼼꼼함

几帳面な彼のことだから、今度の仕事を任せるに足る人物だと思います。
꼼꼼한 그이니까 이번 일을 맡기기에 충분한 인물이라고 생각합니다.

彼女は何事にも几帳面で、いつの間にか心労を溜め込んでしまう。
그녀는 무슨 일이든 꼼꼼해서 어느샌가 정신적인 피로를 쌓고 만다.

19 ★★★

☐ **気難しい**

- 如才ない 빈틈없다
- 苛立たしい 초조하다

까다롭다, 신경질적이다

高橋さんは、本当に気難しい人ですね。
다카하시 씨는 정말로 까다로운 사람이네요.

彼は気難しいので、彼とうまくやっていくのは私には難しい。
그는 까다로워서 그와 잘해 나가는 것은 나에게는 어렵다.

20 ★★

☐ **おっちょこちょい**

- 軽々しい 경솔하다, 경박하다, 경망스럽다

덜렁거림, 경박함

仕事でも家事でも、本当におっちょこちょいでどんくさい自分が情けない。
일에서도 집안일에서도 정말로 덜렁거리고 굼뜬 자신이 한심하다.

最後まで人の話を聞いていないというのは、おっちょこちょいな人に多く現れる特徴の一つである。
끝까지 다른 사람의 이야기를 듣지 않는다는 것은 덜렁거리는 사람에게 많이 나타나는 특징 중 하나다.

21 ★★

☐ **恥ずかしがり屋**

- シャイ 샤이, 소심함, 수줍어함
- 暑がり屋 더위를 잘 타는 사람(↔ 寒がり屋)

부끄럼을 잘 타는 사람

村井さんは恥ずかしがり屋で、人と話すのが苦手だ。
무라이 씨는 부끄럼을 잘 타는 사람으로 다른 사람과 이야기하는 것이 서투르다.

彼女は本当に恥ずかしがり屋で、はっきりと自分の意思が表せない。
그녀는 정말로 부끄럼을 잘 타는 사람으로 확실하게 자신의 의사를 표현하지 못한다.

22 ★★

□ **神経質** (しんけいしつ)

- ナーバス 너버스, 신경질적인 상태
- 敏感(びんかん) 민감

신경질(적)

私(わたし)は自分(じぶん)でも嫌(いや)になるぐらい、神経質(しんけいしつ)で短気(たんき)な性格(せいかく)です。
저는 스스로도 싫어질 정도로 신경질적이고 성급한 성격입니다.

うちの課長(かちょう)は神経質(しんけいしつ)だから、余計(よけい)なことを言(い)うとすぐ機嫌(きげん)を悪(わる)くする。
우리 과장님은 신경질적이어서 쓸데없는 것을 말하면 바로 기분 나빠한다.

📝 적중 포인트

[청]+[독] かっとする 벌컥 화를 내다

23 ★★

□ **優柔不断** (ゆうじゅうふだん)

- 生煮え(なまに) (태도·성질이) 모호함
- 躊躇(ちゅうちょ)する 주저하다

우유부단

課長(かちょう)は優柔不断(ゆうじゅうふだん)で、すぐ他人(たにん)の意見(いけん)に合(あ)わせてしまうきらいがある。
과장님은 우유부단해서 바로 다른 사람의 의견에 맞춰 버리는 경향이 있다.

彼(かれ)ときたら、時間(じかん)をかけても決断(けつだん)が下(くだ)せず、遂(つい)には人任(ひとまか)せにしてしまう優柔不断(ゆうじゅうふだん)な人(ひと)である。
그로 말하자면 시간을 들여도 결단을 내리지 못하고 결국에는 다른 사람에게 맡겨 버리는 우유부단한 사람이다.

📝 적중 포인트

[청]+[독] ぐずぐず 꾸물꾸물, 우물쭈물

24 ★★★

□ **気が利く** (きがきく)

- きめ細(こま)か 세심함
- 気配(きくば)り 배려
- 行(い)き届(とど)く (생각이) 구석구석까지 미치다

영리하다, 재치 있다

気(き)が利(き)く人(ひと)は、話(はな)し上手(じょうず)より聞(き)き上手(じょうず)である。
재치 있는 사람은 말을 잘하는 사람보다 듣는 것을 잘하는 사람이다.

彼(かれ)はさりげなく相手(あいて)がしてほしいことをしてくれる気(き)が利(き)く人(ひと)です。
그는 티 내지 않고 상대가 해 주었으면 하는 것을 해 주는 재치 있는 사람입니다.

📝 적중 포인트

[독] 至(いた)れり尽(つ)くせり 빈틈없음, 극진함

Day 05 Check Up Test

★ 다음 단어의 뜻을 오른쪽에서 찾아 연결해 보세요.

❶ 気さく　　　•　　　　•　ⓐ 부럽다

❷ 几帳面　　　•　　　　•　ⓑ 꼼꼼함

❸ 気難しい　　•　　　　•　ⓒ 까다롭다, 신경질적이다

❹ 朗らか　　　•　　　　•　ⓓ 소탈함, 싹싹함, 서글서글함

❺ 羨ましい　　•　　　　•　ⓔ 명랑함, 쾌활함

★ 공란에 들어갈 적절한 단어를 보기에서 골라 넣으세요.

ⓐ コンプレックス　　ⓑ 性格　　　　ⓒ 生意気
ⓓ 恥ずかしがり屋　　ⓔ 飽きっぽい　ⓕ がっちり
ⓖ 気が利く　　　　　ⓗ 体付き　　　ⓘ 第一印象

❻ 彼女は_____もよくないし、性格も悪そうに見えた。
❼ そんな_____な態度は、周りの反感を買いかねない。
❽ _____彼がいなかったら、こんなにうまくできなかったと思う。
❾ 私は決断を下すのに時間がかかってしまうのがいつも_____だった。
❿ _____の彼女が人前で歌を歌うなんて、滅多に見られない光景だ。

정답　❶.ⓓ　❷.ⓑ　❸.ⓒ　❹.ⓔ　❺.ⓐ　❻.ⓘ　❼.ⓒ　❽.ⓖ　❾.ⓐ　❿.ⓓ

+ 최신기출 기본 어휘

나는 외모가 아닌 성격을 바꾸고 싶다 외모 · 성격

청해

- ★ しわ 주름 ☐☐☐
- ★ 肉体(にくたい) 육체 ☐☐☐
- ★ 化粧(けしょう) 화장 ☐☐☐
- 顔色(かおいろ) 안색 ☐☐☐
- 無視(むし) 무시 ☐☐☐
- ★ 醜(みにく)い 추하다 ☐☐☐
- 寝顔(ねがお) 잠자는 얼굴 ☐☐☐
- 顔立(かおだ)ち 이목구비, 얼굴, 용모 ☐☐☐
- ★ 無理(むり)やり 억지로 ☐☐☐
- ★ 爽(さわ)やか 상쾌함, 산뜻함 ☐☐☐

- ★ 普通(ふつう) 보통 ☐☐☐
- 冷静(れいせい) 냉정 ☐☐☐
- ★ 正直(しょうじき) 정직 ☐☐☐
- ★ 老(お)いる 늙다, 나이 들다 ☐☐☐
- 冷(つめ)たい 냉정하다 ☐☐☐
- 真剣(しんけん) 진지 ☐☐☐
- 歪(ゆが)む 비뚤어지다 ☐☐☐
- ★ 嘘(うそ)をつく 거짓말을 하다 ☐☐☐
- ★ 口(くち)が軽(かる)い 입이 가볍다 ☐☐☐
- 軽率(けいそつ) 경솔 ☐☐☐

독해

- ★ 明(あか)るい 명랑하다 ☐☐☐
- 暗(くら)い (분위기가) 음침하다 ☐☐☐
- ★ 困(こま)る 곤란하다, 난처하다 ☐☐☐
- 好意的(こういてき) 호의적 ☐☐☐
- 眩(まぶ)しい 눈부시다 ☐☐☐
- ～らしい ~답다 ☐☐☐
- ★ 笑顔(えがお) 웃는 얼굴, 미소 ☐☐☐
- ★ 泣(な)き顔(がお) 우는 얼굴 ☐☐☐
- ★ わがまま 제멋대로 굶, 버릇없음 ☐☐☐
- ★ 前向(まえむ)き (사고나 행동이) 적극적, 진취적 ☐☐☐

- 大胆(だいたん) 대담 ☐☐☐
- 余裕(よゆう) 여유 ☐☐☐
- 厳格(げんかく) 엄격 ☐☐☐
- 能力(のうりょく) 능력 ☐☐☐
- 意志(いし) 의지 ☐☐☐
- 才能(さいのう) 재능 ☐☐☐
- ★ いい加減(かげん) 무책임함 ☐☐☐
- ★ 自己中(じこちゅう)(心的(しんてき)) 자기중심적 ☐☐☐

+ 최신기출 고득점 어휘

나는 외모가 아닌 성격을 바꾸고 싶다 　외모·성격

청해

- ★ 童顔(どうがん) 동안
- ★ 信頼(しんらい) 신뢰
- ★ 残酷(ざんこく) 잔혹
- 狼狽(うろた)える 당황하다
- 怠(なま)け者(もの) 게으름뱅이
- ★ ぎこちない 어색하다
- 女々(めめ)しい 사내답지 못하다
- ★ 未練(みれん)がましい 아쉬운 듯하다
- ★ 意地(いじ)っ張(ば)り 고집이 셈, 또는 그런 사람
- ★ 言(い)い訳(わけ)がましい 마치 변명하는 것 같다

- ★ 謙遜(けんそん) 겸손
- ★ 善良(ぜんりょう) 선량
- ★ 人望(じんぼう) 인망
- ★ 小僧(こぞう) 애송이
- ★ 動(どう)じる 동요하다
- ★ 不器用(ぶきよう) 손재주가 없음
- せっかち 성급함, 안달함

독해

- ★ 世間(せけん) 세상, 세상 사람
- 寡黙(かもく) 과묵
- 本性(ほんしょう) 본성
- ずるい 교활하다
- ★ 短気(たんき) 성급함
- ★ 割(わ)り込(こ)む 끼어들다
- ★ 愛想(あいそ) 붙임성, 정나미
- うっとり 넋을 잃고
- やつれる (여위어) 초췌해지다
- ★ 人懐(ひとなつ)っこい 사람을 잘 따르다, 붙임성이 있다

- ★ 清貧(せいひん) 청빈
- 臆病(おくびょう) 겁이 많음
- ★ 偽善者(ぎぜんしゃ) 위선자
- ★ 上品(じょうひん) 고상함, 품위가 있음
- 下品(げひん) 천함, 품위가 없음
- ★ はしたない 상스럽다
- ★ 気取(きど)る 허세 부리다
- 浅(あさ)ましい 비참하다, 비열하다
- 潔(いさぎよ)い 깨끗하다, 떳떳하다

Day 06

의성어 · 의태어

정신 없는 우리 가족의 아침

じりじり 자명종시계가 울린다. 앗, 지각이다! がばと 일어난 아들은 どたばた 욕실로 뛰어가 이를 닦고 あたふた 옷을 갈아입는다. 토스트를 ぱくぱく 먹고 우유도 ごくごく 마신 후 ばたん하고 현관문을 닫고 すたすた 버스 승차장으로 향한다. ほっと 하고 한바탕 전쟁을 치른 나는 ゆうゆうひ 쉴 틈도 없이 바로 식기를 かちゃかちゃ 씻고 내친김에 욕실도 きゅっきゅっ 닦는다. 한편 매일 ごとごと 흔들리는 전철로 출근하는 남편은 うとうと 졸다가 허겁지겁 내려서 회사로 향한다.

JPT 최신기출 어휘 베스트 14

- ☐ じりじり 찌르릉찌르릉
- ☐ がばと 벌떡, 벌렁
- ☐ どたばた 우당탕, 요란스럽게, 허둥대며
- ☐ あたふた 허겁지겁, 허둥지둥, 황급히
- ☐ ぱくぱく 덥석덥석
- ☐ ごくごく 벌컥벌컥, 꿀꺽꿀꺽
- ☐ ばたん 쾅
- ☐ すたすた 바삐, 총총히
- ☐ ほっと 후유
- ☐ ゆうゆう 유유, 느긋함, 넉넉함
- ☐ かちゃかちゃ 짤그랑짤그랑
- ☐ きゅっきゅっ 빡빡
- ☐ ごとごと 탁탁, 덜그럭덜그럭
- ☐ うとうと 꾸벅꾸벅

01 ★★

□ じりじり

- ごんごん 댕댕(종 등이 울리는 소리)
- じゃんじゃん 땡땡땡(종 따위를 다급하게 치는 소리)

찌르릉찌르릉(벨이 계속 울리는 소리)

目覚まし時計は針でちくたく動いていて、セットした時間になるとじりじり鳴る。
자명종시계는 바늘로 재깍재깍 움직이다가 맞춰 놓은 시간이 되면 찌르릉찌르릉 울린다.

今朝、妹の部屋の目覚まし時計がじりじりうるさくて目が覚めてしまった。
오늘 아침에 여동생 방의 자명종시계가 찌르릉찌르릉 시끄러워서 잠이 깨고 말았다.

02 ★★

□ がばと

- ばったり 푹(갑자기 떨어지거나 쓰러지는 모양)
- 起き上がる 일어나다, 일어서다

벌떡, 벌렁

ベッドからがばと起き上がったとたん、目眩がした。
침대에서 벌떡 일어난 순간 현기증이 났다.

朝方に足が引き攣って、激痛でがばと飛び起きてしまうことがよくある。
아침 무렵 다리에 쥐가 나서 격심한 통증으로 벌떡 일어나 버리는 경우가 자주 있다.

03 ★★

□ どたばた

- 騒ぐ 떠들다
- 騒々しい 시끄럽다, 어수선하다
- じたばた 허둥지둥

우당탕, 요란스럽게, 허둥대며

朝から子供たちが2階でどたばたしている。
아침부터 아이들이 2층에서 우당탕거리고 있다.

朝寝坊をしてしまった妻は、どたばたしながら出勤の準備をしている。
늦잠을 자 버린 아내는 허둥대면서 출근 준비를 하고 있다.

📝 적중 포인트

  圀 ふためく 후다닥 소리를 내다, 허둥거리다

04 ★★★

□ あたふた

- おたおた 갈팡질팡
- 慌(あわ)ただしい 어수선하다, 부산하다

허겁지겁, 허둥지둥, 황급히

出張(しゅっちょう)から帰(かえ)ったら、仕事(しごと)がたくさんたまっていたので、あたふたと片付(かたづ)けた。
출장에서 돌아오니 일이 많이 쌓여 있어서 허둥지둥 처리했다.

約束(やくそく)の時間(じかん)に遅(おく)れたので、支度(したく)もそこそこにあたふた家(いえ)を出(で)た。
약속 시간에 늦어서 준비도 하는 둥 마는 둥 허겁지겁 집을 나섰다.

05 ★★

□ ぱくぱく

- もぐもぐ 우물우물
- がつがつ 게걸게걸(걸신들린 듯이 먹는 모양)

덥석덥석(음식을 게걸스럽게 먹는 모양)

息子(むすこ)はりんごを皮(かわ)ごとぱくぱく食(た)べている。
아들은 사과를 껍질째 덥석덥석 먹고 있다.

うちの子(こ)は、お菓子(かし)はぱくぱく食(た)べますが、ご飯(はん)は少(すこ)ししか食(た)べなくて心配(しんぱい)です。
우리 애는 과자는 덥석덥석 먹지만 밥은 조금밖에 먹지 않아서 걱정스럽습니다.

06 ★★

□ ごくごく

- ぴちゃぴちゃ 할짝할짝, 홀짝홀짝
- ぐいと 단숨에

벌컥벌컥, 꿀꺽꿀꺽(액체를 기운차게 들이켜는 소리)

彼(かれ)は生(なま)ビールをうまそうにごくごく飲(の)んだ。
그는 생맥주를 맛있다는 듯이 벌컥벌컥 마셨다.

暑(あつ)い最中(さなか)歩(ある)き続(つづ)けて、喉(のど)が渇(かわ)いていたので、水(みず)をごくごくと飲(の)み干(ほ)した。
한창 더울 때 계속 걸어서 목이 말랐기 때문에 물을 꿀꺽꿀꺽 다 마셨다.

📝 적중 포인트

[동] がぶがぶ 벌컥벌컥, 벌떡벌떡

07 ★★

ばたん
- 倒れる 쓰러지다
- 閉じる 닫다

쾅(물건이 세게 쓰러지거나 닫혀지거나 할 때 나는 소리)

ドアをばたんと閉めた時に、手を挟んでしまった。
문을 쾅하고 닫았을 때 손을 끼고 말았다.

息子はいつもドアをばたんと大きな音を立てて閉めるので、何度も注意した。
아들은 항상 문을 쾅하고 큰 소리를 내며 닫기 때문에 몇 번이나 주의를 주었다.

08 ★★

すたすた
- てくてく 터벅터벅
- よちよち 아장아장

바삐, 총총히

彼ときたら、デートする時も先にすたすた歩いてしまう。
남자친구로 말하자면 데이트할 때도 먼저 총총히 걸어가 버린다.

私の言葉に怒ったのか、彼女は振り向きもせず、すたすた歩き去った。
내 말에 화가 났는지 그녀는 뒤돌아보지도 않고 총총히 걸어가 버렸다.

📝 **적중 포인트**

독 うろうろ 어정버정, 얼쩡얼쩡, 허둥지둥

09 ★★★

ほっと
- 安堵する 안도하다
- 胸を撫で下ろす 안심하다, 한시름 놓다

후유(한숨을 쉬는 모양, 안심하는 모양)

2週間も続いた仕事をやっと終えてほっとため息が出た。
2주일이나 계속된 일을 겨우 끝내고 후유하고 한숨이 나왔다.

事故に遭った彼が無事だと聞いてほっとした。
사고를 당한 그가 무사하다는 소식을 듣고 안심했다.

Day 06 정신 없는 우리 가족의 아침 | 의성어·의태어 |

10 ★★

□ **ゆうゆう**

- ゆらり 여유 있고 느긋한 모습
- 徐(おもむろ)に 서서히, 천천히(=徐々に)

유유, 느긋함, 넉넉함

禁煙(きんえん)区域(くいき)なのに、彼(かれ)はゆうゆうとタバコを吸(す)っている。
금연구역인데도 그는 유유히 담배를 피우고 있다.

ゆうゆう間(ま)に合(あ)うように家(いえ)を出(で)たから、約束(やくそく)の時間(じかん)より1時間(いちじかん)も早(はや)く着(つ)いた。
넉넉히 시간에 대도록 집을 나섰기 때문에 약속 시간보다 1시간이나 일찍 도착했다.

11 ★★

□ **かちゃかちゃ**

- かたかた 달그락달그락
- がちゃつく 짤그랑거리다

짤그랑짤그랑(접시나 금속이 서로 부딪치며 나는 소리)

ナイフやフォークでかちゃかちゃと音(おと)を立(た)ててはいけない。
나이프와 포크로 짤그랑짤그랑 소리를 내서는 안 된다.

母(はは)は今(いま)台所(だいどころ)の流(なが)し台(だい)で、食器(しょっき)をかちゃかちゃと音(おと)を立(た)てて洗(あら)っている。
어머니는 지금 부엌 개수대에서 식기를 짤그랑짤그랑 소리를 내며 씻고 있다.

12 ★★

□ **きゅっきゅっ**

- ごしごし (힘을 주어) 싹싹, 박박
- 拭(ふ)く 닦다, 훔치다

빡빡(물건을 세게 문지르는 모양)

心(こころ)が晴(は)れない時(とき)、きゅっきゅっと鏡(かがみ)を磨(みが)くと不思議(ふしぎ)に心(こころ)が晴(は)れやかになってきます。
마음이 울적할 때 빡빡 거울을 닦으면 신기하게 마음이 상쾌해집니다.

お湯(ゆ)を落(お)としながら、きゅっきゅっと音(おと)を立(た)てて浴槽(よくそう)を洗(あら)うと、お掃除(そうじ)も楽(らく)に済(す)んでしまった。
뜨거운 물을 부으면서 빡빡 소리를 내며 욕조를 씻으니 청소도 쉽게 끝나 버렸다.

13 ★★

ごとごと

- ぼんぼん 탁탁, 휘휘(물건을 치거나 던지는 소리)
- ぶつかる 부딪치다

탁탁, 덜그럭덜그럭(물체가 가볍게 부딪쳐서 나는 소리)

最近、夜になると天井裏でごとごと音がします。
요즘 밤이 되면 지붕 밑에서 탁탁 소리가 납니다.

貨物車がごとごと音を立てながら走り出した。
화물차가 덜그럭덜그럭 소리를 내면서 달리기 시작했다.

📋 적중 포인트

＞ 동 がちがち 딱딱(단단한 물건이 부딪쳐서 나는 소리)

14 ★★★

うとうと

- 동 うつらうつら 꾸벅꾸벅
- 仮眠を取る 선잠을 자다
- 眠気がさす 졸음이 오다

꾸벅꾸벅

映画があまりにも退屈なので、うとうとしてたよ。
영화가 너무나도 지루해서 꾸벅꾸벅 졸았어.

疲れがたまっていたのか、会議中にうとうとしてしまいました。
피로가 쌓여 있었는지 회의 중에 꾸벅꾸벅 졸고 말았습니다.

📋 적중 포인트

＞ 동 居眠りする (앉아서) 졸다

15 ★★★

にこにこ

- げらげら 껄껄
- くすくす 킥킥, 킬킬
- にやにや 히죽히죽, 싱글싱글
- へらへら 실실

생긋생긋, 싱글벙글

何かいいことでもあったのか、彼は朝からにこにこしている。
뭔가 좋은 일이라도 있었는지 그는 아침부터 싱글벙글하고 있다.

にこにこしている娘の姿を見て、私も嬉しい気持ちになった。
싱글벙글하고 있는 딸의 모습을 보고 나도 즐거워졌다.

16 ★★

□ おいおい

- 園 わんわん 엉엉
- さめざめ 하염없이
- しくしく 훌쩍훌쩍

엉엉(소리를 내어 몹시 우는 모양)

悔しさのあまり、彼はおいおいと声を上げて泣いていた。
분한 나머지 그는 엉엉 소리내어 울고 있었다.

亡き母の日記を読んで、彼女はおいおいと泣き始めた。
돌아가신 어머니의 일기를 읽고 그녀는 엉엉 울기 시작했다.

📝 **적중 포인트**

園 ぽろぽろ (눈물이) 뚝뚝

17 ★★★

□ きらきら

- てかてか 반들반들, 번들번들
- ぴかぴか 번쩍번쩍, 반짝반짝
- 輝く 빛나다

반짝반짝(조금씩 연속해서 빛나는 모양)

その日、見上げた夜空に星がきらきら光っていたことを覚えている。
그날 올려다본 밤하늘에 별이 반짝반짝 빛나고 있었던 것을 기억하고 있다.

夜空できらきら光っている星のほとんどは、「恒星」と呼ばれる星である。
밤하늘에서 반짝반짝 빛나는 별의 대부분은 '항성'이라고 불리는 별이다.

18 ★★★

□ くよくよ

- ぐずぐず 꾸물꾸물, 우물쭈물
- 気に病む 마음에 두고 끙끙 앓다, 걱정하다

끙끙(사소한 일에 늘 걱정하는 모양)

もう済んだことだから、くよくよ悩まなくてもいいよ。
이미 끝난 일이니까 끙끙 고민하지 않아도 돼.

彼ときたら、いつも小さいことにも敏感でくよくよしてしまう。
그로 말하자면 항상 사소한 일에도 민감해서 끙끙 앓아 버린다.

📝 **적중 포인트**

園 もやもや 마음이 답답하고 개운하지 않은 모양

19 ★★★

☐ **くどくど** 장황하게, 지리하게

- がみがみ 구시렁구시렁, 앙알앙알
- つべこべ 이러쿵저러쿵

くどくど言わないで、はっきり要点だけ言ってくれない(?)。
장황하게 말하지 말고 확실하게 요점만 말해 주지 않을래?

彼はもう取り返しのつかないことについて、**くどくど**言いながら嘆いている。
그는 이제 돌이킬 수 없는 일에 대해서 장황하게 말하면서 한탄하고 있다.

📝 **적중 포인트**

청+독 くどい 장황하다

20 ★★★

☐ **でこぼこ** 요철, 울퉁불퉁함

- 凹凸(おうとつ) 요철, 울퉁불퉁함
- ぎざぎざ (톱날처럼) 깔쭉깔쭉함

この道は、**でこぼこ**していて歩きにくい。
이 길은 울퉁불퉁해서 걷기 힘들다.

そこに着くまでに、何度も未舗装の**でこぼこ**道を通った。
그곳에 도착할 때까지 몇 번이나 비포장의 울퉁불퉁한 길을 지났다.

21 ★★★

☐ **ぺらぺら** 술술(외국어를 유창하게 지껄이는 모양)

- 達者(たっしゃ) 능숙함
- 流暢(りゅうちょう) 유창함

彼は3ヵ国語が**ぺらぺら**だから、本当に羨ましい。
그는 3개 국어를 술술 잘하기 때문에 정말로 부럽다.

彼女は英語のみならず、中国語も**ぺらぺら**だ。
그녀는 영어뿐만 아니라 중국어도 술술 잘한다.

📝 **적중 포인트**

청+독 すらすら 척척, 술술, 거침없이(막힘 없이 일이 진행되는 모양)

22 ★★

おちおち

- 油断(ゆだん)する 방심하다
- 気(き)が散(ち)る 마음이 흐트러지다, 주의가 산만해지다

마음 놓고, 차분히

最近(さいきん)、忙(いそが)しくなっておちおち食事(しょくじ)もしていられない。
요즘 바빠져서 마음 놓고 식사도 하고 있을 수 없다.

こんな物騒(ぶっそう)な世(よ)の中(なか)では、おちおち眠(ねむ)れもしない。
이런 위험한 세상에서는 마음 놓고 잠도 잘 수 없다.

📝 적중 포인트

[청]+[독] 油断大敵(ゆだんたいてき) 방심은 금물

23 ★★★

だらだら

- もさもさ 우물우물, 꾸물꾸물
- のろのろ 느릿느릿
- 汗(あせ)をかく 땀을 흘리다

(액체가) 질질, 줄줄, 지루하게

全然(ぜんぜん)暑(あつ)くないのに、彼(かれ)だけだらだら汗(あせ)をかいている。
전혀 덥지 않은데도 그만 줄줄 땀을 흘리고 있다.

この映画(えいが)は所々(ところどころ)はっとするシーンはあるものの、だらだらしたシーンが多(おお)すぎる。
이 영화는 군데군데 깜짝 놀랄 장면은 있기는 하지만 지루한 장면이 너무 많다.

📝 적중 포인트

[청]+[독] うだうだ 이러쿵저러쿵(잔말이 많은 모양)

24 ★★★

ざらざら

- [반] すべすべ (표면이) 매끈매끈함, 반들반들함
- 粗(あら)い 까칠까칠하다

(표면이) 까칠까칠, 까슬까슬

砂(すな)ぼこりで部屋(へや)の床(ゆか)がざらざらしている。
모래 먼지로 방바닥이 까슬까슬하다.

肌(はだ)がざらざらする原因(げんいん)は、古(ふる)い角質(かくしつ)が肌(はだ)の上(うえ)に残(のこ)ったままになっているからである。
피부가 까칠까칠한 원인은 오래된 각질이 피부 위에 남은 채로 있기 때문이다.

Day 06 Check Up Test

★ 다음 단어의 뜻을 오른쪽에서 찾아 연결해 보세요.

❶ ざらざら　　•　　　　•　ⓐ 마음 놓고, 차분히

❷ おちおち　　•　　　　•　ⓑ 우당탕, 요란스럽게, 허둥대며

❸ どたばた　　•　　　　•　ⓒ (표면이) 까칠까칠, 까슬까슬

❹ ほっと　　　•　　　　•　ⓓ 탁탁, 덜그럭덜그럭

❺ ごとごと　　•　　　　•　ⓔ 후유

★ 공란에 들어갈 적절한 단어를 보기에서 골라 넣으세요.

ⓐ あたふた　　ⓑ ぱくぱく　　ⓒ ぺらぺら
ⓓ すたすた　　ⓔ くどくど　　ⓕ きらきら
ⓖ でこぼこ　　ⓗ がばと　　　ⓘ うとうと

❻ 空には星が_____光っていた。
❼ 色々な経験のおかげで、_____しないで済んだ。
❽ 彼女は急いでいることでもあるのか、_____道を歩いていく。
❾ 家の前のアスファルトが_____しているので、補修してほしい。
❿ うちの課の鈴木君は、会議中に_____居眠りばかりして困っている。

정답　❶ ⓒ　❷ ⓐ　❸ ⓑ　❹ ⓔ　❺ ⓓ　❻ ⓕ　❼ ⓐ　❽ ⓓ　❾ ⓖ　❿ ⓘ

최신기출 기본 어휘

정신 없는 우리 가족의 아침 의성어·의태어

청해

- ★ **あやふや** 애매함, 모호함 ☐ ☐ ☐
- ★ **ふらふら** 흔들흔들, 휘청휘청, 어슬렁어슬렁 ☐ ☐ ☐
- ★ **いきいき** 생생하게(생생한 모양), 활기찬(생기가 넘치는 모양) ☐ ☐ ☐
- ★ **ごつごつ** 울퉁불퉁(울퉁불퉁하고 딱딱한 모양) ☐ ☐ ☐
- ★ **めちゃくちゃ** 엉망진창, 형편없음 ☐ ☐ ☐
- ★ **ずきずき** 욱신욱신(상처가 쑤시면서 아픈 모양) ☐ ☐ ☐
- ★ **ぽちゃぽちゃ** 포동포동(포동포동하고 귀여운 모양) ☐ ☐ ☐
- ★ **つやつや** 반질반질(광택이 나는 모양) ☐ ☐ ☐
- ★ **めろめろ** 물렁물렁함, 흐리터분함 ☐ ☐ ☐
- ★ **おどおど** 주저주저, 흠칫흠칫, 조심조심, 주뼛주뼛 ☐ ☐ ☐

독해

- ★ **こっそり** 살짝, 몰래 ☐ ☐ ☐
- ★ **ほかほか** 따끈따끈, 후끈후끈, 포근포근 ☐ ☐ ☐
- ★ **めそめそ** 훌쩍훌쩍(소리 없이 또는 낮은 소리로 우는 모양) ☐ ☐ ☐
- ★ **ぐっと** 훽, 단숨에(힘을 주어 단숨에 하는 모양) ☐ ☐ ☐
- ★ **がやがや** 와글와글, 왁자지껄(시끄럽게 떠드는 모양) ☐ ☐ ☐
- ★ **めらめら** 활활(불길이 널름거리며 타오르는 모양) ☐ ☐ ☐
- ★ **もくもく** 뭉게뭉게(연기나 구름 등이 잇달아 피어오르는 모양) ☐ ☐ ☐
- ★ **するする** 매끄럽게, 날렵히, 거침없이, 술술 ☐ ☐ ☐
- ★ **うようよ** 우글우글, 득실득실(생물이 기분 나쁠 정도로 많이 존재하는 모양) ☐ ☐ ☐
- ★ **めりめり** 우지직, 우지끈(물건이 부러지거나 부서질 때 나는 소리나 모양) ☐ ☐ ☐

+ 최신기출 고득점 어휘 — 정신 없는 우리 가족의 아침 (의성어·의태어)

청해

- ★ **ぬるぬる** 미끈미끈 ☐☐☐
- ★ **うんざり** 넌더리나게, 지겹게 ☐☐☐
- ★ **つんつん** 쿡쿡(냄새가 코를 찌르는 모양) ☐☐☐
- ★ **あっさり** 깨끗이, 선선히, 산뜻하게, 개운하게 ☐☐☐
- ★ **ぴりぴり** 얼얼, 따끔따끔 ☐☐☐
- ★ **ぽつり** 똑, 뚝(비·물방울 등이 떨어지는 모양) ☐☐☐
- ★ **ぐるぐる** 빙글빙글, 둘둘 ☐☐☐
- ★ **どっと** 우르르, 왈칵, 한꺼번에 ☐☐☐
- ★ **じっくり** 차분하게, 곰곰이(시간을 들여 꼼꼼하게 하는 모양) ☐☐☐
- ★ **さっさと** 빨리, 빨랑빨랑, 서둘러, 지체 없이 ☐☐☐

독해

- ★ **なよなよ** 나긋나긋 ☐☐☐
- ★ **むかむか** 메슥메슥 ☐☐☐
- ★ **ぱっと** 확, 홱, 짝, 눈에 확 띄는 ☐☐☐
- ★ **げっそり** 홀쪽(갑자기 여위는 모양) ☐☐☐
- ★ **ぶくぶく** 부글부글(거품이 이는 모양), 뒤룩뒤룩(살이 찐 모양) ☐☐☐
- ★ **ぶるぶる** 덜덜, 부들부들(떨리는 모양) ☐☐☐
- ★ **ぞろぞろ** 줄줄, 우글우글, 질질 ☐☐☐
- ★ **ばらばら** 뿔뿔이, (사람들이 갑자기) 우르르 ☐☐☐
- ★ **へとへと** 몹시 피곤함, 녹초가 됨, 기진맥진함 ☐☐☐
- ★ **がんがん** 욱신욱신(골치가 몹시 아픈 모양) ☐☐☐

Day 07

취미·여가

취미생활로 일상에 여유를!

바쁜 현대인의 삶에서 **余暇**활동을 즐기기란 쉽지 않다. 하지만 우리는 **余暇**활동을 통해 삶의 **価値**와 새로운 **活力**을 얻을 수 있다. 그런 의미에서 나도 최근 **趣味**인 **生け花**에 **没頭**하며 생활의 **余裕**를 **取り戻す**하려고 하고 있다. **生け花**는 좀 **独特**하다고 생각할지도 모르지만 **案外 気軽に** 즐길 수 있고 심신 안정에도 큰 도움이 된다. 친구 중에는 **切手** 수집이나 원목으로 가구 **製作**를 취미로 하는 친구도 있다. 바쁜 일상 속에서 자신이 좋아하는 것에 잠시나마 **集中**할 수 있다면 즐겁고 행복한 삶이지 않을까?

JPT 최신기출 어휘 베스트 14

- 余暇(よか) 여가
- 価値(かち) 가치
- 活力(かつりょく) 활력
- 趣味(しゅみ) 취미
- 生け花(いけばな) 꽃꽂이
- 没頭(ぼっとう) 몰두
- 余裕(よゆう) 여유
- 取り戻す(とりもどす) 되찾다, 회복하다
- 独特(どくとく) 독특
- 案外(あんがい) 의외로, 예상외로
- 気軽(きがる)に 부담 없이
- 切手(きって) 우표
- 製作(せいさく) 제작
- 集中(しゅうちゅう) 집중

01 ★★

□ **余暇**(よか)

- 통 レジャー 레저, 여가
- 空(あ)き時間(じかん) 비는 시간
- 暇潰(ひまつぶ)し 심심풀이

여가

余暇活動は、日常生活の活力となる。
여가활동은 일상생활의 활력이 된다.

せっかく時間ができたから、余暇を十分に楽しみたい。
모처럼 시간이 생겼으니까 여가를 충분히 즐기고 싶다.

📝 적중 포인트

명+동 時間を潰す 시간을 때우다

---

02 ★★★

□ **価値**(かち)

- 통 値打(ねう)ち 가치, 값어치

가치

労働時間が減るに連れ、余暇の価値も増えてきた。
노동시간이 줄어듦에 따라 여가의 가치도 증가했다.

どんな余暇活動であれ、それなりの価値を持っている。
어떤 여가활동이든 그 나름의 가치를 지니고 있다.

---

03 ★★

□ **活力**(かつりょく)

- 活力(かつりょく)が湧(わ)く 활력이 솟다
- 活力素(かつりょくそ) 활력소
- 活気(かっき) 활기

활력

休日は趣味で疲れを発散させ、活力をリチャージするようにしている。
휴일에는 취미로 피로를 발산시키고 활력을 재충전하도록 하고 있다.

毎日仕事に追われ、疲れ果てた状態で帰宅して眠るとしても、趣味があればそれが明日への活力になる。
매일 일에 쫓겨 완전히 지친 상태로 귀가해서 잠든다고 해도 취미가 있다면 그것이 내일을 위한 활력이 된다.

04 ★★★

趣味(しゅみ)
- 好(この)み 취미, 기호, 취향(=嗜好)
- 特技(とくぎ) 특기

취미

お金(かね)を貯(た)めて、のんびり趣味(しゅみ)を生(い)かした生活(せいかつ)がしたい。
돈을 모아서 느긋하게 취미를 살린 생활을 하고 싶다.

弟(おとうと)は飽(あ)きっぽくて趣味(しゅみ)をころころ変(か)え、最後(さいご)まで貫(つらぬ)いたことがない。
남동생은 실증을 잘 내서 취미를 금새 바꿔서 끝까지 이룩한 적이 없다.

05 ★

生(い)け花(ばな)
- 图 花道(かどう) 꽃꽂이
- 飾(かざ)り 꾸미다, 장식하다
- 花瓶(かびん) 꽃병
- 鑑賞(かんしょう) 감상

꽃꽂이

生(い)け花(ばな)を習(なら)っている女性(じょせい)は、女性(じょせい)らしいというイメージを持(も)っている男性(だんせい)が多(おお)い。
꽃꽂이를 배우고 있는 여성은 여성스럽다는 이미지를 가지고 있는 남성이 많다.

自然(しぜん)に咲(さ)いている花(はな)は好(す)きですが、生(い)け花(ばな)は何(なん)となく不自然(ふしぜん)に見(み)えます。
자연에 피어 있는 꽃은 좋아하지만 꽃꽂이는 왠지 부자연스럽게 보입니다.

06 ★★

没頭(ぼっとう)
- 取(と)り組(く)む 몰두하다
- 熱中(ねっちゅう)する 열중하다
- 夢中(むちゅう)になる 열중하다

몰두

趣味(しゅみ)にあまり没頭(ぼっとう)している人(ひと)は、異性(いせい)に人気(にんき)がないかもしれない。
취미에 너무 몰두하고 있는 사람은 이성에게 인기가 없을지도 모른다.

最新(さいしん)の研究(けんきゅう)によると、体(からだ)をさほど動(うご)かさない趣味(しゅみ)や娯楽(ごらく)でも、没頭(ぼっとう)すると心身(しんしん)がリラックスして驚(おどろ)くほどの健康効果(けんこうこうか)があるという。
최신 연구에 따르면 몸을 그다지 움직이지 않는 취미나 오락이라도 몰두하면 심신이 편안해져서 놀랄 만한 건강 효과가 있다고 한다.

07 ★★

余裕 (よゆう)

여유

- 유 ゆとり 여유
- のどか 한가로움
- のほほん 빈둥빈둥

最近は、余裕がなくて趣味がないという人もいるが、何らかの趣味があった方が充実した人生になるはずだ。
최근에는 여유가 없어서 취미가 없다는 사람도 있지만 무언가 취미가 있는 편이 충실한 인생이 될 것이다.

時間とお金に最も余裕があるのは、50歳以上の女性という調査結果が出た。
시간과 돈에 가장 여유가 있는 것은 50세 이상의 여성이라는 조사 결과가 나왔다.

08 ★★

取り戻す (とりもどす)

되찾다, 회복하다

- 유 取り返す 되찾다, 회복하다
- 持ち直す 회복되다

趣味を持つことは、自分の活力を取り戻すチャンスになり得る。
취미를 가지는 것은 자신의 활력을 되찾을 기회가 될 수 있다.

私はヨガで心身を癒して仕事への活力を取り戻した。
나는 요가로 심신을 치유하고 일에 대한 활력을 되찾았다.

09 ★★

独特 (どくとく)

독특

- 特異 특이
- 特有 특유
- 奇抜 기발
- 独創的 독창적
- 個性的 개성적

ありきたりの趣味から、独特な趣味へと人々の関心が移っている。
평범한 취미에서 독특한 취미로 사람들의 관심이 옮아가고 있다.

芸能人の中にも、独特な趣味でファンたちの関心を呼んでいるスターがたくさんいる。
연예인 중에도 독특한 취미로 팬들의 관심을 끌고 있는 스타가 많이 있다.

📝 **적중 포인트**

유 一風変わった(いっぷうかわった) 좀 색다른, 좀 특이한

10 ★★★

□ **案内（あんがい）**

- 思（おも）いのほか 뜻밖에, 의외로
- 案外（あんがい） 의외, 뜻밖, 예상외
- 意外（いがい） 의외, 뜻밖, 예상외

의외로, 예상외로

趣味（しゅみ）が全（まった）く合（あ）わなさそうな人（ひと）でも、話（はな）してみたら案外（あんがい）よく通（つう）じることも多（おお）いです。

취미가 전혀 맞지 않을 것 같은 사람이라도 이야기해 보면 의외로 잘 통하는 경우도 많습니다.

レザークラフトは、案外（あんがいかんたん）簡単に色々（いろいろ）作（つく）れて初心者（しょしんしゃ）にもお薦（すす）めの趣味（しゅみ）です。

피혁공예는 의외로 간단히 여러 가지 만들 수 있어서 초보자에게도 추천할 만한 취미입니다.

11 ★★

□ **気軽（きがる）に**

- 気楽（きらく）に 마음 편히
- 手軽（てがる）に 손쉽게, 간단하게

부담 없이

登山（とざん）は誰（だれ）でも気軽（きがる）に始（はじ）めることができる趣味（しゅみ）の一（ひと）つだと思（おも）います。

등산은 누구나 부담 없이 시작할 수 있는 취미 중 하나라고 생각합니다.

趣味（しゅみ）とはいえ、あまりお金（かね）がかかるのは気軽（きがる）にできないはずだ。

취미라고는 해도 너무 돈이 드는 것은 부담 없이 할 수 없을 것이다.

📝 적중 포인트

청+독 容易（たやす）い 쉽다, 용이하다

12 ★★

□ **切手（きって）**

- 収集（しゅうしゅう） 수집
- 貼（は）る 붙이다
- コレクター 수집가

우표

切手（きって）を集（あつ）める時（とき）には、あるテーマに沿（そ）って集（あつ）めてみることも楽（たの）しいだろう。

우표를 모을 때에는 어떤 테마에 따라 모아 보는 것도 즐거울 것이다.

私（わたし）は学生時代（がくせいじだい）から切手（きって）を集（あつ）めるのが趣味（しゅみ）で、珍（めずら）しい記念切手（きねんきって）などをたくさん持（も）っています。

저는 학창시절부터 우표를 모으는 것이 취미로, 진귀한 기념우표 등을 많이 가지고 있습니다.

13 ★★

□ **製作** (せいさく)

- 組み立てる 조립하다
- 製造 제조

제작

何かを製作する趣味は、自分の頭の中のイメージが自分の手から形となって、生み出されていくという魅力があります。

원가를 제작하는 취미는 자기 머릿속의 이미지가 자신의 손에서 형태가 되어 만들어져 간다는 매력이 있습니다.

📝 **적중 포인트**

형+동 作り上げる 만들어 내다, 완성하다

14 ★★★

□ **集中** (しゅうちゅう)

- 集中力 집중력
- 没入 몰입
- 注意を向ける 주의를 기울이다

집중

私は趣味に集中すると、他に何も見えなくなってしまう。

나는 취미에 집중하면 그 외에 아무것도 보이지 않게 되어 버린다.

アクセサリーを作ることは、家で一人で楽しめるし、人を意識せずに、集中して取り組むことができる。

액세서리를 만드는 것은 집에서 혼자서 즐길 수 있고, 남을 의식하지 않고 집중해서 몰두할 수 있다.

15 ★★

□ **陶芸** (とうげい)

- 陶芸家 도예가
- 陶磁器 도자기

도예

先週から陶芸教室に通い始めました。

지난주부터 도예교실에 다니기 시작했습니다.

陶芸は、土を用いて形を作っていく過程を楽しむ趣味です。

도예는 흙을 이용해서 형태를 만들어 가는 과정을 즐기는 취미입니다.

16 ★★

園芸(えんげい)
- 植(う)える 심다
- 庭園(ていえん) 정원

원예

自宅(じたく)に庭(にわ)がある家庭(かてい)なら、園芸(えんげい)に興味(きょうみ)を持(も)ったことがあるはずだ。
자택에 정원이 있는 가정이라면 원예에 흥미를 가진 적이 있을 것이다.

園芸(えんげい)は、何(なに)かを育(そだ)てることで責任感(せきにんかん)が生(う)まれるから、個人的(こじんてき)に老後(ろうご)の趣味(しゅみ)としてお薦(すす)めです。
원예는 뭔가를 키우는 것으로 책임감이 생기니까 개인적으로 노후의 취미로서 추천합니다.

17 ★★

読書(どくしょ)
- 書物(しょもつ) 책, 서적
- 随筆(ずいひつ) 수필

독서

私(わたし)は読書(どくしょ)が趣味(しゅみ)で、月(つき)に少(すく)なくとも10冊(じゅっさつ)は読(よ)んでいる。
나는 독서가 취미로 한 달에 적어도 10권은 읽고 있다.

彼(かれ)は時間(じかん)があれば、よく読書(どくしょ)に耽(ふけ)る方(ほう)だ。
그는 시간만 있으면 자주 독서에 열중하는 편이다.

18 ★★★

得(え)がたい
- 入手(にゅうしゅ) 입수
- 掛(か)け替(が)えのない 다시없다, 둘도 없다

얻기 힘들다

毎週末(まいしゅうまつ)にボランティア活動(かつどう)をやっているのだが、お金(かね)では得(え)がたい貴重(きちょう)な経験(けいけん)をしている。
매 주말에 자원봉사활동을 하고 있는데 돈으로는 얻기 힘든 귀중한 경험을 하고 있다.

📝 **적중 포인트**

청+됨 手(て)に入(はい)る 손에 들어오다, 입수하다

19 ★★★

めきめき

- 類 目立って 눈에 띄게, 두드러지게
- 際立つ 두드러지다, 눈에 띄다

눈에 띄게, 부쩍부쩍

最近、練習しているうちにテニスの腕がめきめき上がるのを実感している。
최근 연습하고 있는 동안에 테니스 솜씨가 눈에 띄게 느는 것을 실감하고 있다.

ダンス教室の先生が分かりやすく指導してくれて、子供たちもめきめき上手になっていった。
댄스교실 선생님이 이해하기 쉽게 지도해 주어서 아이들도 눈에 띄게 능숙해져 갔다.

📝 **적중 포인트**

[청]+[독] めっきり 눈에 띄게, 현저히

20 ★★★

鍛える

- 類 鍛練する 단련하다
- 修練 수련
- 向上 향상

(심신을) 단련하다

毎日仕事に追われているが、余暇を活用して心身を鍛えている。
매일 일에 쫓기고 있지만 여가를 활용해서 심신을 단련하고 있다.

スポーツは、楽しくて身体も鍛えられる、正に一石二鳥の趣味である。
스포츠는 즐겁고 신체도 단련할 수 있는 정말로 일석이조의 취미다.

21 ★★

顔負け

- 匹敵する 필적하다
- ~並み ~와 같은, 동등한

무색해짐

趣味でやっているとはいえ、プロも顔負けの腕前ですね。
취미로 하고 있다고 하지만 프로도 무색해질 만한 솜씨네요.

この分野において、彼は専門家顔負けの知識を誇っている。
이 분야에 있어서 그는 전문가가 무색해질 만한 지식을 자랑하고 있다.

📝 **적중 포인트**

[청]+[독] 肩を並べる 어깨를 나란히 하다

22 ★★

□ **奥深い**
- 奥行き (지식·생각 등의) 깊이

뜻이 깊다, 심오하다

趣味の世界は幅が広く、時に非常に奥深いものだ。
취미의 세계는 폭이 넓고 때로는 대단히 심오한 법이다.

彼が作った完成品を見て、趣味の世界って本当に奥深いなと感じた。
그가 만든 완성품을 보고 취미의 세계란 정말로 심오하구나 하고 느꼈다.

23 ★★

□ **スリル**
- 戦慄 전율
- 身震い する 몸을 떨다
- ぞっとする 오싹하다

스릴

格闘技はスリルが味わえる趣味の一つである。
격투기는 스릴을 맛볼 수 있는 취미 중 하나다.

サーフィンはスリルやスピード感が楽しめるスポーツです。
서핑은 스릴과 속도감을 즐길 수 있는 스포츠입니다.

24 ★★★

□ **腕が上がる**
- 腕前 솜씨, 기량, 수완
- 技 기술, 솜씨, 기예

솜씨가 늘다

一人暮らしのおかげで、料理の腕が上がったじゃない(?)。
혼자서 사는 덕분에 요리 솜씨가 는 거 아니야?

毎日の弛まぬ練習で、かなりピアノの腕が上がったと思う。
매일의 꾸준한 연습으로 상당히 피아노 솜씨가 늘었다고 생각한다.

📋 **적중 포인트**

청+독 手際 솜씨, 수완

Day 07 Check Up Test

★ 다음 단어의 뜻을 오른쪽에서 찾아 연결해 보세요.

❶ 活力 • • ⓐ 솜씨가 늘다
❷ 製作 • • ⓑ 제작
❸ 腕が上がる • • ⓒ 활력
❹ 余裕 • • ⓓ 여유
❺ 価値 • • ⓔ 가치

★ 공란에 들어갈 적절한 단어를 보기에서 골라 넣으세요.

ⓐ 園芸　　ⓑ 気軽に　　ⓒ めきめき
ⓓ スリル　　ⓔ 取り戻す　　ⓕ 得がたい
ⓖ 趣味　　ⓗ 没頭　　ⓘ 生け花

❻ _____でやっているといえども、なかなかの腕前だ。
❼ 散歩は誰もが_____始められる趣味の一つである。
❽ 週末の趣味活動で、日常の活気を_____ことができた。
❾ _____を楽しめる趣味と言えば、スカイダイビングが挙げられる。
❿ 最近、また趣味に_____し始めた彼とは、会うことも少なくなってしまった。

정답　❶ⓒ　❷ⓑ　❸ⓐ　❹ⓓ　❺ⓔ　❻ⓖ　❼ⓑ　❽ⓔ　❾ⓓ　❿ⓗ

+ 최신기출 기본 어휘

취미생활로 일상에 여유를! 취미·여가

청해

★ 工作(こうさく) 공작	★ 合唱(がっしょう) 합창
★ 散歩(さんぽ) 산책	★ 書道(しょどう) 서예
★ 水泳(すいえい) 수영	★ 限定(げんてい) 한정
★ ゴルフ 골프	★ ドール 인형
★ 写真(しゃしん) 사진	★ 本格的(ほんかくてき) 본격적
★ 見学(けんがく) 견학	★ マラソン 마라톤
★ ワイン 와인	★ ドライブ 드라이브
★ 面倒(めんどう) 성가심, 귀찮음	★ ハイキング 하이킹
★ フリーマーケット 벼룩시장	
★ ネットサーフィン 인터넷서핑	

독해

★ 作者(さくしゃ) 작자, 작가	★ 地図(ちず) 지도
★ 啓発(けいはつ) 계발	★ 観察(かんさつ) 관찰
★ 牧場(ぼくじょう) 목장	★ 体操(たいそう) 체조
★ 料理(りょうり) 요리	★ 盆栽(ぼんさい) 분재
★ 掃除(そうじ) 청소	★ 手品(てじな) 마술
★ 入門(にゅうもん) 입문	★ 遊園地(ゆうえんち) 유원지
★ 動物園(どうぶつえん) 동물원	★ 図書館(としょかん) 도서관
★ 編み物(あみもの) 뜨개질	★ 博物館(はくぶつかん) 박물관
★ 折り紙(おりがみ) 종이 접기	★ ボーリング 볼링
★ ピクニック 피크닉, 소풍	★ スキル 스킬, 기술

+ 최신기출 고득점 어휘

취미생활로 일상에 여유를! **취미 · 여가**

청해

- ★ 占(うらな)い 점
- ★ 品種(ひんしゅ) 품종
- ★ 登山(とざん) 등산
- ★ 手芸(しゅげい) 수예
- ★ ペット 애완동물
- ★ 碁(ご) 바둑
- ★ 将棋(しょうぎ) 장기
- ★ 絵本(えほん) 그림책
- ★ イラスト 일러스트, 삽화
- ★ ボランティア 자원봉사
- ★ 基礎(きそ) 기초
- ★ 撮影(さつえい) 촬영
- ★ 宝(たから)くじ 복권
- ★ 素人(しろうと) 아마추어, 초보자
- ★ 玄人(くろうと) 전문가, 프로
- ★ 隙間(すきま) 짬
- ★ こつこつ 꾸준히
- ★ 筋(きん)トレ 근력운동
- ★ ミニチュア 미니어처
- ★ 没入(ぼつにゅう) 몰입

독해

- ★ 妄想(もうそう) 망상
- ★ 字幕(じまく) 자막
- ★ 要素(ようそ) 요소
- ★ 比較(ひかく) 비교
- ★ 疑問(ぎもん) 의문
- ★ 貴金属(ききんぞく) 귀금속
- ★ 難易度(なんいど) 난이도
- ★ 英会話(えいかいわ) 영어회화
- ★ 有酸素(ゆうさんそ) 유산소
- ★ 寄(よ)せ集(あつ)め 어중이떠중이
- ★ 掲載(けいさい) 게재
- ★ 開設(かいせつ) 개설
- ★ 解消(かいしょう) 해소
- ★ 副次的(ふくじてき) 부차적
- ★ 難点(なんてん) 난점
- ★ 屋外(おくがい) 옥외
- ★ 視界(しかい) 시계, 시야
- ★ 近道(ちかみち) 지름길
- ★ 上達(じょうたつ) 숙달, 향상
- ★ 念頭(ねんとう)に置(お)く 염두에 두다

Day 08

여행·관광

1박 2일의 가족 온천여행

이번 **週末**에 가족 **水入らず** 규슈로 **一泊二日** 온천**旅行**를 가기로 했다. 모두 바빠서 좀처럼 모이기가 쉽지 않았는데 **日程**를 잘 **調整**해서 함께 갈 수 있게 되었다. 부모님의 **喜ぶ**하는 모습을 보고 잘했다는 생각이 든다. 개인적으로도 **露天風呂**에 **ゆっくり** 몸을 담글 상상을 하니 벌써부터 **疲れが取れる**하는 것 같다. 일본의 유서 깊은 **旅館**에는 한 번 묵은 적이 있는데 주위 **風景**가 너무 아름답고 **食事**도 맛있어서 다시 그곳에 묵기로 했다. 이번 여행이 모두에게 좋은 **気晴らし**가 되었으면 좋겠다.

JPT 최신기출 어휘 베스트 14

- □ 週末(しゅうまつ) 주말
- □ 水入(みずい)らず (남이 끼지 않은) 집안 식구끼리
- □ 一泊二日(いっぱくふつか) 1박 2일
- □ 旅行(りょこう) 여행
- □ 日程(にってい) 일정
- □ 調整(ちょうせい) 조정
- □ 喜(よろこ)ぶ 기뻐하다
- □ 露天風呂(ろてんぶろ) 노천온천
- □ ゆっくり 느긋하게, 푹
- □ 疲(つか)れが取(と)れる 피로가 풀리다
- □ 旅館(りょかん) 여관
- □ 風景(ふうけい) 풍경, 경치
- □ 食事(しょくじ) 식사
- □ 気晴(きば)らし 기분전환

01 ★★

週末 (しゅうまつ)

주말

- 图 ウイークエンド 위켄드, 주말
- 花金(はなきん) 불금(=花の金曜日)
- 月曜病(げつようびょう) 월요병

今週(こんしゅう)の週末(しゅうまつ)はふらりと旅(たび)に出(で)てみるつもりだ。
이번 주 주말에는 훌쩍 여행을 떠나 볼 생각이다.

週末(しゅうまつ)は仕事(しごと)のことを忘(わす)れて、思(おも)い切(き)り遊(あそ)んでみることも必要(ひつよう)だと思(おも)う。
주말에는 일에 대한 것을 잊고 실컷 놀아 보는 것도 필요하다고 생각한다.

📖 적중 포인트

청+독 週休二日制(しゅうきゅうふつかせい) 주5일근무제

02 ★★★

水入らず (みずいらず)

(남이 끼지 않은) 집안 식구끼리

- 家族団(かぞくだん)らん 가족단란
- 和気(わき)あいあい 화기애애

今度(こんど)の連休(れんきゅう)は水入(みずい)らずで、のんびり過(す)ごせそうですね。
이번 연휴는 집안 식구끼리 느긋하게 보낼 수 있을 것 같네요.

先週(せんしゅう)は沖縄(おきなわ)へ行(い)って、家族水入(かぞくみずい)らずの楽(たの)しい一時(ひととき)を過(す)ごした。
지난주는 오키나와에 가서 가족끼리 즐거운 한때를 보냈다.

03 ★★

一泊二日 (いっぱくふつか)

1박 2일

- 素泊(すど)まり (식사는 하지 않고) 잠만 자는 숙박
- 日帰(ひがえ)り 당일치기
- とんぼ返(がえ)り (목적지에 갔다가) 곧 바로 되돌아옴

一泊二日(いっぱくふつか)でも、十分(じゅうぶん)に楽(たの)しめる旅行先(りょこうさき)はどこでしょうか。
1박 2일로도 충분히 즐길 수 있는 여행지는 어디일까요?

山梨県(やまなしけん)は、東京(とうきょう)から一泊二日(いっぱくふつか)で行(い)けるお薦(すす)めの旅行(りょこう)スポットである。
야마나시현은 도쿄에서 1박 2일로 갈 수 있는 추천 여행명소다.

04 ★★★

□ **旅行** (りょこう)

- 图 旅(たび) 여행(=ツアー)
- 旅行先(りょこうさき) 여행지(=旅先(たびさき))

여행

私(わたし)は行(い)き当(あ)たりばったりの旅行(りょこう)が好(す)きで、よくあちこちへと出(で)かけます。
나는 무계획적인 여행을 좋아해서 자주 여기저기로 나갑니다.

外国(がいこく)を旅行(りょこう)すると、そこで思(おも)いがけない収穫(しゅうかく)を得(え)ることがある。
외국을 여행하면 거기에서 뜻밖의 수확을 얻는 경우가 있다.

📝 적중 포인트

图+图 旅行(りょこう)に行(い)く 여행(하러) 가다

05 ★★

□ **日程** (にってい)

- 日程表(にっていひょう) 일정표
- 狂(くる)う 틀어지다

일정

今日(きょう)の日程(にってい)を変更(へんこう)したいんですが。
오늘 일정을 변경하고 싶은데요.

急(きゅう)な日程変更(にっていへんこう)のため、予定(よてい)が狂(くる)ってしまった。
갑작스러운 일정 변경 때문에 예정이 틀어져 버렸다.

06 ★★

□ **調整** (ちょうせい)

- 調節(ちょうせつ) 조절
- 整(ととの)える 조절하다

조정

ガイドの日程(にってい)を調整(ちょうせい)し、後日連絡(ごじつれんらく)させていただきます。
가이드의 일정을 조정해서 후일 연락드리겠습니다.

「一人旅(ひとりたび)」は、自分(じぶん)だけの都合(つごう)で自由(じゆう)に日程調整(にっていちょうせい)ができるので、その点(てん)がいい。
'나홀로 여행'은 자신만의 사정으로 자유롭게 일정 조정을 할 수 있으므로 그 점이 좋다.

07 ★★

喜(よろこ)ぶ

- 嬉(うれ)しい 기쁘다
- 悦(えつ)に入(はい)る (마음속으로) 기뻐하다

기뻐하다

家族(かぞく)が喜(よろこ)んでくれる旅行(りょこう)の計画(けいかく)を立(た)てている。
가족이 기뻐해 줄 여행 계획을 세우고 있다.

今回(こんかい)は、九州(きゅうしゅう)の中(なか)でも子供(こども)が喜(よろこ)ぶような観光(かんこう)スポットをまとめてみました。
이번에는 규슈 안에서도 아이가 기뻐할 만한 관광명소를 정리해 봤습니다.

📝 **적중 포인트**

청+독 有頂天(うちょうてん)になる 기뻐서 어쩔 줄 모르다

---

08 ★★

露天風呂(ろてんぶろ)

- 水質(すいしつ) 수질
- 硫黄(いおう) 유황
- 秘湯(ひとう) 사람들에게 별로 알려져 있지 않은 온천

노천온천

露天風呂(ろてんぶろ)で、入浴(にゅうよく)を楽(たの)しんでいる人(ひと)たちがいます。
노천온천에서 입욕을 즐기고 있는 사람들이 있습니다.

北海道(ほっかいどう)は景色(けしき)もきれいだったし、旅館(りょかん)の露天風呂(ろてんぶろ)もとてもよかったです。
홋카이도는 경치도 아름다웠고, 여관의 노천온천도 매우 좋았습니다.

---

09 ★★

ゆっくり

- ゆったり 느긋하게
- のんびり 느긋함(=悠々(ゆうゆう))

느긋하게, 푹

私(わたし)はお金(かね)がかからない旅行(りょこう)をしようと、自転車(じてんしゃ)旅行(りょこう)を考(かんが)えた。自転車(じてんしゃ)にテントや鍋(なべ)など料理(りょうり)ができる道具(どうぐ)を積(つ)んで、自然(しぜん)がきれいな東北地方(とうほくちほう)を1週間(いっしゅうかん)ぐらいかけて、ゆっくり回(まわ)ることにした。
나는 돈이 들지 않는 여행을 하려고 자전거 여행을 생각했다. 자전거에 텐트랑 냄비 등 요리를 할 수 있는 도구를 싣고, 자연이 아름다운 도후쿠 지방을 1주일쯤 들여서 느긋하게 돌기로 했다.

10 ★★

疲れが取れる

- 疲れがたまる 피로가 쌓이다
- だるい 나른하다
- 疲労 피로

피로가 풀리다

やっぱり温泉はいいですね。こうしてお湯に浸かってると疲れが取れますね。
역시 온천은 좋네요. 이렇게 해서 뜨거운 물에 담그고 있으니 피로가 풀리네요.

旅行から帰って1週間経っているのに、なかなか疲れが取れない。
여행에서 돌아온 지 1주일 지났는데도 좀처럼 피로가 풀리지 않는다.

📝 적중 포인트

图 へとへと 몹시 피곤함, 녹초가 됨

11 ★★

旅館

- 宿 숙소
- 由緒 유서, 유래

여관

この旅館はとても人気があって、向こう6ヵ月は予約がいっぱいだそうだ。
이 여관은 매우 인기가 있어서 향후 6개월은 예약이 꽉 차 있다고 한다.

旅館に泊まる場合、一泊で最低一万円以上はかかるでしょう。
여관에 묵을 경우 1박에 최저 만 엔 이상은 들 겁니다.

12 ★★

風景

- 景色 경치, 풍경
- 眺め 전망, 조망, 경치

풍경, 경치

山頂から眺める風景は、まるで絵のようだった。
산 정상에서 바라보는 풍경은 마치 그림과 같았다.

旅館の窓越しに見える美しい風景に見とれてしまった。
여관의 창문 너머로 보이는 아름다운 풍경을 넋을 잃고 봐 버렸다.

📝 적중 포인트

图 見晴らし 전망, 조망

13 ★★

□ **食事** (しょくじ)

- ご馳走 (ちそう) (음식) 대접, 맛있는 음식, 진수성찬
- グルメ 미식가

식사

旅の醍醐味は食事にあると思う。
여행의 묘미는 식사에 있다고 생각한다.

従来は、旅先での食事はガイドブックに頼ることが多かった。
종래에는 여행지에서의 식사는 가이드북에 의지하는 경우가 많았다.

📝 **적중 포인트**

> 食事を抜く 식사를 거르다

14 ★★

□ **気晴らし** (きばらし)

- 気分転換 (きぶんてんかん) 기분전환
- 解消 (かいしょう) 해소

기분전환

先日、気晴らしに台湾に三泊旅行に行って来ました。
얼마 전에 기분전환으로 대만에 3박 여행(하러) 갔다 왔습니다.

一泊二日で気晴らしの旅行がしたいですが、どこかお薦めの所がありますか。
1박 2일로 기분전환 여행을 하고 싶은데 어딘가 추천하실 장소가 있나요?

📝 **적중 포인트**

> 気が晴れる 밝고 상쾌한 기분이 되다

15 ★★

□ **老舗** (しにせ)

- 先祖代々 (せんぞだいだい) 선조대대
- 趣 (おもむき) 멋, 풍취, 정취

노포

京都には観光客のみならず、地元の人もよく立ち寄る老舗が多くある。
교토에는 관광객뿐만 아니라 현지인도 자주 들르는 노포가 많이 있다.

ここは創業当時から変わらぬ味を守り続けている老舗で、常に多くの客で賑わっている。
이곳은 창업 당시부터 변함없는 맛을 계속 지키고 있는 노포로, 항상 많은 손님으로 북적거린다.

16 ★★

□ **〜行き**

- 経由地 경유지
- 乗り継ぎ便 환승편

〜행

大変申し訳ありません。あいにく、大阪行きのエコノミークラスは満席でございます。
대단히 죄송합니다. 공교롭게도 오사카행 이코노미클래스는 만석입니다.

東京から福岡行きの便は満席となりましたが、どの便もキャンセル待ちを受け付けておりますので、ご利用ください。
도쿄에서 후쿠오카행 편은 만석이 되었습니다만 어느 편이나 예약 취소 대기를 받고 있으므로 이용해 주십시오.

17 ★★

□ **パスポート**

- 旅券(图) 여권
- 申請 신청
- 更新 갱신

여권

パスポートを拝見できますか。
여권을 볼 수 있을까요?

空港に着いてから、パスポートを家に置き忘れてきたことに気付いた。
공항에 도착하고 나서 여권을 집에 두고 온 것을 알아차렸다.

18 ★★

□ **わくわく**

- ときめき 설렘, 가슴이 두근함
- うきうき 들썽들썽

(기대・설렘으로) 두근두근

初めての海外旅行なので、わくわくする。
첫 해외여행이라서 두근거린다.

明日いよいよ待ちに待ったヨーロッパ旅行で、もうわくわくする。
내일 드디어 기다리고 기다리던 유럽여행이라 벌써 두근거린다.

📋 적중 포인트

형+형 どきどき (긴장・초조 등으로) 두근두근

19 ★★★

□ **帰国**(きこく)

- 出国(しゅっこく) 출국 (↔入国(にゅうこく))
- 渡航(とこう) 도항

귀국

私(わたし)は1年間(いちねんかん)の旅(たび)を無事(ぶじ)に終(お)えて、3月(さんがつ)帰国(きこく)しました。
저는 1년간의 여행을 무사히 마치고 3월에 귀국했습니다.

海外旅行(かいがいりょこう)から帰国(きこく)する両親(りょうしん)を、空港(くうこう)まで迎(むか)えに行(い)かなければならない。
해외여행에서 귀국하는 부모님을 공항까지 마중 나가야 한다.

📝 적중 포인트

[명]+[동] 帰国(きこく)の途(と)に就(つ)く 귀국길에 오르다

20 ★★

□ **免税店**(めんぜいてん)

- 免税品(めんぜいひん) 면세품
- 消費税(しょうひぜい) 소비세
- 課税(かぜい) 과세

면세점

海外旅行(かいがいりょこう)のお楽(たの)しみの一(ひと)つと言(い)えば、免税店(めんぜいてん)での買(か)い物(もの)でしょうね。
해외여행의 즐거움 중 하나라고 하면 면세점에서의 쇼핑이겠죠.

海外(かいがい)に行(い)って買(か)い物(もの)をする場合(ばあい)は、免税店(めんぜいてん)で買(か)い物(もの)をするのが一番安全(いちばんあんぜん)なのかもしれません。
해외에 가서 쇼핑을 할 경우에는 면세점에서 쇼핑을 하는 것이 가장 안전할지도 모릅니다.

21 ★★

□ **お土産**(みやげ)

- 特産品(とくさんひん) 특산품
- 手土産(てみやげ) (인사차 들고 가는) 간단한 선물
- 手(て)ぶら 빈손

(여행지 등에서 사 오는) 선물

このせんべいはお土産(みやげ)として、とても人気(にんき)があります。
이 전병은 선물로서 매우 인기가 있습니다.

高橋(たかはし)さんは旅行(りょこう)の度(たび)にお土産(みやげ)を買(か)ってきてくれる。
다카하시 씨는 여행 때마다 선물을 사 와 준다.

22 ★★

□ **観光** かんこう

- 観光スポット 관광명소
- 巡礼 순례

관광

あちこち観光されるのでしたら、電車を利用するのが便利ですよ。
여기저기 관광하실 거라면 전철을 이용하는 것이 편해요.

日本の観光産業が成長するには、外国人観光客の増加が必要だということは言うまでもない。
일본의 관광산업이 성장하려면 외국인 관광객의 증가가 필요하다는 것은 말할 필요도 없다.

23 ★★

□ **見回る** みまわる

- 歩き回る 돌아다니다
- 見巡る (구경 등을 하기 위해) 돌아보다

(순찰이나 구경하기 위해) 돌아보다

東京シティーツアーは、東京の様々な文化や歴史、観光地などを見回ることができる観光プログラムです。
도쿄 시티투어는 도쿄의 다양한 문화와 역사, 관광지 등을 돌아볼 수 있는 관광 프로그램입니다.

このバスは、札幌の名所をぐるぐる回る循環バスで、いろんな名所を見回ることができます。
이 버스는 삿포로의 명소를 빙빙 도는 순환버스로, 여러 명소를 돌아볼 수 있습니다.

24 ★★

□ **キャンセル**

- キャンセル待ち 예약 취소 대기
- 取り消す 취소하다
- 取り止める 그만두다, 취소하다

캔슬, 해약, 취소

急に仕事が入って、旅行をキャンセルした。
갑자기 일이 생겨서 여행을 취소했다.

ホテルや旅館の多くは、宿泊当日キャンセルした場合は、返金なし、前日なら宿泊費の75パーセントをキャンセル料として徴収する。
호텔이나 여관의 대부분은 숙박 당일 취소한 경우에는 환불 없고, 전날이면 숙박비의 75%를 취소료로서 징수한다.

📝 **적중 포인트**

俗 ドタキャン 직전이 되어서 약속을 파기함

Day 08 Check Up Test

★ 다음 단어의 뜻을 오른쪽에서 찾아 연결해 보세요.

❶ パスポート   •   ⓐ 면세점
❷ キャンセル   •   ⓑ (순찰이나 구경하기 위해) 돌아보다
❸ 免税店   •   ⓒ 캔슬, 해약, 취소
❹ 見回る   •   ⓓ 여권
❺ お土産   •   ⓔ (여행지 등에서 사 오는) 선물

★ 공란에 들어갈 적절한 단어를 보기에서 골라 넣으세요.

ⓐ わくわく   ⓑ 老舗   ⓒ 水入らず
ⓓ 帰国   ⓔ 気晴らし   ⓕ 旅行
ⓖ 疲れが取れる   ⓗ 調整   ⓘ 喜ぶ

❻ 旅行に出かけるのは、いい_____になる。
❼ 商店街には江戸時代からの_____が軒を並べていた。
❽ 娘の_____姿を見て、宿泊先をここにしてよかったと思った。
❾ 昨年の1月に世界一周の旅から_____して、あっという間に1年が過ぎた。
❿ この近くには家族_____の時間を過ごせる人気の家族露天風呂がたくさんある。

정답 ❶ ⓓ ❷ ⓒ ❸ ⓐ ❹ ⓑ ❺ ⓔ ❻ ⓔ ❼ ⓑ ❽ ⓘ ❾ ⓓ ❿ ⓒ

+ 최신기출 기본 어휘

1박 2일의 가족 온천여행 〔여행·관광〕

청해

★ 招待(しょうたい) 초대	★ 空港(くうこう) 공항
★ 不快(ふかい) 불쾌	★ 鉄道(てつどう) 철도
★ 人気(にんき) 인기	★ 到着(とうちゃく) 도착
★ 実現(じつげん) 실현	★ 発給(はっきゅう) 발급
★ 機内(きない) 기내	★ 遅延(ちえん) 지연
★ 座席(ざせき) 좌석	★ 提示(ていじ) 제시
★ 特典(とくてん) 특전	★ 長距離(ちょうきょり) 장거리
★ 航空機(こうくうき) 항공기	★ 予防接種(よぼうせっしゅ) 예방접종
★ 手続(てつづ)き 수속, 절차	★ 駅弁(えきべん) 역에서 파는 도시락
★ 計画(けいかく)を立(た)てる 계획을 세우다	

독해

★ 記念(きねん) 기념	★ 夜間(やかん) 야간
★ 移動(いどう) 이동	★ 区間(くかん) 구간
★ 路線(ろせん) 노선	★ 施設(しせつ) 시설
★ 旅費(りょひ) 여비	★ 地理(ちり) 지리
★ 保険(ほけん) 보험	★ 購入(こうにゅう) 구입
★ 新幹線(しんかんせん) 신칸센	★ 入場料(にゅうじょうりょう) 입장료
★ 雰囲気(ふんいき) 분위기	★ 時間帯(じかんたい) 시간대
★ リゾート 리조트	★ 請求書(せいきゅうしょ) 청구서
★ 年末年始(ねんまつねんし) 연말연시	★ コース料理(りょうり) 코스요리
★ ディスカウント 디스카운트, 할인	

+최신기출 고득점 어휘

1박 2일의 가족 온천여행 (여행·관광)

청해

- ★ 乗車(じょうしゃ) 승차
- ★ 加盟(かめい) 가맹
- ★ 間隔(かんかく) 간격
- ★ 有無(うむ) 유무
- ★ 措置(そち) 조치
- ★ 便宜(べんぎ) 편의
- 旅帰り(たびがえり) 여행에서 돌아옴
- ★ 領事館(りょうじかん) 영사관
- ★ 設ける(もうける) 설치하다
- ★ 交通の便(こうつうのべん) 교통편

- ★ 厳格(げんかく) 엄격
- 運賃(うんちん) 운임
- 省略(しょうりゃく) 생략
- ★ 一環(いっかん) 일환
- ★ 現地(げんち) 현지
- 接客(せっきゃく) 접객
- 従業員(じゅうぎょういん) 종업원
- ★ 手荷物(てにもつ) 수화물
- ぶらぶら 어슬렁어슬렁
- 留守番(るすばん) 빈집을 지킴

독해

- 満喫(まんきつ) 만끽
- 要望(ようぼう) 요망
- ★ 余裕(よゆう) 여유
- ★ 片道(かたみち) 편도
- 迅速(じんそく) 신속
- ★ 確保(かくほ) 확보
- ★ 滞在(たいざい) 체재
- ★ 定める(さだめる) 정하다
- ★ 空き部屋(あきべや) 빈방
- ★ 手配(てはい) 준비

- 騒音(そうおん) 소음
- 集合(しゅうごう) 집합
- 搭乗(とうじょう) 탑승
- ★ 追加(ついか) 추가
- 破損(はそん) 파손
- ★ 探訪(たんぼう) 탐방
- 巡回(じゅんかい) 순회
- 賠償金(ばいしょうきん) 배상금
- ぼる 바가지 씌우다
- ★ 癒す(いやす) 고치다, 치유하다

Day 09 — 문화

우리 것이 좋은 것이여~!

최근 **韓流** 붐으로, 세계 여러 나라에 우리 **文化**가 소개되고 있어서 뿌듯하다. 그러나 **主に 音楽**나 **ドラマ**와 같은 대중문화 위주여서 다소 아쉬운 점이 있다. 문화에는 그 나라 사람들 **ならではの 思想**와 **感情**, **精神** 등이 **宿る**해 있다. 따라서 서로의 문화를 아무 **偏見** 없이 받아들일 수 있을 때 진정한 세계화가 가능한 것이 아닐까? 앞으로는 대중문화뿐만 아니라 전통문화도 다른 나라에 많이 **紹介**되어 많은 사람이 **訪れる**하면 좋겠다.
とにかく 우리 것이 좋은 것이여~!

JPT 최신기출 어휘 베스트 14

- 韓流(かんりゅう) 한류
- 文化(ぶんか) 문화
- 主に(おもに) 주로
- 音楽(おんがく) 음악
- ドラマ 드라마
- ~ならではの ~만의, ~이 아니고는
- 思想(しそう) 사상
- 感情(かんじょう) 감정
- 精神(せいしん) 정신
- 宿る(やどる) 깃들다
- 偏見(へんけん) 편견
- 紹介(しょうかい) 소개
- 訪れる(おとずれる) 방문하다
- とにかく 어쨌든, 여하튼, 아무튼

01 ★★

韓流(かんりゅう)

- 嫌韓流(けんかんりゅう) 혐한류
- 排他的(はいたてき) 배타적
- サブカルチャー 서브컬처

한류

韓流(かんりゅう)の波及(はきゅう)に伴(とも)なって、韓国(かんこく)に対(たい)する日本(にほん)の国民感情(こくみんかんじょう)にも影響(えいきょう)し、感情的(かんじょうてき)なしこりや偏見(へんけん)を取(と)り除(のぞ)き、友好親善(ゆうこうしんぜん)に寄与(きよ)したと見(み)なされている。

한류가 파급됨에 따라 한국에 대한 일본의 국민감정에도 영향을 주어서 감정적인 응어리나 편견을 없애고 우호친선에 기여했다고 간주되고 있다.

02 ★★★

文化(ぶんか)

- 同 カルチャー 컬처, 문화
- 文化遺産(ぶんかいさん) 문화유산
- 文化財(ぶんかざい) 문화재

문화

文化(ぶんか)や習慣(しゅうかん)が違(ちが)えば、ビジネスの仕方(しかた)も違(ちが)ってくる。

문화와 관습이 다르면 비즈니스 방식도 달라진다.

文化(ぶんか)とは、人間(にんげん)が社会(しゃかい)の成員(せいいん)として獲得(かくとく)した様々(さまざま)な能力(のうりょく)や習慣(しゅうかん)の複合的総体(ふくごうてきそうたい)だと言(い)える。

문화란 인간이 사회 구성원으로서 획득한 다양한 능력과 습관의 복합적 총체라고 할 수 있다.

03 ★★★

主(おも)に

- 同 主(しゅ)として 주로
- 通(つう)じて 통틀어

주로

現代社会(げんだいしゃかい)では、主(おも)にマスコミが文化形成(ぶんかけいせい)に主導的(しゅどうてき)な役割(やくわり)をしている。

현대사회에서는 주로 대중매체가 문화 형성에 주도적인 역할을 하고 있다.

文化庁(ぶんかちょう)は、主(おも)に文化(ぶんか)の振興及(しんこうおよ)び文化財(ぶんかざい)の保存(ほぞん)などを図(はか)っている。

문화청은 주로 문화 진흥 및 문화재 보존 등을 도모하고 있다.

04 ★★

音楽
おん がく

- 大衆音楽 대중음악
- 伝統音楽 전통음악
- 演奏する 연주하다 (=奏でる)

음악

クラシック音楽を聞きながらコーヒーを飲む時が、私の一番幸せな時間です。
클래식음악을 들으면서 커피를 마시는 때가 저의 가장 행복한 시간입니다.

彼は若者の間で、音楽の神様として崇拝されている。
그는 젊은이들 사이에서 음악의 신으로 숭배받고 있다.

05 ★★

ドラマ

- 俳優 배우
- 主演 주연 (↔助演)
- 吹き替え (외국영화 등의) 더빙

드라마

このドラマは事実を基に作られた。
이 드라마는 사실을 토대로 만들어졌다.

最近、韓国のドラマに、はまっちゃってるんだ。
요즘 한국 드라마에 빠져 버렸어.

📋 적중 포인트

[청]+[독] 好評を博す 호평을 받다

06 ★★★

～ならではの

- オリジナル 오리지널
- 固有 고유

～만의, ～이 아니고는 (할 수 없는)

日本ならではの文化は、時代の流れによって変化していっています。
일본만의 문화는 시대의 흐름에 따라 변화해 가고 있습니다.

着物は代々受け継がれてきた日本ならではの伝統衣装であり、世界に誇る文化の一つです。
기모노는 대대로 계승되어 온 일본만의 전통의상으로, 세계에 자랑할 수 있는 문화 중 하나입니다.

07 ★★

思想 (しそう)

- 思考 (しこう) 사고
- 信念 (しんねん) 신념

사상

西洋思想は、日本人に理解しがたいところがある。
서양사상은 일본인에게 이해하기 힘든 부분이 있다.

東洋思想の根本は自然と共存することにあり、西洋思想の根本は自然を克服することにある。
동양사상의 근본은 자연과 공존하는 데에 있고, 서양사상의 근본은 자연을 극복하는 데에 있다.

08 ★★★

感情 (かんじょう)

- 유 エモーション 감정, 정서
- 喜怒哀楽 (きどあいらく) 희노애락
- 情緒 (じょうちょ) 정서

감정

感情は時に理性よりも強い。
감정은 때로는 이성보다도 강하다.

人間の感情には憎悪、怒り、悲しみ、幸福などがある。
인간의 감정에는 증오, 분노, 슬픔, 행복 등이 있다.

📖 **적중 포인트**

> 감+동 感情の起伏が激しい 감정의 기복이 심하다

09 ★★

精神 (せいしん)

- 유 スピリット 스피릿, 혼, 정신
- 반 肉体 (にくたい) 육체
- 魂 (たましい) 혼, 마음, 정신

정신

伝統には、その集団固有の精神が反映されている。
전통에는 그 집단 고유의 정신이 반영되어 있다.

相手を尊重する心こそ、日本人の「武士道」精神の根幹である。
상대를 존중하는 마음이야말로 일본인의 '무사도' 정신의 근간이다.

10 ★★

□ 宿る　やど(る)

- 吸い込む　빨아들이다, 흡수하다
- 持ち込む　가지고 들어오[가]다

깃들다

日本人の職人が作った製品には、日本人の精神が宿っている。
일본인 장인이 만든 제품에는 일본인의 정신이 깃들어 있다.

古代人は、自然の中のありとあらゆるものに神が宿っていると見なした。
고대인은 자연 속의 모든 것에 신이 깃들어 있다고 간주했다.

11 ★★★

□ 偏見　へんけん

- 先入観　선입관
- 偏る　(한군데로) 쏠리다, 치우치다

편견

偏見とは、十分な根拠もなしに他人を悪く考えることです。
편견이란 충분한 근거도 없이 타인을 나쁘게 생각하는 것입니다.

一度形成されてしまった偏見は、なかなか変えられないものだ。
한 번 형성되어 버린 편견은 좀처럼 바꿀 수 없는 법이다.

📝 적중 포인트

| 청+독 色眼鏡で見る 색안경을 끼고 보다 |

12 ★★

□ 紹介　しょうかい

- 自己紹介　자기소개
- 往来　왕래

소개

「ラジオ日本」は、毎日世界の人々に、日本人の暮らしや文化、政治や経済、社会の動き、産業を紹介するとともに、重要な国際課題については日本の立場や主張、世論の動向などを伝えています。
'라디오닛폰'은 매일 세계인들에게 일본인의 생활과 문화, 정치와 경제, 사회의 움직임, 산업을 소개함과 동시에 중요한 국제과제에 대해서는 일본의 입장과 주장, 여론 동향 등을 전하고 있습니다.

13 ★★★

訪(おとず)れる

- 图 訪(たず)ねる 방문하다 (=訪問(ほうもん)する)
- 遺跡(いせき) 유적

방문하다

この村(むら)の昔(むかし)ながらの町並(まちな)みは、海外(かいがい)から訪(おとず)れた人々(ひとびと)を魅了(みりょう)している。
이 마을의 옛날 그대로의 길거리는 해외에서 방문한 사람들을 매료시키고 있다.

この団体(だんたい)は、長野県(ながのけん)を訪(おとず)れる外国人旅行者(がいこくじんりょこうしゃ)に日本(にほん)の伝統文化(でんとうぶんか)を知(し)ってもらうために作(つく)られた。
이 단체는 나가노현을 방문하는 외국인 여행자에게 일본의 전통문화를 알리기 위해서 만들어졌다.

📝 적중 포인트

〔청〕+〔독〕 足(あし)を運(はこ)ぶ (일부러) 방문하다, 찾아가 보다

14 ★★★

とにかく

- 图 ともかく 어쨌든
- ともあれ 하여튼, 어쨌든

어쨌든, 여하튼, 아무튼

とにかく、旅(たび)というと未知(みち)の世界(せかい)への憧(あこが)れと考(かんが)えがちである。
어쨌든 여행이라고 하면 미지의 세계로의 동경이라고 생각하기 쉽다.

とにかく、異文化(いぶんか)の人(ひと)と色々話(いろいろはな)してみることが異文化(いぶんか)コミュニケーションの出発点(しゅっぱつてん)である。
어쨌든 이문화의 사람과 여러 가지로 이야기해 보는 것이 이문화 커뮤니케이션의 출발점이다.

📝 적중 포인트

〔청〕+〔독〕 いずれにせよ 어쨌든, 어쨌든 간에

15 ★★

浸透(しんとう)

- 溶(と)け込(こ)む 융화하다, 동화하다
- 行(い)き渡(わた)る 널리 퍼지다

침투

異文化(いぶんか)は、日常生活(にちじょうせいかつ)の様々(さまざま)な領域(りょういき)に浸透(しんとう)し、私(わたし)たちの生活(せいかつ)を豊(ゆた)かにしてくれる側面(そくめん)もある。
이문화는 일상생활의 다양한 영역에 침투해 우리의 생활을 풍요롭게 해 주는 측면도 있다.

16 ★★★

□ 浅い
あさい

- 反 深い (지식 등이) 풍부하다, 깊다
  ふかい
- 詳しい 잘 알고 있다. 정통하다. 밝다
  くわしい

(기간・생각・경험 등이) 얕다, 모자라다

文字文化の経験が浅い社会では、ラジオの影響力が非常に大きいという。
もじぶんか けいけん あさ しゃかい きょうりょく ひじょう おお

문자문화의 경험이 얕은 사회에서는 라디오의 영향력이 매우 크다고 한다.

知識が浅いことを、漢字二字の熟語で言うとしたら、思い浮かぶのは「浅学」である。
ちしき あさ かんじ にじ じゅくご い おも う せんがく

지식이 얕은 것을 한자 두 자의 숙어로 말한다면 떠오르는 것은 '천학'이다.

📝 적중 포인트

형+독 疎い (물정에) 어둡다
うとい

17 ★★

□ 多様性
たようせい

- 反 画一性 획일성
  かくいつせい
- 千差万別 천차만별
  せんさばんべつ

다양성

異文化を受け入れて、人々に多様性を認めてもらうことが、真のグローバル化であると思う。
いぶんか う い ひとびと たようせい みと しん か おも

이문화를 받아들여서 사람들에게 다양성을 인정받는 것이 진정한 세계화라고 생각한다.

文化の多様性は人類の発展において重要な要素であり、ユネスコはその促進に取り組んでいる。
ぶんか たようせい じんるい はってん じゅうよう ようそ そくしん と く

문화의 다양성은 인류 발전에 있어서 중요한 요소로, 유네스코는 그 촉진에 몰두하고 있다.

18 ★★★

□ 取り入れる
とりいれる

- 유 受け入れる 받아들이다
  うけいれる
- 受容 수용
  じゅよう

받아들이다, 수용하다

長崎は、日本で初めて西洋文化を取り入れた町である。
ながさき にほん はじ せいようぶんか と い まち

나가사키는 일본에서 처음으로 서양문화를 받아들인 도시다.

日本に住んでいる多くの外国人は、母国の文化に日本の文化を取り入れている。
にほん す おお がいこくじん ぼこく ぶんか にほん ぶんか と い

일본에 살고 있는 많은 외국인은 모국 문화에 일본문화를 수용하고 있다.

19 ★★

嫌悪(けんお)

- 憎悪(ぞうお) 증오
- 毛嫌(けぎら)い 까닭 없이 싫어함
- 憎(にく)む 미워하다

혐오

ビーガンは、動物(どうぶつ)に苦(くる)しみを与(あた)えることへの嫌悪(けんお)から、動物(どうぶつ)の肉(にく)と卵(たまご)・乳製品(にゅうせいひん)を食(た)べない。
비건(완전채식주의자)은 동물에 고통을 주는 것에 대한 혐오에서, 동물 고기와 달걀·유제품을 먹지 않는다.

麺(めん)をすするという、日本(にほん)の食文化(しょくぶんか)に嫌悪(けんお)を示(しめ)す外国人(がいこくじん)が多(おお)い。
면을 후루룩 먹는다는 일본 식문화에 혐오를 나타내는 외국인이 많다.

📝 적중 포인트

> 유 反感(はんかん)を買(か)う 반감을 사다

20 ★★

擁護(ようご)

- かばう 감싸다, 비호하다
- 味方(みかた) (자기)편, 편듦
- ひいき 편애

옹호

「文化擁護(ぶんかようご)」という観点(かんてん)をめぐって、専門家(せんもんか)たちの間(あいだ)で様々(さまざま)な議論(ぎろん)が行(おこな)われている。
'문화 옹호'라는 관점을 둘러싸고 전문가들 사이에서 다양한 논의가 이루어지고 있다.

伝統思想(でんとうしそう)の価値(かち)に対(たい)する無条件的(むじょうけんてき)な擁護(ようご)は、危(あや)うく時代遅(じだいおく)れの主張(しゅちょう)になることもある。
전통 사상의 가치에 대한 무조건적인 옹호는 자칫하면 시대에 뒤떨어진 주장이 될 수도 있다.

📝 적중 포인트

> 청 肩(かた)を持(も)つ 편들다, 두둔하다

21 ★★★

根(ね)を下(お)ろす

- 유 定着(ていちゃく)する 정착하다
- 根(ね)を張(は)る 뿌리를 뻗다, 사고·풍습 등이 사회에 침투하다

뿌리를 내리다, 정착하다

遠(とお)く離(はな)れた外国(がいこく)で、しっかりと根(ね)を下(お)ろして生(い)きていくことは大変(たいへん)である。
멀리 떨어진 외국에서 단단히 뿌리를 내리고 살아가는 것은 힘들다.

22 ★★

□ **担う** (にな)

- 担ぐ 지다. 메다 (かつ)
- 背負う 짊어지다. 지다. 떠맡다 (せお)

(책임 따위를) 짊어지다, 떠맡다, 지다

この会は、未来の文化を担う人材を育成するのが目的である。
이 모임은 미래의 문화를 짊어질 인재를 육성하는 것이 목적이다.

「オタク」と呼ばれる人たちは、今や日本の大衆文化を担う存在となりつつある。
'오타쿠'라고 불리는 사람들은 지금은 일본의 대중문화를 짊어지는 존재가 되고 있다.

23 ★★

□ **長年** (ながねん)

- 圏 永年 오랜 세월, 긴 세월 (えいねん)
- 長期間 장기간(↔短期間) (ちょうきかん / たんきかん)

긴 세월, 오랫동안, 여러 해

これは長年にわたって生きてきた先人の知恵で守られ、伝えられてきた貴重な文化遺産です。
이것은 긴 세월에 걸쳐 살아온 선조의 지혜로 지켜지고 전해져 온 귀중한 문화유산입니다.

当店の陶磁器は、長年の伝統と技を受け継いだ職人が、魂を込めて製作しております。
당점[우리 가게]의 도자기는 오랫동안 전통과 기술을 이어받은 장인이 혼을 담아서 제작하고 있습니다.

24 ★★

□ **育成** (いくせい)

- 育む 키우다. 보호 육성하다 (はぐく)
- 養う 기르다. 양육하다 (やしな)

육성

もっと民族文化の育成に力を尽くすべきだ。
더욱 민족문화 육성에 힘을 다해야 한다.

政府は文化産業の育成とともに、国際市場でのシェアの拡大にも力を入れる必要がある。
정부는 문화산업 육성과 함께 국제시장에서의 시장점유율 확대에도 힘을 쏟을 필요가 있다.

Day 09 Check Up Test

★ 다음 단어의 뜻을 오른쪽에서 찾아 연결해 보세요.

❶ 擁護 • • ⓐ 옹호
❷ 担う • • ⓑ (책임 따위를) 짊어지다, 떠맡다, 지다
❸ 取り入れる • • ⓒ 깃들다
❹ 育成 • • ⓓ 육성
❺ 宿る • • ⓔ 받아들이다, 수용하다

★ 공란에 들어갈 적절한 단어를 보기에서 골라 넣으세요.

ⓐ 偏見   ⓑ 訪れる   ⓒ 浅い
ⓓ 多様性 ⓔ 思想   ⓕ 根を下ろす
ⓖ 嫌悪   ⓗ 浸透   ⓘ 長年

❻ この国のそのような食文化は、意外と歴史が＿＿＿＿。
❼ 他の文化圏でも、日本の言霊と共通する＿＿＿＿が見られる。
❽ 日本特有の花見風俗は、江戸時代にしっかりと＿＿＿＿ことになった。
❾ 自分にとって＿＿＿＿すべき文化が、他者にとって常識になることもある。
❿ 外国で＿＿＿＿生活することにより、母国の文化に対する観点が変わる場合がある。

정답 ❶ⓐ ❷ⓑ ❸ⓔ ❹ⓓ ❺ⓒ ❻ⓒ ❼ⓔ ❽ⓕ ❾ⓖ ❿ⓘ

+ 최신기출 기본 어휘

> 우리 것이 좋은 것이여~! `문화`

청해

- ★ 人間(にんげん) 인간
- ★ 他国(たこく) 타국
- ★ 思考(しこう) 사고
- 海外(かいがい) 해외
- ★ 認識(にんしき) 인식
- ★ 意義(いぎ) 의의
- ★ 集団(しゅうだん) 집단
- ★ 感覚(かんかく) 감각
- ★ 後天的(こうてんてき) 후천적
- ★ 文化人類学(ぶんかじんるいがく) 문화인류학
- ★ 重視(じゅうし) 중시
- ★ 習慣(しゅうかん) 습관, 관습
- ★ 限定(げんてい) 한정
- ★ 進歩(しんぽ) 진보
- ★ 古代(こだい) 고대
- ★ 課題(かだい) 과제
- ★ 舞台(ぶたい) 무대
- ★ 広範囲(こうはんい) 광범위
- ★ 捉(とら)える 파악하다
- ★ 幅広(はばひろ)い 폭넓다

독해

- ★ 厳守(げんしゅ) 엄수
- ★ 確立(かくりつ) 확립
- ★ 実感(じっかん) 실감
- 同化(どうか) 동화
- ★ 特有(とくゆう) 특유
- ★ 流入(りゅうにゅう) 유입
- 総体(そうたい) 총체, 전체
- ★ 親近感(しんきんかん) 친근감
- ★ 形式主義(けいしきしゅぎ) 형식주의
- ★ 相対主義(そうたいしゅぎ) 상대주의
- ★ 学習(がくしゅう) 학습
- ★ 向上(こうじょう) 향상
- ★ 基準(きじゅん) 기준
- ★ 規制(きせい) 규제
- ★ 共有(きょうゆう) 공유
- ★ 複合(ふくごう) 복합
- 引(ひ)き継(つ)ぐ 뒤를 이어받다
- ★ それぞれ 각자, 각기
- ★ 切(き)り開(ひら)く 개척하다
- ★ 生活様式(せいかつようしき) 생활양식

최신기출 고득점 어휘

우리 것이 좋은 것이여~! 문화

청해

- ★ 心情(しんじょう) 심정 ☐ ☐ ☐
- ★ 過剰(かじょう) 과잉 ☐ ☐ ☐
- ★ 革命(かくめい) 혁명 ☐ ☐ ☐
- ★ 隆盛(りゅうせい) 융성 ☐ ☐ ☐
- ★ 獲得(かくとく) 획득 ☐ ☐ ☐
- ★ 所産(しょさん) 소산 ☐ ☐ ☐
- ★ 実践(じっせん) 실천 ☐ ☐ ☐
- ★ 固執(こしつ) 고집 ☐ ☐ ☐
- ★ 服飾(ふくしょく) 복식 ☐ ☐ ☐
- ★ 和洋折衷(わようせっちゅう) 일본식과 서양식의 절충 ☐ ☐ ☐

- ★ 熱狂(ねっきょう) 열광 ☐ ☐ ☐
- ★ 継承(けいしょう) 계승 ☐ ☐ ☐
- ★ 投影(とうえい) 투영 ☐ ☐ ☐
- ★ 洗練(せんれん) 세련 ☐ ☐ ☐
- ★ 創造(そうぞう) 창조 ☐ ☐ ☐
- ★ 培養(ばいよう) 배양 ☐ ☐ ☐
- ★ 新(あら)た 새로움 ☐ ☐ ☐
- ★ 系統(けいとう) 계통 ☐ ☐ ☐
- ★ ~にわたって ~에 걸쳐서 ☐ ☐ ☐

독해

- ★ 逸脱(いつだつ) 일탈 ☐ ☐ ☐
- ★ 概念(がいねん) 개념 ☐ ☐ ☐
- ★ 差異(さい) 차이 ☐ ☐ ☐
- ★ 接点(せってん) 접점 ☐ ☐ ☐
- ★ 発揮(はっき) 발휘 ☐ ☐ ☐
- ★ 郷土(きょうど) 향토 ☐ ☐ ☐
- ★ 愛着(あいちゃく) 애착 ☐ ☐ ☐
- ★ 魅了(みりょう) 매료 ☐ ☐ ☐
- ★ 精通(せいつう) 정통 ☐ ☐ ☐
- ★ アイデンティティー 아이덴티티, 정체성 ☐ ☐ ☐

- ★ 発祥(はっしょう) 발상 ☐ ☐ ☐
- ★ 全般(ぜんぱん) 전반 ☐ ☐ ☐
- ★ 基盤(きばん) 기반 ☐ ☐ ☐
- ★ 模倣(もほう) 모방 ☐ ☐ ☐
- ★ 頑固(がんこ) 완고, 고집스러움 ☐ ☐ ☐
- ★ 相互(そうご) 상호 ☐ ☐ ☐
- ★ 推進(すいしん) 추진 ☐ ☐ ☐
- ★ 優雅(ゆうが) 우아 ☐ ☐ ☐
- ★ 芸能(げいのう) 예능 ☐ ☐ ☐

Day 10

스포츠·경기

아깝다, 통한의 역전패

아직도 어제 TV에서 한 축구 **生中継**만 생각하면 **悔しい**해서 잠이 안 온다. 오후 7시에 신국립**競技場**에서 **ワールドカップ(W杯)** 최종 **予選** 경기가 **開かれる**했는데 우리나라는 1승 2무로, 반드시 이겨야지만 결선에 **進出**할 수 있는 상황이었다. **幸い 前半**에 3골이나 먼저 넣어서 '이기겠구나'하고 생각하고 있었는데 후반에 들어서자 거짓말처럼 선수들이 **次々に ミス**를 하더니 4골이나 실점…. 결국 시합은 **逆転負け**로 끝나고, **観衆**들도 많이 아쉬워하는 것 같았다. 하지만 마지막까지 최선을 다한 선수들에게 격려의 **拍手**를 쳐 주는 광경을 보고 가슴이 뭉클했다.

JPT 최신기출 어휘 베스트 14

- 生中継 (なまちゅうけい) 생중계
- 悔しい (くやしい) 분하다
- 競技場 (きょうぎじょう) 경기장
- ワールドカップ(W杯) (ダブリューはい) 월드컵
- 予選 (よせん) 예선
- 開かれる (ひらかれる) 열리다, 개최되다
- 進出 (しんしゅつ) 진출
- 幸い (さいわい) 다행히
- 前半 (ぜんはん) 전반
- 次々 (つぎつぎ) 잇달아, 차례차례
- ミス 실수, 잘못
- 逆転負け (ぎゃくてんまけ) 역전패
- 観衆 (かんしゅう) 관중
- 拍手 (はくしゅ) 박수

01 ★★★

生中継 (なまちゅうけい)

- 衛星中継 (えいせいちゅうけい) 위성중계
- 録画中継 (ろくがちゅうけい) 녹화중계

생중계

テレビで夏季オリンピックの開幕式を生中継していた。
TV에서 하계 올림픽 개막식을 생중계하고 있었다.

駅のテレビの前は、プロ野球の決勝戦の生中継を見ようとする人たちで賑わっていた。
역에 있는 TV 앞은 프로야구 결승전의 생중계를 보려는 사람들로 북적거렸다.

02 ★★★

悔しい (くやしい)

- 悔し涙 (くやしなみだ) 분해서 흘리는 눈물
- 苦杯を嘗める (くはいをなめる) 고배를 맛보다

분하다

悔しいことに、一点差で負けてしまった。
분하게도 1점 차로 지고 말았다.

勝てると思っていたチームに負けてしまい、悔しくてならない。
이길 수 있다고 생각하고 있었던 팀에게 져 버려서 너무 분하다.

📝 **적중 포인트**

> 類 腹に据えかねる (はらにすえかねる) (분노를) 참을 수 없다

03 ★★

競技場 (きょうぎじょう)

- 類 スタジアム 스타디움, 운동 경기장
- アリーナ (관람석이 있는) 경기장

경기장

競技場では、バレーボールの熱戦が繰り広げられています。
경기장에서는 배구 열전이 벌어지고 있습니다.

その競技場では、陸上競技のみならずサッカー、ラグビーなどの試合も行われるそうだ。
그 경기장에서는 육상경기뿐만 아니라 축구, 럭비 등의 시합도 열린다고 한다.

04 ★★

□ **ワールドカップ(Ｗ杯)**

- 国際サッカー連盟 국제축구연맹, FIFA
- 誘致 유치

월드컵

ワールドカップ(Ｗ杯)で善戦した選手たちに、観衆は惜しみない拍手を送った。
월드컵(W배)에서 선전한 선수들에게 관중은 아낌없는 박수를 보냈다.

最終予選によって、各グループ上位2ヵ国がワールドカップ(Ｗ杯)出場権を獲得することになっている。
최종 예선에 의해 각 그룹 상위 2개국이 월드컵(W배) 출전권을 획득하게 되어 있다.

05 ★★

□ **予選**

- 決選 결선
- 初試合 첫 시합

예선

有力な優勝候補だった彼女が、予選で呆気なく負けるなんて信じられない。
유력한 우승후보였던 그녀가 예선에서 싱겁게 지다니 믿을 수 없다.

何回も優勝経験のある彼のことだから、予選ぐらいはわけなく通るだろう。
몇 번이나 우승 경험이 있는 그이니까 예선 정도는 쉽게 통과할 것이다.

06 ★★★

□ **開かれる**

- 類 開催される 개최되다
- 開幕 개막(↔閉幕)

열리다, 개최되다

全国高等学校野球選手権大会は、毎年8月に甲子園球場で開かれる。
전국고등학교 야구선수권대회는 매년 8월에 고시엔 구장에서 열린다.

長野はぶどうで有名な所だが、雪が多い地方としても有名だ。1998年には、冬季オリンピックが開かれた。
나가노는 포도로 유명한 곳이지만 눈이 많은 지방으로서도 유명하다. 1998년에는 동계 올림픽이 열렸다.

07 ★★

進出 しんしゅつ

- 進む 나아가다, 진출하다
- 欠場 결장

진출

そのチームは、無傷の6連勝で準決勝戦に進出した。
그 팀은 무패 6연승으로 준결승전에 진출했다.

この地方から2チームが決勝に進出したのは、これが初めてだった。
이 지방에서 두 팀이 결승에 진출한 것은 이것이 처음이었다.

08 ★★★

幸い さいわ

- 幸せ 행복(=幸福)
- 幸運 행운(↔不運)

다행히

色々心配していたが、幸い無事予選を通過することができた。
여러 가지로 걱정했지만 다행히 무사히 예선을 통과할 수 있었다.

激戦だったが、幸いにも負傷者は一人もいなかった。
격전이었지만 다행히도 부상자는 한 명도 없었다.

📝 **적중 포인트**

> 「청」不幸中の幸い 불행 중 다행

09 ★★

前半 ぜんはん

- 反 後半 후반
- 追い付く 따라잡다

전반

そのチームは、前半の絶好のチャンスを逃してしまい、結局負けてしまった。
그 팀은 전반의 절호의 찬스를 놓쳐 버려 결국 지고 말았다.

前半戦は15対13で終わったが、後半になって形勢が逆転した。
전반전은 15대 13으로 끝났지만 후반이 되어서 형세가 역전되었다.

10 ★★

次々に
- 次から次に 계속해서
- 相次いで 잇달아

잇달아, 차례차례

そのチームは次々に得点をし、点差を広げていった。
그 팀은 잇달아 득점을 해 점수차를 벌려 나갔다.

そのチームは試合の後半に決定的なミスが次々に出たため、結局負けてしまった。
그 팀은 시합 후반에 결정적인 실수가 잇달아 나왔기 때문에 결국 지고 말았다.

11 ★★★

ミス
- 図 誤り 잘못, 실수, 과오
- エラー 에러, 실수
- 過ち 잘못, 과실

실수, 잘못

相手のミスに付け込んで、逆転勝ちした。
상대의 실수를 이용해서 역전승했다.

自分のチームのミスが続くと、いらいらして声が怒った口調になったり、落ち着きを失ったりしがちだ。
자기 팀의 실수가 계속되면 조바심이 나서 목소리가 화가 난 말투가 되거나 침착성을 잃거나 하기 쉽다.

12 ★★

逆転負け
- 반 逆転勝ち 역전승
- ～に勝つ ～을 이기다
- ～に負ける ～에 지다(=～に敗れる)
- 引き分け 무승부

역전패

我がチームは、あまりにも呆気ないミス連発で逆転負けしてしまった。
우리 팀은 너무나도 어이없는 실수 연발로 역전패하고 말았다.

そのチームは8回まで3対0でリードしていたが、悪夢の9回で逆転負けを喫した。
그 팀은 8회까지 3대 0으로 리드하고 있었는데 악몽의 9회에서 역전패를 당했다.

📖 적중 포인트

図 軍配が上がる 승부에서 이기다

13 ★★

観衆
かんしゅう

- 観戦 관전
- 見物人 구경꾼

관중

彼は観衆に向かって、力強くガッツポーズを取った。
그는 관중을 향해서 힘차게 승리의 포즈를 취했다.

この試合を見るために、全国から数多くの観衆が寄り集まった。
이 시합을 보기 위해서 전국에서 수많은 관중이 몰려들었다.

📝 적중 포인트

> 黒山のような人集り 새까맣게 모인[인산인해를 이룬] 사람 떼

14 ★★

拍手
はくしゅ

- 拍手喝采 박수갈채
- ぱちぱち 짝짝(손뼉을 치는 소리)

박수

観衆は、最下位でゴールインしたマラソン選手を拍手で温かく迎えた。
관중은 최하위로 골인한 마라톤선수를 박수로 따뜻하게 맞이했다.

観衆席では地元から駆け付けた人々が立ち上がり、選手たちへ大きな拍手を送っていた。
관중석에서는 연고지에서 달려온 사람들이 일어나 선수들에게 큰 박수를 보내고 있었다.

15 ★★

野球
やきゅう

- 🔄 ベースボール 베이스 볼, 야구
- 投手 투수(↔打者)
- 表 (야구) 초(↔裏)

야구

ゆうべの野球は見応えがありましたね。
어젯밤 야구는 볼 만한 가치가 있었죠.

その野球の試合は観衆を完全に捕らえた。
그 야구시합은 관중을 완전히 사로잡았다.

16 ★★

□ バスケット

농구(「バスケットボール」의 준말)

- フリースロー 자유투
- ダンク 덩크

山本さんはバスケット選手だったというが、それにしては背が低い。
야마모토 씨는 농구선수였다고 하는데 그런 것치고는 키가 작다.

冬季スポーツの一つで、室内バスケットが青少年に大きな人気を集めている。
동계 스포츠 중 하나로, 실내농구가 청소년에게 큰 인기를 끌고 있다.

17 ★★

□ 繰り広げる

펼치다, 벌이다

- 熱戦 열전
- 死闘 사투

去年大熱戦を繰り広げた両チームの試合が、今日ここで行われる。
작년에 대열전을 벌인 양팀의 시합이 오늘 여기에서 열린다.

世界チャンピオンの座をめぐって、選手たちは激戦を繰り広げた。
세계 챔피언 자리를 둘러싸고 선수들은 격전을 벌였다.

18 ★★★

□ 作戦

작전

- 作戦を練る 작전을 짜다
- 作戦を立てる 작전을 세우다

後半戦に逆転するため、十分に作戦を練って臨んだ。
후반전에 역전하기 위해 충분히 작전을 짜서 임했다.

監督は選手の起用方法やタイミングなどを考えながら、作戦を変更する。
감독은 선수의 기용 방법과 타이밍 등을 생각하면서 작전을 변경한다.

📝 적중 포인트

> 劉 作戦が図に当たる 작전이 들어맞다

19 ★★

□ **反則**
- 失格 실격
- 退場 퇴장
- ペナルティー 페널티, 벌칙

반칙

両チームは続く反則で、険悪な雰囲気になった。
양팀은 계속되는 반칙으로 험악한 분위기가 되었다.

彼は「決して故意に蹴ったわけではない」と反則を否定し続けた。
그는 '고의로 찬 것은 아니다'라며 반칙을 계속 부정했다.

20 ★★★

□ **感無量**
- 類 感慨無量 감개무량
- 胸がいっぱいになる (감동으로) 가슴이 벅차다

감개무량

世界選手権で優勝したその選手は、感無量の表情だった。
세계 선수권에서 우승한 그 선수는 감개무량한 표정이었다.

40代になってから2個の金メダルを獲得した彼は、非常に感無量の面持ちであった。
40대가 된 후로 2개의 금메달을 획득한 그는 대단히 감개무량한 표정이었다.

📝 **적중 포인트**

청+독 しみじみ 정말로, 절실하게

21 ★★★

□ **惜しい**
- 惜しむ 아까워하다, 애석해하다
- 敗れる 지다, 패하다

아깝다, 애석하다

本当に惜しい試合でしたね。
정말로 아까운 시합이었죠.

一点差で惜しくも敗れ、準優勝に終わった。
1점 차로 아깝게 패해서 준우승에 그쳤다.

📝 **적중 포인트**

청+독 もったいない 아깝다

22 ★★

□ オリンピック

- 圏 五輪 올림픽
- 夏季オリンピック 하계 올림픽
- 冬季オリンピック 동계 올림픽

올림픽

オリンピックの記念コインが発売されました。
올림픽 기념주화가 발매되었습니다.

この町は3回目の挑戦で、やっと夏季オリンピックの開催地と決まった。
이 도시는 3번째 도전에서 드디어 하계 올림픽 개최지로 결정되었다.

23 ★★

□ 金メダル

- 銀メダル 은메달
- 銅メダル 동메달
- 獲得 획득

금메달

彼女は、オリンピックで金メダルを取って、多くの人に歓迎された。
그녀는 올림픽에서 금메달을 따서 많은 사람에게 환영받았다.

私、彼の金メダルが決まった瞬間、涙が出ちゃいました。
저, 그의 금메달이 결정된 순간 눈물이 나와 버렸어요.

24 ★★

□ 水泳

- 自由形 자유형(=クロール)
- 平泳ぎ 평영
- 背泳ぎ 배영

수영

水泳でオリンピックに出る夢を叶えたいです。
수영으로 올림픽에 출전하는 꿈을 이루고 싶습니다.

彼女は中学校1年生の時、すでに水泳の有望株として注目を浴びた。
그녀는 중학교 1학년 때 이미 수영 유망주로서 주목을 받았다.

Day 10 Check Up Test

★ 다음 단어의 뜻을 오른쪽에서 찾아 연결해 보세요.

❶ 競技場　　　　•　　　　•　ⓐ 분하다

❷ 反則　　　　　•　　　　•　ⓑ 반칙

❸ 生中継　　　　•　　　　•　ⓒ 경기장

❹ 繰り広げる　　•　　　　•　ⓓ 생중계

❺ 悔しい　　　　•　　　　•　ⓔ 펼치다, 벌이다

★ 공란에 들어갈 적절한 단어를 보기에서 골라 넣으세요.

ⓐ 惜しい　　　ⓑ 金メダル　　　ⓒ 野球
ⓓ 作戦　　　　ⓔ 拍手　　　　　ⓕ 感無量
ⓖ 水泳　　　　ⓗ 観衆　　　　　ⓘ オリンピック

❻ ＿＿＿＿ところで試合に敗れてしまい、残念極まりない。
❼ 多くの観衆はその選手たちを大きな＿＿＿＿で迎えた。
❽ 日本の国民スポーツと言えば、やはり＿＿＿＿である。
❾ ＿＿＿＿とは4年ごとに行われる国際スポーツの祭典である。
❿ 監督のその＿＿＿＿が的中して、後半は容易く勝つことができた。

정답　❶ ⓒ　❷ ⓑ　❸ ⓓ　❹ ⓔ　❺ ⓐ　❻ ⓐ　❼ ⓔ　❽ ⓒ　❾ ⓘ　❿ ⓓ

+ 최신기출 기본 어휘

아깝다, 통한의 역전패 스포츠·경기

청해

- ★ 施設 시설 ☐☐☐
- ★ 天敵 천적 ☐☐☐
- ★ 善戦 선전 ☐☐☐
- ★ 練習 연습 ☐☐☐
- ★ 個人 개인 ☐☐☐
- ★ 故意 고의 ☐☐☐
- ★ 新記録 신기록 ☐☐☐
- ★ ストレッチング 스트레칭 ☐☐☐
- ★ レッドカード 레드카드 ☐☐☐
- ★ トレーニング 트레이닝, 훈련 ☐☐☐
- ★ 処分 처분 ☐☐☐
- ★ 警告 경고 ☐☐☐
- ★ 重大 중대 ☐☐☐
- ★ 継続 계속 ☐☐☐
- ★ 危険 위험 ☐☐☐
- ★ プレー 플레이 ☐☐☐
- ★ 少人数 적은 인원수 ☐☐☐
- ★ ベテラン 베테랑 ☐☐☐
- ★ コーチ 코치 ☐☐☐

독해

- ★ 再開 재개 ☐☐☐
- ★ 時点 시점 ☐☐☐
- ★ 進行 진행 ☐☐☐
- ★ 戦術 전술 ☐☐☐
- ★ 団体 단체 ☐☐☐
- ★ 勝負 승부 ☐☐☐
- ★ 蹴る 차다 ☐☐☐
- ★ 分ける 나누다 ☐☐☐
- ★ ポジション 포지션 ☐☐☐
- ★ ウォーミングアップ 워밍업 ☐☐☐
- ★ 原則 원칙 ☐☐☐
- ★ 条件 조건 ☐☐☐
- ★ レフェリー 심판원, 주심 ☐☐☐
- ★ 投げる 던지다 ☐☐☐
- ★ 指導者 지도자 ☐☐☐
- ★ どきどき 두근두근 ☐☐☐
- ★ 攻める 공격하다 ☐☐☐
- ★ 〜ごとに 〜마다 ☐☐☐
- ★ オフサイド 오프사이드 ☐☐☐

최신기출 고득점 어휘

아깝다, 통한의 역전패 · 스포츠 · 경기

청해

- ★ 苦戦(くせん) 고전
- ★ 累積(るいせき) 누적
- ★ 遅延(ちえん) 지연
- ★ 不可(ふか) 불가
- ★ 抗議(こうぎ) 항의
- 宣告(せんこく) 선고
- ★ 悪質(あくしつ) 악질
- ★ 著(いちじる)しい 현저하다
- ★ 交代(こうたい) 교대, 교체
- 犯(おか)す 범하다, 저지르다
- ★ 許可(きょか) 허가
- 秘話(ひわ) 비화
- 快挙(かいきょ) 쾌거
- 卓球(たっきゅう) 탁구
- ★ 連盟(れんめい) 연맹
- 競歩(きょうほ) 경보
- 陸上(りくじょう) 육상
- ★ 明(あ)かす 밝히다
- ★ 温(あたた)まる 따뜻해지다
- ★ 史上初(しじょうはつ) 사상 최초

독해

- ★ 種目(しゅもく) 종목
- ★ 達成(たっせい) 달성
- ★ 連覇(れんぱ) 연패
- ★ 勝敗(しょうはい) 승패
- ★ 密着(みっちゃく) 밀착
- ★ 防御(ぼうぎょ) 방어
- ★ 輝(かがや)く 빛나다
- フリーキック 프리킥
- ★ 防(ふせ)ぐ 막다, 방지하다
- ★ 付(つ)け込(こ)む (허점을) 이용하다, 틈타다
- 制覇(せいは) 제패
- 障害(しょうがい) 장애
- 敗戦(はいせん) 패전
- ★ 瞬間(しゅんかん) 순간
- ★ 受賞者(じゅしょうしゃ) 수상자
- ★ 異端児(いたんじ) 이단아, 이단자
- ★ 見逃(みのが)す 기회를 놓치다
- 余計(よけい) 쓸데없음
- ★ 争奪戦(そうだつせん) 쟁탈전

Day 11

자원·환경

우리 모두 자원을 아낍시다!

아침에 **ゴミ**를 버리러 갔다가 분리수거가 **きちんと** 되어 있지 않고, 여기저기 아무렇게나 **捨てる**해져 있는 모습을 보고 조금 씁쓸했다. 정부에서 **いくら 資源 節約**와 **リサイクル**를 **呼び掛けても** 국민의 호응이 없으면 아무 소용이 없다. 게다가 우리나라는 **天然ガス**나 **石油** 등 천연자원이 **豊富**한 나라가 아니기 때문에 재활용이 가능한 것은 **できるだけ** 다시 쓸 수 있도록 해야 한다. **どちらかと言うと** 나도 지금까지는 **環境**에 무관심했지만 이제부터라도 관심을 가져야겠다고 다짐했다.

JPT 최신기출 어휘 베스트 14

- □ ゴミ 쓰레기
- □ きちんと 깔끔히, 말끔히, 말쑥이
- □ 捨てる 버리다
- □ いくら~ても 아무리 ~해도
- □ 資源 자원
- □ 節約 절약
- □ リサイクル 리사이클, 재활용
- □ 呼び掛ける 호소하다
- □ 天然ガス 천연가스
- □ 石油 석유
- □ 豊富 풍부
- □ できるだけ 되도록, 가능한 한
- □ どちらかと言うと 어느 쪽이냐 하면
- □ 環境 환경

01 ★★★

□ ゴミ

- 燃えるゴミ 불에 타는 쓰레기
- 燃えないゴミ 불에 타지 않는 쓰레기
- 生ゴミ 음식물 쓰레기
- 粗大ゴミ (가전제품 등의) 대형 쓰레기

쓰레기

燃えるゴミは、何曜日に出すことになっていますか。
불에 타는 쓰레기는 무슨 요일에 내놓게 되어 있나요?

ゴミ袋に詰まったゴミが、道端に山積みされています。
쓰레기봉투에 가득 찬 쓰레기가 길가에 산더미처럼 쌓여 있습니다.

📝 적중 포인트

[명]+[명] ゴミの分別収集 쓰레기 분리수거

02 ★★★

□ きちんと

- こざっぱり 산뜻하게, 말쑥하게

깔끔히, 말끔히, 말쑥이

生ゴミはきちんと水分を切ってから出すことにしている。
음식물 쓰레기는 말끔히 수분을 제거한 후에 내놓기로 하고 있다.

ゴミはきちんと分けて決められた場所に収集日の当日、朝7時 30分までに出さなければならない。
쓰레기는 깔끔히 분리해서 정해진 장소에 수거일 당일 아침 7시 30분까지 내놓아야 한다.

03 ★★★

□ 捨てる

- 拾う 줍다
- 不法投棄 불법 투기

버리다

まだ使える家電製品が粗大ゴミとして捨ててあることがある。
아직 사용할 수 있는 가전제품이 대형 쓰레기로서 버려져 있는 경우가 있다.

これ、高校時代にお小遣いを貯めて購入した物だから、捨てるのはちょっともったいないよ。
이거 고등학교 시절에 용돈을 모아서 구입한 물건이라 버리는 건 조금 아까워.

04 ★★★

□ いくら〜ても

- 類 どんなに 아무리(=どれほど、どれだけ、いかに)
- 〜とはいえ 〜라고 해도(=〜といえども)

아무리 〜해도

火の用心は、いくら強調してもし過ぎることはない。
불조심은 아무리 강조해도 지나치지 않다.

いくら政府が管理しても、今のままでは水産資源はますます減少していくはずです。
아무리 정부가 관리해도 지금 이대로면 수산자원은 점점 더 감소해 갈 것입니다.

📝 적중 포인트

類 たとえ〜ても 설사[설령] 〜라도

05 ★★★

□ 資源(しげん)

- 類 リソース 자원
- 天然資源(てんねんしげん) 천연자원
- 観光資源(かんこうしげん) 관광자원

자원

森林破壊を抑制するために、裏紙を使うなど資源節約にご協力ください。
삼림 파괴를 억제하기 위해서 이면지를 사용하는 등 자원 절약에 협력해 주십시오.

限りある地球の資源を大切に使わないと、いつか大きな危機が訪れるだろう。
유한한 지구의 자원을 소중히 쓰지 않으면 언젠가 큰 위기가 찾아올 것이다.

06 ★★★

□ 節約(せつやく)

- 反 浪費(ろうひ) 낭비
- 倹約(けんやく) 검약
- 切り詰める 절약하다, (지출을) 줄이다

절약

公害や資源節約という観点から、リサイクル運動は注目を集めている。
공해와 자원 절약이라는 관점에서 리사이클 운동은 주목을 끌고 있다.

鉄やプラスチックなどのリサイクルは、限りある天然資源の節約になる。
철과 플라스틱 등의 재활용은 유한한 천연자원의 절약이 된다.

📝 적중 포인트

類+反 無駄遣い(むだづかい) 낭비

07 ★★

□ リサイクル

- 類 再利用 재활용
- 関 使い捨て (한 번) 쓰고 버림, 일회용
- 活かす 활용하다

리사이클, 재활용

家庭から出るゴミの中には、分別することで資源としてリサイクルできるものがたくさんあります。
가정에서 나오는 쓰레기 중에는 분리하는 것으로 자원으로서 재활용할 수 있는 것이 많이 있습니다.

東武百貨店船橋店は、地下1階の食料品売り場から出る野菜のくずなどをリサイクルした堆肥を無料で配布している。
도부백화점 후나바시점은 지하 1층 식료품 매장에서 나오는 채소 찌꺼기 등을 재활용한 퇴비를 무료로 배포하고 있다.

08 ★★

□ 呼び掛ける

- 促す 촉구하다
- 訴える 호소하다, 하소연하다

호소하다

この環境団体では、地球温暖化を防止すべく温室効果ガスの削減を呼び掛けています。
이 환경단체에서는 지구온난화를 방지하기 위해 온실효과가스 삭감을 호소하고 있습니다.

当社では、電車やバスなど公共交通機関を使用しての通勤を推奨することで、二酸化炭素の削減を呼び掛けております。
당사[우리 회사]에서는 전철과 버스 등 공공교통기관을 사용하는 통근을 권장하는 것으로 이산화탄소 삭감을 호소하고 있습니다.

09 ★

□ 天然ガス

- 噴き出る 뿜어 나오다, (물・석유 따위가) 힘차게 솟다

천연가스

天然ガスが資源化され、エネルギー使用率が高まった。
천연가스가 자원화되어 에너지 사용률이 높아졌다.

液化天然ガスは現在、火力発電や都市ガスなどに幅広く利用されている。
액화 천연가스는 현재 화력발전과 도시가스 등에 폭넓게 이용되고 있다.

10 ★★

□ 石油(せきゆ)

- ガソリン 가솔린, 휘발유
- 原油(げんゆ) 원유

석유

中東地域では石油をめぐり、紛争が後を絶たない。
중동지역에서는 석유를 둘러싸고 분쟁이 끊이지 않는다.

昨年、石油輸出国機構が石油の減産を発表したので、もう石油は品薄となっている。
작년에 석유수출국기구가 석유 감산을 발표했기 때문에 이미 석유는 품귀가 되고 있다.

11 ★★★

□ 豊富(ほうふ)

- 類 豊(ゆた)か 풍부함, 풍족함
- 多量(たりょう) 다량, 많은 양

풍부

ロシアは天然資源が豊富な国の一つである。
러시아는 천연자원이 풍부한 나라 중 하나다.

アメリカは豊富な天然資源に恵まれている。
미국은 풍부한 천연자원의 혜택을 받고 있다.

12 ★★★

□ できるだけ

- 類 なるべく 가능한 한(=できる限(かぎ)り)

되도록, 가능한 한

環境のため、洗剤はできるだけ控え目にしている。
환경을 위해 세제는 되도록 적게 쓰고 있다.

できるだけ環境に優しい商品を選ぶよう心がけています。
가능한 한 친환경 상품을 택하도록 유념하고 있어요.

13 ★★

□ どちらかと言うと
어느 쪽이냐 하면

- 強いて言えば 굳이 말하자면

どちらかと言うと、山より海の方が好きだ。
어느 쪽이냐 하면 산보다 바다 쪽을 좋아한다.

どちらかと言うと、都会より空気のいい田舎に住みたい。
어느 쪽이냐 하면 도시보다 공기가 좋은 시골에 살고 싶다.

14 ★★★

□ 環境
환경

- 環境破壊 환경파괴
- 取り巻く 둘러싸다, 에워싸다

環境のことを考えて製品やサービスを選ぶこと、それこそグリーン購入です。
환경을 생각해서 제품과 서비스를 택하는 것, 그것이야말로 그린구입(환경을 생각하는 구입)입니다.

資源を無駄にせず、次の世代によりよい環境を残すことが我々の任務だと思います。
자원을 낭비하지 않고 다음 세대에 보다 나은 환경을 전하는 것이 우리의 임무라고 생각합니다.

📝 적중 포인트

> 청 環境に優しい 친환경적이다

15 ★★

□ エネルギー
에너지

- 太陽エネルギー 태양에너지
- 電気エネルギー 전기에너지
- 省エネ 에너지절약

太陽エネルギーから、電気を作り出すことができる。
태양에너지로부터 전기를 만들어 낼 수 있다.

その会社は、エネルギー問題を解決する新物質や新材料の開発に力を注いでいる。
그 회사는 에너지문제를 해결할 신물질과 신재료 개발에 힘을 쏟고 있다.

Day 11 우리 모두 자원을 아낍시다! | **자원·환경** | 143

16 ★★

□ **騒音**(そうおん)

- 騒音(そうおん)レベル 소음레벨
- 騒(さわ)がしい (소리가) 시끄럽다(=騒々(そうぞう)しい)

소음

外(そと)は工事中(こうじちゅう)で、工事(こうじ)の騒音(そうおん)やほこりがとてもひどい。
밖은 공사 중이어서 소음과 먼지가 매우 심하다.

静(しず)かだった村(むら)に高速道路(こうそくどうろ)が通(とお)って、車(くるま)の騒音(そうおん)による障害(しょうがい)が発生(はっせい)している。
조용했던 마을에 고속도로가 개통되어서 차 소음에 의한 장애가 발생하고 있다.

17 ★★

□ **望(のぞ)ましい**

- 類 好(この)ましい 바람직하다(=思(おも)わしい、願(ねが)わしい)
- もっとも 지당함

바람직하다

地球大気層(ちきゅうたいきそう)の減少(げんしょう)のため、太陽光線(たいようこうせん)を避(さ)けて陰(かげ)を求(もと)めることが望(のぞ)ましい。
지구대기층의 감소 때문에 태양광선을 피해서 그늘을 찾는 것이 바람직하다.

社会(しゃかい)を支援(しえん)するための事業(じぎょう)であっても、自然(しぜん)に望(のぞ)ましくない影響(えいきょう)を及(およ)ぼす可能性(かのうせい)がある。
사회를 지원하기 위한 사업이라고 해도 자연에 바람직하지 않은 영향을 미칠 가능성이 있다.

18 ★★★

□ **〜に基(もと)づいて**

- 基準(きじゅん) 기준
- 根拠(こんきょ) 근거
- 参考(さんこう) 참고
- 根(ね)も葉(は)もない 아무 근거도 없다

〜에 입각[의거]하여

この会社(かいしゃ)は、法律(ほうりつ)に基(もと)づいて工場事業場(こうじょうじぎょうじょう)からの排水(はいすい)や地下水(ちかすい)などの水質分析(すいしつぶんせき)を行(おこな)っている。
이 회사는 법률에 입각하여 공장 사업장에서 나오는 배수와 지하수 등의 수질분석을 실시하고 있다.

環境省(かんきょうしょう)は、人(ひと)の健康(けんこう)を保護(ほご)し、生活環境(せいかつかんきょう)をきれいに保(たも)つという環境基準(かんきょうきじゅん)に基(もと)づいて、様々(さまざま)な規制(きせい)を実施(じっし)している。
환경성은 인간의 건강을 보호하고 생활 환경을 깨끗이 유지한다는 환경기준에 의거하여 다양한 규제를 실시하고 있다.

📗 **적중 포인트**

類 〜を基(もと)にして 〜을 근거[토대]로 하여

19 ★★

廃棄物
- 産業廃棄物 산업폐기물
- 一般廃棄物 일반폐기물
- 公害 공해

폐기물

その河川は、家庭や工場からの廃棄物によって深刻に汚染されている。
그 하천은 가정과 공장에서 나오는 폐기물에 의해서 심각하게 오염되어 있다.

廃棄物を不法で燃やす業者が後を絶たない。
폐기물을 불법으로 태우는 업자가 끊이지 않는다.

---

20 ★★

二酸化炭素
- 炭素 탄소
- 一酸化炭素 일산화탄소

이산화탄소

空気の中には水蒸気と二酸化炭素があります。水蒸気の量はこれからもあまり変わらないでしょう。しかし、二酸化炭素の量はだんだん増えてきています。その原因は石油や石炭を使うためだと言われています。
공기 중에는 수증기와 이산화탄소가 있습니다. 수증기의 양은 앞으로도 그다지 변하지 않겠지요. 그러나 이산화탄소의 양은 점점 늘고 있습니다. 그 원인은 석유와 석탄을 사용하기 때문이라고 합니다.

---

21 ★★

枯渇
- 尽きる 다하다. 떨어지다. 바닥나다
- 切れる 떨어지다. 다 되다

고갈

地球にとって怖いのは温暖化より、エネルギー資源の枯渇かもしれない。
지구에 있어서 무서운 것은 온난화보다 에너지자원의 고갈일지도 모른다.

埋蔵量の少ない産油国は、あと20年で原油資源が枯渇する恐れがあると言われている。
매장량이 적은 산유국은 앞으로 20년 안에 원유 자원이 고갈될 우려가 있다고 한다.

22 ★★

□ **生態系** (せいたいけい)

- 群集(ぐんしゅう) 군집
- 破壊(はかい) 파괴
- 相互作用(そうごさよう) 상호작용

생태계

世界のあちこちで破壊されつつある生態系は、人間による自然破壊が原因で起こっている。
세계 여기저기에서 파괴되고 있는 생태계는 인간에 의한 자연파괴가 원인으로 일어나고 있다.

市では、川に魚を放流することによって、生態系の取り戻しを図り、水質の改善を試みている。
시에서는 강에 물고기를 방류함으로써 생태계의 회복을 꾀하고, 수질 개선을 시도하고 있다.

23 ★★

□ **絶滅** (ぜつめつ)

- 絶滅危惧種(ぜつめつきぐしゅ) 멸종 위기종
- 瀕(ひん)する (절박한 상태에) 직면하다, 처하다

절멸, 멸종

いろいろな生き物が、人間の無分別な行いによって、絶滅の危機に瀕している。
다양한 생물이 인간의 무분별한 행위에 의해서 멸종 위기에 처해 있다.

現在、世界中で多くの野生生物が絶滅の危機に瀕している。
현재 전 세계에서 많은 야생생물이 멸종 위기에 처해 있다.

📋 적중 포인트

> 滅(ほろ)びる 멸망하다, 없어지다

24 ★★★

□ **頼る** (たよる)

- 当(あ)てにする 기대다, 기대하다
- 寄(よ)り掛(か)かる 기대다, 의지하다

의지하다, 의존하다

その国は、発電の多くを火力発電に頼っている。
그 나라는 발전의 대부분을 화력발전에 의존하고 있다.

日本は、エネルギー資源のほとんどを海外からの輸入に頼っている状態である。
일본은 에너지자원의 대부분을 해외로부터의 수입에 의존하고 있는 상태다.

Day 11 Check Up Test

★ 다음 단어의 뜻을 오른쪽에서 찾아 연결해 보세요.

❶ 石油　　　　•　　　　• ⓐ 환경

❷ 捨てる　　　•　　　　• ⓑ 버리다

❸ 環境　　　　•　　　　• ⓒ 호소하다

❹ 呼び掛ける　•　　　　• ⓓ 석유

❺ 枯渇　　　　•　　　　• ⓔ 고갈

★ 공란에 들어갈 적절한 단어를 보기에서 골라 넣으세요.

　ⓐ 廃棄物　　　ⓑ リサイクル　　　ⓒ いくら〜ても
　ⓓ 絶滅　　　　ⓔ どちらかと言うと　ⓕ 騒音
　ⓖ できるだけ　ⓗ 望ましい　　　　ⓘ エネルギー

❻ 原子力を代替できる_____は、現在では火力しかない。
❼ 環境のために、使い捨て商品は_____買わないようにしている。
❽ この町では割り箸を紙に再生させる_____運動を展開しています。
❾ 現在、その国では原子力発電の_____処理が問題となっている。
❿ 過疎化で草原の管理作業が放棄されたため、希少植物が_____危機に陥っている。

정답　❶.ⓓ　❷.ⓑ　❸.ⓐ　❹.ⓒ　❺.ⓔ　❻.ⓘ　❼.ⓖ　❽.ⓑ　❾.ⓐ　❿.ⓓ

+ 최신기출 기본 어휘

우리 모두 자원을 아낍시다! 자원·환경

청해

- ★ 森林 しんりん 삼림
- 農薬 のうやく 농약
- ★ 燃料 ねんりょう 연료
- 目標 もくひょう 목표
- 金属 きんぞく 금속
- ★ 保存 ほぞん 보존
- ★ 調理 ちょうり 조리
- 発生源 はっせいげん 발생원
- ★ 用水路 ようすいろ 용수로
- ★ 空き缶 あきかん 빈 캔
- ★ 農地 のうち 농지
- 処理 しょり 처리
- 規格 きかく 규격
- 公共 こうきょう 공공
- 監視 かんし 감시
- 暖房 だんぼう 난방
- 正常 せいじょう 정상
- 異常 いじょう 이상
- 洗浄剤 せんじょうざい 세정제
- ★ 活性化 かっせいか 활성화

독해

- ★ 造成 ぞうせい 조성
- 空間 くうかん 공간
- ★ 密林 みつりん 밀림
- ★ 促進 そくしん 촉진
- 水産 すいさん 수산
- ★ 海洋 かいよう 해양
- ★ 限度 げんど 한도
- ★ 指定 してい 지정
- ★ 幅広い はばひろい 폭넓다
- ★ 優先順位 ゆうせんじゅんい 우선순위
- 分類 ぶんるい 분류
- 課題 かだい 과제
- 持続 じぞく 지속
- 分解 ぶんかい 분해
- 原子力 げんしりょく 원자력
- 地熱 ちねつ 지열
- 生態学 せいたいがく 생태학
- ★ 不可欠 ふかけつ 불가결
- ★ ほとんど 대부분, 거의
- ★ プラスチック 플라스틱

+ 최신기출 고득점 어휘

우리 모두 자원을 아낍시다! `자원·환경`

청해

- ★ 集計(しゅうけい) 집계 ☐ ☐ ☐
- ★ 残留(ざんりゅう) 잔류 ☐ ☐ ☐
- ★ 粘土(ねんど) 점토 ☐ ☐ ☐
- ★ 排水(はいすい) 배수 ☐ ☐ ☐
- ★ 土壌(どじょう) 토양 ☐ ☐ ☐
- ★ 石綿(せきめん) 석면 ☐ ☐ ☐
- ★ 採掘(さいくつ) 채굴 ☐ ☐ ☐
- ★ 干潟(ひがた) 간석지, 개펄 ☐ ☐ ☐
- ★ 無生物(むせいぶつ) 무생물 ☐ ☐ ☐
- ★ 絶縁性(ぜつえんせい) 절연성 ☐ ☐ ☐

- ★ 伐採(ばっさい) 벌채 ☐ ☐ ☐
- ★ 循環(じゅんかん) 순환 ☐ ☐ ☐
- ★ 容量(ようりょう) 용량 ☐ ☐ ☐
- ★ 摂取(せっしゅ) 섭취 ☐ ☐ ☐
- ★ 湿地(しっち) 습지 ☐ ☐ ☐
- ★ 鉱物(こうぶつ) 광물 ☐ ☐ ☐
- ★ 埋蔵(まいぞう) 매장 ☐ ☐ ☐
- ★ 汚染(おせん) 오염 ☐ ☐ ☐
- ★ 農作物(のうさくぶつ) 농작물 ☐ ☐ ☐
- ★ 身の回り(みのまわり) 신변, 일용품 ☐ ☐ ☐

독해

- ★ 洞窟(どうくつ) 동굴 ☐ ☐ ☐
- ★ 硫黄(いおう) 유황 ☐ ☐ ☐
- ★ 合成(ごうせい) 합성 ☐ ☐ ☐
- ★ 掘削(くっさく) 굴착 ☐ ☐ ☐
- ★ 酸素(さんそ) 산소 ☐ ☐ ☐
- ★ 質素(しっそ) 질소 ☐ ☐ ☐
- ★ 化学肥料(かがくひりょう) 화학비료 ☐ ☐ ☐
- ★ アルミニウム 알루미늄 ☐ ☐ ☐
- ★ 身近(みぢか) 신변, 관계가 깊음 ☐ ☐ ☐
- ★ 数え切れない(かぞえきれない) (수가 많아) 헤아릴 수 없다 ☐ ☐ ☐

- ★ 鉛(なまり) 납 ☐ ☐ ☐
- ★ 酸化(さんか) 산화 ☐ ☐ ☐
- ★ 砂漠(さばく) 사막 ☐ ☐ ☐
- ★ 決議(けつぎ) 결의 ☐ ☐ ☐
- ★ 盆地(ぼんち) 분지 ☐ ☐ ☐
- ★ ミネラル 미네랄 ☐ ☐ ☐
- ★ 副産物(ふくさんぶつ) 부산물 ☐ ☐ ☐
- ★ 掘り出す(ほりだす) 파내다 ☐ ☐ ☐
- ★ 消耗(しょうもう) 소모 ☐ ☐ ☐

Day 12

업무 · 비즈니스

오늘도 잔업, 직장인은 괴로워!

오늘은 아침부터 **忙**しい하고 힘든 하루였다. 오전에 **取引先** 세 군데를 돌며 지난번에 발생한 **不良品** 문제를 해결하고, 오후 1시부터는 **上半期 営業** 성과에 관해 **徹夜**하면서 준비한 **プレゼン**을 했다. 또 3시부터는 어제 **提出**한 **報告書**에 대해 부장님과 얘기를 했는데 칭찬**どころか** "자네는 늘 마무리가 조금 **甘い**해!"라는 말을 들었다. "나름대로 **最前を尽くす**해서 만들었는데…." 어쨌든 업무를 마무리하고 슬슬 **退社**하려고 하는데 어딘가에서 들려오는 부장님의 한마디…. "오늘도 **残業** 잘 부탁해."

JPT 최신기출 어휘 베스트 14

- □ **忙**(いそが)しい 바쁘다
- □ **取引先**(とりひきさき) 거래처
- □ **不良品**(ふりょうひん) 불량품
- □ **上半期**(かみはんき) 상반기
- □ **営業**(えいぎょう) 영업
- □ **徹夜**(てつや) 철야, 밤샘
- □ **プレゼン** 프레젠테이션
- □ **提出**(ていしゅつ) 제출
- □ **報告書**(ほうこくしょ) 보고서
- □ **~どころか** ~은커녕
- □ **甘**(あま)い 무르다, 허술하다, 만만하다
- □ **最善を尽**(さいぜん)(つ)くす 최선을 다하다
- □ **退社**(たいしゃ) 퇴근
- □ **残業**(ざんぎょう) 잔업

01 ★★★

□ **忙しい** (いそがしい)

- 图 せわしい 바쁘다
- 多忙(たぼう) 다망, 매우 바쁨

바쁘다

今日(きょう)も外回(そとまわ)りで忙(いそが)しくなりそうだ。
오늘도 외근으로 바빠질 것 같다.

昨日(きのう)は新製品(しんせいひん)の注文(ちゅうもん)が殺到(さっとう)して、とても忙(いそが)しかった。
어제는 신제품 주문이 쇄도해서 매우 바빴다.

📖 **적중 포인트**

> 图+图 猫(ねこ)の手(て)も借(か)りたい (고양이의 손이라도 빌리고 싶을 만큼) 몹시 바쁘다
> 目(め)が回(まわ)る (눈이 돌 정도로) 매우 바쁘다

02 ★★★

□ **取引先** (とりひきさき)

- 得意先(とくいさき) (단골) 거래처
- 納品先(のうひんさき) 납품처

거래처

外回(そとまわ)りから戻(もど)ってくると、取引先(とりひきさき)からメールが届(とど)いていた。
외근에서 돌아오니 거래처로부터 메일이 도착해 있었다.

取引先(とりひきさき)との交渉(こうしょう)は、暗礁(あんしょう)に乗(の)り上(あ)げたそうですよ。
거래처와의 교섭은 암초에 걸렸대요.

03 ★★

□ **不良品** (ふりょうひん)

- 欠陥(けっかん) 결함
- 品質管理(ひんしつかんり) 품질관리

불량품

あのう、先日(せんじつ)送(おく)っていただいたプリンターが不良品(ふりょうひん)のようなんですが…。
저어, 어제 보내 주신 프린터가 불량품인 것 같은데요….

万(まん)が一(いち)、お届(とど)けした商品(しょうひん)が不良品(ふりょうひん)である場合(ばあい)には、送料及(そうりょうおよ)び手数料(てすうりょう)などは全(すべ)て当社(とうしゃ)が負担(ふたん)いたします。
만에 하나 배달해 드린 상품이 불량품인 경우에는 배송료 및 수수료 등은 모두 당사[우리 회사]가 부담합니다.

04 ★★★

□ **上半期**(かみはんき)

- 対 下半期(しもはんき) 하반기
- 前半期(ぜんはんき) 전반기(↔後半期(こうはんき))

상반기

今年の上半期の実績は、前年度の実績を下回っていた。
올해 상반기 실적은 전년도 실적을 밑돌고 있었다.

緩やかな世界経済の成長の中で、我が社の上半期の売り上げは堅調な伸びを見せている。
완만한 세계 경제의 성장 속에서 우리 회사의 상반기 매출은 건실한 신장을 보이고 있다.

05 ★★★

□ **営業**(えいぎょう)

- 営業部(えいぎょうぶ) 영업부
- 営業活動(えいぎょうかつどう) 영업활동

영업

営業部で自分の力を試してみたい。
영업부에서 내 능력을 시험해 보고 싶다.

お客様の期待に応えようとする心がどれだけあるかによって、営業成績は決まると言っても過言ではない。
손님의 기대에 부응하려는 마음이 얼마나 있느냐에 따라서 영업 성과는 결정된다고 해도 과언이 아니다.

📝 적중 포인트

   [청] 販売促進(はんばいそくしん) 판매촉진

06 ★★★

□ **徹夜**(てつや)

- 유 夜明(よあ)かし 철야, 밤샘
- くまができる 다크서클이 생기다

철야, 밤샘

徹夜して仕上げた企画書を提出した。
밤샘해서 완성한 기획서를 제출했다.

報告書を徹夜して何度も書き直すことで、完成度を高めた。
보고서를 밤샘해서 몇 번이나 고쳐 씀으로써 완성도를 높였다.

📝 적중 포인트

   [청] 一睡(いっすい)もしない 한숨도 자지 않다

152

07 ★★

□ **プレゼン**

- 出だし 첫머리
- 文献 문헌

프레젠테이션(「プレゼンテーション」의 준말)

突然で申し訳ないんですが、今日のプレゼンお願いできますか。
갑작스럽게 죄송한데요, 오늘 프레젠테이션 부탁드릴 수 있을까요?

課長が出張中なので、やむを得ず私がプレゼンをした。
과장님이 출장 중이어서 어쩔 수 없이 내가 프레젠테이션을 했다.

08 ★★

□ **提出**

- 差し出す 제출하다
- 締め切り 마감

제출

経費精算書の提出期限を、守るようにしてくださいね。
경비정산서 제출 기한을 지키도록 해 주세요.

企画書は採択されてはじめて意味があるのだから、提出するまで細心の注意を払わなければなりません。
기획서는 채택되어야 비로소 의미가 있는 것이기 때문에 제출할 때까지 세심한 주의를 기울여야 합니다.

09 ★★

□ **報告書**

- 書き方 작성법
- まとめる 정리하다

보고서

明日提出する報告書に、重要なグラフが抜けていることに気が付いた。
내일 제출할 보고서에 중요한 그래프가 빠져 있는 것을 깨달았다.

自分なりに苦心して報告書を書いて提出したけど、上司から「書き直せ」と言われてしまった。
내 나름대로 고심해서 보고서를 써서 제출했지만 상사로부터 '다시 써'라는 말을 들어 버렸다.

10 ★★★

□ 〜どころか

- 〜ばかりか 〜뿐만 아니라
- 〜のみならず 〜뿐만 아니라
- 〜に限（かぎ）らず 〜뿐만 아니라

〜은커녕

最近（さいきん）、我（わ）が社（しゃ）は残業時間短縮（ざんぎょうじかんたんしゅく）ということで、なるべく遅（おそ）く出社（しゅっしゃ）して早（はや）く帰（かえ）る方針（ほうしん）に方向転換（ほうこうてんかん）しました。しかし仕事（しごと）の量（りょう）は減（へ）るどころか、増（ふ）える一方（いっぽう）です。

최근 우리 회사는 잔업시간 단축이라는 것으로, 되도록 늦게 출근해서 빨리 집에 돌아가는 방침으로 방향전환했습니다. 그러나 업무량은 줄기는커녕 늘어나기만 합니다.

📝 적중 포인트

图 〜はおろか 〜은커녕, 〜은 고사하고

11 ★★★

□ 甘（あま）い

- 厳（きび）しい 엄격하다
- 手緩（てぬる）い 단호히 하지 않고 미적지근하다
- 妥協（だきょう） 타협

무르다, 허술하다, 만만하다

職場（しょくば）の先輩（せんぱい）から、仕事（しごと）に接（せっ）する態度（たいど）がちょっと甘（あま）いと言（い）われた。

직장 선배로부터 일을 대하는 태도가 조금 무르다는 말을 들었다.

営業（えいぎょう）の世界（せかい）は甘（あま）くないもので、実力（じつりょく）だけで切（き）り開（ひら）くことは難（むずか）しいかもしれない。

영업의 세계는 만만치 않은 것이어서 실력만으로 개척하는 것은 어려울지도 모른다.

📝 적중 포인트

图 詰（つ）めが甘（あま）い 일의 마무리가 무르다

12 ★★

□ 最善（さいぜん）を尽（つ）くす

- 图 ベストを尽（つ）くす 최선을 다하다
- 全力（ぜんりょく）を尽（つ）くす 전력을 다하다

최선을 다하다

契約（けいやく）を取（と）り付（つ）けるために、最善（さいぜん）を尽（つ）くして交渉（こうしょう）に臨（のぞ）んだ。

계약을 성사시키기 위해서 최선을 다해서 교섭에 임했다.

仕事（しごと）においては、いくら最善（さいぜん）を尽（つ）くしても成功（せいこう）できないケースも少（すく）なくない。

일에 있어서는 아무리 최선을 다해도 성공하지 못하는 경우도 적지 않다.

13 ★★

□ **退社**
- 圓 退勤 퇴근
- 凹 出社 출근
- 勤務時間 근무시간

퇴근

課長、退社してもよろしいでしょうか。
과장님, 퇴근해도 될까요?

当社の勤務時間は午後5時までで、佐藤は本日すでに退社しております。
당사[우리 회사]의 근무시간은 오후 5시까지로, 사토는 오늘 이미 퇴근했습니다.

14 ★★★

□ **残業**
- 夜勤 야근
- 残業手当 잔업수당

잔업

うちの会社は他の会社に比べて給料はいいが、残業が多い。
우리 회사는 다른 회사에 비해서 급여는 좋지만 잔업이 많다.

最近残業続きで、めっきり体力が落ちてしまった。
최근 계속된 잔업으로 부쩍 체력이 떨어져 버렸다.

📝 적중 포인트

圓 サービス残業 서비스 잔업, 잔업수당이 지불되지 않는 시간외 노동

15 ★★

□ **アポを取る**
- 約束を守る 약속을 지키다 (↔約束を破る)
- すっぽかす 약속을 어기다
- ドタキャン 직전이 되어서 약속을 파기함

약속을 잡다

坂本君、もう一度吉村さんに電話して、10時半にアポを取っておいて。
사카모토 군, 다시 한 번 요시무라 씨에게 전화해서 10시 반으로 약속을 잡아 놔.

営業を始めて最初にぶつかった壁は、電話で先方にアポを取ることでした。
영업을 시작하고 처음 부딪친 벽은 전화로 상대방에게 약속을 잡는 것이었습니다.

16 ★★★

□ **打ち合わせ**
- ミーティング 미팅, 회합
- 寄り合い 모임, 회합

협의

関係各所と何度も打ち合わせを繰り返し、ようやく合意した。
관계 각처와 몇 번이나 협의를 반복하여 드디어 합의했다.

ごめんごめん。打ち合わせが長引いちゃって、待った(?)。
미안미안. 협의가 길어져 버려서, 기다렸어?

17 ★★★

□ **〜に就く**
- 동 〜に携わる 〜에 종사하다
- 〜に勤める 〜에 근무하다
- 〜で働く 〜에서 일하다

〜에 종사하다

失礼ですが、この仕事に就くようになったきっかけは、何でしょうか。
실례지만 이 일에 종사하게 된 계기는 뭔가요?

まったく新しい分野の仕事に就いて、なかなか慣れなくて毎日残業だ。
전혀 새로운 분야의 일에 종사해서 좀처럼 익숙해지지 않아서 매일 잔업이다.

📝 적중 포인트

> 청 〜に従事する 〜에 종사하다

18 ★★★

□ **呑む**
- 동 受け入れる 받아들이다
- 応じる 응하다
- 受諾 수락

받아들이다

こうなってしまった以上、先方の条件を呑んだ方がいいと思うんですが。
이렇게 되어 버린 이상, 상대편의 조건을 받아들이는 편이 좋다고 생각하는데요.

話し合いで解決したいなら、相手の要求を呑むしかありません。
교섭으로 해결하고 싶다면 상대의 요구를 받아들이는 수밖에 없습니다.

📝 적중 포인트

> 청 鵜呑みにする 그대로 받아들이다

19 ★★★

～くせに

- ～にもかかわらず ～임에도 불구하고
- 非難 비난

～주제에, ～이면서도

彼は私の仕事についてよくわからないくせに、いつも口を出す。
그는 내 일에 대해서 잘 모르는 주제에 항상 말참견을 한다.

営業部に入ったばかりの頃は上司に、「営業マンのくせにそんなこともできないのか!」とよく叱られたものだ。
영업부에 들어간 지 얼마 안 되었을 때는 상사에게 '영업맨이면서도 그런 것도 못하나!'라고 자주 혼이 나곤 했다.

20 ★★

契約

- 契約を結ぶ 계약을 맺다
- 締結 체결
- 破棄 파기

계약

予想通りに事が運んで、契約できた。
예상대로 일이 진척되어서 계약할 수 있었다.

この契約の成立は、トップ同士の話し合いかんによる。
이 계약의 성립은 최고 경영자끼리의 교섭 여하에 달려 있다.

📔 적중 포인트

명+동 契約を取り付ける 계약을 성사시키다

21 ★★★

～ときたら

- 強調 강조
- 取り上げる (이렇다 하게) 문제삼다, 초들다

～로 말하자면

あの会長ときたら、会議中も冗談ばかりで困るなあ。
그 회장으로 말하자면 회의 중에도 농담뿐이라 곤란해.

部長ときたら、ろくに仕事もしないで新聞ばかり読んでいる。
부장으로 말하자면 제대로 일도 하지 않고 신문만 읽고 있다.

Day 12 오늘도 잔업, 직장인은 괴로워! | 업무・비즈니스 | · 157

22 ★★

□ **痛手** (いたで)
- 損失(そんしつ) 손실
- 損害(そんがい) 손해

(정신적・물질적) 상처, 타격, 피해

この企業(きぎょう)に投資(とうし)している人(ひと)は痛手(いたで)を被(こうむ)る可能性(かのうせい)もあるので、注意(ちゅうい)してほしい。
이 기업에 투자한 사람은 피해를 입을 가능성도 있으므로 주의하기 바란다.

円安(えんやす)が進(すす)むと、主(おも)に商品(しょうひん)を輸出(ゆしゅつ)している我(わ)が社(しゃ)にとっては、大(おお)きな痛手(いたで)となりかねません。
엔저가 진행되면 주로 상품을 수출하고 있는 우리 회사에 있어서는 큰 타격이 될지도 모릅니다.

23 ★★

□ **シェア**
- 占有率(せんゆうりつ) 점유율
- 占(し)める 점하다, 차지하다
- 独占(どくせん) 독점

시장점유율

携帯電話会社(けいたいでんわがいしゃ)のシェア競争(きょうそう)が、だんだん激(はげ)しくなっている。
휴대전화 회사의 시장점유율 경쟁이 점점 심해지고 있다.

この会社(かいしゃ)のシェアが急激(きゅうげき)に落(お)ちているのは、独創的(どくそうてき)な商品企画(しょうひんきかく)の手薄(てうす)さのためである。
이 회사의 시장점유율이 급격하게 떨어지고 있는 것은 독창적인 상품 기획의 부족함 때문이다.

24 ★★

□ **新米** (しんまい)
- 圀 新人(しんじん) 신인, 신입
- 新入社員(しんにゅうしゃいん) 신입사원

신참

彼(かれ)はまだ新米(しんまい)だけど、仕事(しごと)に対(たい)する責任感(せきにんかん)が強(つよ)い。
그는 아직 신참이지만 일에 대한 책임감이 강하다.

この仕事(しごと)は、新米(しんまい)には責任(せきにん)が重過(おもす)ぎる。
이 일은 신참에게는 책임이 너무 무겁다.

📝 적중 포인트

圀+圀 青二才(あおにさい) 풋내기

Day 12 Check Up Test

★ 다음 단어의 뜻을 오른쪽에서 찾아 연결해 보세요.

❶ 営業　　　　　•　　　•　ⓐ 협의

❷ 退社　　　　　•　　　•　ⓑ 받아들이다

❸ 打ち合わせ　　•　　　•　ⓒ 영업

❹ 提出　　　　　•　　　•　ⓓ 제출

❺ 呑む　　　　　•　　　•　ⓔ 퇴근

★ 공란에 들어갈 적절한 단어를 보기에서 골라 넣으세요.

ⓐ ～ときたら	ⓑ 甘い	ⓒ 最善を尽くす
ⓓ ～くせに	ⓔ プレゼン	ⓕ 徹夜
ⓖ シェア	ⓗ アポを取る	ⓘ 痛手

❻ うちの課長＿＿＿＿、責任逃ればかりしている。
❼ あの会社は携帯電話出荷＿＿＿＿1位を誇っている。
❽ 来週からの会計監査のため、＿＿＿＿が続いている。
❾ 何度も練習したのに、昨日の＿＿＿＿でつい上がってしまった。
❿ 彼は仕事に対して少なからず妥協をしているから、詰めが＿＿＿＿とよく言われる。

정답　❶.ⓒ　❷.ⓔ　❸.ⓐ　❹.ⓓ　❺.ⓑ　❻.ⓐ　❼.ⓖ　❽.ⓕ　❾.ⓔ　❿.ⓑ

+ 최신기출 기본 어휘

오늘도 잔업, 직장인은 괴로워! 업무·비즈니스

청해

- ★ 順調 (じゅんちょう) 순조
- ★ 実行 (じっこう) 실행
- ★ 説得 (せっとく) 설득
- ★ 昇進 (しょうしん) 승진
- ★ 広告 (こうこく) 광고
- ★ 生産 (せいさん) 생산
- ★ 転勤 (てんきん) 전근
- ★ 安物 (やすもの) 값싼 물건, 싸구려
- ★ 伸び悩む (のびなやむ) 부진하다
- ★ 不渡りを出す (ふわたりをだす) 부도를 내다
- ★ 実績 (じっせき) 실적
- ★ 変更 (へんこう) 변경
- ★ 倒産 (とうさん) 도산
- ★ 出世 (しゅっせ) 출세
- ★ 名刺 (めいし) 명함
- ★ 話し中 (はなしちゅう) 통화 중
- ★ 労働力 (ろうどうりょく) 노동력
- ★ 親会社 (おやがいしゃ) 모회사
- ★ 子会社 (こがいしゃ) 자회사

독해

- ★ 工場 (こうじょう) 공장
- ★ 市場 (しじょう) 시장
- ★ 待遇 (たいぐう) 대우
- ★ 代行 (だいこう) 대행
- ★ 任せる (まかせる) 맡기다
- ★ 事務所 (じむしょ) 사무소
- ★ 従業員 (じゅうぎょういん) 종업원
- ★ 目処 (めど) 목표, 전망
- ★ 元手 (もとで) 자본, 자금, 밑천
- ★ 仕事ができる (しごとができる) 일을 잘하다
- ★ 責任 (せきにん) 책임
- ★ 求人 (きゅうじん) 구인
- ★ 返事 (へんじ) 답장
- ★ 視察 (しさつ) 시찰
- ★ 要る (いる) 필요하다
- ★ 人件費 (じんけんひ) 인건비
- ★ 言葉遣い (ことばづかい) 말씨, 말투
- ★ 賃上げ (ちんあげ) 임금인상
- ★ 円満に (えんまんに) 원만하게

+ 최신기출 고득점 어휘

오늘도 잔업, 직장인은 괴로워! 〔업무·비즈니스〕

청해

- ★ 安価(あんか) 염가 □□□
- ★ 供給(きょうきゅう) 공급 □□□
- 短縮(たんしゅく) 단축 □□□
- ★ 削除(さくじょ) 삭제 □□□
- 強烈(きょうれつ) 강렬 □□□
- 御社(おんしゃ) 귀사 □□□
- 弊社(へいしゃ) 폐사[저희 회사] □□□
- 売上高(うりあげだか) 매출액 □□□
- 買い溜め(かいだめ) 사재기, 매점 □□□
- ★ 役不足(やくぶそく) (능력에 비해) 직책이 하찮음 □□□

- ★ 往復(おうふく) 왕복 □□□
- 参考(さんこう) 참고 □□□
- 謙虚(けんきょ) 겸허 □□□
- ★ ストライキ 파업 □□□
- ★ 切れ者(きれもの) 수완가 □□□
- ★ 大口(おおぐち) 거액(의) 거래 □□□
- 都合(つごう) 형편, 사정 □□□
- 売れ行き(うれゆき) 팔림새, 매상 □□□
- ★ 我を通す(がをとおす) 고집을 피우다 □□□

독해

- 商標(しょうひょう) 상표 □□□
- 曖昧(あいまい) 애매함, 모호함 □□□
- ★ 奮闘(ふんとう) 분투 □□□
- ★ 品目(ひんもく) 품목 □□□
- ★ 一段落(いちだんらく) 일단락 □□□
- 請負(うけおい) 청부, 도급 □□□
- 心構え(こころがまえ) 마음가짐 □□□
- 目玉商品(めだましょうひん) 특매품 □□□
- 瀬戸際(せとぎわ) 운명의 갈림길 □□□
- ★ 頭が切れる(あたまがきれる) 머리가 좋다, 두뇌회전이 빠르다 □□□

- 歓待(かんたい) 환대 □□□
- 誠実(せいじつ) 성실 □□□
- 後回し(あとまわし) 뒤로 미룸 □□□
- ★ 音沙汰(おとさた) 소식, 연락 □□□
- ★ 意気投合(いきとうごう) 의기투합 □□□
- とやかく 이러쿵저러쿵 □□□
- ★ 棚に上げる(たなにあげる) 제쳐놓다 □□□
- お目にかかる(おめにかかる) 만나 뵙다 □□□
- ★ 揉める(もめる) 옥신각신하다 □□□

Day 13 은행 대출은 언제 다 갚지?

[금융]

최근 **景気 過熱**를 **抑える**하기 위한 정부의 **金融**정책에 **文句を言う**하는 사람들이 적지 않은 것 같다. 뉴스를 보니 다음 주부터 대부분의 금융권에서 **一斉に 金利**를 올린다고 한다. 이 집을 구입할 때 은행에서 **借りる**한 대출금의 **返済**와 **利息 負担**이 큰 걱정이다. 잘은 모르지만 금리가 올라가면 기업은 당연히 **投資**를 안 하게 될 것이고, 개인도 소비를 줄이게 될 터이니 **結局** 경제활동이 보다 **落ち込む**하게 될 가능성이 높은 것은 아닐까? 하루 빨리 금리가 다시 내려갔으면 좋겠다.

JPT 최신기출 어휘 베스트 14

- □ 景気(けいき) 경기
- □ 過熱(かねつ) 과열
- □ 抑(おさ)える 억제하다
- □ 金融(きんゆう) 금융
- □ 文句(もんく)を言(い)う 불평하다
- □ 一斉(いっせい)に 일제히
- □ 金利(きんり) 금리
- □ 借(か)りる 빌리다
- □ 返済(へんさい) 반제, 상환, 빚을 갚음
- □ 利息(りそく) 이자
- □ 負担(ふたん) 부담
- □ 投資(とうし) 투자
- □ 結局(けっきょく) 결국
- □ 落(お)ち込(こ)む 침체되다

01 ★★★

□ 景気(けいき)

- 反 不景気(ふけいき) 불경기
- 動向(どうこう) 동향

경기

景気が悪くて、失業者は増える一方だ。
경기가 나빠서 실업자는 늘기만 한다.

日本の景気は一向に回復の兆しが見られない。
일본 경기는 전혀 회복의 조짐이 보이지 않는다.

02 ★★

□ 過熱(かねつ)

- 過熱気味(かねつぎみ) 과열 기미
- 度を越す(どをこす) 도를 넘다

과열

景気が過熱した場合、中央銀行は金利を引き上げる政策を取る。
경기가 과열된 경우 중앙은행은 금리를 인상하는 정책을 취한다.

景気が過熱気味になって、インフレになるとますます資金需要が高まり、金利も上昇する。
경기가 과열 기미가 되어서 인플레이션이 되면 더욱더 자금 수요가 높아지고 금리도 상승한다.

03 ★★★

□ 抑える(おさえる)

- 押し止める(おしとどめる) 막다, 제지하다
- 食い止める(くいとめる) 막다, 방지하다

억제하다

家計が破綻寸前だから、できるだけ支出を抑えなければならない。
가계가 파탄 직전이기 때문에 가능한 한 지출을 억제해야 한다.

日本は景気の過熱を抑えるために、「金融引き締め政策」に転じた。
일본은 경기 과열을 억제하기 위해서 '금융긴축정책'으로 전환했다.

04 ★★★

□ **金融** (きんゆう)

- 金融機関 (きんゆうきかん) 금융기관
- 金融政策 (きんゆうせいさく) 금융정책

금융

主要金融機関3社がすぐに倒産するだろうという噂が流れて、株価が暴落した。
주요 금융기관 3사가 곧 도산할 것이라는 소문이 퍼져서 주가가 폭락했다.

金融行政の失敗の付けを、加入者に背負わせて終わりにしてしまうことこそ、許せない行為だ。
금융행정 실패의 원인을 가입자에게 떠맡기고 끝내 버리는 것이야말로 용서할 수 없는 행위다.

05 ★★★

□ **文句を言う** (もんくをいう)

- 苦情 (くじょう) 불평, 불만
- クレームをつける 클레임을 걸다

불평하다

最近の政府の金融政策には、文句を言わざるを得ない。
최근 정부의 금융정책에는 불평하지 않을 수 없다.

金融危機への政府の対応策に、文句を言う国民が増えてきている。
금융위기에 대한 정부의 대응책에 불평하는 국민이 점점 늘고 있다.

📝 **적중 포인트**

청+독 愚痴をこぼす (ぐちをこぼす) 푸념하다

06 ★★★

□ **一斉に** (いっせいに)

- 同時に (どうじに) 동시에
- 一気に (いっきに) 단숨에, 단번에

일제히

金融システムへの懸念が高まると、預金者が銀行に押し寄せて、預金を一斉に引き出そうとする取り付け騒ぎが起こる恐れがあります。
금융시스템에 대한 불안이 높아지면 예금자가 은행에 몰려들어서 예금을 일제히 찾으려고 하는 뱅크런이 일어날 우려가 있습니다.

07 ★★

金利(きんり)

- 変動金利(へんどうきんり) 변동금리
- 固定金利(こていきんり) 고정금리

금리

ゼロ金利(きんり)じゃ、銀行(ぎんこう)に預(あず)ける意味(いみ)がないのではないかと思(おも)います。
제로금리라면 은행에 맡기는 의미가 없는 것이 아닐까 생각합니다.

ゼロ金利(きんり)解除(かいじょ)で、銀行預金(ぎんこうよきん)の金利(きんり)が多少(たしょう)付(つ)くようになりましたね。
제로금리 해제로 은행 예금의 금리가 조금 붙게 되었네요.

08 ★★★

借(か)りる

- 반 貸(か)す 빌려 주다
- 貸(か)し渋(しぶ)る (은행 등) 금융기관이 대출을 꺼려하다
- 融資(ゆうし) 융자

빌리다

銀行(ぎんこう)から、不動産(ふどうさん)を担保(たんぽ)にして事業資金(じぎょうしきん)を借(か)りた。
은행에서 부동산을 담보로 해서 사업자금을 빌렸다.

銀行(ぎんこう)からお金(かね)を借(か)りたい場合(ばあい)、主(おも)にカードローンを利用(りよう)する方(かた)が多(おお)いんじゃないでしょうか。
은행에서 돈을 빌리고 싶은 경우, 주로 카드론을 이용하는 분이 많지 않을까요?

📝 **적중 포인트**

> 📻+🧾 拝借(はいしゃく)する「借(か)りる」(빌리다)의 겸양어

09 ★★★

返済(へんさい)

- 一括払(いっかつばら)い 일시불
- 分割払(ぶんかつばら)い 할부
- 前払(まえばら)い 선불
- 後払(あとばら)い 후불

반제, 상환, 빚을 갚음

借金(しゃっきん)返済(へんさい)の目途(めど)がようやくついた。
빚 상환의 전망이 겨우 섰다.

借金(しゃっきん)を返済(へんさい)するためには、節約(せつやく)してできるだけ返済(へんさい)に回(まわ)す金額(きんがく)を多(おお)くすることです。
빚을 갚기 위해서는 절약해서 가능한 한 빚을 갚는 데 돌릴 금액을 늘리는 것입니다.

10 ★★

□ **利息**(りそく)

- 園 利子(りし) 이자
- 利率(りりつ) 이율
- 得(とく)をする 이득을 보다

이자

銀行(ぎんこう)にお金(かね)を預(あず)けると、預金額(よきんがく)に対(たい)して利息(りそく)が付(つ)く。
은행에 돈을 맡기면 예금액에 대해서 이자가 붙는다.

貸付金利(かしつけきんり)の引(ひ)き上(あ)げにより、利息(りそく)の支払(しはら)いが大変(たいへん)になった。
대출금리 인상에 의해 이자 지불이 힘들어졌다.

11 ★★

□ **負担**(ふたん)

- 重荷(おもに) 무거운 부담
- 過重(かじゅう) 과중

부담

金利(きんり)の引(ひ)き上(あ)げで、一般庶民(いっぱんしょみん)の家計(かけい)への負担(ふたん)が増大(ぞうだい)しそうですね。
금리 인상으로 일반서민 가계에의 부담이 증대할 것 같네요.

変動金利型住宅(へんどうきんりがたじゅうたく)ローンは、金利(きんり)が上昇(じょうしょう)した時(とき)、利払(りばら)い負担(ふたん)が増加(ぞうか)するということに、注意(ちゅうい)が必要(ひつよう)である。
변동금리형 주택론은 금리가 상승했을 때 이자 지불 부담이 증가한다는 것에 주의가 필요하다.

📝 적중 포인트

> 園 肩(かた)の荷(に)が重(おも)い 어깨가 무겁다, 책임이 무겁다

12 ★★

□ **投資**(とうし)

- 園 インベストメント 투자, 출자
- 投資家(とうしか) 투자가
- 投入(とうにゅう) 투입

투자

株(かぶ)の投資(とうし)には、必(かなら)ずリスクが伴(ともな)う。投資(とうし)をすれば得(とく)をするという単純(たんじゅん)なものではない。
주식 투자에는 반드시 위험이 따른다. 투자를 하면 이득을 본다는 단순한 것이 아니다.

金融機関(きんゆうきかん)の貸(か)し渋(しぶ)りで、多(おお)くの企業(きぎょう)は設備投資(せつびとうし)を控(ひか)えている。
금융기관의 대출 기피로 많은 기업은 설비 투자를 꺼리고 있다.

13 ★★★

□ **結(けっ)局(きょく)**

- 類 挙(あ)げ句(く)の果(は)て 결국
- 〜の末(すえ) 〜한 끝에

결국

日(に)本(ほん)銀(ぎん)行(こう)は昨(きの)日(う)の金(きん)融(ゆう)政(せい)策(さく)決(けっ)定(てい)会(かい)合(ごう)で、結(けっ)局(きょく)金(きん)融(ゆう)政(せい)策(さく)を据(す)え置(お)くことにした。
일본은행은 어제 금융정책 결정회합에서 결국 금융정책을 그대로 유지하기로 했다.

金(きん)利(り)の引(ひ)き下(さ)げは、結(けっ)局(きょく)家(か)計(けい)融(ゆう)資(し)が増(ぞう)加(か)するようになり、またそれが不(ふ)動(どう)産(さん)市(し)場(じょう)に影(えい)響(きょう)する可(か)能(のう)性(せい)がある。
금리 인하는 결국 가계 융자가 증가하게 되고, 또한 그것이 부동산시장에 영향을 줄 가능성이 있다.

📝 **적중 포인트**

類 遂(つい)に 마침내, 드디어, 끝내

14 ★★★

□ **落(お)ち込(こ)む**

- 下(さ)がる 내려가다
- 下(げ)落(らく) 하락
- 暴(ぼう)落(らく) 폭락
- 急(きゅう)落(らく) 급락

(나쁜 상태에) 빠지다, 침체되다

消(しょう)費(ひ)税(ぜい)を10パーセントに上(あ)げると、景(けい)気(き)は落(お)ち込(こ)む。
소비세를 10%로 올리면 경기는 침체된다.

景(けい)気(き)が落(お)ち込(こ)んでいる時(とき)、日(にち)銀(ぎん)は金(きん)融(ゆう)緩(かん)和(わ)を行(おこな)う。
경기가 침체되어 있을 때 일본은행은 금융완화를 실시한다.

15 ★★

□ **押(お)し並(な)べて**

- 類 一(いち)様(よう)に 한결같이
- 大(おお)方(かた) 대부분, 대체로
- もれなく 빠짐없이, 전부

대체로, 모두, 한결같이

主(しゅ)要(よう)銀(ぎん)行(こう)は押(お)し並(な)べて、海(かい)外(がい)のＡＴＭでも日(に)本(ほん)の銀(ぎん)行(こう)口(こう)座(ざ)の預(よ)金(きん)を、そのまま引(ひ)き出(だ)せる国(こく)際(さい)キャッシュカードを発(はっ)行(こう)しています。
주요 은행은 대체로 해외의 ATM에서도 일본의 은행계좌 예금을 그대로 찾을 수 있는 국제현금카드를 발행하고 있습니다.

📝 **적중 포인트**

類 軒(のき)並(な)み 일제히, 모두

16 ★★

お金を下ろす
- 貯金 저금
- 口座 계좌

돈을 찾다[인출하다]

お金が足りないので、銀行でお金を下ろしてきます。
돈이 모자라니까 은행에서 돈을 찾아오겠습니다.

私は手数料を払うのが嫌だから、ちょっと歩く距離にあったとしても、必ず銀行でお金を下ろしている。
나는 수수료를 지불하는 것이 싫어서 조금 걷는 거리에 있다고 해도 반드시 은행에서 돈을 찾고 있다.

📓 적중 포인트

유 預金を引き出す 예금을 찾다

17 ★★

圧迫
- 押し付ける 강하게 누르다
- 圧する 누르다, 제압하다

압박

無理に組んだローンが、生活を圧迫していて家計が苦しい。
무리하게 받은 대출이 생활을 압박하고 있어서 가계가 힘들다.

家計を圧迫している原因の大半は、住宅、自動車、保険の三つである。
가계를 압박하고 있는 원인의 대부분은 주택, 자동차, 보험 세 가지다.

18 ★★

損失
- 반 利益 이익
- 損害 손해

손실

国債の金利が上昇すると、銀行に多額の損失が出る。
국채금리가 상승하면 은행에 고액의 손실이 생긴다.

警察によると、今回のサイバー攻撃で銀行は莫大な損失を被ったという。
경찰에 의하면 이번 사이버 공격으로 은행은 막대한 손실을 입었다고 한다.

19 ★★★

□ 残高(ざんだか)
잔고, 잔액

- 照会(しょうかい) 조회
- 暗証番号(あんしょうばんごう) 비밀번호

あのう、使(つか)い方(かた)を教(おし)えてもらえますか。残高(ざんだか)を確認(かくにん)した後(あと)に送金(そうきん)したいんですが…。
저어, 사용법을 가르쳐 줄 수 있나요? 잔액을 확인한 후에 송금하고 싶은데요….

近頃(ちかごろ)は、カードがなくても、携帯電話(けいたいでんわ)一(ひと)つで残高(ざんだか)の確認(かくにん)ができる。
요즘은 카드가 없어도 휴대전화 하나로 잔액 확인을 할 수 있다.

20 ★★

□ 国債(こくさい)
국채

- 債券(さいけん) 채권
- 債務(さいむ) 채무

国債(こくさい)とは、国(くに)が発行(はっこう)する債券(さいけん)です。
국채란 나라가 발행하는 채권입니다.

国債(こくさい)は満期(まんき)が来(く)れば額面額(がくめんがく)と利息(りそく)を受(う)け取(と)れるから、安(やす)く買(か)えば満期時(まんきじ)の差益(さえき)が大(おお)きくなる。
국채는 만기가 오면 액면액과 이자를 받을 수 있기 때문에 싸게 사면 만기시의 차액이 커진다.

21 ★★★

□ ～かねない
~할지도 모른다

- 图 ～かもしれない ~일지도 모른다
- ～かねる ~하기 어렵다

潜在成長率(せんざいせいちょうりつ)を大幅(おおはば)に上回(うわまわ)る資金供給(しきんきょうきゅう)は、金融(きんゆう)の不均衡(ふきんこう)をもたらし、危機(きき)の種(たね)を作(つく)りかねない。
잠재 성장률을 큰 폭으로 웃도는 자금공급은 금융의 불균형을 초래하여 위기의 원인을 만들지도 모른다.

📝 적중 포인트

청+동 ～恐(おそ)れがある ~할 우려가 있다

22 ★★

□ **穴埋め** (あなう)

- 補(おぎな)う 메우다, 보충하다
- 欠損(けっそん) 결손

(결손을) 메움, 보충

経営破綻を回避するためには、損失を穴埋めする対策を立てなければならないだろう。
경영 파탄을 회피하기 위해서는 손실을 메울 대책을 세워야 할 것이다.

銀行の損失の穴埋めに必要な資金は、政府の財源を遥かに超える金額であった。
은행의 손실 보충에 필요한 자금은 정부의 재원을 훨씬 초과하는 금액이었다.

📝 적중 포인트

청+동 取(と)り戻(もど)す 되찾다, 회복하다

23 ★★

□ **有価証券** (ゆうかしょうけん)

- 株(かぶ) 주식(=株式(かぶしき))
- 売買(ばいばい) 매매

유가증권

有価証券は、主に新株を発行する際に現金などを払い込んで取得する。
유가증권은 주로 신주를 발행할 때에 현금 등을 납입해서 취득한다.

A社は金融資産運用額のうち、半分を有価証券に投資したという。
A사는 금융자산 운용액 중 절반을 유가증권에 투자했다고 한다.

24 ★★

□ **財テク** (ざい)

- 余剰資金(よじょうしきん) 잉여자금
- 資金繰(しきんぐ)り 자금조달

재테크

彼女は、財テクに手腕を発揮して3年ぶりに財産を2倍に増やした。
그녀는 재테크에 수완을 발휘해서 3년 만에 재산을 두 배로 불렸다.

株財テクは、お金を増やす手段として有効であるが、常に株について勉強しなければならない。
주식 재테크는 돈을 불리는 수단으로서 유효하지만 항상 주식에 대해서 공부해야 한다.

Day 13 Check Up Test

★ 다음 단어의 뜻을 오른쪽에서 찾아 연결해 보세요.

❶ 損失　　　　•　　　　• ⓐ 잔고, 잔액

❷ 残高　　　　•　　　　• ⓑ 불평하다

❸ 穴埋め　　　•　　　　• ⓒ 손실

❹ 利息　　　　•　　　　• ⓓ (결손을) 메움, 보충

❺ 文句を言う　•　　　　• ⓔ 이자

★ 공란에 들어갈 적절한 단어를 보기에서 골라 넣으세요.

ⓐ 抑える　　　ⓑ 返済　　　ⓒ 一斉に
ⓓ 投資　　　　ⓔ 負担　　　ⓕ 過熱
ⓖ 金融　　　　ⓗ 押し並べて　ⓘ 国債

❻ _____政策と財政政策をまとめて経済政策という。

❼ 住宅ローンを一括_____する場合も、メリットとデメリットがある。

❽ 日本銀行における_____の引き受けは、原則として禁止されている。

❾ 貸し出し増加が、_____マイナス金利政策の影響であるとは限らない。

❿ 社会保険は給付の減少が見込まれる半面、保険料などの_____は着実に増えている。

정답 ❶ ⓒ　❷ ⓐ　❸ ⓓ　❹ ⓔ　❺ ⓑ　❻ ⓖ　❼ ⓑ　❽ ⓘ　❾ ⓗ　❿ ⓔ

+ 최신기출 기본 어휘

은행 대출은 언제 다 갚지? `금융`

청해

★ 運^{うんよう}用 운용	★ 指^{しすう}数 지수
★ 税^{ぜいせい}制 세제	★ 交^{こうかん}換 교환
★ 確^{かくてい}定 확정	★ 方^{ほうしき}式 방식
★ 投^{とうしん}信 투신, 투자신탁	★ 介^{かいにゅう}入 개입
★ 請^{せいきゅう}求 청구	★ 比^{ひりつ}率 비율
★ 売^{ばいばい}買 매매	★ 受^{じゅちゅう}注 수주
★ 原^{げんそく}則 원칙	★ 基^{きじゅん}準 기준
★ 始^{はじめね}値 (증권거래소에서) 시초가	★ リスク 리스크, 위험
★ 終^{おわりね}値 (증권거래소에서) 종가	★ ファンド 펀드
★ 買^かい入^いれる 사들이다, 매입하다	

독해

★ 解^{かいやく}約 해약	★ 失^{しつぎょう}業 실업
★ 調^{ちょうせい}整 조정	★ 移^{いかん}管 이관
★ 満^{まんき}期 만기	★ 配^{はいとう}当 배당
★ 仕^{しく}組み 구조	★ 委^{いたく}託 위탁
★ 損^{そんぽ}保 손해보험	★ ～当^あたり ~당
★ 営^{いとな}む 운영하다	★ 予^{あらかじ}め 미리, 사전에
★ 決^{けっさんび}算日 결산일	★ ネット銀^{ぎんこう}行 인터넷은행
★ 分^{ぶんぱいきん}配金 분배금	★ アナリスト 증권분석가
★ 分^{ぶんさんとうし}散投資 분산투자	★ 限^{かぎ}る 제한하다, 한정하다
★ 利^{りえき}益を得^える 이익을 얻다	

+ 최신기출 고득점 어휘

은행 대출은 언제 다 갚지? 금융

청해

- ★ 合併(がっぺい) 합병
- ★ 増資(ぞうし) 증자
- ★ 株主(かぶぬし) 주주
- ★ 手形(てがた) 어음
- ★ 小切手(こぎって) 수표
- ★ 差額(さがく) 차액
- ★ 社債(しゃさい) 사채
- ★ 控除(こうじょ) 공제
- ★ 約定日(やくじょうび) 약정일
- ★ 収益性(しゅうえきせい) 수익성

- ★ 単価(たんか) 단가
- ★ 変額(へんがく) 변액
- ★ 保証(ほしょう) 보증
- ★ 信託(しんたく) 신탁
- ★ 金庫(きんこ) 금고
- ★ 循環(じゅんかん) 순환
- ★ 動態(どうたい) 동태
- ★ 内訳(うちわけ) 내역
- ★ マーケット 시장
- ★ 優遇措置(ゆうぐうそち) 우대조치

독해

- ★ 収支(しゅうし) 수지
- ★ 減資(げんし) 감자
- ★ 徴収(ちょうしゅう) 징수
- ★ 履行(りこう) 이행
- ★ 残存(ざんぞん) 잔존
- ★ 総額(そうがく) 총액
- ★ 前場(ぜんば) (증권거래소에서) 오전장
- ★ 後場(ごば) (증권거래소에서) 오후장
- ★ 埋める(うめる) (손해·부족을) 메우다
- ★ 高値(たかね) (주식 거래에서) 가장 높은 값

- ★ 贈与(ぞうよ) 증여
- ★ 融通(ゆうずう) (돈의) 융통
- ★ 還元(かんげん) 환원
- ★ 負債(ふさい) 부채
- ★ 留保(りゅうほ) 유보
- ★ 騰落(とうらく) 등락
- ★ 特約(とくやく) 특약
- ★ 公証人(こうしょうにん) 공증인
- ★ 担保(たんぽ) 담보

Day 14

과학

물이 얼면 부피가 늘어나는 이유는?

동생이 **科学** 숙제가 어렵다고 해서 도와주기로 했다. 숙제의 내용은 **物質**는 **液体**에서 고체로 변하면 **体積**가 줄어드는데 물은 왜 늘어나는지 **実験**을 해 보고 그 이유를 **説明**하라는 것이었다. 그래서 **透明**한 컵에 물을 부은 다음 냉동실에 넣어 두었다가 꺼내서 동생에게 보여 주었다. 물이 **凍る**한 후의 부피 **変化**를 동생도 눈으로 **確かめる**하더니 신기해했다. 덧붙여서 물이 액체일 때는 **結合**가 느슨한 **状態**로 틈이 메워져 있는데, 고체가 되면 **かえって** 그 틈이 커져 버리기 때문이라고 그 이유를 설명해 주니 동생도 **納得**한 것 같았다.

JPT 최신기출 어휘 베스트 14

- □ 科(か)学(がく) 과학
- □ 物(ぶっ)質(しつ) 물질
- □ 液(えき)体(たい) 액체
- □ 体(たい)積(せき) 체적, 부피
- □ 実(じっ)験(けん) 실험
- □ 説(せつ)明(めい) 설명
- □ 透(とう)明(めい) 투명
- □ 凍(こお)る 얼다
- □ 変(へん)化(か) 변화
- □ 確(たし)かめる 확인하다
- □ 結(けつ)合(ごう) 결합
- □ 状(じょう)態(たい) 상태
- □ かえって 오히려, 도리어
- □ 納(なっ)得(とく) 납득

01 ★★

☐ **科学** (かがく)

- 圏 サイエンス 과학
- 自然科学 (しぜんかがく) 자연과학
- 応用科学 (おうようかがく) 응용과학

과학

科学が発展すればするほど、環境問題にも影響が出てくる。
과학이 발전하면 할수록 환경문제에도 영향이 나온다.

科学が進歩するからといって、必ずしも全ての人間が幸せになるとは限らない。
과학이 진보한다고 해서 반드시 모든 인간이 행복해진다고 할 수는 없다.

02 ★★

☐ **物質** (ぶっしつ)

- 物質エネルギー 물질에너지
- 素材 (そざい) 소재

물질

砂糖と塩は、水に溶けやすい物質です。
설탕과 소금은 물에 잘 녹는 물질입니다.

癌の治療に有効な物質の発見は、世界の注目を集めた。
암 치료에 유효한 물질의 발견은 세계의 주목을 끌었다.

03 ★★

☐ **液体** (えきたい)

- 固体 (こたい) 고체
- 気体 (きたい) 기체

액체

氷に熱を加えれば、液体状態の水になります。
얼음에 열을 가하면 액체 상태인 물이 됩니다.

普通の物質は、液体が固体になると体積が減るものだ。
보통의 물질은 액체가 고체가 되면 부피가 줄어드는 법이다.

04 ★★

□ **体積**　たいせき

- 容積 ようせき　용적, 부피
- 容量 ようりょう　용량
- 質量 しつりょう　질량

체적, 부피

この入れ物の体積は2立方メートルだ。
이 용기의 부피는 2입방미터다.

海面上に出ている氷山の体積は、氷山全体の約11パーセントに過ぎない。
해면상에 나와 있는 빙산의 부피는 빙산 전체의 약 11%에 지나지 않는다.

📖 적중 포인트

청+동 嵩張る(かさばる) 부피가 커지다

05 ★★★

□ **実験**　じっけん

- 理論 りろん　이론
- 条件 じょうけん　조건

실험

科学者は実験で理論を証明する。
과학자는 실험으로 이론을 증명한다.

実験を何度も繰り返してみたが、そのつど同じ結果が得られた。
실험을 여러 번 되풀이해 봤지만 그때마다 같은 결과가 얻어졌다.

📖 적중 포인트

청+동 机上の空論(きじょうのくうろん) 탁상공론

06 ★★★

□ **説明**　せつめい

- 説き明かす(ときあかす) 사물의 의미를 잘 이해할 수 있도록 설명하다
- 明らかにする(あきらかにする) 밝혀내다, 규명하다
- 根拠(こんきょ) 근거

설명

未だに科学的にその理由が説明できない事柄はいくらでもある。
아직도 과학적으로 그 이유를 설명할 수 없는 일은 얼마든지 있다.

心霊現象などは、科学的に説明の付かない現象だと言われてきたが、今では大抵の現象が科学的に説明できるようになった。
심령현상 등은 과학적으로 설명이 안 되는 현상이라고들 해 왔지만 지금은 대부분의 현상을 과학적으로 설명할 수 있게 되었다.

07 ★★

□ **透明** (とうめい)

- 透(す)ける 사물을 통해 맞은편 것이 보이다
- 透(す)き通(とお)る 비쳐 보이다. 투명하다
- 透過(とうか) 투과

투명

実験室(じっけんしつ)のテーブルの上(うえ)には、透明(とうめい)な液体(えきたい)が入(はい)った容器(ようき)が置(お)いてあった。
실험실의 테이블 위에는 투명한 액체가 든 용기가 놓여 있었다.

この物質(ぶっしつ)は、水(みず)に触(ふ)れると徐々(じょじょ)に透明(とうめい)になるという不思議(ふしぎ)な性質(せいしつ)を持(も)っている。
이 물질은 물에 닿으면 서서히 투명해진다는 불가사의한 성질을 가지고 있다.

08 ★★★

□ **凍る** (こおる)

- 凍(こお)える 추위로 얼다
- 解凍(かいとう) 해동(↔冷凍(れいとう))
- 凝結(ぎょうけつ) 응결

얼다

雪(ゆき)は、水(みず)の蒸気(じょうき)が空気中(くうきちゅう)で凍(こお)った結晶(けっしょう)です。
눈은 물의 증기가 공기 중에서 언 결정입니다.

氷(こおり)は、凍(こお)っていると固(かた)いけれど、溶(と)ければ水(みず)になり、蒸発(じょうはつ)すれば跡形(あとかた)もなく消(き)えてしまう。
얼음은 얼어 있으면 딱딱하지만 녹으면 물이 되고 증발하면 흔적도 없이 사라져 버린다.

📝 적중 포인트

[청]+[독] すべすべ (표면이) 매끈매끈함, 반들반들함

09 ★★

□ **変化** (へんか)

- 変動(へんどう) 변동

변화

天候(てんこう)変化(へんか)が起(お)きる理由(りゆう)が、何人(なんにん)かの科学者(かがくしゃ)によって明(あき)らかになった。
기후 변화가 일어나는 이유가 몇몇 과학자에 의해 밝혀졌다.

体積(たいせき)の変化(へんか)を調(しら)べてみると、この物質(ぶっしつ)は温度(おんど)が下(さ)がるにつれて体積(たいせき)が減(へ)っていった。
부피 변화를 조사해 보니, 이 물질은 온도가 내려감에 따라 부피가 줄어들었다.

10 ★★★

□ **確かめる**
- 確認 확인

확인하다

この命題が正しいことか を確かめるのは、今の段階では不可能である。
이 명제가 맞는지를 확인하는 것은 지금 단계에서는 불가능하다.

自分が立てた仮説が正しいかどうかを、様々な実験で確かめてみることにした。
내가 세운 가설이 맞는지 어떤지를 다양한 실험으로 확인해 보기로 했다.

📑 적중 포인트

청+독 念を押す 다짐하다

11 ★★

□ **結合**
- 結び付く 연결되다, 맺어지다
- くっつく 달라붙다

결합

複数の原子が結合してできた粒子を「分子」という。
복수의 원자가 결합해서 만들어진 입자를 '분자'라고 한다.

オゾンは霧と煤煙が結合した大気汚染現象、つまりスモッグを構成する主要化学物質です。
오존은 안개와 매연이 결합한 대기오염 현상, 즉 스모그를 구성하는 주요 화학 물질입니다.

12 ★★

□ **状態**
- 有り様 모양, 상태
- 様子 모습

상태

物質は、加熱や冷却といった温度変化により、「固体」、「液体」、「気体」と状態が変化する。
물질은 가열과 냉각 등의 온도 변화에 의해 '고체', '액체', '기체'로 상태가 변화한다.

生卵は中が黄身と白身の二種類の流体状態で、回転しにくい。
날달걀은 안이 노른자와 흰자 두 종류의 유체상태라서 잘 회전하지 않는다.

13 ★★★

☐ **かえって**
- 逆(ぎゃく)に 반대로. 역으로
- 反対(はんたい) 반대
- 〜にひきかえ 〜와는 반대로

오히려, 도리어

失敗(しっぱい)だったと思(おも)っていた実験(じっけん)が、かえっていい結果(けっか)に繋(つな)がった。
실패였다고 생각하고 있었던 실험이 오히려 좋은 결과로 이어졌다.

科学技術(かがくぎじゅつ)の発達(はったつ)が、かえって人間(にんげん)を不幸(ふこう)に陥(おとい)れるかも知(し)れない。
과학 기술의 발달이 도리어 인간을 불행에 빠뜨릴지도 모른다.

📝 적중 포인트

[청]+[독] 〜に反(はん)して 〜에 반해서, 〜와는 반대로

---

14 ★★

☐ **納得(なっとく)**
- [동] 合点(がてん) 납득. 수긍
- 納得(なっとく)がいく 납득이 가다
- 頷(うなず)く 수긍하다

납득

納得(なっとく)できる結論(けつろん)が出(で)るまで、研究(けんきゅう)を続(つづ)けていくつもりだ。
납득할 수 있는 결론이 나올 때까지 연구를 계속해 나갈 생각이다.

このような事実(じじつ)を前提(ぜんてい)とするならば、その主張(しゅちょう)は納得(なっとく)がいく。
이러한 사실을 전제로 한다면 그 주장은 납득이 간다.

📝 적중 포인트

[청]+[독] 首(くび)を縦(たて)に振(ふ)る 고개를 끄떡이다. 승낙하다. 찬성하다

---

15 ★★★

☐ **突(つ)き止(と)める**
- 見極(みきわ)める 진위를 판별하다, 가리다
- 究明(きゅうめい) 구명

밝혀내다, 찾아내다

つまり科学(かがく)とは、宇宙(うちゅう)の真理(しんり)を突(つ)き止(と)める学問(がくもん)であると言(い)えるだろう。
요컨대 과학이라는 것은 우주의 진리를 밝혀내는 학문이라고 말할 수 있을 것이다.

研究(けんきゅう)チームは、癌細胞(がんさいぼう)が組織(そしき)から排除(はいじょ)される仕組(しく)みをハエを用(もち)いて突(つ)き止(と)めた。
연구팀은 암세포가 조직에서 배제되는 구조를 파리를 이용해서 밝혀냈다.

16 ★★★

□ ～はもとより

- ～はもちろん(のこと) ～은 물론이고
- 当然 당연(=当たり前)

～은 물론이고

学問の世界はまさに自然科学はもとより、人文・社会科学などの分野においても、激動の時代を迎えている。

학문의 세계는 바야흐로 자연과학은 물론이고, 인문·사회과학 등의 분야에 있어서도 격동의 시대를 맞이하고 있다.

この化粧品は製造段階はもとより、製品段階でも動物実験は行っていない。

이 화장품은 제조 단계는 물론이고, 제품 단계에서도 동물실험은 실시하지 않았다.

📝 적중 포인트

類 ～もさることながら ～도 물론이거니와

17 ★★

□ 細胞

- 単細胞 단세포(↔多細胞)
- 体細胞 체세포
- 分裂 분열

세포

細胞機能の低下は、結果的に疾病の発症の大きな危険因子となり得る。

세포 기능의 저하는 결과적으로 질병 발증의 큰 위험인자가 될 수 있다.

コレステロールは、体細胞を作ったり、様々なホルモンを作ったりするため、体には必要な成分です。

콜레스테롤은 체세포를 만들기도 하고 다양한 호르몬을 만들기도 하기 때문에 몸에는 필요한 성분입니다.

18 ★★

□ 紫外線

- 赤外線 적외선
- 避ける 피하다

자외선

夏の紫外線は、午前11時から午後2時までが一番強いです。

여름철 자외선은 오전 11시부터 오후 2시까지가 가장 강합니다.

紫外線に過度に露出されれば、肌細胞に変化が起き、癌が生じることもある。

자외선에 과도하게 노출되면 피부 세포에 변화가 일어나서 암이 생길 수도 있다.

19 ★★★

詳しい

- 通じる 정통하다
- 物知り 박식함

상세하다

実験が成功するかどうかは、詳しいデータが集まるまでは何とも言えない。
실험이 성공할지 어떨지는 상세한 데이터가 모이기까지는 뭐라 말할 수 없다.

この理論に関する詳しい情報、導入事例などはこちらでご覧いただけます。
이 이론에 관한 상세한 정보, 도입 사례 등은 이쪽에서 보실 수 있습니다.

20 ★★

研究

- 観察 관찰
- 没頭 몰두

연구

睡眠と肥満との関係について、本格的な研究が始まりましたね。
수면과 비만과의 관계에 대해서 본격적인 연구가 시작되었네요.

これまで、多くの学者がUFOについて研究してきたが、はっきりとした回答はまだ出されていない。
지금까지 많은 학자가 UFO에 대해서 연구해 왔지만 확실한 답은 아직 나오고 있지 않다.

21 ★★

仮説

- 検証 검증
- 仮定 가정

가설

仮説は、厳密な検証が必要だ。
가설은 엄밀한 검증이 필요하다.

この科学者は、アインシュタインの相対性理論を基盤としてこの仮説を樹立した。
이 과학자는 아인슈타인의 상대성 이론을 기반으로 해서 이 가설을 수립했다.

22 ★★

□ **噴火**(ふんか)

- 噴火口(ふんかこう) 분화구
- 噴(ふ)き出(だ)す 내뿜다
- 活火山(かっかざん) 활화산(↔休火山(きゅうかざん))

분화

現代(げんだい)は、テレビなどのメディアを通(つう)じて世界各地(せかいかくち)の火山(かざん)の噴火(ふんか)情報(じょうほう)を得(え)ることが可能(かのう)になった。
현대는 TV 등의 미디어를 통해서 세계 각지의 화산 분화 정보를 얻는 것이 가능해졌다.

噴火(ふんか)の兆候(ちょうこう)としては、活断層(かつだんそう)の発見(はっけん)や表面温度(ひょうめんおんど)の上昇(じょうしょう)、付近(ふきん)での湧(わ)き水(みず)の異常(いじょう)な増加(ぞうか)などが挙(あ)げられる。
분화의 징후로서는 활단층의 발견과 표면 온도의 상승, 부근에서의 용수의 비정상적인 증가 등을 들 수 있다.

23 ★★

□ **太陽系**(たいようけい)

- 銀河系(ぎんがけい) 은하계
- 地球(ちきゅう) 지구

태양계

地球(ちきゅう)は、太陽系(たいようけい)に属(ぞく)する。
지구는 태양계에 속한다.

木星(もくせい)は太陽系(たいようけい)で、一番大(いちばんおお)きな惑星(わくせい)だ。
목성은 태양계에서 가장 큰 행성이다.

24 ★★★

□ **掛(か)け離(はな)れる**

- 隔(へだ)たる 떨어지다, 차이가 생기다
- 大差(たいさ) 큰 차이

동떨어지다

その学説(がくせつ)は、世間(せけん)の常識(じょうしき)から掛(か)け離(はな)れたものであった。
그 학설은 세상의 상식으로부터 동떨어진 것이었다.

彼(かれ)は定説(ていせつ)から掛(か)け離(はな)れた新説(しんせつ)を主張(しゅちょう)したので、はじめは誰(だれ)も耳(みみ)を傾(かたむ)けようとしなかった。
그는 정설에서 동떨어진 새로운 학설을 주장했기 때문에 처음에는 아무도 귀를 기울이려고 하지 않았다.

Day 14 Check Up Test

★ 다음 단어의 뜻을 오른쪽에서 찾아 연결해 보세요.

❶ 透明 • • ⓐ 액체
❷ 液体 • • ⓑ 확인하다
❸ 実験 • • ⓒ 실험
❹ 確かめる • • ⓓ 얼다
❺ 凍る • • ⓔ 투명

★ 공란에 들어갈 적절한 단어를 보기에서 골라 넣으세요.

ⓐ 噴火　　ⓑ 仮説　　ⓒ 体積
ⓓ 状態　　ⓔ 詳しい　ⓕ 変化
ⓖ 納得　　ⓗ 掛け離れる　ⓘ 細胞

❻ これは物理に_____鈴木君に聞いてみよう。
❼ 空気を温めると、膨張して_____が増える。
❽ 火山_____には、実に様々な規模のものがある。
❾ 彼の実験結果は、どう考えてみても_____できなかった。
❿ 彼の_____は、今までの定説を覆す画期的な説であった。

정답　❶ ⓔ　❷ ⓐ　❸ ⓒ　❹ ⓑ　❺ ⓓ　❻ ⓔ　❼ ⓒ　❽ ⓐ　❾ ⓖ　❿ ⓑ

+ 최신기출
기본 어휘

물이 얼면 부피가 늘어나는 이유는? 과학

청해

★ 確率_{かくりつ} 확률	★ 構造_{こうぞう} 구조
★ 対立_{たいりつ} 대립	★ 確立_{かくりつ} 확립
★ 浸透_{しんとう} 침투	★ 学者_{がくしゃ} 학자
★ 人工_{じんこう} 인공	★ 金属_{きんぞく} 금속
★ 解析_{かいせき} 해석	★ 法則_{ほうそく} 법칙
★ 不変_{ふへん} 불변	★ 宇宙_{うちゅう} 우주
★ 真理_{しんり} 진리	★ 判断_{はんだん} 판단
★ 主張_{しゅちょう} 주장	★ 偉大_{いだい} 위대
★ 証明_{しょうめい} 증명	★ 事例_{じれい} 사례
★ 共同_{きょうどう} 공동	★ 遺伝子_{いでんし} 유전자

독해

★ 条件_{じょうけん} 조건	★ 計算_{けいさん} 계산
★ 密接_{みっせつ} 밀접	★ 物理_{ぶつり} 물리
★ 関連_{かんれん} 관련	★ 化学_{かがく} 화학
★ 学会_{がっかい} 학회	★ 基礎_{きそ} 기초
★ 融合_{ゆうごう} 융합	★ 因子_{いんし} 인자
★ 解明_{かいめい} 해명	★ 追求_{ついきゅう} 추구
★ 画期的_{かっきてき} 획기적	★ 規則性_{きそくせい} 규칙성
★ 体系化_{たいけいか} 체계화	★ 含む_{ふくむ} 포함하다
★ 裏付ける_{うらづける} 뒷받침하다	★ 放り出す_{ほうりだす} 집어치우다
★ 打ち立てる_{うちたてる} 세우다, 수립하다	

최신기출 고득점 어휘

물이 얼면 부피가 늘어나는 이유는? 〈과학〉

청해

- ★ 論文(ろんぶん) 논문 ☐☐☐
- ★ 文献(ぶんけん) 문헌 ☐☐☐
- ★ 喝采(かっさい) 갈채 ☐☐☐
- ★ 極端(きょくたん) 극단 ☐☐☐
- ★ 分解(ぶんかい) 분해 ☐☐☐
- ★ 訂正(ていせい) 정정 ☐☐☐
- ★ 断言(だんげん) 단언 ☐☐☐
- ★ 根拠(こんきょ) 근거 ☐☐☐
- ★ 参考(さんこう) 참고 ☐☐☐
- ★ 定義(ていぎ) 정의 ☐☐☐

- ★ 燃焼(ねんしょう) 연소 ☐☐☐
- ★ 連想(れんそう) 연상 ☐☐☐
- ★ 抽象(ちゅうしょう) 추상 ☐☐☐
- ★ 議論(ぎろん) 논의 ☐☐☐
- ★ 統計(とうけい) 통계 ☐☐☐
- ★ 凝縮(ぎょうしゅく) 응축 ☐☐☐
- ★ 波動(はどう) 파동 ☐☐☐
- ★ 拠点(きょてん) 거점 ☐☐☐
- ★ 発掘(はっくつ) 발굴 ☐☐☐
- ★ 隕石(いんせき) 운석 ☐☐☐

독해

- ★ 断層(だんそう) 단층 ☐☐☐
- ★ 彗星(すいせい) 혜성 ☐☐☐
- ★ 基盤(きばん) 기반 ☐☐☐
- ★ 駆使(くし) 구사 ☐☐☐
- ★ 網羅(もうら) 망라 ☐☐☐
- ★ 前兆(ぜんちょう) 전조 ☐☐☐
- ★ 潜在的(せんざいてき) 잠재적 ☐☐☐
- ★ 多大(ただい) 다대, 많고 큼 ☐☐☐
- ★ 覆す(くつがえす) 뒤집다, 번복하다 ☐☐☐
- ★ 当てはまる(あてはまる) 꼭 들어맞다, 적합하다 ☐☐☐

- ★ 天体(てんたい) 천체 ☐☐☐
- ★ 衝突(しょうとつ) 충돌 ☐☐☐
- ★ 領域(りょういき) 영역 ☐☐☐
- ★ 起源(きげん) 기원 ☐☐☐
- ★ 伝導体(でんどうたい) 전도체 ☐☐☐
- ★ 天文台(てんもんだい) 천문대 ☐☐☐
- ★ 分泌物(ぶんぴつぶつ) 분비물 ☐☐☐
- ★ 生成物(せいせいぶつ) 생성물 ☐☐☐
- ★ 顕微鏡(けんびきょう) 현미경 ☐☐☐

Day 15

역사·전통

무궁화 삼천리 화려강산

얼마 전 신문에서 '3.1절'을 **ろくに** 읽지 못하는 고등학생이 많다는 기사를 보고 **歴史** 교육에 문제가 있다고 생각했다. 이 나라에서 태어났으면 당연히 역사를 알고 본받아야 할 것이다. 5천 년이라는 유구한 역사와 **伝統**문화를 **誇る**하고 있음**にもかかわらず** **過去**의 역사를 **教えない**해서는 **決して** 청소년들에게 **愛国心**을 심어 줄 수 없을 것이다. 최근 **頻発**하고 있는 주변국과의 **領土** 분쟁이나 **葛藤**의 해결책도 결국은 역사 교육에서부터 시작되는 것은 아닐까? "역사를 잊은 **民族**에게 **未来**는 없다!"라는 말을 명심하자.

JPT 최신기출 어휘 베스트 14

- □ **ろくに** 제대로
- □ **歴史**(れきし) 역사
- □ **伝統**(でんとう) 전통
- □ **誇る**(ほこる) 자랑하다, 뽐내다
- □ **~にもかかわらず** ~임에도 불구하고
- □ **過去**(かこ) 과거
- □ **教える**(おしえる) 가르치다, 일러 주다
- □ **決して**(けっして) 결코
- □ **愛国心**(あいこくしん) 애국심
- □ **頻発**(ひんぱつ) 빈발
- □ **領土**(りょうど) 영토
- □ **葛藤**(かっとう) 갈등
- □ **民族**(みんぞく) 민족
- □ **未来**(みらい) 미래, 장래

🔊 15.MP3

01 ★★★

□ ろくに

- 图 ろくろく 제대로, 변변히, 충분히
- 大して 그다지, 별로

제대로

正直に言って、学生時代はろくに歴史を勉強しなかった。
솔직히 말해서 학창시절에는 제대로 역사를 공부하지 않았다.

学生の時に歴史をろくに勉強しなかったので、中学生程度の知識もありません。
학생 때에 역사를 제대로 공부하지 않았기 때문에 중학생 정도의 지식도 없습니다.

02 ★★

□ 歴史

- 歴史観 역사관
- 歴史教育 역사교육

역사

歴史は繰り返す。
역사는 되풀이된다.

誇らしいことでも、恥ずかしいことでも、歴史を深く学びたい。
자랑스러운 것이든 부끄러운 것이든 역사를 깊이 배우고 싶다.

03 ★★

□ 伝統

- 伝統主義 전통주의
- 伝統を破る 전통을 깨다

전통

今まであまり関心のなかった伝統的なものに、チャレンジする若者が増えている。
지금까지 그다지 관심이 없었던 전통적인 것에 도전하는 젊은이가 늘고 있다.

地域の伝統文化は、これまでは地元のお祭りなどを中心に、地域の繋がりの中で伝承されてきました。
지역의 전통문화는 지금까지는 그 지방의 축제 등을 중심으로 지역의 유대 속에서 전승되어 왔습니다.

04 ★★★

誇(ほこ)る

- 動 自慢(じまん)する 자랑하다
- 鼻(はな)にかける 자랑하다
- 誇(ほこ)らしい 자랑스럽다

자랑하다, 뽐내다

今回(こんかい)は、1300年(せんさんびゃくねん)の歴史(れきし)を誇(ほこ)る老舗旅館(しにせりょかん)に宿泊(しゅくはく)することになった。
이번에는 1300년의 역사를 자랑하는 노포여관에 숙박하게 되었다.

この空港(くうこう)は世界最大(せかいさいだい)の規模(きぼ)を誇(ほこ)る。
이 공항은 세계 최대 규모를 자랑한다.

📖 **적중 포인트**

형+동 いい気(き)になる (혼자서) 우쭐해지다, 좋아하다

05 ★★★

～にもかかわらず

- ～にかかわる ～에 관계되다
- ～にかかわらず ～에 관계없이
- 相反(あいはん)する 상반되다

～임에도 불구하고

この戦争(せんそう)は、歴史的(れきしてき)に重要(じゅうよう)な意味(いみ)を持(も)つにもかかわらず、関連資料(かんれんしりょう)が少(すく)ない。
이 전쟁은 역사적으로 중요한 의미를 가지고 있음에도 불구하고 관련 자료가 적다.

国民(こくみん)の7割(ななわり)が反対(はんたい)を表明(ひょうめい)しているにもかかわらず、戦争法(せんそうほう)が19日未明(じゅうくにちみめい)、参院本会議(さんいんほんかいぎ)で強行採決(きょうこうさいけつ)された。
국민의 70%가 반대를 표명하고 있음에도 불구하고 전쟁법이 19일 새벽, 참의원 본회의에서 강행 채결되었다.

06 ★★

過去(かこ)

- 副 かつて 일찍이, 전에
- 過去(かこ)を振(ふ)り返(かえ)る 과거를 되돌아보다

과거

過去(かこ)を反省(はんせい)しない国(くに)に、明(あか)るい未来(みらい)はないと言(い)ってもよい。
과거를 반성하지 않는 나라에 밝은 미래는 없다고 말해도 좋다.

両国(りょうこく)が協力関係(きょうりょくかんけい)を築(きず)いていくためには、両国(りょうこく)の過去(かこ)を直視(ちょくし)することが重要(じゅうよう)である。
양국이 협력관계를 쌓아 가기 위해서는 양국의 과거를 직시하는 것이 중요하다.

07 ★★★

教(おし)える
가르치다, 일러 주다

- 身(み)に付(つ)ける 몸에 익히다. (지식 · 학문 · 기술 등을) 습득하다
- 見習(みなら)う 본받다

日本(にほん)でなくなってしまった伝統(でんとう)を教(おし)えていただけますか。
일본에서 없어져 버린 전통을 가르쳐 주시겠어요?

表(おもて)ばかりを教(おし)えて、裏(うら)を教(おし)えない教育(きょういく)は片手落(かたておち)ちというべきである。
겉만을 가르치고 이면을 가르치지 않는 교육은 편파적이라고 해야 한다.

📝 적중 포인트

📖 教(おそ)わる 배우다. 가르침을 받다

08 ★★★

決(けっ)して
결코

- 📖 断(だん)じて 결코, 도저히(=絶対(ぜったい)に)
- 微塵(みじん)も 조금도, 추호도

決(けっ)して戦争(せんそう)は繰(く)り返(かえ)してはならない。
결코 전쟁은 되풀이해서는 안 된다.

外相(がいしょう)は「問題(もんだい)の本質(ほんしつ)をごまかすことは、決(けっ)して受(う)け入(い)れられない」と主張(しゅちょう)した。
외무상은 '문제의 본질을 속이는 것은 결코 받아들일 수 없다'고 주장했다.

09 ★★

愛国心(あいこくしん)
애국심

- 愛国者(あいこくしゃ) 애국자
- 民族主義(みんぞくしゅぎ) 민족주의(=ナショナリズム)

民族主義(みんぞくしゅぎ)と愛国心(あいこくしん)とを混同(こんどう)してはならない。
민족주의와 애국심을 혼동해서는 안 된다.

スポーツの国際試合(こくさいじあい)は、知(し)らず知(し)らずのうちに、誰(だれ)もが内(うち)に持(も)っている愛国心(あいこくしん)を刺激(しげき)する。
스포츠의 국제시합은 부지불식간에 누구나가 마음속에 가지고 있는 애국심을 자극한다.

10 ★★

□ **頻発**〔ひんぱつ〕

- 類 多発〔たはつ〕 다발, 빈발
- たびたび 자주

빈발

この頃、ヨーロッパでは自国育ちの移民者による事件が頻発している。
요즘 유럽에서는 자국에서 자란 이민자에 의한 사건이 빈발하고 있다.

世界は冷戦終了後も、様々な地域で宗教・民族などに根ざした紛争が頻発している。
세계는 냉전 종료 후에도 여러 지역에서 종교·민족 등에 기인한 분쟁이 빈발하고 있다.

---

11 ★★

□ **領土**〔りょうど〕

- 領土権〔りょうどけん〕 영토권
- 管轄〔かんかつ〕 관할

영토

他国の領土や主権を侵してはならない。
타국의 영토와 주권을 침범해서는 안 된다.

その国は、武力ではなく政略結婚によって領土を拡大してきた。
그 나라는 무력이 아닌 정략결혼에 의해서 영토를 확대해 왔다.

📓 적중 포인트

청+독 一歩も引かない 한 걸음도 물러나지 않다

---

12 ★★

□ **葛藤**〔かっとう〕

- 対立〔たいりつ〕 대립
- 争い〔あらそい〕 다툼, 싸움, 분쟁

갈등

今まで両国の葛藤は主に歴史問題だった。
지금까지 양국의 갈등은 주로 역사문제였다.

両国の間では、近代史への認識をめぐって様々な対立や葛藤が存在し続けてきた。
양국에서는 근대사에 대한 인식을 둘러싸고 여러 가지 대립과 갈등이 계속 존재해 왔다.

📓 적중 포인트

청+독 いざこざ (사소한) 다툼, 싸움, 분규

13 ★★

□ **民族** (みんぞく)

- 少数民族 (しょうすうみんぞく) 소수민족
- 同族意識 (どうぞくいしき) 동족의식

민족

民族間対立が引き金となって戦争が起きた。
민족간 대립이 원인이 되어 전쟁이 일어났다.

民族主義、すなわちナショナリズムは民族の存在、独立、利益また優越性を確保、増進しようとする思想である。
민족주의, 즉 내셔널리즘은 민족의 존재, 독립, 이익 동시에 우월성을 확보, 증진하려는 사상이다.

14 ★★

□ **未来** (みらい)

- 類 将来 (しょうらい) 장래

미래, 장래

過去にしがみついているより、未来を見つめるべきですよ。
과거에 매달려 있기보다 미래를 주시해야 해요.

日本は国家の未来のために、真実の歴史と向き合わなければならない。
일본은 국가의 미래를 위해서 진실의 역사와 대면해야 한다.

15 ★★★

□ **受け継ぐ** (うけつぐ)

- 継承 (けいしょう)する 계승하다
- 引き継ぐ (ひきつぐ) 뒤를 이어받다

이어받다, 계승하다

最近は昔と違って、親の家業を受け継ぐ人が減っていますね。
요즘은 옛날과 달리 부모의 가업을 이어받는 사람이 줄고 있네요.

日本には長年にわたって受け継がれてきた、様々な伝統文化や芸能が存在する。
일본에는 오랜 기간에 걸쳐 계승되어 온 다양한 전통문화와 예능이 존재한다.

16 ★★

□ しきたり

- 图 ならわし 습관, 관례, 풍습
- しきたりを守(まも)る 관습을 지키다

(이제까지의) 관습, 관례

お盆(ぼん)の由来(ゆらい)やしきたりについて、調(しら)べてきてください。
오봉의 유래와 관습에 대해서 조사해 오세요.

当(とう)サイトでは、お葬式(そうしき)に参列(さんれつ)される方(かた)が知(し)っておいた方(ほう)がいい、マナーやしきたりを紹介(しょうかい)しております。
이 사이트에서는 장례식에 참가하시는 분이 알아 두는 편이 좋은 매너와 관례를 소개하고 있습니다.

17 ★★

□ 依然(いぜん)として

- 相変(あいか)わらず 여전히, 변함없이
- 未(いま)だに 아직도, 아직껏

여전히

ピラミッドの謎(なぞ)は、依然(いぜん)として解(と)かれていない。
피라미드의 수수께끼는 여전히 풀리지 않고 있다.

その国(くに)には、性別(せいべつ)による性差別(せいさべつ)が依然(いぜん)として残(のこ)っている。
그 나라에는 성별에 따른 성차별이 여전히 남아 있다.

18 ★★

□ 帰省(きせい)

- 图 帰郷(ききょう) 귀향
- 渋滞(じゅうたい) 정체
- 上京(じょうきょう) 상경

귀성

高速道路(こうそくどうろ)は、帰省(きせい)の車(くるま)でのろのろ運転(うんてん)ですね。
고속도로는 귀성 차량으로 거북이 운전이네요.

今日(きょう)が、帰省(きせい)ラッシュのピークですよね。
오늘이 귀성 러시의 피크겠네요.

📝 **적중 포인트**

청+图 帰省(きせい)ラッシュ 귀성 러시

19 ★★★

□ **お正月** (しょうがつ)

- お年玉 (としだま) 세뱃돈
- お節料理 (せちりょうり) 오세치요리, 설 등에 먹는 특별요리

설, 설날

お正月に年賀状を出す習慣は１８８７年頃、日本国民の間に年末年始の行事の一つとして定着した。

설에 연하장을 보내는 습관은 1887년경 일본 국민 사이에 연말연시의 행사 중 하나로서 정착했다.

やっぱりお正月はお節料理を食べないと、気分が出ませんね。

역시 설날은 오세치요리를 먹지 않으면 기분이 안 나죠.

20 ★★★

□ **培う** (つちかう)

- 養う (やしなう) (실력 등을) 기르다, 배양하다
- 育てる (そだてる) 기르다, 성장시키다

기르다, 배양하다

2009年から始まった未来遺産運動は、長い歴史と伝統のもとで培われてきた、地域の文化や自然遺産を100年後の子供たちに伝えることを目的としている。

2009년부터 시작된 미래유산운동은 오랜 역사와 전통하에서 배양되어 온 지역 문화나 자연유산을 100년 후의 아이들에게 전하는 것을 목적으로 하고 있다.

21 ★★

□ **繁栄** (はんえい)

- 衰退 (すいたい) 쇠퇴
- 繁盛 (はんじょう) 번성, 번창(=繁昌)

번영

ローマ時代にポンペイは、最も繁栄した都市の一つであった。

로마시대에 폼페이는 가장 번영한 도시 중 하나였다.

一国の繁栄は、その国の優れた生産力にかかっている。

일국의 번영은 그 나라의 우수한 생산력에 달려 있다.

📝 **적중 포인트**

栄える (さかえる) 번창하다, 번영하다(↔衰える (おとろえる))

22 ★★

□ **交流** (こうりゅう)

- 文化交流 (ぶんかこうりゅう) 문화교류
- 国際交流 (こくさいこうりゅう) 국제교류

교류

文化庁では、日本の多様な文化芸術の対外発信や国際文化交流の推進、文化芸術の国際的な創造を図っている。

문화청에서는 일본의 다채로운 문화예술의 대외발신과 국제문화교류의 추진, 문화예술의 국제적인 창조를 도모하고 있다.

23 ★★★

□ **守る** (まもる)

- 保護 (ほご) 보호
- 維持 (いじ) 유지

(규칙 등을) 지키다, 준수하다

この国の人々は、昔ながらの風習を今も守って暮らしている。

이 나라 사람들은 옛날 그대로의 풍습을 지금도 지키며 살고 있다.

文化遺跡をずっと守っていくためには、地域のみならず国民全体の理解と協力が必要である。

문화유적을 계속 지켜 나가기 위해서는 지역뿐만 아니라 국민 전체의 이해와 협력이 필요하다.

24 ★★

□ **魂** (たましい)

- 宿る (やどる) 깃들다
- 大和魂 (やまとだましい) 일본 민족 고유의 정신
- 和魂洋才 (わこんようさい) 일본 고유의 정신과 서양 학문을 겸비함

혼, 마음, 정신

「物にも魂が宿る」というのは、日本人特有の考え方である。

'물건에도 혼이 깃든다'라는 것은 일본인 특유의 사고방식이다.

歌舞伎や能などの日本の伝統文化には、日本人の魂がよく表現されている。

가부키나 노 등의 일본 전통문화에는 일본인의 정신이 잘 표현되어 있다.

📋 적중 포인트

> 国 一寸の虫にも五分の魂 지렁이도 밟으면 꿈틀한다

Day 15 Check Up Test

★ 다음 단어의 뜻을 오른쪽에서 찾아 연결해 보세요.

❶ 決して　　　　　　・　　　　・ ⓐ 과거

❷ 過去　　　　　　　・　　　　・ ⓑ 제대로

❸ 依然として　　　　・　　　　・ ⓒ 여전히

❹ 葛藤　　　　　　　・　　　　・ ⓓ 갈등

❺ ろくに　　　　　　・　　　　・ ⓔ 결코

★ 공란에 들어갈 적절한 단어를 보기에서 골라 넣으세요.

ⓐ 培う　　　　ⓑ 民族　　　　ⓒ 領土
ⓓ しきたり　　ⓔ 愛国心　　　ⓕ ろくに
ⓖ 受け継ぐ　　ⓗ 帰省　　　　ⓘ 歴史

❻ 今朝からお盆の＿＿＿＿ラッシュが一斉に始まった。
❼ その国には、悪しき＿＿＿＿が未だにたくさん残っている。
❽ 最近、日本では＿＿＿＿を強要する教育が問題になっている。
❾ 今、世界的に島や海など、＿＿＿＿をめぐる紛争が後を絶たない。
❿ この頃、自国の＿＿＿＿を知らない青少年が多すぎるから、文部科学省は歴史教育にもっと力を入れるべきだ。

정답　❶ ⓔ　❷ ⓐ　❸ ⓒ　❹ ⓓ　❺ ⓑ　❻ ⓗ　❼ ⓓ　❽ ⓔ　❾ ⓒ　❿ ⓘ

+ 최신기출 기본 어휘

무궁화 삼천리 화려강산 역사·전통

청해

★ 古代 こだい 고대	☐☐☐	★ 文字 もじ 문자	☐☐☐
★ 反復 はんぷく 반복	☐☐☐	★ 手段 しゅだん 수단	☐☐☐
★ 記述 きじゅつ 기술	☐☐☐	★ 調和 ちょうわ 조화	☐☐☐
★ 文明 ぶんめい 문명	☐☐☐	★ 後世 こうせい 후세	☐☐☐
★ 元日 がんじつ 설날, 1월 1일	☐☐☐	★ 全貌 ぜんぼう 전모	☐☐☐
★ 愛着 あいちゃく 애착	☐☐☐	★ 思想 しそう 사상	☐☐☐
★ 挑発 ちょうはつ 도발	☐☐☐	★ 民族 みんぞく 민족	☐☐☐
★ 声明 せいめい 성명	☐☐☐	★ 制約 せいやく 제약	☐☐☐
★ 発展 はってん 발전	☐☐☐	★ 体制 たいせい 체제	☐☐☐
★ 面談 めんだん 면담	☐☐☐	★ 勝者 しょうしゃ 승자	☐☐☐

독해

★ 忠誠 ちゅうせい 충성	☐☐☐	★ 有利 ゆうり 유리	☐☐☐
★ 遺産 いさん 유산	☐☐☐	★ 行事 ぎょうじ 행사	☐☐☐
★ 文書 ぶんしょ 문서	☐☐☐	★ 執筆者 しっぴつしゃ 집필자	☐☐☐
★ 記録 きろく 기록	☐☐☐	★ 価値観 かちかん 가치관	☐☐☐
★ 対象 たいしょう 대상	☐☐☐	★ あらゆる 모든	☐☐☐
★ 深める ふかめる 깊게 하다	☐☐☐	★ 客観性 きゃっかんせい 객관성	☐☐☐
★ 長年 ながねん 오랜 세월	☐☐☐	★ 次世代 じせだい 차세대	☐☐☐
★ ～に至る いたる ~에 이르다	☐☐☐	★ 記す しるす 적다, 기록하다	☐☐☐
★ 消える きえる (시야에서) 사라지다	☐☐☐	★ 加わる くわわる 늘다, 더해지다	☐☐☐
★ 重んじる おもんじる 중히 여기다, 존중하다	☐☐☐		

최신기출 고득점 어휘 — 무궁화 삼천리 화려강산 (역사·전통)

청해

- ★ 変遷(へんせん) 변천
- ★ 敵対(てきたい) 적대
- ★ 移住(いじゅう) 이주
- ★ 膨大(ぼうだい) 방대
- ★ 要因(よういん) 요인
- ★ 示唆(しさ) 시사
- ★ 一連(いちれん) 일련
- ★ 均衡(きんこう) 균형
- ★ 存続(そんぞく) 존속
- ★ 撤回(てっかい) 철회
- ★ 享受(きょうじゅ) 향수, 누림
- ★ 痕跡(こんせき) 흔적
- ★ 専念(せんねん) 전념
- ★ 凝縮(ぎょうしゅく) 응축
- ★ 情緒(じょうちょ) 정서
- ★ 欠乏(けつぼう) 결핍
- ★ 振興(しんこう) 진흥
- ★ 荒廃(こうはい) 황폐
- ★ 尊重(そんちょう) 존중
- ★ 信仰(しんこう) 신앙

독해

- ★ 事例(じれい) 사례
- ★ 単(たん)なる 단순한
- ★ 過疎化(かそか) 과소화
- ★ 考古学(こうこがく) 고고학
- ★ 戦利品(せんりひん) 전리품
- ★ 危惧(きぐ) 위구, 걱정하고 두려워함
- ★ 頓着(とんちゃく) 괘념, 개의
- ★ 味(あじ)わい 맛, 멋, 정취
- ★ 冠婚葬祭(かんこんそうさい) 관혼상제
- ★ 言(い)い換(か)える 다른 말로 바꾸다
- ★ 編纂(へんさん) 편찬
- ★ 滅亡(めつぼう) 멸망
- ★ 建立(けんりつ) 건립
- ★ 断片的(だんぺんてき) 단편적
- ★ 包括的(ほうかつてき) 포괄적
- ★ 包(つつ)み込(こ)む 감싸다
- ★ 乗(の)り越(こ)える 극복하다
- ★ 掲(かか)げる 내걸다, 내세우다
- ★ 奥深(おくぶか)い 뜻이 깊다, 심오하다

Day 16

대중매체·미디어

이제 TV 없이는 못 살아?!

오늘도 나는 일어나자마자 무의식 중에 **テレビ**를 켜고 **ぼうっと** 보고 있다. 정말이지 현대인은 **マスメディア**의 노예가 되어 버린 듯한 **気がする**. 그 중에서도 **テレビ** 중독은 **特**히 심하다. **新聞**이나 책은 읽으면서 뭔가 생각도 하고 **有益**한 정보도 얻지만 **テレビ**는 영상이라는 **イメージ**로 **放送**되는 내용을 아무런 **批判**도 없이 **受動的**으로 받아들이게 되는 것이 문제라고 한다. "술에 취하면 정신을 잃지만 **テレビ**에 **夢中になる**하면 모든 **理性的** 사고가 **麻痺**되어 버린다."라는 말이 떠오르는 하루다.

JPT 최신기출 어휘 베스트 14

- □ テレビ 텔레비전, TV
- □ ぼうっと 멍하니
- □ マスメディア 매스 미디어, 대중매체
- □ 気がする 생각[느낌]이 들다
- □ 特に 특히, 특별히
- □ 新聞 신문
- □ 有益 유익
- □ イメージ 이미지
- □ 放送 방송
- □ 批判 비판
- □ 受動的 수동적
- □ 夢中になる 열중하다
- □ 理性的 이성적
- □ 麻痺 마비

01 ★★

☐ テレビ

- 薄型テレビ 박형[슬림형] TV
- 視聴者 시청자
- 画面 화면

텔레비전, TV(「テレビジョン」의 준말)

部屋でテレビを見ているうちに、寝てしまった。
방에서 TV를 보고 있는 동안에 자고 말았다.

食事中にテレビを見ることの短所と言えば、食事に集中できないので無駄に食べ過ぎてしまうことであろう。
식사 중에 TV를 보는 것의 단점이라고 하면 식사에 집중할 수 없기 때문에 쓸데없이 과식해 버리는 것일 것이다.

02 ★★★

☐ ぼうっと

- ぼやっと 멍청히, 멍하니(=ぼっと, ぼんやり)

멍하니

この頃、ぼうっとテレビに向かっていることが多くなった。
요즘 멍하니 TV 앞에 앉아 있는 경우가 많아졌다.

うちの主人ときたら、引退後毎日ぼうっとテレビばかり見ている。
우리 남편으로 말하자면 은퇴 후 매일 멍하니 TV만 보고 있다.

📝 **적중 포인트**

청+독 虚ろ 얼빠짐

03 ★★

☐ マスメディア

- マスコミ 매스컴
- 世論 여론
- 公共性 공공성

매스 미디어, 대중매체

現在のマスメディアは、その影響力からいって一つの巨大な権力とも言える。
현재의 대중매체는 그 영향력으로 보아 하나의 거대한 권력이라고도 말할 수 있다.

新聞・テレビをはじめとする多くのマスメディアは日々、世界中で起きている出来事をかいつまんで知らせる便利なものである。
신문·TV를 비롯한 많은 대중매체는 매일 전 세계에서 일어나고 있는 사건을 간추려서 알리는 편리한 것이다.

04 ★★

□ 気^きがする

- 気^きが強^{つよ}い 기가 세다(↔気^きが弱^{よわ}い)

생각[느낌]이 들다

最近^{さいきん}、新聞^{しんぶん}を読^よまない人^{ひと}が増^ふえている。必要^{ひつよう}なニュースはインターネットでただで見^みられるから、わざわざ新聞^{しんぶん}を買^かうことはないと思^{おも}う人^{ひと}が多^{おお}いような気^きがする。

최근 신문을 읽지 않는 사람이 늘고 있다. 필요한 뉴스는 인터넷에서 공짜로 볼 수 있으니까 일부러 신문을 살 필요는 없다고 여기는 사람이 많은 듯한 생각이 든다.

📝 **적중 포인트**

청+독 気^きにする 신경을 쓰다, 걱정하다

---

05 ★★

□ 特^{とく}に

- 殊^{こと}に 특히, 각별히(=とりわけ)
- 特別^{とくべつ}に 특별히

특히, 특별히

デジタルメディアを日常的^{にちじょうてき}に利用^{りよう}する中^{なか}で、現在^{ざい}の10代^{じゅうだい}のメディア利用^{りよう}、特^{とく}にテレビ視聴^{しちょう}の実態^{じっ}^{たい}について世論調査^{せろんちょうさ}を実施^{じっし}した。

디지털 미디어를 일상적으로 이용하는 중에서 현재 10대의 미디어 이용, 특히 TV 시청 실태에 대해서 여론조사를 실시했다.

---

06 ★★★

□ 新聞^{しんぶん}

- 朝刊^{ちょうかん} 조간(↔夕刊^{ゆうかん})
- 見出^{みだ}し 표제

신문

最近^{さいきん}、若年層^{じゃくねんそう}の「新聞離^{しんぶんばな}れ」が加速^{かそく}しているそうです。

최근 젊은층의 '신문 이탈'이 가속되고 있다고 합니다.

一^{いっ}カ月^{げつ}ぶりに家^{いえ}に帰^{かえ}ると、留守中^{るすちゅう}に配達^{はいたつ}された新聞^{しんぶん}が山^{やま}のようにたまっていた。

한 달 만에 집에 돌아오니, 부재 중에 배달된 신문이 산처럼 쌓여 있었다.

07 ★★

有益(ゆうえき)

- 반 無益(むえき) 무익
- 役(やく)に立(た)つ 쓸모가 있다, 도움이 되다(=役立(やくだ)つ)

유익

こちらのサイトを通(とお)して、皆様(みなさま)に有益(ゆうえき)な情報(じょうほう)をお届(とど)けしていきたいと思(おも)っております。
이 사이트를 통해서 여러분께 유익한 정보를 전해 드리고 싶습니다.

有益(ゆうえき)で良質(りょうしつ)な情報(じょうほう)とは、ユーザーのニーズを的確(てきかく)につかんで満足(まんぞく)させる情報(じょうほう)である。
유익하고 양질인 정보란, 사용자의 요구를 정확하게 파악해서 만족시키는 정보다.

08 ★★

イメージ

- イメージアップ 이미지 업
- イメージチェンジ 이미지 체인지(=イメチェン)

이미지

ホームショッピングだと安物(やすもの)っていうイメージだけど、最近(さいきん)はそうじゃないわね。
홈쇼핑이라고 하면 값싼 물건이라는 이미지인데 요즘은 그렇지 않네.

彼(かれ)はテレビの偏向放送(へんこうほうそう)によって、間違(まちが)ったイメージが付(つ)けられてしまったと憤慨(ふんがい)していた。
그는 TV의 편향 방송에 의해 잘못된 이미지가 붙어 버렸다고 분개하고 있었다.

09 ★★

放送(ほうそう)

- 放送衛星(ほうそうえいせい) 방송위성
- デジタル放送(ほうそう) 디지털방송

방송

「ラジオ日本(にっぽん)」は、ＮＨＫが短波(たんぱ)で全世界(ぜんせかい)に放送(ほうそう)している国際放送(こくさいほうそう)です。
'라디오닛폰'은 NHK가 단파로 전 세계에 방송하고 있는 국제방송입니다.

テレビ局(きょく)の事業収入(じぎょうしゅうにゅう)は、そのほとんどを放送収入(ほうそうしゅうにゅう)から得(え)ています。つまり、CMです。
TV 방송국의 사업 수입은 그 대부분을 방송 수입에서 얻고 있습니다. 즉, CM입니다.

📝 적중 포인트

청 生放送(なまほうそう) 생방송

10 ★★

□ **批判**(ひはん)

- 非難(ひなん) 비난
- 指摘(してき) 지적

비판

テレビ番組(ばんぐみ)で展開(てんかい)される、暴力的(ぼうりょくてき)・非人間的(ひにんげんてき)内容(ないよう)などがよく批判(ひはん)される。
TV 프로그램에서 전개되는 폭력적·비인간적 내용 등이 자주 비판받는다.

当選者(とうせんしゃ)が選挙中(せんきょちゅう)の公約(こうやく)を実行(じっこう)しないと、「公約違反(こうやくいはん)だ」とメディアに批判(ひはん)されるべきだ。
당선자가 선거 중의 공약을 실행하지 않으면 '공약 위반이다'라고 미디어에 비판받아야 한다.

11 ★★

□ **受動的**(じゅどうてき)

- 反 能動的(のうどうてき) 능동적
- 受身(うけみ) 수동

수동적

テレビは安易(あんい)に、受動的(じゅどうてき)に時間(じかん)を消費(しょうひ)させるが、主体的(しゅたいてき)に生(い)きようとする場合(ばあい)、まったく不要(ふよう)な道具(どうぐ)だ。
TV는 손쉽게, 수동적으로 시간을 소비시키지만 주체적으로 살고자 하는 경우, 전혀 불필요한 도구다.

12 ★★

□ **夢中(むちゅう)になる**

- はまる 빠지다
- とりこ 포로, (비유적으로) 어떤 일에 마음을 빼앗긴 사람

열중하다

子供(こども)たちは、オンラインゲームに夢中(むちゅう)になっている。
아이들은 온라인게임에 열중하고 있다.

最近(さいきん)、ソーシャルメディアに夢中(むちゅう)になって、仕事(しごと)や育児(いくじ)、学業(がくぎょう)に支障(ししょう)を来(き)たす人(ひと)が増(ふ)えているという。
최근 소셜미디어에 열중해서 일과 육아, 학업에 지장을 초래하는 사람이 늘고 있다고 한다.

📝 **적중 포인트**

[청]+[동] 凝(こ)る 열중하다, 미치다

13 ★★

□ **理性的** (りせいてき)

이성적

- 凹 感性的(かんせいてき) 감성적
- 論理的(ろんりてき) 논리적

アメリカの有名紙(ゆうめいし)は、放射能恐怖症(ほうしゃのうきょうふしょう)への理性的(りせいてき)な対応(たいおう)を求(もと)める記事(きじ)を掲載(けいさい)した。
미국의 유명지는 방사능 공포증에 이성적인 대응을 요구하는 기사를 게재했다.

日中(にっちゅう)メディアは、日本(にほん)と中国(ちゅうごく)の民間感情(みんかんかんじょう)を袋小路(ふくろこうじ)に追(お)い込(こ)まず、責任(せきにん)を持(も)って理性的(りせいてき)な対応(たいおう)をすべきだ。
일중 미디어는 일본과 중국의 민간 감정을 막다른 골목으로 몰아넣지 말고, 책임을 가지고 이성적인 대응을 해야 한다.

14 ★★

□ **麻痺** (まひ)

마비

- 鈍(にぶ)る 둔해지다, 무디어지다
- 麻酔(ますい) 마취

「東京(とうきょう)、大雪(おおゆき)で交通麻痺(こうつうまひ)」のニュースを見(み)ました。
'도쿄, 폭설로 교통마비'의 뉴스를 봤습니다.

メディアの垂(た)れ流(なが)す情報(じょうほう)に、視聴者(しちょうしゃ)は感覚(かんかく)が麻痺(まひ)していく。
미디어가 방류하는 정보에 시청자는 감각이 마비되어 간다.

15 ★★★

□ **報道** (ほうどう)

보도

- 報道機関(ほうどうきかん) 보도기관
- 出来事(できごと) 일어난 일, 사건, 사고

テレビなど、いわゆるマスコミと呼(よ)ばれる大(おお)きなメディアはまだ影響力(えいきょうりょく)があるが、一方的(いっぽうてき)に流(なが)される報道(ほうどう)に批判的(ひはんてき)な人(ひと)が増(ふ)えていることも事実(じじつ)である。
TV 등 소위 매스컴이라 불리는 대형 미디어는 아직 영향력이 있지만 일방적으로 흘려보내는 보도에 비판적인 사람이 늘고 있는 것도 사실이다.

16 ★★

□ スープ

- 图 特種(とくだね) 특종
- スクープする 특종을 입수하다

스쿠프, 특종(기사)

本(ほん)サイトでは、スクープ映像(えいぞう)や写真(しゃしん)の投稿(とうこう)ができるサービスを来月(らいげつ)から実施(じっし)する予定(よてい)です。
본 사이트에서는 특종 영상이나 사진을 투고할 수 있는 서비스를 다음 달부터 실시할 예정입니다.

「朝日新聞(あさひしんぶん)」は国会議員(こっかいぎいん)のスキャンダルをいち早(はや)くスクープした。
'아사히신문'은 국회의원의 스캔들 특종을 재빨리 입수했다.

17 ★★

□ 映像(えいぞう)

- 图 映(うつ)り 영상
- 画像(がぞう) 화상

영상

今(いま)、画面(がめん)に映(うつ)っている映像(えいぞう)をキャプチャーしたいのですが、どうすればいいですか。
지금 화면에 나오고 있는 영상을 캡쳐하고 싶은데 어떻게 하면 되나요?

このサイトでは、アクセス数(すう)の多(おお)い映像(えいぞう)ニュースをランキング形式(けいしき)でお届(とど)けします。
이 사이트에서는 액세스 수가 많은 영상뉴스를 랭킹 형식으로 보내드립니다.

18 ★★

□ 記者(きしゃ)

- 記者会見(きしゃかいけん) 기자회견
- 記事(きじ) 기사

기자

今日(きょう)は午前中(ごぜんちゅう)に幹部会議(かんぶかいぎ)があって、午後(ごご)は記者(きしゃ)会見(かいけん)があります。
오늘은 오전 중에 간부회의가 있고 오후에는 기자회견이 있습니다.

記者(きしゃ)は、いつも高(たか)い倫理意識(りんりいしき)を備(そな)えなければならない。
기자는 항상 높은 윤리의식을 갖추고 있어야 한다.

📝 적중 포인트

图+图 ネタ (신문기사·소설 등의) 소재

19 ★★★

□ **役割** (やくわり)

- 類 役目 임무, 직무, 역할
- 割り当てる 할당하다

역할, 임무

マスコミの役割は、世の中の不正や問題に光を当て続け、解決するまで徹底的に追求することにある。
매스컴의 역할은 세상의 부정과 문제에 초점을 계속 맞추고 해결할 때까지 철저히 추구하는 데에 있다.

📝 적중 포인트

청+독 役割を果たす 역할을 다하다

20 ★★

□ **インタビュー**

- 質問 질문
- 歪曲 왜곡
- 聞き返す 다시 묻다, 되묻다
- 問い詰める 캐묻다, 추궁하다

인터뷰

インタビューの場面を見ようと、たくさんの人が集まっています。
인터뷰 장면을 보려고 많은 사람이 모여 있습니다.

カメラマンはカメラを抱えて、インタビューの場面を撮影しています。
카메라맨은 카메라를 들고 인터뷰 장면을 촬영하고 있습니다.

21 ★★★

□ **偏る** (かたよる)

- 傾く 기울다, 경향을 띠다

(한쪽으로) 쏠리다, 치우치다

あのテレビ局は偏った報道を繰り返している。
저 TV 방송국은 편파적인 보도를 되풀이하고 있다.

その新聞は既得権勢力に偏った見方で、集中的に非難を受けている。
그 신문은 기득권 세력에 치우친 견해 때문에 집중적으로 비난을 받고 있다.

📝 적중 포인트

청+독 肩を持つ 편들다, 두둔하다

22 ★★

□ **プライバシー**

- 圏 私生活(しせいかつ) 사생활
- 肖像権(しょうぞうけん) 초상권

프라이버시, 사생활

取材(しゅざい)では、プライバシーや肖像権(しょうぞうけん)の侵害(しんがい)にならないよう、注意(ちゅうい)しなければならない。
취재에서는 프라이버시와 초상권 침해가 되지 않도록 주의해야 한다.

彼女(かのじょ)は新聞社(しんぶんしゃ)、テレビ局(きょく)などを名誉毀損(めいよきそん)やプライバシーの侵害(しんがい)で訴(うった)えた。
그녀는 신문사, TV 방송국 등을 명예훼손과 사생활 침해로 고소했다.

23 ★★

□ **欠(か)かす**

- 圏 抜(ぬ)かす 빠뜨리다, 거르다
- 欠(か)く 없다, 부족하다

빠뜨리다, 거르다, 빼다

写真(しゃしん)は、現代(げんだい)の報道(ほうどう)では欠(か)かせないものとなった。
사진은 현대의 보도에서는 빼놓을 수 없는 것이 되었다.

日本新聞協会(にほんしんぶんきょうかい)の調査(ちょうさ)によると、5割(ごわり)の人(ひと)が「新聞(しんぶん)は情報源(じょうほうげん)として欠(か)かせない」と思(おも)っていることが分(わ)かった。
일본신문협회의 조사에 따르면 50%의 사람이 '신문은 정보원으로서 없어서는 안 된다'라고 생각하고 있는 것을 알았다.

24 ★★

□ **信頼(しんらい)**

- 信(しん)じる 믿다
- 信用(しんよう) 신용

신뢰

放送(ほうそう)で失(うしな)った信頼(しんらい)は、放送(ほうそう)で取(と)り戻(もど)すしかない。
방송으로 잃어버린 신뢰는 방송으로 되찾을 수밖에 없다.

信頼(しんらい)されるメディアになるためには、まず記事(きじ)が正確(せいかく)でなければならない。
신뢰받는 미디어가 되기 위해서는 우선 기사가 정확해야 한다.

Day 16 Check Up Test

★ 다음 단어의 뜻을 오른쪽에서 찾아 연결해 보세요.

❶ 偏る　　　　　　•　　　　•　ⓐ (한쪽으로) 쏠리다, 치우치다
❷ 夢中になる　　　•　　　　•　ⓑ 마비
❸ 麻痺　　　　　　•　　　　•　ⓒ 스쿠프, 특종(기사)
❹ スクープ　　　　•　　　　•　ⓓ 열중하다
❺ 役割　　　　　　•　　　　•　ⓔ 역할, 임무

★ 공란에 들어갈 적절한 단어를 보기에서 골라 넣으세요.

　ⓐ プライバシー　　ⓑ 受動的　　　ⓒ インタビュー
　ⓓ 映像　　　　　　ⓔ 報道　　　　ⓕ 記者
　ⓖ ぼうっと　　　　ⓗ 気がする　　ⓘ 理性的

❻ 当時の大津波の_____は今でも忘れられない。
❼ その芸能人は、記者の質問に_____の侵害だとぷりぷり怒っていた。
❽ 果たして今のメディアが客観的で公平な_____をしていると言えるのだろうか。
❾ 久しぶりの休日なのに、_____テレビばかり見ているなんて、時間がもったいない。
❿ 我々はメディアが発信する情報を、いつも何の批判もなく_____に受け入れていると思う。

정답　❶ⓐ　❷ⓓ　❸ⓑ　❹ⓒ　❺ⓔ　❻ⓓ　❼ⓐ　❽ⓔ　❾ⓖ　❿ⓑ

+ 최신기출 기본 어휘

이제 TV 없이는 못 살아?! 대중매체·미디어

청해

- ★ 論評(ろんぴょう) 논평
- ★ 活路(かつろ) 활로
- ★ 技術(ぎじゅつ) 기술
- ★ 向上(こうじょう) 향상
- ★ 特需(とくじゅ) 특수
- ★ 反動(はんどう) 반동
- ★ 編集(へんしゅう) 편집
- ★ 論調(ろんちょう) 논조
- ★ 根拠(こんきょ) 근거
- ★ 新聞社(しんぶんしゃ) 신문사
- ★ 確認(かくにん) 확인
- 広報(こうほう) 홍보
- 使命(しめい) 사명
- 同調(どうちょう) 동조
- 明示(めいじ) 명시
- 受信機(じゅしんき) 수신기
- 企画(きかく) 기획
- 典型(てんけい) 전형
- 保管(ほかん) 보관
- ★ 報道班(ほうどうはん) 보도반

독해

- ★ スタッフ 스텝
- 高画質(こうがしつ) 고화질
- 大画面(だいがめん) 대화면
- ★ 会見室(かいけんしつ) 회견실
- 販売状況(はんばいじょうきょう) 판매상황
- 販売台数(はんばいだいすう) 판매대수
- ★ プレス 인쇄, 출판, 신문
- ユーザー 유저, 사용자
- 客観性(きゃっかんせい) 객관성
- ★ コラム 칼럼
- ★ トピック 토픽, 화제
- ★ タイミング 타이밍
- ★ カメラマン 카메라맨
- 編集委員(へんしゅういいん) 편집위원
- ★ 論説委員(ろんせついいん) 논설위원
- ★ スキャンダル 스캔들
- ★ ホームシアター 홈 시어터
- ★ 買(か)い替(か)える 새것으로 바꾸다

최신기출 고득점 어휘

이제 TV 없이는 못 살아?! 대중매체·미디어

청해

- ★ 掲載(けいさい) 게재
- ★ 創刊(そうかん) 창간
- ★ 評論(ひょうろん) 평론
- ★ 常駐(じょうちゅう) 상주
- ★ 責任(せきにん) 책임
- ★ 名誉(めいよ) 명예
- ★ 匿名(とくめい) 익명
- ★ 有用(ゆうよう) 유용
- ★ 追及(ついきゅう) 추궁
- ★ 社説(しゃせつ) 사설
- ★ 限定(げんてい) 한정
- ★ 操作(そうさ) 조작
- ★ 想定(そうてい) 상정
- ★ 再生(さいせい) 재생
- ★ 発信(はっしん) 발신
- ★ 提起(ていき) 제기
- ★ 閲覧(えつらん) 열람
- ★ 暴露(ばくろ) 폭로
- ★ 構図(こうず) 구도
- ★ 扇情的(せんじょうてき) 선정적

독해

- ★ 取材源(しゅざいげん) 취재원
- ★ 番組(ばんぐみ) (방송·연예 등의) 프로그램
- ★ 馴染(なじ)み 친숙함
- ★ 聴取者(ちょうしゅしゃ) 청취자
- ★ 特派員(とくはいん) 특파원
- ★ 常勤記者(じょうきんきしゃ) 상근기자
- ★ 際立(きわだ)つ 두드러지다
- ★ 枠組(わくぐ)み 뼈대, 구조
- ★ コンテンツ 콘텐츠
- ★ 双方向性(そうほうこうせい) 쌍방향성
- ★ 電子掲示板(でんしけいじばん) 전자게시판
- ★ マルチメディア 멀티미디어
- ★ シンポジウム 심포지엄
- ★ 物議(ぶつぎ)を醸(かも)す 물의를 일으키다
- ★ 送(おく)り手(て) (방송 등의) 정보 제공자
- ★ 家電量販店(かでんりょうはんてん) 가전양판점, 가전제품판매점
- ★ 本番(ほんばん) (영화·TV 등에서 연습이 아닌) 정식 촬영·방송

Day 17

요리·음식

오늘은 아빠가 우리 집 요리사

주말 저녁, 아빠가 오랜만에 **腕を振るう**해서 **料理**를 만들어 준다고 한다. 아빠는 **レシピ**를 보고 팬에 **油をひく**하더니 **薄切り**해 둔 채소를 넣고 **炒める**하기 시작했다. 옆에 있는 **電気炊飯器**에서는 밥을 **炊く**하고 있는지 칙칙 소리가 났다. 잠시 후 **出来上がる**한 요리는 닭고기채소볶음과 불고기정식이었다. 솔직히 닭고기채소볶음은 내 **好物**는 아니었지만 나름대로 **歯応え**가 있었고, 불고기정식은 따뜻한 밥과 함께 먹는 **味噌汁**의 **さっぱり**한 맛이 일품이었다. 다 먹고 난 뒤 "아빠, 맛있게 잘 먹었어요. **後片付け**는 제가 할께요."라고 말씀드렸다.

JPT 최신기출 어휘 베스트 14

- □ **腕を振るう** 솜씨를 발휘하다
- □ **料理** 요리
- □ **レシピ** 레시피
- □ **油をひく** 기름을 두르다
- □ **薄切り** 얇게 썲
- □ **炒める** (기름에) 볶다
- □ **電気炊飯器** 전기밥솥
- □ **炊く** (밥을) 짓다
- □ **出来上がる** 완성되다, 다 되다
- □ **好物** 좋아하는 음식
- □ **歯応え** 씹는 맛
- □ **味噌汁** 된장국
- □ **さっぱり** 산뜻함, 담백함
- □ **後片付け** 뒷마무리, 설거지

01 ★★★

腕を振るう

- 腕が鳴る (솜씨를 보이고 싶어서) 팔이 근질근질해지다
- 発揮する 발휘하다

솜씨를 발휘하다

今日は、久しぶりに腕を振るってみようかな。
오늘은 오랜만에 솜씨를 발휘해 볼까.

只今、当店では一緒に料理の腕を振るってくれるシェフを募集しております。
지금 당점[저희 가게]에서는 함께 요리 솜씨를 발휘해 줄 주방장을 모집하고 있습니다.

📝 적중 포인트

類 腕が上がる 솜씨가 늘다

02 ★★★

料理

- 会席料理 가이세키요리, 회석요리 (일본 연회용 요리)
- 郷土料理 향토요리

요리

旅行に行った時は、その地方ならではの料理を味わいたい。
여행(하러) 갔을 때는 그 지방만의 요리를 맛보고 싶다.

普通の料理は難しいけど、インスタント食品なら子供でも簡単に作ることができます。
보통 요리는 어렵지만 인스턴트 식품이라면 아이라도 간단히 만들 수 있습니다.

03 ★★

レシピ

- 調理法 조리법
- 秘訣 비결

레시피

お宅でも手軽に作れる、特製クリームソースレシピを公開します。
댁에서도 손쉽게 만들 수 있는 특제 크림소스 레시피를 공개하겠습니다.

レシピを見なくても料理が作れるようになると、料理が一段と楽しくなる。
레시피를 보지 않아도 요리를 만들 수 있게 되면 요리가 한층 더 즐거워진다.

04 ★★

□ 油をひく
- ごま油 참기름
- 菜種油 유채기름

기름을 두르다

まずフライパンに油をひいて、玉ねぎから炒めます。
우선 프라이팬에 기름을 두르고 양파부터 볶습니다.

魚を焼く時に、油をひいてもいつも魚が張り付いてしまう。
생선을 구울 때에 기름을 둘러도 항상 생선이 들러붙어 버린다.

05 ★★

□ 薄切り
- 厚切り 두껍게 썲
- みじん切り 잘게 썲

얇게 썲

次は、ベーコンを薄切りにして熱したフライパンでかりかりになるまで炒めてください。
다음은 베이컨을 얇게 썰어서 뜨겁게 달군 프라이팬에서 바삭해질 때까지 볶아 주세요.

この包丁は肉を薄切りにするのにちょうどいい。
이 식칼은 고기를 얇게 써는 데에 딱 좋다.

06 ★★

□ 炒める
- 炒めご飯 볶음밥(=チャーハン)
- 火を通す 삶거나 굽거나 해서 음식에 열을 가하다

(기름에) 볶다

鍋にオリーブオイルを入れて、玉ねぎを炒め、牛肉を加えてさらに炒めます。
냄비에 올리브오일을 넣고 양파를 볶고 쇠고기를 넣어 좀 더 볶습니다.

子供に野菜を食べさせようと、煮たり炒めたりして、味付けも工夫している。
아이에게 채소를 먹이려고 삶거나 볶거나 해서 맛을 내는 것도 궁리하고 있다.

07 ★

電気炊飯器
でんきすいはんき

- 유 電気釜 전기밥솥
  でんきがま
- 器具 기구
  きぐ

전기밥솥

電気炊飯器は、自炊に欠かせない便利な調理器具です。

전기밥솥은 자취에 없어서는 안 될 편리한 조리기구입니다.

電気炊飯器でご飯を5時間以上保温していると、ご飯の味が落ちる。

전기밥솥에서 밥을 5시간 이상 보온하면 밥맛이 떨어진다.

---

08 ★★

炊く
た

- 煮る 삶다, 끓이다, 익히다
  に
- 赤飯 (찹쌀로 지은) 팥밥
  せきはん

(밥을) 짓다

米をおいしく食べるには、米にこだわるだけでなく、「いかにおいしく炊くか」が重要です。

쌀을 맛있게 먹으려면 쌀에 신경 쓰는 것뿐만 아니라 '어떻게 맛있게 짓는가'가 중요합니다.

炊き立てのご飯と温かい味噌汁が、やっぱり一番だね。

갓 지은 밥과 따뜻한 된장국이 역시 최고지.

📝 적중 포인트

> 유 炊事 취사
>   すいじ

---

09 ★★★

出来上がる
できあ

- 유 仕上がる 완성되다
  しあ
- 仕上げる 완성하다(=完成する)
  しあ   かんせい

완성되다, 다 되다

テーブルの上には出来上がった料理が並べられています。

테이블 위에는 완성된 요리가 차려져 있습니다.

出来上がった料理は室温の中に放置せず、8℃以下で保存してください。

완성된 요리는 실온 속에 방치하지 말고 8℃ 이하에서 보존해 주세요.

10 ★★

□ **好物**(こうぶつ)

- 大好物(だいこうぶつ) 아주 좋아하는 음식
- いける 상당하다, 좋다
- 食べず嫌(ぎら)い 먹어 보지도 않고 싫어함

좋아하는 음식

私(わたし)は肉(にく)が大好物(だいこうぶつ)なんです。
저는 고기를 아주 좋아해요.

いくら好物(こうぶつ)でも、朝昼晩(あさひるばん)と三食同(さんしょくおな)じものが重(かさ)なるとうんざりするよ。
아무리 좋아하는 음식이라도 아침, 점심, 저녁으로 세 끼 같은 것이 겹치면 질려.

📑 적중 포인트

| 청+독 口(くち)に合(あ)う 입맛에 맞다 |

11 ★★

□ **歯応(はごた)え**

- 歯触(はざわ)り 음식을 씹을 때의 느낌
- 食感(しょっかん) 식감

씹는 맛

私(わたし)は歯応(はごた)えのある食(た)べ物(もの)が大好(だいす)きです。
저는 씹는 맛이 있는 음식을 아주 좋아합니다.

歯応(はごた)えのある食(た)べ物(もの)を取(と)ると、噛(か)む回数(かいすう)が自然(しぜん)と増(ふ)えるので空腹感(くうふくかん)を満(み)たすことができる。
씹는 맛이 있는 음식은 섭취하면 씹는 횟수가 자연히 늘기 때문에 공복감을 채울 수 있다.

12 ★★

□ **味噌汁**(みそしる)

- 溶(と)かす (물 따위에) 녹이다, 풀다
- 煮立(にた)てる 펄펄 끓이다

된장국

このお店(みせ)では、ご飯(はん)や味噌汁(みそしる)が自由(じゆう)にお代(か)わりできます。
이 가게에서는 밥과 된장국을 자유롭게 더 먹을 수 있습니다.

幼(おさな)い頃(ころ)から食事(しょくじ)の基本(きほん)マナーとして、ご飯(はん)は左(ひだり)、味噌汁(みそしる)は右(みぎ)に置(お)くと教(おし)えられた。
어릴 적부터 식사의 기본매너로서 밥은 왼쪽, 된장국은 오른쪽에 둔다고 배웠다.

13 ★★★

□ **さっぱり**

- こってり (맛·색깔 등이) 진함(↔あっさり)
- 染み込む (색·맛·냄새 등이 안까지) 스며들다

산뜻함, 담백함

今日は何か さっぱり したものが食べたい。
오늘은 뭔가 산뜻한 것이 먹고 싶다.

これはイチゴソースをかけた、さっぱり した味のデザートです。
이것은 딸기소스를 뿌린 산뜻한 맛의 디저트입니다.

14 ★★★

□ **後片付け**

- 後始末 뒤처리, 뒷정리
- 皿洗い 설거지

뒷마무리, 설거지

お菓子作りは楽しいけど、後片付け が面倒くさい。
과자 만들기는 즐겁지만 뒷마무리가 귀찮다.

夕食後の 後片付け は、つい翌日になってしまうことが多い。
저녁식사 후의 설거지는 그만 다음 날이 되어 버리는 경우가 많다.

15 ★★

□ **調味料**

- 味付け 맛을 냄
- 添加物 첨가물
- 香辛料 향신료

조미료

当店では、化学調味料 や添加物は一切使っておりません。
당점[우리 가게]에서는 화학조미료나 첨가물은 일절 사용하고 있지 않습니다.

私は化学調味料 を使ったものを食べると、舌がピリピリします。
저는 화학조미료를 사용한 것을 먹으면 혀가 얼얼합니다.

16 ★★★

□ **食欲をそそる**

- 食欲旺盛 식욕왕성
- 食欲不振 식욕부진

식욕을 돋우다

焼き立てのパンの匂いは、食欲をそそりますよね。
갓 구운 빵의 냄새는 식욕을 돋우죠.

白米と味噌汁から、白い湯気が立って食欲をそそった。
흰 쌀밥과 된장국에서 흰 김이 나서 식욕을 돋웠다.

17 ★★

□ **辛い**

- 塩辛い 짜다(=しょっぱい)
- すっぱい 시다

맵다, 짜다

さすが、本場のカレーは辛いですね。日本のものとは全然違いますね。
역시 본고장 카레는 맵네요. 일본 것과는 전혀 다르네요.

辛いものを食べたので、喉が渇いて仕方がない。
짠 것을 먹었기 때문에 목이 말라서 견딜 수 없다.

📋 적중 포인트

청+독 苦い 쓰다

18 ★★

□ **カロリー**

- 献立 식단, 메뉴
- 脂肪 지방

칼로리

カロリー計算をしながら食事を取った結果、2ヵ月で10キロも痩せた。
칼로리 계산을 하면서 식사를 한 결과, 2개월에 10kg이나 살이 빠졌다.

アメリカでは、心臓病で亡くなる人が多い。原因は、ステーキやフライドチキンのようなカロリーの高いものをよく食べるからだと言われている。
미국에서는 심장병으로 죽는 사람이 많다. 원인은 스테이크나 프라이드치킨과 같은 칼로리가 높은 것을 자주 먹기 때문이라고 한다.

19 ★★

☐ ダイエット

- 肥満 비만
- 空腹 공복
- ぜい肉 군살

다이어트

今年1月からダイエットを始め、5キロ痩せました。
올해 1월부터 다이어트를 시작해서 5kg 살이 빠졌습니다.

無理なダイエットは痩せるどころか、かえって健康を損なうだけですよ。
무리한 다이어트는 살이 빠지기는커녕, 오히려 건강을 해칠 뿐이에요.

---

20 ★★

☐ 風味

- 味わい (음식의) 맛, 풍미
- 香ばしい 향기롭다, 구수하다

풍미

風味が強いチーズと合うワインの選び方をご紹介いたします。
풍미가 강한 치즈와 어울리는 와인 고르는 법을 소개해 드리겠습니다.

こちらの新製品は、既存のものよりも野菜の配合を増やし、素材の風味を楽しむことができます。
이 신제품은 기존의 것보다도 채소의 배합을 늘려서 소재의 풍미를 즐길 수 있습니다.

---

21 ★★

☐ 弱火

- とろ火 약한 불, 뭉근한 불
- 強火 강한 불
- 中火 중불

약한 불

みなさん、トマトは弱火で約15分ぐらい煮てくださいね。
여러분, 토마토는 약한 불로 약 15분 정도 익혀 주세요.

シチューは、弱火でじっくり煮込んだ方がおいしいです。
스튜는 약한 불로 오랫동안 푹 끓이는 편이 맛있습니다.

📝 적중 포인트

[청]+[독] 火加減 불을 조절함

22 ★★

□ **下ごしらえ**

- 圓 下作り 미리 재료 등을 손질하여 만들어 둠
- 下準備 미리 해 두는 준비(=下組み)
- 仕込み (음식점 등에서) 물품 구입

미리 재료 등을 손질하여 만들어 둠

おいしい料理を作るには、下ごしらえが重要です。
맛있는 요리를 만들려면 미리 재료 등을 손질하여 만들어 두는 것이 중요합니다.

離乳食作りは、料理の下ごしらえが非常に大変です。
이유식 만들기는 미리 재료 등을 손질하여 만들어 두는 것이 대단히 힘듭니다.

📋 적중 포인트

圓 整える 정돈하다, 가다듬다

23 ★★

□ **和食**

- 洋食 양식
- 中華料理 중화요리
- 韓定食 한정식

일식

和食に欠かせないものと言えば、やっぱり「だし汁」である。
일식에서 빼놓을 수 없는 것이라고 하면 역시 '육수'다.

和食では、刺身、寿司、干物、塩焼きなど、素材をそのまま生かした料理が多い。
일식에서는 회, 초밥, 건어물, 소금구이 등 소재를 그대로 살린 요리가 많다.

24 ★★

□ **ご馳走**

- ご馳走する 대접하다
- 持て成し 대접, 접대
- 豪華 호화
- おごる 한턱내다

(음식) 대접, 맛있는 음식, 진수성찬

今度は私が何かご馳走します。
다음번에는 제가 뭔가 대접하겠습니다.

すごいご馳走ですね。遠慮なくいただきます。
굉장한 진수성찬이네요. 사양하지 않고 잘 먹겠습니다.

📋 적중 포인트

圓 ご馳走になる 대접받다

Day 17 Check Up Test

★ 다음 단어의 뜻을 오른쪽에서 찾아 연결해 보세요.

❶ ダイエット ・　　　　・ ⓐ 완성되다, 다 되다

❷ 好物 ・　　　　・ ⓑ 좋아하는 음식

❸ 出来上がる ・　　　　・ ⓒ 다이어트

❹ 腕を振るう ・　　　　・ ⓓ 뒷마무리, 설거지

❺ 後片付け ・　　　　・ ⓔ 솜씨를 발휘하다

★ 공란에 들어갈 적절한 단어를 보기에서 골라 넣으세요.

　ⓐ 下ごしらえ　　ⓑ レシピ　　ⓒ カロリー
　ⓓ 歯応え　　　　ⓔ 弱火　　　ⓕ 炊く
　ⓖ さっぱり　　　ⓗ 食欲をそそる　　ⓘ 炒める

❻ この料理は、バターとすりごまの香りが_____。

❼ 手打ちのそばは_____があって、本当においしい。

❽ 夏季限定で売り出すカップ麺のスープは塩味の_____した味わいです。

❾ 天ぷらは油さえ沸いていれば簡単に調理できるが、_____は大変なのである。

❿ 昼ご飯を少なめにすれば、夜はそれなりに食べても1日の合計摂取_____は少なくなる。

정답 ❶ ⓒ　❷ ⓑ　❸ ⓐ　❹ ⓔ　❺ ⓓ　❻ ⓗ　❼ ⓓ　❽ ⓖ　❾ ⓐ　❿ ⓒ

+ 최신기출 기본 어휘

오늘은 아빠가 우리 집 요리사 〔음식·요리〕

청해

- ★ 味(あじ) 맛
- ★ ねぎ 파
- ★ 海苔(のり) 김
- ★ 大根(だいこん) 무
- ★ 香(かお)り 향기, 향내
- ★ せり 미나리
- ★ 若鶏(わかどり) 영계
- ★ 生姜(しょうが) 생강
- ★ 玉(たま)ねぎ 양파
- ★ 唐辛子(とうがらし) 고추
- ★ 鉄(てつ) 철
- ★ 蓋(ふた) 뚜껑
- ★ 白菜(はくさい) 배추
- ★ 果物(くだもの) 과일
- ★ 塩分(えんぶん) 염분
- ★ 一品(いっぴん) 일품
- ★ 蒸(む)す (김으로) 찌다
- ★ 豊富(ほうふ) 풍부
- ★ 熱量(ねつりょう) 열량
- ★ しょうゆ 간장

독해

- ★ 器(うつわ) 그릇
- ★ 黄粉(きなこ) 콩고물
- ★ 柔(やわ)らかさ 부드러움
- ★ キャベツ 양배추
- ★ さつまいも 고구마
- ★ じゃがいも 감자
- ★ 皮(かわ)をむく 껍질을 벗기다
- ★ カルシウム 칼슘
- ★ たんぱく質(しつ) 단백질
- ★ 養殖(ようしょく) 양식
- ★ 焦(こ)がす 태우다
- ★ にんにく 마늘
- ★ スタミナ 스태미나, 정력
- ★ 彩(いろど)る 꾸미다, 장식하다
- ★ 疲労回復(ひろうかいふく) 피로회복
- ★ 炭水化物(たんすいかぶつ) 탄수화물
- ★ かき混(ま)ぜる 뒤섞다
- ★ 引(ひ)き立(た)てる 돋보이게 하다
- ★ 混(ま)ぜ合(あ)わせる (각기 다른 것을) 한데 섞다, 혼합하다

+ 최신기출 고득점 어휘

오늘은 아빠가 우리 집 요리사 〔음식·요리〕

청해

- ★ まな板(いた) 도마
- ★ コツ 요령
- ★ 水気(みずけ) 물기
- ★ 包丁(ほうちょう) 부엌칼, 식칼
- ★ 濃厚(のうこう) 농후
- ★ 春先(はるさき) 초봄
- ★ 入荷(にゅうか) 입하
- ★ さんま 꽁치
- ★ 旬の野菜(しゅんのやさい) 제철 채소
- ★ 本場(ほんば) 본고장

- ★ 鰻(うなぎ) 장어
- ★ 発酵(はっこう) 발효
- ★ 乳酸菌(にゅうさんきん) 유산균
- ★ 煮出し(にだし) 끓여서 맛을 냄
- ★ さば 고등어
- ★ 揃える(そろえる) (고루) 갖추다
- ★ 丸ごと(まるごと) 통째로
- ★ 太刀魚(たちうお) 갈치
- ★ 漬ける(つける) (김치를) 담그다, 절이다
- ★ まぶす (골고루) 묻히다

독해

- ★ 生(なま) 날것, 생것
- ★ ふやかす (물에) 불리다
- ★ 塩焼き(しおやき) 소금구이
- ★ 干物(ひもの) 건어물
- ★ 味の相性(あじのあいしょう) 맛의 궁합
- ★ 馴染み深い(なじみぶかい) 친숙하다
- ★ 最盛期(さいせいき) 한창때, 전성기
- ★ 脂が乗る(あぶらがのる) 기름이 오르다
- ★ 脂が抜ける(あぶらがぬける) 기름이 빠지다
- ★ 肉厚(にくあつ) 살이 두꺼운[두툼한] 모양

- ★ 粗塩(あらしお) 굵은 소금
- ★ 一味(ひとあじ) 미묘한 맛의 정도
- ★ 含まれる(ふくまれる) 포함되다
- ★ 小骨(こぼね) 잔뼈, 잔가시
- ★ パン粉(パンこ) 빵가루
- ★ キッチンペーパー 키친타월
- ★ 欠かす(かかす) 빠뜨리다
- ★ さらさら 바슬바슬
- ★ こんがり 노릇노릇

Day 18

교육

괴롭힘과 차별이 없는 학교

나에게 있어 **学生時代**의 학교는 **楽し**하지는 않았지만 최소한 뭔가를 **学ぶ**할 수 있는 공간이었다. 그런데 요즘 학교의 현실을 보면 **ため息**만 나온다. 아들이 다니고 있는 중학교에서도 **いじめ**나 **差別**로 인해 등교거부를 하는 아이들이 꽤 있다고 한다. **学級崩壊**로 인해 **教師**들은 **権威**를 잃어버린지 오래다. **塾**에서 밤늦게까지 **勉強**하고 학교에서는 조는 아이가 **大半**이라는데 왜 이렇게까지 되어 버린 걸까? 공부의 의미에 대해서 다시 한 번 생각해 보게 된다. **受験**을 위한 것이 아닌 **立派**한 사람이 되기 위해서 하는 것이 진정한 공부 아닐까?

JPT 최신기출 어휘 베스트 14

- 学生時代(がくせいじだい) 학창시절
- 楽(たの)しい 즐겁다
- 学(まな)ぶ 배우다, 익히다, 공부하다
- ため息(いき) 한숨
- いじめ 이지메, (특히 학교에서의) 괴롭힘
- 差別(さべつ) 차별
- 学級崩壊(がっきゅうほうかい) 학급붕괴
- 教師(きょうし) 교사
- 権威(けんい) 권위
- 塾(じゅく) 학원
- 勉強(べんきょう) 공부
- 大半(たいはん) 태반, 대부분
- 受験(じゅけん) 수험, 입시
- 立派(りっぱ) 훌륭함

01 ★★

学生時代
がくせいじだい

- 青春時代(せいしゅんじだい) 청춘시절
- 幼少期(ようしょうき) 유소년기

학창시절

学生時代に、真面目に勉強しておいたらよかったのに。
학창시절에 착실히 공부해 두었다면 좋았을 텐데.

この曲を聞くにつけ、学生時代のことが思い出される。
이 곡을 들을 때마다 학창시절이 생각난다.

02 ★★★

楽しい
たの

- 楽しむ(たの) 즐기다
- 満ち足りる(みちたりる) 흡족해하다
- 愉快(ゆかい) 유쾌(↔不愉快ふゆかい)

즐겁다

楽しい学校生活のためには、何が必要でしょうか。
즐거운 학교생활을 위해서는 무엇이 필요할까요?

日本新聞社では、スポーツをする楽しさや喜びを伝えるスポーツ出張授業を今年も実施します。
니혼신문사에서는 스포츠를 하는 즐거움과 기쁨을 전하는 스포츠 출장수업을 올해도 실시합니다.

03 ★★★

学ぶ
まな

- 教わる(おそわる) 배우다, 가르침을 받다
- 習う(ならう) 배우다
- 知識(ちしき) 지식

배우다, 익히다, 공부하다

学校で学んだことが役立つかどうかは、自分次第だ。
학교에서 배운 것이 도움이 될지 어떨지는 자신에게 달려 있다.

小・中学生を対象にした今回のキャンプでは、自然の中で生きることの大切さを学びます。
초・중학생을 대상으로 한 이번 캠프에서는 자연 속에서 사는 것의 소중함을 배웁니다.

📝 **적중 포인트**

[명]+[동] 身(み)に付ける 몸에 익히다, (지식・학문・기술 등을) 습득하다

04 ★★★

ため息

- 圏 吐息
- ため息をつく 한숨을 쉬다

한숨

息子の成績表を見るたびに、ため息が出る。
아들의 성적표를 볼 때마다 한숨이 나온다.

私の成績表を見た母は、小さくため息をついていた。
내 성적표를 본 어머니는 작게 한숨을 쉬었다.

---

05 ★★★

いじめ

- 虐げる 못살게 굴다, 학대하다
- 嫌がらせ 짓궂음, 괴롭힘

이지메, (특히 학교에서의) 괴롭힘

もし我が子がいじめに遭っていることがわかったとしたら、親としてあなたはどう行動しますか。
만약 내 아이가 괴롭힘을 당하고 있는 것을 알았다면 부모로서 당신은 어떻게 행동하겠습니까?

子供の不登校の原因はいじめではなく、先生のえこひいきらしいんです。
아이의 등교거부의 원인은 괴롭힘이 아니라, 선생님의 편애인 것 같아요.

---

06 ★★

差別

- 圏 分け隔て 차별
- 人種差別 인종차별
- 男女差別 남녀차별

차별

先生から、差別待遇を受けています。どこに相談すればいいのでしょうか。
선생님에게 차별대우를 받고 있습니다. 어디에 상담하면 좋을까요?

あなたは息子と娘を差別なく育てていますか。
당신은 아들과 딸을 차별 없이 키우고 있습니까?

📝 적중 포인트

　圏 けじめを食う 따돌림을 당하다

07 ★★

学級崩壊

- 児童 아동, (특히) 초등학생
- 暴れる 난폭하게 굴다, 날뛰다

학급붕괴

「学級崩壊」とは児童が私語をする、立ち歩く、暴れるなどして、担任が注意しても授業が成り立たなくなる状態が2、3週間以上続く場合を指す。

'학급붕괴'란 초등학생이 사담을 하거나 서서 돌아다니거나 난폭하게 구는 등 해서 담임이 주의를 주어도 수업이 이루어지지 않게 되는 상태가 2, 3주간 이상 계속되는 경우를 가리킨다.

08 ★★

教師

- 先生 선생(님)
- 担任 담임

교사

教師としてものになるには、10年はかかると言われる。

교사로서 쓸 만한 사람이 되려면 10년은 걸린다고 한다.

ほんの一部ではあるが、「先生ともあろう者が」と批判されるような教師が存在することは否定できない。

아주 일부이지만 '명색이 선생이라는 자가'라고 비판받을 것 같은 교사가 존재하는 것은 부정할 수 없다.

09 ★★

権威

- 権威主義 권위주의
- 権威者 권위자
- 生徒 (중·고교) 학생

권위

教師の指導力は、基本的には教師がいかなる権威を持ち、そして生徒とどのような関係を結ぶかによって決まる。

교사의 지도력은 기본적으로는 교사가 어떠한 권위를 가지고, 그리고 학생과 어떤 식으로 관계를 맺는가에 따라 정해진다.

📗 **적중 포인트**

慣 鶴の一声 (절대) 권위자의 한마디

Day 18 괴롭힘과 차별이 없는 학교 | 교육 | · 225

10 ★★

□ **塾**(じゅく)
- 進学塾(しんがくじゅく) 진학학원
- 補習塾(ほしゅうじゅく) 보습학원

학원

今(いま)の子供(こども)たちは塾(じゅく)通(がよ)いで忙(いそが)しい。
지금 아이들은 학원 다니기에 바쁘다.

最近(さいきん)の子供(こども)は、ピアノの稽古(けいこ)だ、スイミングスクールだ、塾(じゅく)だと毎日(まいにち)、目(め)の回(まわ)るような忙(いそが)しさで、友達(ともだち)と遊(あそ)ぶ暇(ひま)もないという子(こ)が多(おお)い。
요즘 아이들은 피아노 레슨이다, 수영학교다, 학원이다 라고 매일 눈이 돌 것 같이 바빠서 친구와 놀 시간이 없다고 하는 아이가 많다.

11 ★★

□ **勉強**(べんきょう)
- 学習(がくしゅう) 학습
- 試験(しけん) 시험(=テスト)

공부

試験勉強(しけんべんきょう)で、ゆうべはほとんど寝(ね)ていません。
시험공부 때문에 어젯밤은 거의 못 잤습니다.

休憩(きゅうけい)もろくに取(と)らないで、勉強(べんきょう)し続(つづ)けている。
휴식도 제대로 취하지 않고 계속 공부하고 있다.

12 ★★

□ **大半**(たいはん)
- 圏 大部分(だいぶぶん) 대부분(=おおかた、大抵(たいてい))
- 過半(かはん) 과반

태반, 대부분

生徒(せいと)の大半(たいはん)は、4年制大学(よねんせいだいがく)への進学(しんがく)を希望(きぼう)している。
학생의 태반은 4년제 대학으로의 진학을 희망하고 있다.

今回(こんかい)の調査(ちょうさ)で、生徒(せいと)の大半(たいはん)が部活動(ぶかつどう)に楽(たの)しさを感(かん)じていることがわかった。
이번 조사에서 학생의 대부분이 동아리활동에 즐거움을 느끼고 있다는 것을 알았다.

13 ★★★

受験 (じゅけん)

- 受験生 (じゅけんせい) 수험생
- 受験戦争 (じゅけんせんそう) 수험전쟁

수험, 입시

うちの子、また受験に失敗したんですよ。
우리 애, 또 입시에 실패했어요.

大学入試の替え玉受験など、不正行為を防ぐための対策が必要だ。
대학입시의 대리수험 등 부정행위를 막기 위한 대책이 필요하다.

📝 **적중 포인트**

［청］+［동］ 滑(すべ)り止(ど)め 하향 안전 지원

---

14 ★★

立派 (りっぱ)

- 見事 (みごと) 훌륭함
- 上出来 (じょうでき) 썩 잘함

훌륭함

教育の目標は、人間を立派な人に育てることである。
교육의 목표는 인간을 훌륭한 사람으로 키우는 것이다.

ゆくゆくはみんなに尊敬されるような、そんな立派な医者になりたいと思っています。
장래에는 모두에게 존경받을 만한 그런 훌륭한 의사가 되고 싶다고 생각하고 있습니다.

---

15 ★★★

手に負えない (てにおえない)

- 手が付けられない 손을 댈 수 없다
- 体罰禁止 (たいばつきんし) 체벌금지

힘에 부치다

生徒の校内暴力が増えており、教師の手に負えないという。
학생의 교내폭력이 늘어나고 있어서 교사의 힘에 부친다고 한다.

自分の手に負えない生徒を警察の力を借りて押さえようなんて、教育者としてあるまじきことだ。
자신의 힘에 부치는 학생을 경찰의 힘을 빌려서 제압하려고 하다니, 교육자로서 있어서는 안 되는 일이다.

📝 **적중 포인트**

［동］ 手(て)に余(あま)る 힘에 부치다

16 ★★

予備校
- 浪人 재수
- 浪人生 재수생

입시학원

私は今、浪人生で、予備校に通っています。
저는 지금 재수생으로 입시학원에 다니고 있습니다.

正直、授業の質はどこの予備校もそこまで変わらないと思う。
솔직히 수업의 질은 어디 입시학원이나 그렇게까지 차이가 없다고 생각한다.

17 ★★

ゆとり教育
- 学力低下 학력저하
- 落ちこぼれ 낙오자

유토리 교육, 여유 교육

ゆとり教育に対して、学力低下を懸念する声が多いですね。
유토리 교육에 대해서 학력저하를 걱정하는 소리가 많네요.

ゆとり教育は、学力低下以外にも様々な弊害をもたらした。
유토리 교육은 학력저하 이외에도 여러 가지 폐해를 초래했다.

18 ★★

詰め込み教育
- 暗記重視 암기중시
- 頭に叩き込む 머릿속에 주입시키다

주입식 교육

詰め込み教育とは、知識をひたすら頭の中に詰め込むことに力点を置いて、その知識の量を増やす教育と言える。
주입식 교육이란 지식을 오로지 머릿속에 집어넣는 것에 역점을 두어 그 지식의 양을 늘리는 교육이라고 말할 수 있다.

詰め込み教育は、子供に学習への興味を持たせることができない。
주입식 교육은 아이에게 학습에 대한 흥미를 가지게 할 수 없다.

19 ★★

□ **泥縄式**(どろなわしき)

- 圏 一夜漬け(いちやづけ) 벼락치기
- 場当たり(ばあたり) 즉흥적임

벼락치기식

いつものことだが、今回(こんかい)の試験(しけん)も泥縄式(どろなわしき)の勉強(べんきょう)だった。
늘 그렇지만 이번 시험도 벼락치기식 공부였다.

一晩(ひとばん)の泥縄式(どろなわしき)の勉強(べんきょう)では、この科目(かもく)で満点(まんてん)は取(と)れない。
하룻밤의 벼락치기식 공부로는 이 과목에서 만점은 받을 수 없다.

20 ★★

□ **偏差値**(へんさち)

- 平均値(へいきんち) 평균치
- 標準偏差(ひょうじゅんへんさ) 표준편차

편차치

偏差値(へんさち)とは、学力(がくりょく)などの検査結果(けんさけっか)が集団(しゅうだん)の平均値(へいきんち)から、どの程度(ていど)隔(へだ)たっているかを示(しめ)す数値(すうち)である。
편차치란 학력 등의 검사결과가 집단의 평균치에서 어느 정도 벗어나 있는지를 나타내는 수치다.

合格基準(ごうかくきじゅん)の偏差値(へんさち)は、前年度(ぜんねんど)入試(にゅうし)の結果偏差値(けっかへんさち)をベースにして決(き)める。
합격 기준의 편차치는 전년도 입시의 결과 편차치를 토대로 해서 정한다.

21 ★★

□ **私立**(しりつ)

- 公立(こうりつ) 공립
- 国公立(こっこうりつ) 국공립

사립("私立学校(しりつがっこう)"(사립학교)의 준말)

一般的(いっぱんてき)に私立(しりつ)の方(ほう)が公立(こうりつ)より学費(がくひ)が高(たか)い。
일반적으로 사립 쪽이 공립보다 학비가 비싸다.

私(わたし)は子供(こども)を私立(しりつ)の小学校(しょうがっこう)に通(かよ)わせることにした。
나는 아이를 사립 초등학교에 다니게 하기로 했다.

22 ★★★

目指す
めざす

- 狙う (목표·기회를) 노리다
- 目当て 목표

목표로 하다

娘は東京大学合格を目指して、受験勉強に励んでいる。
딸은 도쿄대학 합격을 목표로 해서 수험공부에 힘쓰고 있다.

息子は大学院を目指し、勉強一筋だった。
아들은 대학원을 목표로 해서 공부에만 전념했다.

23 ★★★

めきめき

- 圓 ぐんぐん 부쩍부쩍
- 進歩 진보
- 成長 성장

눈에 띄게, 부쩍부쩍

毎日欠かさず30分ずつ勉強したら、英語の実力がめきめきと伸びた。
매일 거르지 않고 30분씩 공부했더니 영어 실력이 눈에 띄게 늘었다.

息子は勉強のやり方を身に付けたとたん、めきめきと成績が上がっていった。
아들은 공부하는 방법을 몸에 익히자마자 부쩍부쩍 성적이 올라갔다.

📝 적중 포인트

圓 めっきり 눈에 띄게, 현저히

24 ★★

辞書
じしょ

- 辞書を引く 사전을 찾(아보)다
- 調べる 찾다, 조사하다

사전

言葉の意味がわからない時は、辞書を引けばいいですよ。
단어의 의미를 모를 때에는 사전을 찾아보면 돼요.

その言葉は、辞書をいくら探してみても載っていなかった。
그 단어는 사전을 아무리 찾아봐도 실려 있지 않았다.

📝 적중 포인트

圓 ページをめくる 페이지를 넘기다

Day 18 Check Up Test

★ 다음 단어의 뜻을 오른쪽에서 찾아 연결해 보세요.

❶ 目指す　　　　　•　　　　•　ⓐ 차별

❷ めきめき　　　•　　　　•　ⓑ 눈에 띄게, 부쩍부쩍

❸ 差別　　　　　•　　　　•　ⓒ 목표로 하다

❹ 手に負えない　•　　　　•　ⓓ 편차치

❺ 偏差値　　　　•　　　　•　ⓔ 힘에 부치다

★ 공란에 들어갈 적절한 단어를 보기에서 골라 넣으세요.

ⓐ 私立　　　　ⓑ 泥縄式　　　　ⓒ 受験
ⓓ 予備校　　　ⓔ ゆとり教育　　ⓕ 権威
ⓖ 詰め込み教育　ⓗ 学ぶ　　　　　ⓘ 学級崩壊

❻ 息子本人の希望もあり、1年間の期限付きで＿＿＿＿に通っている。

❼ 「ゆとり教育」への危惧からますます＿＿＿＿への需要が高まっている。

❽ いくら頑張っても、この科目は＿＿＿＿の勉強でいい点は取れないと思う。

❾ ＿＿＿＿の弊害は、自発的に学習しようというモチベーションが奪われることである。

❿ 近頃、教育現場では生徒が教師の言うことを聞かない＿＿＿＿が問題になっている。

정답　❶ ⓒ　❷ ⓑ　❸ ⓐ　❹ ⓔ　❺ ⓓ　❻ ⓓ　❼ ⓐ　❽ ⓑ　❾ ⓖ　❿ ⓘ

+ 최신기출 기본 어휘

괴롭힘과 차별이 없는 학교 〔교육〕

청해

- ★ 現場(げんば) 현장 ☐☐☐
- ★ 科目(かもく) 과목 ☐☐☐
- ★ 要求(ようきゅう) 요구 ☐☐☐
- ★ 権限(けんげん) 권한 ☐☐☐
- ★ 読書(どくしょ) 독서 ☐☐☐
- ★ 学年(がくねん) 학년 ☐☐☐
- ★ 就学(しゅうがく) 취학 ☐☐☐
- ★ 時期(じき) 시기 ☐☐☐
- ★ 思い出(おもいで) 추억 ☐☐☐
- ★ 保育園(ほいくえん) 보육원 ☐☐☐
- ★ 優秀(ゆうしゅう) 우수 ☐☐☐
- ★ 一流(いちりゅう) 일류 ☐☐☐
- ★ 教授(きょうじゅ) 교수 ☐☐☐
- ★ 受講(じゅこう) 수강 ☐☐☐
- ★ 成績(せいせき) 성적 ☐☐☐
- ★ 発達(はったつ) 발달 ☐☐☐
- ★ 給食(きゅうしょく) 급식 ☐☐☐
- ★ 睡眠(すいみん) 수면 ☐☐☐
- ★ 合格(ごうかく) 합격 ☐☐☐
- ★ 卒業生(そつぎょうせい) 졸업생 ☐☐☐

독해

- ★ 幼稚園(ようちえん) 유치원 ☐☐☐
- ★ 学習権(がくしゅうけん) 학습권 ☐☐☐
- ★ 学習者(がくしゅうしゃ) 학습자 ☐☐☐
- ★ 指導力(しどうりょく) 지도력 ☐☐☐
- ★ 教育権(きょういくけん) 교육권 ☐☐☐
- ★ 愛国心(あいこくしん) 애국심 ☐☐☐
- ★ 参照(さんしょう) 참조 ☐☐☐
- ★ 学校基本法(がっこうきほんほう) 학교기본법 ☐☐☐
- ★ センター試験(しけん) 센터시험(한국의 대입수능시험에 해당) ☐☐☐
- ★ モンスターペアレント 몬스터 페어런트, 괴물 부모 ☐☐☐
- ★ 図書館(としょかん) 도서관 ☐☐☐
- ★ 大学院(だいがくいん) 대학원 ☐☐☐
- ★ 教科書(きょうかしょ) 교과서 ☐☐☐
- ★ 授業料(じゅぎょうりょう) 수업료 ☐☐☐
- ★ 放送大学(ほうそうだいがく) 방송대학 ☐☐☐
- ★ 家庭教育(かていきょういく) 가정교육 ☐☐☐
- ★ 専門学校(せんもんがっこう) 전문학교 ☐☐☐
- ★ 生涯学習(しょうがいがくしゅう) 생애학습 ☐☐☐

+ 최신기출 고득점 어휘

괴롭힘과 차별이 없는 학교 〔교육〕

청해

- ★ 学歴(がくれき) 학력 □□□
- ★ 指摘(してき) 지적 □□□
- ★ 反発(はんぱつ) 반발 □□□
- ★ 排除(はいじょ) 배제 □□□
- ★ 加担(かたん) 가담 □□□
- ★ 資質(ししつ) 자질 □□□
- ★ 貫禄(かんろく) 관록 □□□
- ★ 威信(いしん) 위신 □□□
- ★ 留年(りゅうねん) 유급, 낙제 □□□
- ★ 侮辱(ぶじょく) 모욕 □□□

- ★ 個性(こせい) 개성 □□□
- ★ 介入(かいにゅう) 개입 □□□
- ★ 教養(きょうよう) 교양 □□□
- ★ 強要(きょうよう) 강요 □□□
- ★ 出題(しゅつだい) 출제 □□□
- ★ 採点(さいてん) 채점 □□□
- ★ 選択(せんたく) 선택 □□□
- ★ 単位(たんい) 학점 □□□
- ★ 体罰(たいばつ) 체벌 □□□
- ★ 休講(きゅうこう) 휴강 □□□

독해

- ★ 無関係(むかんけい) 무관계, 관련없음 □□□
- ★ 信頼性(しんらいせい) 신뢰성 □□□
- ★ 保護者(ほごしゃ) 보호자 □□□
- ★ 閉鎖的(へいさてき) 폐쇄적 □□□
- ★ 自主性(じしゅせい) 자주성 □□□
- ★ 集団教育(しゅうだんきょういく) 집단교육 □□□
- ★ 名門大学(めいもんだいがく) 명문대학 □□□
- ★ 追加入試(ついかにゅうし) 추가입시 □□□
- ★ 教員免許(きょういんめんきょ) 교원면허 □□□
- ★ 活字離れ(かつじばなれ) 활자[인쇄물]에 관심을 두지 않음 □□□

- ★ 休学(きゅうがく) 휴학 □□□
- ★ 転校(てんこう) 전학 □□□
- ★ 園児(えんじ) 원아 □□□
- ★ 熱意(ねつい) 열의 □□□
- ★ 進学率(しんがくりつ) 진학률 □□□
- ★ 補助金(ほじょきん) 보조금 □□□
- ★ 過保護(かほご) 과보호 □□□
- ★ 教授法(きょうじゅほう) 교수법 □□□
- ★ 威厳(いげん) 위엄 □□□

Day 19

취업 · 고용

취업빙하기, 정말 일하고 싶다

얼마 전까지만 해도 大卒者들에게 있어 就職는 朝飯前였다. 당시 웬만한 대학생들은 단기간의 就活로 서너 군데 이상의 기업들로부터 内定를 받았지만 미국발 금융위기를 契機로 就職氷河期가 도래했다. 이런 雇用환경 악화에는 여러 가지 이유가 있겠지만 '大手企業 위주의 취업', '중소기업의 人手부족', '派遣社員 등 비정규직 사원의 증가' 등이 복합적으로 얽혀 있다고 한다. 오늘도 나는 入社 원서를 쓰면서 面接 준비도 같이 하고 있다. 정말 하루라도 빨리 社会人이 되어서 부모님께 효도하고 싶다.

JPT 최신기출 어휘 베스트 14

- □ 大卒者(だいそつしゃ) 대졸자
- □ 就職(しゅうしょく) 취직, 취업하는 것
- □ 朝飯前(あさめしまえ) 식은 죽 먹기
- □ 就活(しゅうかつ) 취활, 슈카쓰, 취업활동
- □ 内定(ないてい) 내정
- □ 契機(けいき) 계기
- □ 就職氷河期(しゅうしょくひょうがき) 취업빙하기
- □ 雇用(こよう) 고용
- □ 大手企業(おおてきぎょう) 대기업
- □ 人手(ひとで) 일손, 인력
- □ 派遣社員(はけんしゃいん) 파견사원
- □ 入社(にゅうしゃ) 입사
- □ 面接(めんせつ) 면접
- □ 社会人(しゃかいじん) 사회인

01 ★★

大卒者 (だいそつしゃ)

대졸자(「大学卒業者 だいがくそつぎょうしゃ」(대학졸업자)의 준말)

- 新卒 (しんそつ) 그해에 학교를 새로 졸업한 사람
- 修士 (しゅうし) 석사
- 博士 (はくし) 박사

マツダ自動車が、2年ぶりに大卒者の採用を増やすそうですよ。
마쓰다 자동차가 2년 만에 대졸자 채용을 늘인대요.

大卒者の就職率は前年度より上昇、就職希望率は高い水準を維持している。
대졸자의 취업률은 전년도보다 상승, 취업 희망률은 높은 수준을 유지하고 있다.

📝 적중 포인트

[청] 青田買(あおたが)い 졸업 전에 학생과 입사 계약을 맺음

02 ★★★

就職 (しゅうしょく)

취직, 취업하는 것

- 退職 (たいしょく) 퇴직
- 就職難 (しゅうしょくなん) 취업난

英語が上手な彼は、アメリカの会社に就職することにした。
영어가 능숙한 그는 미국 회사에 취직하기로 했다.

大学4年生の娘は就職がなかなか決まらず、悩んでいるようだ。
대학 4학년인 딸은 취직이 좀처럼 결정되지 않아서 고민하고 있는 것 같다.

03 ★★★

朝飯前 (あさめしまえ)

식은 죽 먹기

- わけない 간단하다, 수월하다
- お安(やす)いご用(よう) 쉬운 일

このくらいの仕事なんか、朝飯前だよ。
이 정도 일 같은 건 식은 죽 먹기야.

面接なんか朝飯前だと思っていたが、落ちてしまった。
면접 같은 거 식은 죽 먹기라고 생각하고 있었는데 떨어지고 말았다.

📝 적중 포인트

[청] お茶(ちゃ)の子(こ)さいさい 식은 죽 먹기, 누워서 떡 먹기

04 ★★★

就活(しゅうかつ)

- エントリーシート 엔트리시트, 입사지원서
- 志願動機(しがんどうき) 지원동기

취활, 슈카쓰, 취업활동(「就職活動(しゅうしょくかつどう)」의 준말)

就活(しゅうかつ)は、ますます厳(きび)しくなる一方(いっぽう)ですね。
취업활동은 점점 혹독해지기만 하네요.

もうそろそろ大学(だいがく)4年生(よねんせい)なのに、就活(しゅうかつ)にやる気(き)が出(で)ません。
이제 슬슬 대학 4학년인데도 취업활동에 의욕이 생기지 않습니다.

05 ★★★

内定(ないてい)

- 内定通知(ないていつうち) 내정통지
- 破棄(はき) 파기

내정

どの企業(きぎょう)も優秀(ゆうしゅう)な人材確保(じんざいかくほ)に、前倒(まえだお)し内定(ないてい)を出(だ)す動(うご)きが予想(よそう)されますね。
어느 기업이나 우수한 인재 확보에 앞당겨 내정을 하는 움직임이 예상되네요.

ようやく内定(ないてい)をもらって入社(にゅうしゃ)するつもりでいたのに、突然(とつぜん)「内定(ないてい)を取(と)り消(け)します」と連絡(れんらく)が来(き)て、ショックを受(う)けた。
드디어 내정을 받아서 입사할 생각으로 있었는데 갑자기 '내정을 취소합니다'라고 연락이 와서 충격을 받았다.

06 ★★

契機(けいき)

- 同 きっかけ 계기
- ～を契機(けいき)に ～을 계기로(=～を機(き)に)
- 機会(きかい) 기회

계기

就職説明会(しゅうしょくせつめいかい)を契機(けいき)として、就職(しゅうしょく)が決(き)まった学生(がくせい)もいるという。
취업설명회를 계기로 해서 취직이 결정된 학생도 있다고 한다.

望(のぞ)まない部署(ぶしょ)に配置(はいち)された際(さい)は、転職(てんしょく)への契機(けいき)となり得(え)ます。
원하지 않는 부서에 배치되었을 때는 전직으로의 계기가 될 수 있습니다.

07 ★★

□ **就職氷河期** (しゅうしょくひょうがき)

- 空前絶後 (くうぜんぜつご) 전무후무
- 労働市場 (ろうどうしじょう) 노동시장

취업빙하기

私 (わたし)は就職氷河期 (しゅうしょくひょうがき)に就職年齢 (しゅうしょくねんれい)になって、フリーターで15年 (じゅうごねん)も働 (はたら)いた。
나는 취업빙하기에 취업연령이 되어서 프리터로 15년이나 일했다.

求職者 (きゅうしょくしゃ)の間 (あいだ)では、依然 (いぜん)として就職氷河期 (しゅうしょくひょうがき)ムードが漂 (ただよ)っている。
구직자 사이에서는 여전히 취업빙하기 분위기가 감돌고 있다.

08 ★★★

□ **雇用** (こよう)

- 雇 (やと)う 고용하다
- 終身雇用 (しゅうしんこよう) 종신고용

고용

長引 (ながび)く景気 (けいき)の低迷 (ていめい)の中 (なか)、雇用 (こよう)環境 (かんきょう)はますます厳 (きび)しくなっている。
장기화된 경기 침체 속에서 고용환경은 점점 혹독해지고 있다.

雇用 (こよう)保険 (ほけん)による、給付 (きゅうふ)の一 (ひと)つに「基本手当 (きほんてあて)」があります。
고용보험에 의한 급부 중 하나에 '기본수당'이 있습니다.

09 ★★

□ **大手企業** (おおてぎょう)

- 中小企業 (ちゅうしょうきぎょう) 중소기업
- 中堅企業 (ちゅうけんきぎょう) 중견기업

대기업

日本企業 (にほんきぎょう)の大半 (たいはん)は中小企業 (ちゅうしょうきぎょう)で、大手企業 (おおてきぎょう)の下請 (したう)けをしているところが多 (おお)い。
일본 기업의 대부분은 중소기업으로, 대기업의 하청을 하고 있는 곳이 많다.

高 (たか)い失業率 (しつぎょうりつ)にもかかわらず、求職者 (きゅうしょくしゃ)たちは依然 (いぜん)として中小企業 (ちゅうしょうきぎょう)よりも大手企業 (おおてきぎょう)を選好 (せんこう)していることが明 (あき)らかになった。
높은 실업률에도 불구하고 구직자들은 여전히 중소기업보다는 대기업을 선호하고 있는 것이 드러났다.

10 ★★

□ **人手**(ひとで)

- 類 働(はたら)き手(て) 일손, 일꾼
- 人手(ひとで)が足(た)りない 일손이 모자라다

일손, 인력

中小企業(ちゅうしょうきぎょう)では人手(ひとで)不足解消(ぶそくかいしょう)のために、外国人(がいこくじん)を採用(さいよう)している。
중소기업에서는 인력부족 해소를 위해서 외국인을 채용하고 있다.

人手(ひとで)が足(た)りなくて、需要(じゅよう)に十分応(じゅうぶんおう)じられない。
일손이 모자라서 수요에 충분히 응할 수 없다.

11 ★★

□ **派遣社員**(はけんしゃいん)

- 非正規社員(ひせいきしゃいん) 비정규사원
- 契約社員(けいやくしゃいん) 계약사원

파견사원

パートや派遣社員(はけんしゃいん)などで働(はたら)く女性(じょせい)たちから、産休(さんきゅう)や育児休業(いくじきゅうぎょう)を求(もと)める動(うご)きが出(で)ていますね。
파트타임과 파견사원 등으로 일하는 여성들로부터 산휴와 육아휴직을 원하는 움직임이 나오고 있네요.

派遣先(はけんさき)で同(おな)じ仕事(しごと)を2年行(ねんおこな)った場合(ばあい)、その派遣社員(はけんしゃいん)を正社員(せいしゃいん)にしなければならない。
파견지에서 같은 일을 2년 했을 경우 그 파견사원을 정사원으로 해야 한다.

12 ★★

□ **入社**(にゅうしゃ)

- 反 退社(たいしゃ) 퇴사
- 入社試験(にゅうしゃしけん) 입사시험

입사

今回(こんかい)の入社試験(にゅうしゃしけん)には、おびただしい人数(にんずう)が集(あつ)まった。
이번 입사시험에는 엄청나게 많은 인원이 모였다.

この頃(ごろ)、入社(にゅうしゃ)して3ヵ月以内(げつついない)に会社(かいしゃ)を辞(や)めてしまう若者(わかもの)が多(おお)いそうだ。
요즘 입사해서 3개월 이내에 회사를 그만둬 버리는 젊은이가 많다고 한다.

13 ★★

面接(めんせつ)
- 履歴書(りれきしょ) 이력서
- 第一印象(だいいちいんしょう) 첫인상

면접

面接で上がってしまい、ろくに話せなかった。
면접에서 얼어 버려서 제대로 이야기할 수 없었다.

一問一答をしっかりシミュレーションして臨んだのに、実際の面接では全く想定外の質問が飛んできた。
일문일답을 확실히 시뮬레이션하고 임했는데 실제 면접에서는 전혀 예상 밖의 질문이 날아왔다.

📝 적중 포인트

형+동 根掘り葉掘り(ねほりはほり) 꼬치꼬치, 미주알고주알

14 ★★★

社会人(しゃかいじん)
- 責任(せきにん)を持(も)つ 책임을 지다
- 立(た)ち振(ふ)る舞(ま)い 행동거지
- 一人前(いちにんまえ) 제 몫을 함

사회인

就職が決まって、来月からいよいよ社会人になります。
취직이 결정되어서 다음 달부터 드디어 사회인이 됩니다.

息子に社会のために最善を尽くす、立派な社会人になってほしい。
아들이 사회를 위해서 최선을 다하는, 훌륭한 사회인이 되었으면 좋겠다.

15 ★★★

堪能(たんのう)
- 반 不堪(ふかん) 미숙함
- やり手(て) 수완가

뛰어남, 능란함

英語が堪能というので雇ったら、片言の挨拶もろくにできなかった。
영어가 뛰어나다고 해서 고용했더니 간단한 인사도 제대로 하지 못했다.

坂本課長は外国語が堪能であるばかりでなく、仕事熱心で人望がある。
사카모토 과장은 외국어가 뛰어날 뿐만 아니라 일을 열심히 해서 인망이 있다.

16 ★★

□ 資格(しかく)

- 資格(しかく)を取(と)る 자격을 따다
- 取得(しゅとく) 취득

자격

資格(しかく)がないということで、就職(しゅうしょく)に不利(ふり)になるのではないかと思(おも)うと、不安(ふあん)で夜(よる)も眠(ねむ)れません。
자격이 없다는 것 때문에 취직에 불리해지는 것은 아닐까 라고 생각하면 불안해서 밤에도 잘 수 없습니다.

何(なん)の目的(もくてき)もなく、周(まわ)りの雰囲気(ふんいき)に流(なが)されて資格(しかく)を取(と)っても、無駄(むだ)になることが多(おお)い。
아무런 목적도 없이 주위 분위기에 휩쓸려서 자격을 따도 쓸모없게 되는 경우가 많다.

17 ★★

□ 転職(てんしょく)

- ハローワーク 헬로 워크. (일본의) 공공 직업 안정소
- 副業(ふくぎょう) 부업

전직, 이직

全国(ぜんこく)で1年間(いちねんかん)に400万人(よんひゃくまんにん)の人(ひと)が転職(てんしょく)し、雇用市場(こようしじょう)の流動化(りゅうどうか)が進(すす)んでいる。
전국에서 1년 동안에 400만 명의 사람이 전직하여 고용시장의 유동화가 진행되고 있다.

仕事(しごと)があるだけでも幸(しあわ)せだと言(い)われる不景気(ふけいき)にもかかわらず、転職(てんしょく)に踏(ふ)み切(き)らざるを得(え)ない人(ひと)が増(ふ)えてきている。
일이 있는 것만으로도 행복하다고 하는 불경기임에도 불구하고 전직을 단행하지 않을 수 없는 사람이 늘고 있다.

18 ★★★

□ 気(き)に入(い)らない

- 반 気(き)に入(い)る 마음에 들다
- 虫(むし)が好(す)かない 어쩐지 마음에 들지 않다. 주는 것 없이 밉다

마음에 들지 않다

たとえ気(き)に入(い)らない相手(あいて)でも仕事(しごと)は仕事(しごと)として割(わ)り切(き)って臨(のぞ)むべきだ。
설사 마음에 들지 않는 상대라도 일은 일로서 딱 잘라 구별해서 임해야 한다.

📖 적중 포인트

칭+독 気(き)に食(く)わない 마음에 들지 않다

19 ★★

非常識 (ひじょうしき)
- 常識を欠く 상식이 결여되다
- 常識外れ 상식을 벗어남

몰상식

そんな非常識な態度を改めないと、周りに誰もいなくなるだろう。
그런 몰상식한 태도를 고치지 않으면 주위에 아무도 없게 될 것이다.

それは、大人として非常識極まりない行為だと思います。
그것은 어른으로서 몰상식하기 짝이 없는 행위라고 생각합니다.

20 ★★

人材 (じんざい)
- 人材育成 인재육성
- 才能 재능

인재

その企業は資金の面のみならず、人材の面でも競争力があると評価されている。
그 기업은 자금 면뿐만 아니라 인재 면에서도 경쟁력이 있다고 평가받고 있다.

2020年以降は団塊世代の定年退職者が集中するので、人材難が急速に進むと思う。
2020년 이후에는 단카이세대의 정년퇴직자가 집중하기 때문에 인재난이 급속히 진행될 것이라고 생각한다.

21 ★★★

上がる (あがる)
- 類 興奮する 흥분하다
- 上がり症 남 앞에서 극도로 긴장하기 쉬운 성질

얼다, 긴장하다

私はプレゼンのたびに上がってしまう。
나는 프레젠테이션할 때마다 얼어 버린다.

大胆な彼も時には過剰に上がってしまい、ミスをしてしまうことがある。
대담한 그도 때로는 지나치게 긴장해 버려서 실수를 하고 마는 경우가 있다.

22 ★★

□ 発揮(はっき)

- 見せ付ける 여봐란 듯이 보이다, 과시하다

발휘

この仕事は、自分の能力を最大限に発揮できて自由なことが魅力だ。
이 일은 자신의 능력을 최대한으로 발휘할 수 있고 자유로운 점이 매력이다.

リーダーシップを発揮できる人は、自分のことを客観的に知っており、人のこともきちんと理解している。
리더십을 발휘할 수 있는 사람은 자신을 객관적으로 알고 있고, 다른 사람도 제대로 이해하고 있다.

📝 적중 포인트

[청]+[독] 腕を振るう 솜씨를 발휘하다

23 ★★★

□ はきはき

- てきぱき 척척
- さっさと 지체 없이, 척척
- きびきび 활기찬, 발랄한

시원시원, 또렷또렷

はきはきした話し方は、面接官に好印象を与える。
시원시원한 말투는 면접관에게 좋은 인상을 준다.

面接では、はきはきとした態度で、面接官の質問にしっかり答えることが大切です。
면접에서는 시원시원한 태도로 면접관의 질문에 똑똑히 대답하는 것이 중요합니다.

24 ★★★

□ 脱(だつ)サラ

- 起業 기업, 새로 사업을 일으킴
- 独立 독립

탈샐러리맨(「脱(だつ)サラリーマン」의 준말)

脱サラへの願望は強いが、失敗を恐れてなかなか踏み出せない人が多い。
탈샐러리맨에 대한 원망은 강하지만 실패를 두려워해서 좀처럼 착수하지 못하는 사람이 많다.

高橋さん、今思えば5年前に脱サラしたのが、本当に正解でしたね。
다카하시 씨, 지금 생각하니 5년 전에 탈샐러리맨한 것이 정말로 정답이었네요.

Day 19 Check Up Test

★ 다음 단어의 뜻을 오른쪽에서 찾아 연결해 보세요.
- ❶ 面接 • • ⓐ 면접
- ❷ 堪能 • • ⓑ 뛰어남, 능란함
- ❸ 非常識 • • ⓒ 얼다, 긴장하다
- ❹ 雇用 • • ⓓ 몰상식
- ❺ 上がる • • ⓔ 고용

★ 공란에 들어갈 적절한 단어를 보기에서 골라 넣으세요.

ⓐ 入社	ⓑ 人材	ⓒ 資格
ⓓ 転職	ⓔ 発揮	ⓕ 人手
ⓖ はきはき	ⓗ 気に入らない	ⓘ 朝飯前

❻ 有能な彼なら、これくらいの仕事は＿＿＿＿だろう。
❼ 今の会社の業務が私に向かなくて＿＿＿＿を考えている。
❽ 彼女はいつもの通り、＿＿＿＿とした態度で面接に臨んだ。
❾ 自分の能力を十分に＿＿＿＿できる会社はそんなに多くない。
❿ あの会社に入社するために、＿＿＿＿試験に挑戦してみようと思っている。

정답 ❶ ⓐ ❷ ⓑ ❸ ⓓ ❹ ⓔ ❺ ⓒ ❻ ⓘ ❼ ⓓ ❽ ⓖ ❾ ⓔ ❿ ⓒ

+ 최신기출 기본 어휘

취업빙하기, 정말 일하고 싶다 〔취업·고용〕

청해

★ 安定(あんてい)	안정
★ 形態(けいたい)	형태
★ 採用(さいよう)	채용
★ 職場(しょくば)	직장
★ 職種(しょくしゅ)	직종
★ 知識(ちしき)	지식
★ 技能(ぎのう)	기능
★ マナー	매너
★ 短期間(たんきかん)	단기간
★ 体験談(たいけんだん)	체험담
★ 無料(むりょう)	무료
★ 要件(ようけん)	요건
★ 能力(のうりょく)	능력
★ 向上(こうじょう)	향상
★ 活用(かつよう)	활용
★ 作成(さくせい)	작성
★ 応募(おうぼ)	응모
★ 実習(じっしゅう)	실습
★ 学歴(がくれき)	학력
★ 分野(ぶんや)	분야

독해

★ 正社員(せいしゃいん)	정사원
★ 再就職(さいしゅうしょく)	재취업
★ 年収(ねんしゅう)	연수, 연간수입
★ 年功序列(ねんこうじょれつ)	연공서열
★ 筆記試験(ひっきしけん)	필기시험
★ 求人情報(きゅうじんじょうほう)	구인정보
★ 個人面接(こじんめんせつ)	개인면접
★ 集団面接(しゅうだんめんせつ)	집단면접
★ 生(う)み出(だ)す	새롭게 만들어 내다
★ ～に向(む)く	～에 적합하다, ～에 어울리다
★ 目的(もくてき)	목적
★ 状況(じょうきょう)	상황
★ 設置(せっち)	설치
★ 運営(うんえい)	운영
★ 満(み)たす	채우다, 충족시키다
★ 優良企業(ゆうりょうきぎょう)	우량기업
★ 目指(めざ)す	목표로 하다
★ 面接会場(めんせつかいじょう)	면접회장

+ 최신기출 고득점 어휘

취업빙하기, 정말 일하고 싶다 (취업·고용)

청해

- ★ 特色(とくしょく) 특색
- ★ 魅力(みりょく) 매력
- 選考(せんこう) 전형
- ★ 実務(じつむ) 실무
- 報酬(ほうしゅう) 보수
- 啓発(けいはつ) 계발
- ★ 創出(そうしゅつ) 창출
- ★ 確保(かくほ) 확보
- ★ 主導(しゅどう) 주도
- ★ 均衡(きんこう) 균형

- ★ 接客(せっきゃく) 접객
- 展望(てんぼう) 전망
- 助成(じょせい) 조성
- ★ 資産(しさん) 자산
- 信条(しんじょう) 신조, 신념
- ★ 言動(げんどう) 언동
- ★ 選抜(せんばつ) 선발
- ★ 有力(ゆうりょく) 유력
- ★ 難問(なんもん) 난문, 난문제
- ★ 指針(ししん) 지침

독해

- 低水準(ていすいじゅん) 저수준
- 不安定(ふあんてい) 불안정
- 一般職(いっぱんしょく) 일반직
- 総合職(そうごうしょく) 종합직
- 産業界(さんぎょうかい) 산업계
- 従業員(じゅうぎょういん) 종업원
- ★ 活性化(かっせいか) 활성화
- ★ 職務経歴書(しょくむけいれきしょ) 직무경력서
- ★ 雇用契約書(こようけいやくしょ) 고용계약서
- ★ 極(きわ)まりない ~하기 짝이 없다

- 姿勢(しせい) 자세
- 信頼(しんらい) 신뢰
- ★ 不問(ふもん) 불문
- 好印象(こういんしょう) 좋은 인상
- ★ 推薦状(すいせんじょう) 추천장
- ★ 経営陣(けいえいじん) 경영진
- ★ 事業主(じぎょうぬし) 사업주
- ★ 面(めん)と向(む)かう 맞대면하다
- ★ 経験(けいけん)を積(つ)む 경험을 쌓다

Day 20

도로 · 교통

길을 건널 때는 파란신호에!

저녁 뉴스에서 **横断歩道**를 **赤信号**에 **横切る**하던 보행자가 **向かい側**에서 달려오던 트럭에 **ひかれる**해서 사망한 사건이 나왔다. 참으로 **痛ましい**하지 않을 수 없다. 직접적인 사고원인은 트럭운전사의 **居眠り運転**으로 밝혀졌다. 물론 **道路**에서 제대로 **注意を払う**하지 않았던 운전사의 잘못이 제일 큰 것은 맞지만 **横断歩道**로 신호를 지키지 않고 **左右**도 잘 살피지 않았던 보행자에게도 문제가 있었다고 생각한다. 요즘 **踏み切り**에서의 **衝突**사고나 야간의 교통사고가 많다고 하니 **自転車**를 타고 **通学**하는 아들에게도 주의를 시켜야겠다.

JPT 최신기출 어휘 베스트 14

- 横断歩道(おうだんほどう) 횡단보도
- 赤信号(あかしんごう) (신호등의) 빨간신호
- 横切る(よこぎる) 가로지르다, 횡단하다
- 向かい側(むかいがわ) 맞은편
- ひかれる 치이다
- 痛ましい(いたましい) 애처롭다, 가엾다, 참혹하다
- 居眠り運転(いねむりうんてん) 졸음운전
- 道路(どうろ) 도로, 길
- 注意を払う(ちゅういをはらう) 주의를 기울이다
- 左右(さゆう) 좌우
- 踏み切り(ふみきり) (철도의) 건널목
- 衝突(しょうとつ) 충돌
- 自転車(じてんしゃ) 자전거
- 通学(つうがく) 통학

01 ★★

横断歩道 (おうだんほどう)

- 車道(しゃどう) 차도
- 信号無視(しんごうむし) 신호무시

횡단보도

横断歩道で子供の安全のために、交通整理をしています。
횡단보도에서 어린이의 안전을 위해서 교통정리를 하고 있습니다.

信号のない横断歩道でも、一応、法律上では歩行者の方が優先です。
신호가 없는 횡단보도라도 일단 법률상으로는 보행자 쪽이 우선입니다.

📝 적중 포인트

> 類 横断歩道を渡る 횡단보도를 건너다

02 ★★

赤信号 (あかしんごう)

- 反 青信号(あおしんごう) (신호등의) 파란신호
- 合図(あいず) 신호(=サイン)

(신호등의) 빨간신호

赤信号の時は、道を渡ってはいけません。
빨간신호일 때는 길을 건너서는 안 됩니다.

ここ数年、赤信号を無視して道を渡る歩行者の数が増えてきたそうだ。
요 몇 년 빨간신호를 무시하고 길을 건너는 보행자가 늘어났다고 한다.

03 ★★★

横切る (よこぎる)

- 類 横断する 횡단하다
- 通り過ぎる (어느 장소를) 지나가다

가로지르다, 횡단하다

横断歩道のない道路を、数人の人が横切っています。
횡단보도가 없는 도로를 몇 명의 사람이 횡단하고 있습니다.

信号は赤だったが、車も来ていなかったので、道路を横切って行ったら追いかけてきた先生に怒られた。
신호는 빨강이었지만 차도 오고 있지 않기 때문에 도로를 횡단해 갔더니 쫓아 온 선생님께 혼났다.

04 ★★

☐ **向かい側** (むかいがわ)

- 圓 向こう側(むこうがわ) 맞은편
- 反対側(はんたいがわ) 반대측

맞은편

タクシー乗(の)り場(ば)は、道路(どうろ)の向(む)かい側(がわ)にあります。
택시 승차장은 도로 건너편에 있습니다.

ちょっと停車(ていしゃ)しているだけなのに、道路(どうろ)の向(む)かい側(がわ)の住人(じゅうにん)から迷惑駐車(めいわくちゅうしゃ)だと文句(もんく)を言(い)われた。
잠시 정차하고 있는 것뿐인데도 도로 맞은편의 주민으로부터 폐가 되는 주차라고 불평을 들었다.

05 ★★

☐ **ひかれる**

- ひき逃(に)げ (자동차 등이) 뺑소니침
- ひき逃(に)げ犯(はん) 뺑소니범

치이다

今朝(けさ)、家(いえ)の前(まえ)の交差点(こうさてん)で信号待(しんごうま)ちの男性(だんせい)が車(くるま)にひかれる事故(じこ)があった。
오늘 아침 집 앞의 교차로에서 신호를 기다리고 있던 남성이 차에 치이는 사고가 있었다.

彼(かれ)は危(あや)うくバスにひかれるところだった。
그는 하마터면 버스에 치일 뻔했다.

06 ★★

☐ **痛ましい** (いたましい)

- 惨(むご)い 비참하다, 애처롭다
- かわいそう 불쌍함, 가엾음

애처롭다, 가엾다, 참혹하다

昨日(きのう)、踏(ふ)み切(き)りで2人(ふたり)が死亡(しぼう)する痛(いた)ましい事故(じこ)があった。
어제 건널목에서 2명이 사망하는 참혹한 사고가 있었다.

札幌(さっぽろ)では、土曜日(どようび)からの猛吹雪(もうふぶき)で痛(いた)ましい玉突(たまつ)き追突事故(ついとつじこ)が起(お)きたそうだ。
삿포로에서는 토요일부터의 심한 눈보라로 참혹한 연쇄추돌사고가 일어났다고 한다.

07 ★★★

居眠り運転

- 過労運転 과로운전
- 飲酒運転 음주운전(=酒気帯び運転)

졸음운전

つい居眠り運転をして、前の車にぶつかってしまった。
그만 졸음운전을 해서 앞차에 부딪치고 말았다.

居眠り運転の主な原因は、疲労と睡眠不足だという。
졸음운전의 주된 원인은 피로와 수면부족이라고 한다.

📝 **적중 포인트**

[청] 仮眠を取る 선잠을 자다

---

08 ★★★

道路

- 高速道路 고속도로
- 路上 노상, 길가

도로, 길

この道路は自転車専用道路で、車は進入できません。
이 도로는 자전거 전용도로로 차는 진입할 수 없습니다.

昨日は3連休の初日で、高速道路はどこも大渋滞だったそうだよ。
어제는 사흘 연휴의 첫날로 고속도로는 어디나 심한 정체였대.

---

09 ★★

注意を払う

- 注意を怠る 주의를 게을리 하다 (=注意を欠く)
- 注意を呼び掛ける 주의를 호소하다
- 注意を引く 주의를 끌다

주의를 기울이다

運転手が常に歩行者に注意を払っているとは限らない。
운전사가 항상 보행자에게 주의를 기울이고 있다고 할 수는 없다.

運転する者は、最大限の注意を払って安全運転を実践しなければならない。
운전하는 사람은 최대한의 주의를 기울여서 안전운전을 실천해야 한다.

10 ★★

□ **左右**(さゆう)

- 前方(ぜんぽう) 전방(↔後方(こうほう))
- 前後(ぜんご) 전후

좌우

道(みち)を渡(わた)る時(とき)は、左右(さゆう)をよく確認(かくにん)してから渡(わた)りましょう。
길을 건널 때는 좌우를 잘 확인한 후에 건넙시다.

信号(しんごう)が青(あお)に変(か)わっても、車(くるま)が来(き)ていないか左右(さゆう)を確認(かくにん)してから渡(わた)りましょう。
신호가 파랑으로 바뀌어도 차가 오고 있지 않은지 좌우를 확인한 후에 건넙시다.

11 ★★

□ **踏(ふ)み切(き)り**

- 遮断機(しゃだんき) 차단기
- 線路(せんろ) 선로

(철도의) 건널목

遮断機(しゃだんき)が上(あ)がって、踏(ふ)み切(き)りを渡(わた)っている人(ひと)がいます。
차단기가 올라가서 건널목을 건너고 있는 사람이 있습니다.

警視庁(けいしちょう)によると、9日(ここのか)午後(ごご)7時(しち)頃(ごろ)、東京(とうきょう)のJR(ジェーアール)常磐線(じょうばんせん)の踏(ふ)み切(き)りで、上(のぼ)り列車(れっしゃ)と自転車(じてんしゃ)が衝突(しょうとつ)したという。
경시청에 의하면 9일 오후 7시경 도쿄 JR 조반선 건널목에서 상행열차와 자전거가 충돌했다고 한다.

12 ★★

□ **衝突**(しょうとつ)

- 正面衝突(しょうめんしょうとつ) 정면충돌
- 追突(ついとつ) 추돌
- 玉突(たまつ)き追突(ついとつ) 연쇄추돌

충돌

ゆうべ11時(じゅういちじ)頃(ごろ)、ダンプトラックと乗用車(じょうようしゃ)が衝突(しょうとつ)する事故(じこ)があり、3人(さんにん)が重傷(じゅうしょう)を負(お)いました。
어젯밤 11시경 덤프트럭과 승용차가 충돌하는 사고가 있어 3명이 중상을 입었습니다.

高齢(こうれい)ドライバーが安全(あんぜん)の確認(かくにん)を怠(おこた)り、交差点(こうさてん)を進行(しんこう)したため、バイクと衝突(しょうとつ)する事故(じこ)が発生(はっせい)しました。
고령 운전자가 안전 확인을 게을리 하고 교차로를 진행했기 때문에 오토바이와 충돌하는 사고가 발생했습니다.

13 ★★★

□ **自転車** (じてんしゃ)
- 駐輪場(ちゅうりんじょう) 주륜장, 자전거를 세워 두는 곳
- 折り畳み自転車(おりたたみじてんしゃ) 접이식 자전거

자전거

いつも自転車(じてんしゃ)に乗(の)って、会社(かいしゃ)に行(い)きます。
늘 자전거를 타고 회사에 갑니다.

自転車(じてんしゃ)で走行(そうこう)していた時(とき)、曲(ま)がり角(かど)で歩行者(ほこうしゃ)とぶつかりそうになって、はっとした。
자전거로 주행하고 있을 때 길모퉁이에서 보행자와 부딪칠 뻔해서 흠칫했다.

📝 적중 포인트

[청] 自転車(じてんしゃ)を漕(こ)ぐ 자전거 페달을 밟다, 자전거를 타다

14 ★★★

□ **通学** (つうがく)
- 登校(とうこう) 등교(↔下校(げこう))
- 通勤(つうきん) 통근

통학

さっきのニュースによると、通学(つうがく)中(ちゅう)の小学生(しょうがくせい)の列(れつ)に車(くるま)で突(つ)っ込(こ)むという事故(じこ)があったそうだ。
조금 전 뉴스에 의하면 통학 중인 초등학생의 행렬에 차로 들이박는 사고가 있었다고 한다.

最近(さいきん)、折(お)り畳(たた)み式(しき)の自転車(じてんしゃ)が売(う)れている。これはＪＲ東日本(ジェーアールひがしにほん)と自転車(じてんしゃ)メーカーが通勤(つうきん)・通学者(つうがくしゃ)向(む)けに共同開発(きょうどうかいはつ)したものだ。
최근 접이식 자전거가 잘 팔리고 있다. 이것은 JR히가시니혼과 자전거 제조회사가 통근·통학자용으로 공동 개발한 것이다.

15 ★★

□ **突き当たり** (つきあたり)
- 圏 行き当たり(いきあたり) 막다른 곳
- 一方通行(いっぽうつうこう) 일방통행

막다른 곳

コンビニは、突(つ)き当(あ)たりを左(ひだり)に曲(ま)がったところです。
편의점은 막다른 곳을 왼쪽으로 돈 곳이에요.

この道(みち)は袋小路(ふくろこうじ)になっていて、突(つ)き当(あ)たりには高層(こうそう)ビルが建(た)っています。
이 길은 막다른 골목으로 되어 있어서 막다른 곳에는 고층 빌딩이 서 있습니다.

16 ★★★

駐車場
ちゅうしゃじょう

주차장

- 圏 パーキングエリア 주차장
- 満車(まんしゃ) 만차(↔空車(くうしゃ))
- 違法駐車(いほうちゅうしゃ) 위법주차

주차장

ここは駐車場の入口ですから、車を止めないでください。
여기는 주차장 입구니까 차를 세우지 말아 주세요.

駅の近くの駐車場に車を止めて電車を利用すれば、渋滞の緩和だけではなく、大気汚染の軽減も可能になる。
역 근처의 주차장에 차를 세우고 전철을 이용하면 정체 완화뿐만 아니라 대기오염 경감도 가능해진다.

17 ★★★

渋滞
じゅうたい

정체

- ラッシュアワー 러시아워
- 巻(ま)き込(こ)む 말려들게 하다. 휩쓸리게 하다
- 立(た)ち往生(おうじょう) (꽉 막혀) 오도 가도 못함

정체

高速道路は、帰省の車で50キロの渋滞だそうだ。
고속도로는 귀성차량으로 50km의 정체라고 한다.

いつもよりも早く出発したのに、渋滞に巻き込まれて到着まで4時間半もかかってしまった。
평소보다도 일찍 출발했는데도 정체에 말려들어서 도착까지 4시간 반이나 걸려 버렸다.

📋 **적중 포인트**

圏 ごった返(がえ)す 몹시 혼잡하다. 붐비다

18 ★★

大通り
おおどおり

대로, 큰길

- 圏 表通(おもてどお)り 큰길(↔裏通(うらどお)り)
- 路地(ろじ) 골목길(=小道(こみち))
- 歩行者天国(ほこうしゃてんごく) 보행자천국(=ホコ天(てん))

대로, 큰길

ここは大通りで、車の往来が激しい道です。
이곳은 대로로 차의 왕래가 심한 길입니다.

あの大通りを右に曲がって、100メートルぐらい行った所に日比谷線の駅がありますよ。
저 큰길을 오른쪽으로 돌아서 100m쯤 간 곳에 히비야선 역이 있어요.

19 ★★★

改札口 (かいさつぐち)

- 乗車券 (じょうしゃけん) 승차권
- 定期券 (ていきけん) 정기권

개찰구

駅の改札口には、人々の長い列ができています。
역 개찰구에는 사람들의 긴 줄이 생겨 있습니다.

明後日12時に、駅の中央改札口の前で待ち合わせしましょう。
모레 12시에 역 중앙 개찰구 앞에서 만나기로 합시다.

20 ★★

乗り場 (のりば)

- 乗り込む (のりこむ) 올라타다
- 乗り降り (のりおり) 타고 내림
- 下車 (げしゃ) 하차

승차장

バス乗り場に、バスが一台止まっています。
버스 승차장에 버스가 한 대 서 있습니다.

友達とは、新宿駅の西口にあるタクシー乗り場で待ち合わせすることにした。
친구와는 신주쿠역 서쪽 출구에 있는 택시 승차장에서 만나기로 했다.

21 ★★

遅延 (ちえん)

- 遅延証明書 (ちえんしょうめいしょ) 지연증명서
- 遅滞 (ちたい) 지체

지연

電車の遅延という不可抗力により、会社に遅刻してしまった。
전철의 지연이라는 불가항력에 의해 회사에 지각하고 말았다.

大雨のため、飛行機は出発が3時間も遅延された。
호우 때문에 비행기는 출발이 3시간이나 지연되었다.

22 ★★

□ **歩道橋**(ほどうきょう)

- 類 陸橋(りっきょう) 육교
- 高架(こうか) 고가

육교

日本政府(にほんせいふ)は「街中(まちじゅう)の障害物(しょうがいぶつ)を無(な)くすための法律(ほうりつ)」を制定(せいてい)した。歩道(ほどう)と車道(しゃどう)の段差(だんさ)を無(な)くすことや、すべての駅(えき)にエレベーターを2基以上設置(きいじょうせっち)することを義務付(ぎむづ)け、歩道橋(ほどうきょう)の全廃(ぜんぱい)も盛(も)り込(こ)んだ。

일본 정부는 '온 거리의 장애물을 없애기 위한 법률'을 제정했다. 보도와 차도의 높낮이 차를 없애는 것과 모든 역에 엘리베이터를 2기 이상 설치하는 것을 의무화하고 육교의 전폐도 포함시켰다.

23 ★★

□ **処分**(しょぶん)

- 処分(しょぶん)を下(くだ)す 처분을 내리다
- 免許停止(めんきょていし) 면허정지

처분

違法駐車(いほうちゅうしゃ)は、行政処分(ぎょうせいしょぶん)の対象(たいしょう)となる。

위법주차는 행정처분의 대상이 된다.

交通事故(こうつうじこ)を起(お)こした場合(ばあい)は、運転免許(うんてんめんきょ)の効力(こうりょく)の停止(ていし)や取(と)り消(け)しなどの、行政処分(ぎょうせいしょぶん)を受(う)けることになる。

교통사고를 일으킨 경우에는 운전면허의 효력정지나 취소 등의 행정처분을 받게 된다.

24 ★★★

□ **タクシーを拾(ひろ)う**

- 呼(よ)び止(と)める 불러 세우다
- 空車(くうしゃ) 빈차(↔満車(まんしゃ))

택시를 잡다

雨(あめ)の日(ひ)は、なかなかタクシーが拾(ひろ)えない。

비가 오는 날은 좀처럼 택시를 잡을 수 없다.

バスで行(い)けば間(ま)に合(あ)わないと思(おも)うから、タクシーを拾(ひろ)って行(い)きましょう。

버스로 가면 시간에 늦을 것 같으니까 택시를 잡아서 갑시다.

📋 적중 포인트

> 誤 タクシーが捕(つか)まらない 택시가 잡히지 않다

Day 20 Check Up Test

★ 다음 단어의 뜻을 오른쪽에서 찾아 연결해 보세요.

❶ 注意を払う　　•　　　　　•　ⓐ 대로, 큰길

❷ 大通り　　　•　　　　　•　ⓑ 주의를 기울이다

❸ 通学　　　　•　　　　　•　ⓒ 육교

❹ 歩道橋　　　•　　　　　•　ⓓ 통학

❺ 遅延　　　　•　　　　　•　ⓔ 지연

★ 공란에 들어갈 적절한 단어를 보기에서 골라 넣으세요.

ⓐ 突き当たり　　ⓑ 改札口　　ⓒ 痛ましい
ⓓ 横切る　　　　ⓔ 渋滞　　　ⓕ 駐車場
ⓖ 横断歩道　　　ⓗ 向かい側　ⓘ 居眠り運転

❻ 大雪の時は、地下にある_____に車を止めてある。

❼ 小さい頃に_____を渡る時、手を上げて渡るようにと教わった。

❽ 高速道路の_____は、一度巻き込まれるとなかなか出ることができない。

❾ 飲酒運転の危険性と、_____の危険性は変わらないというデータがある。

❿ 昨日、登校中の子供たちの列に、車が突っ込んで子供が亡くなる_____事故があった。

정답 ❶ ⓑ　❷ ⓐ　❸ ⓓ　❹ ⓒ　❺ ⓔ　❻ ⓕ　❼ ⓖ　❽ ⓔ　❾ ⓘ　❿ ⓒ

✦ 최신기출 기본 어휘

> 길을 건널 때는 파란신호에! 〔도로·교통〕

청해

- ★ 車庫 차고
- ★ 駅員 역무원
- ★ 搭乗 탑승
- 離陸 이륙
- 着陸 착륙
- ★ 始発 첫차
- ガレージ 차고
- 旅客機 여객기
- 搭乗口 탑승구
- ★ 普通 보통

- 空く 비다
- 駅前 역 앞
- 新幹線 신칸센
- 乗用車 승용차
- 直進 직진
- 後進 후진
- トラック 트럭
- 右折 우회전
- 左折 좌회전
- 遊覧船 유람선

독해

- 旅客船 여객선
- 滑走路 활주로
- ★ 発車 발차
- ★ 発売中止 발매중지
- ★ 進入禁止 진입금지
- ★ 通行止め 통행금지
- ★ 前向き駐車 정면주차
- ★ 後ろ向き駐車 후면주차
- ★ 自動発売機 자동발매기
- ★ 込み合う 붐비다, 혼잡하다

- 清掃車 청소차
- 繁華街 번화가
- 酔う (탈것에) 멀미하다
- 時刻表 시각표
- 特急券 특급열차 승차권
- アーケード 아케이드
- 指定券 지정석 승차권
- ガードレール 가드레일
- 険しい 험하다, 가파르다
- 中央分離帯 중앙분리대

+ 최신기출 고득점 어휘

길을 건널 때는 파란신호에! 도로·교통

청해

★ 角(かど) 모퉁이	★ 大型(おおがた) 대형
★ 坂(さか) 비탈길	★ 小型(こがた) 소형
★ 運賃(うんちん) 운임	★ 国鉄(こくてつ) 국철
★ 路辺(ろへん) 노변, 길가	★ 私鉄(してつ) 사철
★ 洗車(せんしゃ) 세차	★ 快速(かいそく) 쾌속
斜面(しゃめん) 경사면	塞(ふさ)がる 막히다
道端(みちばた) 길가	★ 精算(せいさん) 정산
★ 空(から)っぽ (속이) 텅 빔	乗客(じょうきゃく) 승객
★ 消防車(しょうぼうしゃ) 소방차	★ 漁船(ぎょせん) 어선
★ 救急車(きゅうきゅうしゃ) 구급차	船舶(せんぱく) 선박

독해

貨物船(かもつせん) 화물선	パトカー 경찰차
★ 波止場(はとば) 부두, 선창	★ 取(と)り締(し)まり 단속
路線図(ろせんず) 노선도	船着(ふなつ)き場(ば) 선착장
★ うねうね 구불구불	センターライン 중앙선
厳正(げんせい) 엄정	月極(つきぎ)め駐車場(ちゅうしゃじょう) 월정액 주차장
上(のぼ)り坂(ざか) 오르막길	★ 乗(の)り換(か)える 갈아타다
下(くだ)り坂(ざか) 내리막길	★ 乗(の)り越(こ)す 내릴 곳을 지나치다
★ 割(わ)り増(ま)し 할증	がらがら 텅텅 빔
★ ハンドルを切(き)る 핸들을 꺾다	
★ ブレーキを踏(ふ)む 브레이크를 밟다	

Day 21

건강·질병

건강관리 철저,
난 소중하니까!

季節の変わり目 탓인지 영 体調가 좋지 않고 항상 だるい하다. 이럴 때일수록 건강관리에 気を使う해야 하는데 일이 많아서 ストレス가 쌓이다 보니 건강은 항상 疎か하고 만다. 평소 風邪에도 잘 안 걸리고 병원에 入院한 적도 없을 정도로 丈夫했는데 이제는 体力가 예전 같지 않다는 것을 느낀다. 病気를 予防하기 위해서는 잘 먹고 푹 쉬어야 하는데 생각처럼 되지 않는다. 게다가 요즘 鳥インフルエンザ도 유행하고 있다고 하니 개인 衛生에도 더욱 신경을 써야겠다. 왜냐고? 난 소중하니까!

JPT 최신기출 어휘 베스트 14

- □ 季節の変わり目(きせつのかわりめ) 환절기
- □ 体調(たいちょう) 몸 상태, 컨디션
- □ だるい 나른하다
- □ 気(き)を使(つか)う 신경을 쓰다
- □ ストレス 스트레스
- □ 疎(おろそ)か 소홀함, 등한함
- □ 風邪(かぜ) 감기
- □ 入院(にゅういん) 입원
- □ 丈夫(じょうぶ) 건강함, 튼튼함
- □ 体力(たいりょく) 체력
- □ 病気(びょうき) 병, 질병
- □ 予防(よぼう) 예방
- □ 鳥(とり)インフルエンザ 조류독감
- □ 衛生(えいせい) 위생

01 ★★

□ 季節の変わり目 (きせつのかわりめ)

- 風邪を引く (かぜをひく) 감기에 걸리다
- 体調を崩す (たいちょうをくずす) 몸 상태가 나빠지다

환절기

季節の変わり目には、風邪を引きやすいものだ。
환절기에는 감기에 걸리기 쉬운 법이다.

季節の変わり目には、体調を崩しやすいですよね。
환절기에는 몸 상태가 나빠지기 쉽죠.

02 ★★

□ 体調 (たいちょう)

- 통 コンディション 컨디션
- 体調を整える (たいちょうをととのえる) 컨디션을 조절하다
- 体調不調 (たいちょうふちょう) 컨디션이 좋지 않음

몸 상태, 컨디션

体調がよくなるように、毎朝運動をしています。
몸 상태가 좋아지도록 매일 운동을 하고 있습니다.

体調を崩した時はどうしたらいいか、教えていただけますか。
몸 상태가 나빠졌을 때는 어떻게 하면 좋을지 가르쳐 주시겠어요?

📝 적중 포인트

> 통 具合が悪い (ぐあいがわるい) 건강상태가 좋지 않다

03 ★★

□ だるい

- 통 けだるい 어쩐지 나른하다
- 疲れが取れない (つかれがとれない) 피로가 풀리지 않다

나른하다

最近、何となく体がだるくて朝なかなか起きられない。
요즘 왠지 몸이 나른해서 아침에 좀처럼 일어날 수 없다.

残業続きのせいか、今日はずっと体がだるいです。
계속된 잔업 탓인지 오늘은 계속 몸이 나른합니다.

04 ★★★

気を使う

- 注意する 주의하다, 조심하다

신경을 쓰다

寒い日が続いているので、体調管理に気を使った方がいいです。
추운 날이 이어지고 있으므로 컨디션관리에 신경을 쓰는 편이 좋습니다.

最近、めっきり体力が落ちて、健康管理に気を使うべきだと思っている。
최근 부쩍 체력이 떨어져서 건강관리에 신경을 써야 한다고 생각하고 있다.

05 ★★★

ストレス

- ストレスがたまる 스트레스가 쌓이다
- ストレス解消 스트레스 해소

스트레스

ストレスは「万病の元」と言われています。
스트레스는 '만병의 근원'이라고 합니다.

ストレスがたまった時は、どうやって解消しますか。
스트레스가 쌓였을 때는 어떻게 해소해요?

📝 **적중 포인트**

图 ストレスに苛まれる 스트레스에 시달리다

06 ★★★

疎か

- 图 なおざり 소홀, 등한
- 通り一遍 형식적임, 피상적임

소홀함, 등한함

ダイエットをする時は、栄養のバランスを疎かにしてはいけない。
다이어트를 할 때는 영양의 균형을 소홀히 해서는 안 된다.

病気の治療にばかり気を取られ、栄養を疎かにしていると、病気が治らない。
병 치료에만 마음을 빼앗겨 영양을 소홀히 하면 병이 낫지 않는다.

07 ★★★

風邪(かぜ)

- 風邪(かぜ)をこじらす 감기를 악화시키다
- くしゃみ 재채기
- 寒気(さむけ) 한기, 오한

감기

今(いま)風邪(かぜ)が流行(はや)っていますので、気(き)を付(つ)けてください。
지금 감기가 유행하고 있으니까 조심하세요.

今度(こんど)の風邪(かぜ)はしつこくて、薬(くすり)を飲(の)んでもなかなか治(なお)らない。
이번 감기는 끈질겨서 약을 먹어도 좀처럼 낫지 않는다.

📝 **적중 포인트**

명+명 風邪気味(かぜぎみ) 감기 기운

08 ★★★

入院(にゅういん)

- 退院(たいいん) 퇴원
- 快気祝(かいきいわ)い 쾌유 축하
- お見舞(みま)い 병문안, 문병

입원

入院(にゅういん)している父(ちち)のことが心配(しんぱい)で気(き)が重(おも)い。
입원하고 있는 아버지가 걱정스러워 마음이 무겁다.

祖母(そぼ)は約(やく)1年(いちねん)ぐらい前(まえ)から、長期療養型(ちょうきりょうようがた)の病院(びょういん)に入院(にゅういん)しています。
할머니는 약 1년쯤 전부터 장기요양형 병원에 입원해 있습니다.

09 ★★★

丈夫(じょうぶ)

- 頑丈(がんじょう) 튼튼함
- 壮健(そうけん) 장건, 건강함
- 達者(たっしゃ) 건강함

건강함, 튼튼함

いくら丈夫(じょうぶ)でも、体(からだ)に気(き)を付(つ)けた方(ほう)がいいですね。
아무리 튼튼해도 건강에 주의하는 편이 좋겠죠.

最近(さいきん)、「医師(いし)も実践(じっせん)している、子供(こども)が丈夫(じょうぶ)になる食事(しょくじ)」という本(ほん)が話題(わだい)になっているそうだ。
최근 '의사도 실천하고 있는, 아이가 튼튼해지는 식사'라는 책이 화제가 되고 있다고 한다.

10 ★★

☐ **体力** (たいりょく)

- 体力が衰える 체력이 쇠약해지다
- 基礎体力 기초체력

체력

体力を維持するためには、適度な運動を続けることが何よりも大事だ。
체력을 유지하기 위해서는 적당한 운동을 계속하는 것이 무엇보다도 중요하다.

この本には、家の中で簡単に体力を付ける方法について書いてある。
이 책에는 집 안에서 간단히 체력을 기르는 방법에 대해서 쓰여 있다.

11 ★★★

☐ **病気** (びょうき)

- 病 병
- 疾病 질병
- 不治の病 불치병
- 難治の病 난치병(=難病)

병, 질병

タバコは、肺がんなどの病気の原因になって、本当に体によくないです。
담배는 폐암 등의 병의 원인이 되어서 정말로 몸에 좋지 않습니다.

高血圧をそのまま放っておくと、後で重い病気を招きかねない。
고혈압을 그대로 방치해 두면 나중에 중병을 초래할지도 모른다.

12 ★★

☐ **予防** (よぼう)

- 防ぐ (재해 등을) 막다, 예방하다
- 予防接種 예방접종

예방

手洗いは、呼吸器疾患の予防に必須です。
손 씻기는 호흡기 질환 예방에 필수적입니다.

生活習慣病を予防するためには、正しい生活習慣を身に付けることが大切です。
생활습관병을 예방하기 위해서는 올바른 생활습관을 몸에 익히는 것이 중요합니다.

13 ★★

□ 鳥(とり)インフルエンザ

- 新型(しんがた)インフルエンザ 신종독감
- 猛威(もうい)を振(ふ)るう 맹위를 떨치다

조류독감(줄여서「鳥(とり)インフル」라고도 함)

全国各地(ぜんこくかくち)で、高病原性(こうびょうげんせい)鳥(とり)インフルエンザが猛威(もうい)を振(ふ)るっている。
전국 각지에서 고병원성 조류독감이 맹위를 떨치고 있다.

今回見(こんかいみ)つかった鳥(とり)インフルエンザは、今(いま)まで人(ひと)に感染(かんせん)することが知(し)られていなかったウイルスの感染症(かんせんしょう)です。
이번에 발견된 조류독감은 지금까지 사람에게 감염되는 것이 알려져 있지 않았던 바이러스 감염증입니다.

14 ★★

□ 衛生(えいせい)

- 不衛生(ふえいせい) 비위생
- 食中毒(しょくちゅうどく) 식중독

위생

学校給食(がっこうきゅうしょく)は食材(しょくざい)の検収(けんしゅう)と保管(ほかん)、調理(ちょうり)の前後(ぜんご)の衛生(えいせい)管理(かんり)などが徹底(てってい)されなければならない。
학교 급식은 식재료의 검수와 보관, 조리 전후의 위생관리 등이 철저히 되지 않으면 안 된다.

世界保健機関(せかいほけんきかん)(WHO(ダブリューエッチオー))は、世界人類(せかいじんるい)の保健(ほけん)と衛生(えいせい)を担当(たんとう)する国連(こくれん)の専門機関(せんもんきかん)である。
세계보건기구(WHO)는 세계 인류의 보건과 위생을 담당하는 유엔의 전문기관이다.

15 ★★

□ 免疫力(めんえきりょく)

- 免疫力(めんえきりょく)を高(たか)める 면역력을 높이다
- ワクチン 백신

면역력

野菜(やさい)には、免疫力(めんえきりょく)を高(たか)める成分(せいぶん)がたくさん含(ふく)まれている。
채소에는 면역력을 높이는 성분이 많이 포함되어 있다.

風邪(かぜ)やインフルエンザ、ノロウイルスなどの感染症(かんせんしょう)は免疫力(めんえきりょく)が低(ひく)い子供(こども)と高齢者(こうれいしゃ)がかかりやすい病気(びょうき)です。
감기나 독감, 노로바이러스 등의 감염증은 면역력이 낮은 어린이와 고령자가 걸리기 쉬운 병입니다.

16 ★★★

□ **生活習慣病**（せいかつしゅうかんびょう）

- 成人病（せいじんびょう） 성인병
- 高血圧（こうけつあつ） 고혈압

생활습관병, 성인병

生活習慣病は、不健全な習慣やストレスが原因で起こります。
생활습관병은 불건전한 습관이나 스트레스가 원인으로 발생합니다.

生活習慣病は、本来は大人の病気だ。しかし、最近生活習慣病になる子供が少なくない。
생활습관병은 본래 어른의 병이다. 그러나 최근 생활습관병에 걸리는 어린이가 적지 않다.

17 ★★★

□ **注射**（ちゅうしゃ）

- 注射（ちゅうしゃ）を打ってもらう 주사를 맞다
- 針（はり） 바늘

주사

注射をする必要はありませんよ。薬で十分です。
주사를 놓을 필요는 없어요. 약으로 충분해요.

男の人は注射を打ってもらっています。
남자는 주사를 맞고 있습니다.

18 ★★

□ **副作用**（ふくさよう）

- 乱用（らんよう） 남용
- 処方箋（しょほうせん） 처방전

부작용

副作用のない薬なんて、存在しないと思いますが。
부작용이 없는 약 같은 거, 존재하지 않는다고 생각하는데요.

この薬はアトピー性皮膚炎によく効くが、副作用を起こすこともあるという。
이 약은 아토피성 피부염에 잘 듣지만 부작용을 일으키는 경우도 있다고 한다.

19 ★★

□ **傷**(きず)

- 傷(きず)を負(お)う 상처를 입다
- 傷(きず)がうずく 상처가 쑤시다, 상처가 욱신거리다
- 痛(いた)み止(ど)め 진통제(=鎮痛剤(ちんつうざい))

상처

昨日(きのう)、階段(かいだん)で転(ころ)んで怪我(けが)をした。傷(きず)がうずいて眠(ねむ)れなかった。
어제 계단에서 넘어져서 다쳤다. 상처가 쑤셔서 못 잤다.

今朝(けさ)、急(いそ)いでひげを剃(そ)ったので、傷(きず)を作(つく)ってしまった。
오늘 아침 서둘러서 면도를 했기 때문에 상처를 만들고 말았다.

20 ★★★

□ **手遅(ておく)れ**

- 逃(のが)す 놓치다
- 手当(てあて) (상처 등의) 치료, 처치(=処置(しょち))

때가 늦음, 때를 놓침

彼(かれ)は手遅(ておく)れで、手術(しゅじゅつ)もできないそうです。
그는 때를 놓쳐서 수술도 못 한다고 합니다.

今手術(いましゅじゅつ)をしたところで、もう手遅(ておく)れです。
지금 수술을 해 봤자 이미 때는 늦었습니다.

21 ★★★

□ **効(き)く**

- 効(き)き目(め) 효과(=効果(こうか))
- 効用(こうよう) 효용

잘 듣다, 효력이 있다

この薬(くすり)、二日酔(ふつかよ)いによく効(き)くよ。飲(の)んでみたら。
이 약, 숙취에 잘 들어. 먹어 보면 어때?

ある科学者(かがくしゃ)の研究結果(けんきゅうけっか)によると、クラシック音楽(おんがく)は頭痛(ずつう)にも効(き)くという。
어느 과학자의 연구결과에 의하면 클래식음악은 두통에도 효력이 있다고 한다.

22 ★★★

□ **患者**(かんじゃ)
- 圏 病人(びょうにん) 병자
- 主治医(しゅじい) 주치의

환자

夜間(やかん)の面会(めんかい)は、患者(かんじゃ)さんの療養(りょうよう)の妨(さまた)げになりますので、お控(ひか)えください。
야간 면회는 환자 요양의 방해가 되므로 삼가 주십시오.

医師(いし)の判断(はんだん)ミスで、適切(てきせつ)な対応(たいおう)を取(と)らなかったばかりに、患者(かんじゃ)は昏睡状態(こんすいじょうたい)に陥(おちい)った。
의사의 판단 미스로 적절한 대응을 취하지 않았던 탓에 환자는 혼수상태에 빠졌다.

23 ★★

□ **人間ドック**(にんげんドック)
- 定期検査(ていきけんさ) 정기검사
- 精密検査(せいみつけんさ) 정밀검사

종합검진

一度(いちど)、人間(にんげん)ドックでも受(う)けてみたらどうですか。
한번 종합검진이라도 받아 보면 어때요?

この病院(びょういん)では、日曜(にちよう)も人間(にんげん)ドックが受診(じゅしん)できる。
이 병원에서는 일요일에도 종합검진을 받을 수 있다.

24 ★★★

□ **心身**(しんしん)
- 心身障害(しんしんしょうがい) 심신장애
- 健全(けんぜん) 건전

심신

過度(かど)なストレスを受(う)けると、心身(しんしん)の活動(かつどう)が抑圧(よくあつ)される。
과도한 스트레스를 받으면 심신의 활동이 억압된다.

ヨガは集中力(しゅうちゅうりょく)を鍛(きた)える効果(こうか)もあるし、心身(しんしん)ともにリラックスできる。
요가는 집중력을 단련하는 효과도 있고 심신 모두에 긴장을 풀 수 있다.

Day 21 Check Up Test

★ 다음 단어의 뜻을 오른쪽에서 찾아 연결해 보세요.

① 注射 • • ⓐ 종합검진

② 効く • • ⓑ 주사

③ だるい • • ⓒ 잘 듣다, 효력이 있다

④ 気を使う • • ⓓ 나른하다

⑤ 人間ドック • • ⓔ 신경을 쓰다

★ 공란에 들어갈 적절한 단어를 보기에서 골라 넣으세요.

ⓐ 生活習慣病　　ⓑ 副作用　　ⓒ 季節の変わり目
ⓓ 免疫力　　　　ⓔ 手遅れ　　ⓕ 入院
ⓖ 体調　　　　　ⓗ ストレス　　ⓘ 衛生

⑥ 朝食抜きは_____に繋がる大きな要因の一つです。
⑦ 予防接種の中には、_____の恐れがあるものもある。
⑧ 過度の_____のせいか、最近、物忘れが激しくなった。
⑨ 今晩はどうも_____が優れないので、何も食べられそうもない。
⑩ ウイルスに負けない体を作るための_____を高める食品をまとめてみます。

정답 ① ⓑ　② ⓒ　③ ⓓ　④ ⓔ　⑤ ⓐ　⑥ ⓐ　⑦ ⓑ　⑧ ⓗ　⑨ ⓖ　⑩ ⓓ

+ 최신기출 기본 어휘

건강관리 철저, 난 소중하니까! 건강·질병

청해

- ★ 熱(ねつ) 열 ☐☐☐
- ★ 移植(いしょく) 이식 ☐☐☐
- ★ 異例(いれい) 이례 ☐☐☐
- ★ 肺炎(はいえん) 폐렴 ☐☐☐
- ★ 裁量(さいりょう) 재량 ☐☐☐
- ★ 血栓(けっせん) 혈전 ☐☐☐
- ★ 炎症(えんしょう) 염증 ☐☐☐
- ★ 甲状腺(こうじょうせん) 갑상선 ☐☐☐
- ★ 前立腺(ぜんりつせん) 전립선 ☐☐☐
- ★ 対象者(たいしょうしゃ) 대상자 ☐☐☐
- ★ 咳(せき) 기침 ☐☐☐
- ★ 闘病(とうびょう) 투병 ☐☐☐
- ★ 臓器(ぞうき) 장기 ☐☐☐
- ★ 脳死(のうし) 뇌사 ☐☐☐
- ★ 検証(けんしょう) 검증 ☐☐☐
- ★ 補助(ほじょ) 보조 ☐☐☐
- ★ 慎重(しんちょう) 신중 ☐☐☐
- ★ 動脈(どうみゃく) 동맥 ☐☐☐
- ★ 服用(ふくよう) 복용 ☐☐☐
- ★ 腹痛(ふくつう) 복통 ☐☐☐

독해

- ★ 心臓病(しんぞうびょう) 심장병 ☐☐☐
- ★ 消化器(しょうかき) 소화기 ☐☐☐
- ★ しびれる 저리다 ☐☐☐
- ★ マッサージ 마사지 ☐☐☐
- ★ じんましん 두드러기 ☐☐☐
- ★ 早期発見(そうきはっけん) 조기발견 ☐☐☐
- ★ 原因不明(げんいんふめい) 원인불명 ☐☐☐
- ★ 抗生物質(こうせいぶっしつ) 항생물질 ☐☐☐
- ★ 素早い(すばやい) 재빠르다, 민첩하다 ☐☐☐
- ★ 外来通院(がいらいつういん) 외래통원 ☐☐☐
- ★ 脳卒中(のうそっちゅう) 뇌졸중 ☐☐☐
- ★ 不整脈(ふせいみゃく) 부정맥 ☐☐☐
- ★ 看護師(かんごし) 간호사 ☐☐☐
- ★ 有効性(ゆうこうせい) 유효성 ☐☐☐
- ★ 専門医(せんもんい) 전문의 ☐☐☐
- ★ 大流行(だいりゅうこう) 대유행 ☐☐☐
- ★ 胃(い)カメラ 위내시경 ☐☐☐
- ★ 製薬会社(せいやくがいしゃ) 제약회사 ☐☐☐
- ★ 通り抜ける(とおりぬける) 빠져나가다 ☐☐☐
- ★ 薬物依存症(やくぶついぞんしょう) 약물의존증 ☐☐☐

+ 최신기출
고득점 어휘

건강관리 철저, 난 소중하니까! 건강·질병

청해

- ★ 腰痛(ようつう) 요통
- ★ 濃厚(のうこう) 농후
- ★ 支障(ししょう) 지장
- ★ 承認(しょうにん) 승인
- ★ 抗体(こうたい) 항체
- ★ 整脈(せいみゃく) 정맥
- ★ 喘息(ぜんそく) 천식
- ★ アトピー 아토피
- ★ 小児科(しょうにか) 소아과
- ★ 合併症(がっぺいしょう) 합병증

- ★ 出血(しゅっけつ) 출혈
- ★ 便秘(べんぴ) 변비
- ★ 麻疹(はしか) 홍역
- ★ 延命(えんめい) 연명
- ★ 麻痺(まひ) 마비
- ★ 麻酔(ますい) 마취
- ★ 嘔吐(おうと) 구토
- ★ 搬送(はんそう) 반송
- ★ 床ずれ(とこずれ) 욕창
- ★ 推奨(すいしょう) 추장, 추천하여 권함

독해

- ★ 睡眠薬(すいみんやく) 수면제
- ★ 慢性的(まんせいてき) 만성적
- ★ 市販薬(しはんやく) 시판약
- ★ 偏頭痛(へんずつう) 편두통
- ★ 白血球(はっけっきゅう) 백혈구
- ★ たんぱく質(しつ) 단백질
- ★ 整形外科(せいけいげか) 성형외과
- ★ 臨床試験(りんしょうしけん) 임상시험
- ★ 吐き気(はきけ)がする 구역질이 나다
- ★ メタボ(リックシンドローム) 대사증후군

- ★ 血糖値(けっとうち) 혈당치
- ★ 漢方薬(かんぽうやく) 한방약
- ★ 解熱剤(げねつざい) 해열제
- ★ むかむか 메슥메슥
- ★ 内蔵肥満(ないぞうひまん) 내장비만
- ★ 新陳代謝(しんちんたいしゃ) 신진대사
- ★ 自覚症状(じかくしょうじょう) 자각증상
- ★ 点滴注射(てんてきちゅうしゃ) 링거주사

Day 22 [경제]
문제는 경제에 있어!

전 세계가 **不況**에 허덕이고 있다. 지금 상황이 **改善**될 **兆し**가 없어서 정말 걱정이다. 게다가 소비자 **物価**까지 **右肩上がり**여서 아무리 **切り詰める**해도 가계가 **火の車**다. **ローン** 때문에 **首が回らない**하는 상태인데 앞으로 더 **悪化**된다고 하니 한숨만 나온다. 기업들도 **生き残る**하기 위해서 매일 **しのぎを削る** 하고 있는데 정치인들은 국민 생활에는 관심이 없는 듯 **相変わらず** 싸우고만 있다. 정치인들에게 꼭 해 주고 싶은 말이 있다. "문제는 **経済**에 있어!"라고…. 1992년 미국 대선에서 빌 클린턴이 한 말이다.

JPT 최신기출 어휘 베스트 14

- □ 不況 불황
- □ 改善 개선
- □ 兆し 조짐, 징조
- □ 物価 물가
- □ 右肩上がり 경기 등이 상승해 가는 모습
- □ 切り詰める 절약하다, (지출을) 줄이다
- □ 火の車 몹시 쪼들림
- □ ローン 대출(금)
- □ 首が回らない (빚 때문에) 옴짝달싹 못하다
- □ 悪化 악화
- □ 生き残る 살아남다
- □ しのぎを削る 맹렬하게 싸우다, 치열하게 경쟁하다
- □ 相変わらず 여전히, 변함없이
- □ 経済 경제

01 ★★★

不況(ふきょう)

- 반 好況(こうきょう) 호황
- 유 不景気(ふけいき) 불경기
- 落(お)ち込(こ)む (나쁜 상태에) 빠지다, 침체되다

불황

不況(ふきょう)で世相(せそう)が不安定(ふあんてい)な時代(じだい)には、資格証(しかくしょう)こそが最大(さいだい)の武器(ぶき)になる。
불황으로 세상이 불안정한 시대에는 자격증이야말로 최대의 무기가 된다.

不況(ふきょう)が深刻(しんこく)になり、リストラの波(なみ)がいつ自分(じぶん)に降(ふ)りかかってくるかわからない。
불황이 심각해져서 구조조정의 파도가 언제 자신에게 닥쳐올지 모른다.

02 ★★

改善(かいぜん)

- 반 改悪(かいあく) 개악, 고치어 도리어 나빠지게 함
- 改(あらた)める (좋게) 고치다, 바로잡다

개선

若年者(じゃくねんしゃ)の雇用環境(こようかんきょう)を改善(かいぜん)するためには、どんな政策(せいさく)が必要(ひつよう)でしょうか。
젊은이들의 고용환경을 개선하기 위해서는 어떤 정책이 필요할까요?

政府(せいふ)は職場環境(しょくばかんきょう)の改善(かいぜん)と、過労死防止対策(かろうしぼうしたいさく)に取(と)り組(く)むべきだ。
정부는 직장환경 개선과 과로사 방지대책에 몰두해야 한다.

03 ★★

兆(きざ)し

- 유 兆候(ちょうこう) 징후
- 前兆(ぜんちょう) 전조
- 前触(まえぶ)れ 예고, 전조

조짐, 징조

景気回復(けいきかいふく)の兆(きざ)しが少(すこ)しずつですが、現(あらわ)れていますね。
경기회복의 조짐이 조금씩이지만 나타나고 있네요.

バブル経済(けいざい)が崩壊(ほうかい)した後(あと)、15年(じゅうごねん)に及(およ)ぶ低迷(ていめい)と衰退(すいたい)を経(へ)た日本経済(にほんけいざい)にも、ようやく回復(かいふく)の兆(きざ)しが見(み)え始(はじ)めた。
거품경제가 붕괴된 후에 15년에 달하는 침체와 쇠퇴를 거친 일본 경제에도 드디어 회복의 조짐이 보이기 시작했다.

04 ★★★

□ 物価(ぶっか)
- 物価指数(ぶっかしすう) 물가지수
- 消費者物価(しょうひしゃぶっか) 소비자물가

물가

最近(さいきん)、物価(ぶっか)が高(たか)くなり、外食(がいしょく)をしないという家庭(かてい)が増(ふ)えている。
최근 물가가 높아져서 외식을 하지 않는다는 가정이 늘고 있다.

物価(ぶっか)が上(あ)がると、物(もの)を購入(こうにゅう)するのに、より多(おお)くのお金(かね)が必要(ひつよう)になる。
물가가 상승하면 물건을 구입하는 데에 보다 많은 돈이 필요해진다.

05 ★★★

□ 右肩上(みぎかたあ)がり
- 유 上向(うわむ)き 오름세(↔下向(したむ)き)
- 横這(よこば)い 보합상태

(꺾은선 그래프에서 오른쪽으로 갈수록 올라가는 것에서) 경기 등이 상승해 가는 모습

ペット産業(さんぎょう)は不況(ふきょう)の中(なか)でも右肩上(みぎかたあ)がりの成長(せいちょう)を続(つづ)けている。
애완동물산업은 불황 속에서도 점진적인 성장을 계속하고 있다.

好況(こうきょう)で売(う)り上(あ)げが、右肩上(みぎかたあ)がりで伸(の)び続(つづ)いている。
호황으로 매상이 점점 늘고 있다.

📝 적중 포인트

청+독 うなぎ登(のぼ)り (물가·지위 등이) 마구 뛰어오름

06 ★★

□ 切(き)り詰(つ)める
- 節約(せつやく) 절약
- 倹約(けんやく) 검약

절약하다, (지출을) 줄이다

食費(しょくひ)を切(き)り詰(つ)めるには、外食(がいしょく)の回数(かいすう)を減(へ)らすのが肝心(かんじん)である。
식비를 줄이려면 외식 횟수를 줄이는 것이 중요하다.

計画的(けいかくてき)に生活費(せいかつひ)を切(き)り詰(つ)めるなら、まずは固定費(こていひ)を見直(みなお)すべきです。
계획적으로 생활비를 절약할 거라면 우선은 고정비를 재고해야 합니다.

📝 적중 포인트

청+독 無駄遣(むだづか)い 낭비

07 ★★★

火の車
- 借金 빚
- 出費 출비, 지출

몹시 쪼들림

この春、主人の急なリストラで家計が火の車になってしまった。
올봄 남편의 갑작스런 명예퇴직으로 가계가 몹시 쪼들려져 버렸다.

子供の教育費で我が家の家計は火の車です。
아이의 교육비 때문에 우리 집 가계는 몹시 쪼들립니다.

08 ★★

ローン
- 類 貸し付け 대부, 대출(=貸し出し)
- 返済 반제, 상환, 빚을 갚음
- 貸し渋る (은행 등) 금융기관이 대출을 꺼려하다

대출(금)

5年目になって、やっと車のローンの返済が終わった。
5년째가 되어서 드디어 차 대출금을 다 갚았다.

新しい政権の金融緩和政策で、住宅ローン金利も上がるだろう。
새 정권의 금융완화정책으로 주택대출금리도 올라갈 것이다.

📝 **적중 포인트**

類 ローンを組む 대출을 받다

09 ★★

首が回らない
- 債務整理 채무정리
- 借金地獄 빚지옥

(빚 때문에) 옴짝달싹 못하다

彼女は、今多額の借金で首が回らない。
그녀는 지금 많은 빚으로 옴짝달싹 못한다.

借金で首が回らなくなったら、破産手続きを経て免責決定を受ける方法があります。
빚 때문에 옴짝달싹 못하게 되면 파산절차를 거쳐서 면책결정을 받는 방법이 있습니다.

10 ★★

悪化(あっか)

- 囲 良化(りょうか) 좋아짐, 호전
- 破綻(はたん) 파탄

악화

株価(かぶか)の急落(きゅうらく)で、庶民(しょみん)は景気(けいき)悪化(あっか)を実感(じっかん)しているらしいです。
주가 급락으로 서민들은 경기 악화를 실감하고 있는 것 같습니다.

今(いま)まで羽振(はぶ)りがよかった、あの企業(きぎょう)も資金繰(しきんぐ)りの悪化(あっか)で破綻(はたん)してしまった。
지금까지 위세가 좋던 그 기업도 자금조달 악화로 파탄하고 말았다.

11 ★★

生(い)き残(のこ)る

- 生存(せいぞん) 생존(=サバイバル)
- 残存(ざんぞん) 잔존, 생존

살아남다

不況(ふきょう)の折(おり)、どの会社(かいしゃ)も生(い)き残(のこ)ろうと必死(ひっし)です。
불황인 때 어느 회사나 살아남으려고 필사적입니다.

企業(きぎょう)が永続的(えいぞくてき)に生(い)き残(のこ)るためには、経営環境(けいえいかんきょう)の変化(へんか)に敏感(びんかん)にならなければならない。
기업이 영속적으로 살아남기 위해서는 경영환경 변화에 민감해져야 한다.

12 ★★★

しのぎを削(けず)る

- 争(あらそ)う 다투다, (우열을) 겨루다
- 競争(きょうそう) 경쟁

맹렬하게 싸우다, 치열하게 경쟁하다

両社(りょうしゃ)は、今(いま)も互(たが)いに市場(しじょう)でしのぎを削(けず)っている競合会社(きょうごうがいしゃ)である。
양사는 지금도 서로 시장에서 맹렬하게 싸우고 있는 경쟁회사다.

各企業(かくきぎょう)は早(はや)めに人材確保(じんざいかくほ)のため、大学(だいがく)で説明会(せつめいかい)を行(おこな)うなど、しのぎを削(けず)っている。
각 기업은 일찌감치 인재 확보를 위해 대학에서 설명회를 실시하는 등 치열하게 경쟁하고 있다.

13 ★★★

相変わらず

- 图 依然として 여전히
- 未だに 아직도, 아직껏

여전히, 변함없이

庶民の購買力は、相変わらず低迷していると言える。
서민들의 구매력은 여전히 침체되어 있다고 말할 수 있다.

世界経済はなかなか明るい見通しは見えず、相変わらず厳しい状況が続いております。
세계 경제는 좀처럼 밝은 전망은 보이지 않고 여전히 혹독한 상황이 계속되고 있습니다.

14 ★★★

経済

- 経済状態 경제상태
- 財貨 재화

경제

野村さんは、経済に詳しいですね。
노무라 씨는 경제에 정통하네요.

経済危機の克服は、国民の努力のたまものにほかならない。
경제위기 극복은 국민이 노력한 덕택임에 틀림없다.

15 ★★

生活費

- 占める 점하다, 차지하다
- 家計簿 가계부

생활비

最近貯蓄どころか、毎月の生活費で借金は増えるばかりだ。
요즘 저축은커녕 매달 생활비로 빚은 늘어만 간다.

一人暮らしなのに、毎月の生活費は13万円ぐらいかかります。
혼자서 사는데도 매달 생활비는 13만 엔 정도 듭니다.

📝 적중 포인트

> 图 仕送り 생활비나 학비를 돕기 위해 금품을 보내 줌

16 ★★★

□ **じわじわ** 서서히

- 次第に 점차, 점점
- 底値を脱する 바닥 시세를 벗어나다

円安で物価がじわじわと上がっている。
엔저로 물가가 서서히 올라가고 있다.

政府は経済に対する、規制撤廃作業をじわじわと推進する意向である。
정부는 경제에 대한 규제 철폐 작업을 서서히 추진할 의향이다.

📝 적중 포인트

類 じわりじわり 서서히

17 ★★

□ **赤字** 적자

- 反 黒字 흑자
- 損する 손해를 보다

輸入が増えて、貿易赤字になった。
수입이 늘어서 무역적자가 되었다.

みんな全力を尽くしたが、最終損益は2期連続の赤字だった。
모두 전력을 다했지만 최종 손익은 2분기 연속 적자였다.

18 ★★★

□ **低迷** 침체

- 停滞 정체
- 内需 내수
- 外需 외수

新車販売の低迷は、なかなか回復していない。
신차 판매 침체는 좀처럼 회복되지 않고 있다.

景気が回復しているのにもかかわらず、消費の低迷が続いている。
경기가 회복되고 있음에도 불구하고 소비 침체가 이어지고 있다.

19 ★★★

□ 引き上げる

- 반 引き下げる 인하하다
- 上限 상한(↔下限)

인상하다

最低賃金が、今年も大幅に引き上げられるそうだ。
최저임금이 올해도 큰폭으로 인상된다고 한다.

消費税を引き上げることには絶対反対だ。
소비세를 인상하는 것에는 절대 반대다.

20 ★★★

□ インフレ

- 반 デフレ 디플레이션, 통화 수축 (「デフレーション」의 준말)
- 脱却 벗어남

인플레이션, 통화 팽창(「インフレーション」의 준말)

インフレのために、物価が上昇している。
인플레이션 때문에 물가가 상승하고 있다.

政府の大胆な金融緩和によって、インフレが起こった。
정부의 대담한 금융 완화로 인해서 인플레이션이 일어났다.

21 ★★

□ 緩和

- 緩める 완화하다
- 和らぐ 누그러지다

완화

日本銀行は、貸付金利を緩和すると発表した。
일본은행은 대출금리를 완화한다고 발표했다.

国レベルでの大がかりな規制緩和が、業界団体の抵抗で一向に進まない。
국가 차원에서의 대대적인 규제 완화가 업계 단체의 저항으로 전혀 진척되지 않는다.

22 ★★

打ち出す
- 押し出す 적극적으로 내세워 보이다
- 戦略 전략

내세우다, 제창하다

その党は、消費税増税を打ち出して選挙に臨んだが、結果は惨敗だった。
그 당은 소비세 증세를 내세우며 선거에 임했지만 결과는 참패였다.

野党は与党とは全く異なる経済政策を打ち出すと予測される。
야당은 여당과는 전혀 다른 경제 정책을 내세울 것으로 예측된다.

23 ★★

本腰を入れる
- 本腰になる 진지하게 임하다
- 臨む 임하다

진지한 자세로 임하다

自動車メーカーは、電気自動車の開発に本腰を入れている。
자동차 제조회사는 전기자동차 개발에 진지한 자세로 임하고 있다.

企業と政府が「労働時間削減」に、ようやく本腰を入れ始めた。
기업과 정부가 '노동시간 삭감'에 드디어 진지한 자세로 임하기 시작했다.

24 ★★

外貨
- 外貨両替 외화 환전
- 手数料 수수료

외화

政府は外貨獲得のために、輸出振興を重視している。
정부는 외화 획득을 위해서 수출 진흥을 중시하고 있다.

当行では米ドル、ユーロなど主要通貨の外貨両替を行っております。
당행[우리 은행]에서는 미국 달러, 유로 등 주요 통화의 외화 환전을 하고 있습니다.

Day 22 Check Up Test

★ 다음 단어의 뜻을 오른쪽에서 찾아 연결해 보세요.

❶ 右肩上がり　　•　　　　•　ⓐ 경기 등이 상승해 가는 모습

❷ 切り詰める　　•　　　　•　ⓑ 살아남다

❸ しのぎを削る　•　　　　•　ⓒ 절약하다, (지출을) 줄이다

❹ 生き残る　　　•　　　　•　ⓓ 내세우다, 제창하다

❺ 打ち出す　　　•　　　　•　ⓔ 맹렬하게 싸우다, 치열하게 경쟁하다

★ 공란에 들어갈 적절한 단어를 보기에서 골라 넣으세요.

ⓐ ローン　　　　ⓑ インフレ　　　　ⓒ 緩和
ⓓ 火の車　　　　ⓔ 相変わらず　　　ⓕ じわじわ
ⓖ 低迷　　　　　ⓗ 首が回らない　　ⓘ 本腰を入れる

❻ 来年は_____でも組んで、マイホームを買おうと思っている。

❼ あの会社、噂によると、経営が_____だそうだ。

❽ _____し続けていた株価もようやく底値から脱したようだ。

❾ 果敢な金融_____政策が実を結び、景気も徐々に回復している。

❿ 政府が加工食品の需要対応に_____のは、国産シェアが奪われているためである。

정답　❶ ⓐ　❷ ⓒ　❸ ⓔ　❹ ⓑ　❺ ⓓ　❻ ⓐ　❼ ⓓ　❽ ⓖ　❾ ⓒ　❿ ⓘ

+ 최신기출
기본 어휘

문제는 경제에 있어! 경제

청해	★ 支出(ししゅつ) 지출 ☐☐☐	★ 経費(けいひ) 경비 ☐☐☐
	★ 資産(しさん) 자산 ☐☐☐	★ 経営(けいえい) 경영 ☐☐☐
	★ 公債(こうさい) 공채 ☐☐☐	★ 円高(えんだか) 엔고 ☐☐☐
	★ 国債(こくさい) 국채 ☐☐☐	★ 円安(えんやす) 엔저 ☐☐☐
	★ 投入(とうにゅう) 투입 ☐☐☐	★ 優先(ゆうせん) 우선 ☐☐☐
	★ 動向(どうこう) 동향 ☐☐☐	★ 激化(げきか) 격화 ☐☐☐
	★ 購買力(こうばいりょく) 구매력 ☐☐☐	★ 変動(へんどう) 변동 ☐☐☐
	★ 資金難(しきんなん) 자금난 ☐☐☐	★ 延長(えんちょう) 연장 ☐☐☐
	★ 光熱費(こうねつひ) 광열비 ☐☐☐	★ 財務省(ざいむしょう) 재무성 ☐☐☐
	★ 競合会社(きょうごうがいしゃ) 경쟁회사 ☐☐☐	★ 長期化(ちょうきか) 장기화 ☐☐☐
독해	★ 先行(さきゆ)き 앞날, 장래 ☐☐☐	★ 生(い)かす 살리다 ☐☐☐
	★ 最低賃金(さいていちんぎん) 최저임금 ☐☐☐	★ 抑(おさ)える 억제하다 ☐☐☐
	★ 格付(かくづ)け 등급을 매김 ☐☐☐	★ 取(と)り戻(もど)す 되찾다 ☐☐☐
	★ 外資(がいし) 외자, 외국자본 ☐☐☐	★ 世界初(せかいはつ) 세계 최초 ☐☐☐
	★ 転(てん)じる 변하다, 바꾸다, 바뀌다 ☐☐☐	★ 主要指数(しゅようしすう) 주요 지수 ☐☐☐
	★ 生産拠点(せいさんきょてん) 생산거점 ☐☐☐	★ 見送(みおく)り 보류, 미룸 ☐☐☐
	★ 足踏(あしぶ)み 제자리걸음, 답보 ☐☐☐	★ 個人所得税(こじんしょとくぜい) 개인소득세 ☐☐☐
	★ 疎(うと)い (물정에) 어둡다 ☐☐☐	★ 成果(せいか)を上(あ)げる 성과를 올리다 ☐☐☐
	★ 切(き)り替(か)える 바꾸다, 교체하다 ☐☐☐	★ 譲(ゆず)り合(あ)う 서로 양보하다 ☐☐☐
	★ 値段(ねだん)を繰(く)り上(あ)げる 가격을 끌어올리다 ☐☐☐	

최신기출 고득점 어휘

문제는 경제에 있어! `경제`

청해

★ 開拓(かいたく)	개척
財源(ざいげん)	재원
追随(ついずい)	추종
★ 取引(とりひき)	거래
★ 倒産(とうさん)	도산
★ 補(おぎな)う	보충하다
借(か)り入(い)れ	차입
★ 拒(こば)む	거부하다
★ 飛躍的(ひやくてき)	비약적
★ 打開策(だかいさく)	타개책
★ 再編(さいへん)	재편
★ 拡充(かくじゅう)	확충
条約(じょうやく)	조약
★ 転落(てんらく)	전락
談合(だんごう)	담합
課徴金(かちょうきん)	과징금
★ 販売不振(はんばいふしん)	판매부진
低落(ていらく)	(물가) 하락
★ 底(そこ)を突(つ)く	바닥을 치다
★ 足掛(あしが)かり	발판, 연줄

독해

失業率(しつぎょうりつ)	실업률
★ 納期(のうき)	납입
値崩(ねくず)れ	가격 폭락
★ 好転(こうてん)	호전
★ 緊縮財政(きんしゅくざいせい)	긴축재정
★ 持(も)ち合(あ)い相場(そうば)	보합세
★ 打(う)ち切(き)る	중지하다, 중단하다
★ 腹(はら)を括(くく)る	각오하다
★ 丸損(まるぞん)になる	고스란히 손해를 보다
★ 伸(の)び悩(なや)む	(오름세 시세가) 답보 상태다
頭金(あたまきん)	계약금
コストダウン	원가절감
オイルショック	석유파동
★ 損害(そんがい)を被(こうむ)る	손해를 입다
★ 打撃(だげき)を受(う)ける	타격을 받다
不渡(ふわた)りを出(だ)す	부도를 내다
★ 穴埋(あなう)め	(결손을) 메움, 보충
★ 買(か)い占(し)める	매점하다

Day 22 문제는 경제에 있어! | 경제 | · 281

Day 23

노후

건강한 노후, 즐거운 인생

어제 우연히 "**高齢化**시대! **人生**의 마지막을 위한 활동인 **終活**를 아시나요?"라는 광고문구를 봤다. 요즘 TV나 잡지에서 **シルバー産業**에 대한 **特集**를 많이 다뤄서 뭔지는 알고 있었지만, 그 광고를 보고 이제 나도 **徐々に 老後**에 대해서 진지하게 생각해봐야겠구나 하고 느꼈다. **平均寿命**의 연장으로 80세 이상의 **老人**도 드물지 않다. 사실 **年金**이나 **健康管理** 등이 조금 **気掛かり**이긴 하지만, 단순히 장수하는 것이 아니라 지금까지의 인생을 **顧みる**하면서 건강하고 즐겁게 **余生**를 보내고 싶다.

JPT 최신기출 어휘 베스트 14

- **高齢化**(こうれいか) 고령화
- **人生**(じんせい) 인생
- **終活**(しゅうかつ) 종활, 슈카쓰, 종말활동
- **シルバー産業**(さんぎょう) 실버산업
- **特集**(とくしゅう) 특집
- **徐々に**(じょじょに) 서서히, 천천히
- **老後**(ろうご) 노후

- **平均寿命**(へいきんじゅみょう) 평균수명
- **老人**(ろうじん) 노인
- **年金**(ねんきん) 연금
- **健康管理**(けんこうかんり) 건강관리
- **気掛かり**(きがかり) 마음에 걸림, 걱정, 염려
- **顧みる**(かえりみる) 뒤돌아보다, 회상하다
- **余生**(よせい) 여생

01 ★★★

□ **高齢化** (こうれいか)
- 少子高齢化 (しょうしこうれいか) 저출산 고령화
- 労働人口 (ろうどうじんこう) 노동인구

고령화

もうこれ以上、少子化が進み、高齢化が続くと、社会は活力がなくなってしまうはずだ。
이제 이 이상 저출산화가 진행되고 고령화가 지속되면 사회는 활력이 없어질 것이다.

人口高齢化が、社会や経済に与える影響について話し合いが行われている。
인구고령화가 사회와 경제에 주는 영향에 대해서 논의가 이루어지고 있다.

02 ★★

□ **人生** (じんせい)
- 人生観 (じんせいかん) 인생관
- 人生の岐路に立つ (じんせいのきろにたつ) 인생의 기로에 서다

인생

どうすれば後悔のない人生を、生きていくことができるだろうか。
어떻게 하면 후회가 없는 인생을 살아갈 수 있을까?

彼女の一生は起伏が激しい人生であった。
그녀의 일생은 기복이 심한 인생이었다.

03 ★★

□ **終活** (しゅうかつ)
- 最期 (さいご) 최후, 임종
- 終焉 (しゅうえん) 종언, 임종
- 遺言 (ゆいごん) 유언

종활, 슈카쓰, 종말활동 (「終末活動(しゅうまつかつどう)」의 준말)

「終活」とは「人生の終わりのための活動」の略語である。
'종말활동'이란 '인생의 마지막을 위한 활동'의 준말이다.

「終活」という言葉が、新語・流行語大賞の候補語60語にノミネートされたという。
'종말활동'이라는 말이 신어・유행어 대상 후보어 60어에 노미네이트되었다고 한다.

04 ★★

□ **シルバー産業(さんぎょう)**

- 類 シルバーサービス 실버서비스
- シルバータウン 실버타운

실버산업, 노인을 대상으로 한 산업

「シルバー産業(さんぎょう)」とは、高齢者(こうれいしゃ)向(む)けの商品(しょうひん)を作(つく)ったり、色々(いろいろ)なサービスを提供(ていきょう)したりする産業(さんぎょう)を言(い)う。

'실버산업'이란 고령자 대상의 상품을 만들거나 여러 가지 서비스를 제공하거나 하는 산업을 말한다.

老人福祉(ろうじんふくし)がよくできている日本(にほん)やヨーロッパでは、シルバー産業(さんぎょう)が好況(こうきょう)を呈(てい)している。

노인복지가 잘 되어 있는 일본이나 유럽에서는 실버산업이 호황을 보이고 있다.

05 ★★

□ **特集(とくしゅう)**

- 特集記事(とくしゅうきじ) 특집기사
- 特集(とくしゅう)を組(く)む 특집을 짜다

특집

雑誌(ざっし)に、独居老人問題(どっきょろうじんもんだい)に関(かん)する記事(きじ)が特集(とくしゅう)で載(の)っている。

잡지에 독거노인 문제에 관한 기사가 특집으로 실려 있다.

今回(こんかい)の特集記事(とくしゅうきじ)は住(す)まいの観点(かんてん)で、老後(ろうご)の問題(もんだい)を取(と)り上(あ)げている。

이번 특집기사는 주거의 관점에서 노후문제를 다루고 있다.

06 ★★

□ **徐々(じょじょ)に**

- 類 徐(おもむろ)に 서서히, 천천히
- ぼつぼつ 차차, 슬슬

서서히, 천천히

年(とし)を取(と)ると徐々(じょじょ)に基礎代謝(きそたいしゃ)が減少(げんしょう)し、中年太(ちゅうねんぶと)りの原因(げんいん)になる。

나이를 먹으면 서서히 기초대사가 감소해서 중년비만의 원인이 된다.

アルツハイマー病(びょう)は、脳組織(のうそしき)を徐々(じょじょ)に破壊(はかい)するために、深刻(しんこく)な記憶力喪失(きおくりょくそうしつ)を招(まね)きます。

알츠하이머병은 뇌 조직을 서서히 파괴하기 때문에 심각한 기억력 상실을 초래합니다.

07 ★★★

□ **老後**(ろうご)

- 老後難民(ろうごなんみん) 노후난민, 빈곤 등의 이유로 자력으로 의식주를 해결하지 못하는 고령자
- 老後設計(ろうごせっけい) 노후설계

노후

老後(ろうご)の備(そな)えは、健康(けんこう)と貯金(ちょきん)だそうですよ。
노후대비는 건강과 저금이래요.

老後(ろうご)に必要(ひつよう)な生活費(せいかつひ)ともらえるお金(かね)を把握(はあく)したら、老後(ろうご)に備(そな)えていくら貯蓄(ちょちく)をすべきかがわかる。
노후에 필요한 생활비와 받을 수 있는 돈을 파악하면 노후에 대비해 얼마 저축을 해야 할지 알 수 있다.

08 ★★★

□ **平均寿命**(へいきんじゅみょう)

- 出生率(しゅっせいりつ) 출생률
- 死亡率(しぼうりつ) 사망률

평균수명

平均寿命(へいきんじゅみょう)は今後(こんご)の医療(いりょう)の進歩(しんぽ)を考(かんが)えると、さらに延(の)びることが予想(よそう)される。
평균수명은 앞으로의 의료 진보를 생각하면 더욱더 늘 것이 예상된다.

現代医学技術(げんだいいがくぎじゅつ)の発達(はったつ)で、平均寿命(へいきんじゅみょう)が延(の)びただけでなく、生活(せいかつ)の質(しつ)も高(たか)くなった。
현대의학 기술의 발달로 평균수명이 늘었을 뿐만 아니라 삶의 질도 높아졌다.

09 ★★★

□ **老人**(ろうじん)

- 유 お年寄(としよ)り 노인
- 寝(ね)たきり老人(ろうじん) 질병으로 자리에 누운 채 일어나지 못하는 노인

노인

独居(どっきょ)老人(ろうじん)問題(もんだい)は、日本(にほん)だけではなく欧州(おうしゅう)でも大(おお)きな問題(もんだい)になっている。
독거노인 문제는 일본뿐만 아니라 유럽에서도 큰 문제가 되고 있다.

老人(ろうじん)の認知症予防(にんちしょうよぼう)には、「読(よ)み・書(か)き・計算(けいさん)」が効果的(こうかてき)だそうですよ。
노인의 치매예방에는 '읽기・쓰기・계산'이 효과적이래요.

10 ★★★

☐ 年金(ねんきん)

- 国民年金(こくみんねんきん) 국민연금
- 公的年金(こうてきねんきん) 공적연금

연금

年金額を増やすために、受給時期を遅らせる人も多い。
연금액을 늘리기 위해서 수급시기를 늦추는 사람도 많다.

人口が減少していることもあって、僕ら世代がもらえる年金は、今よりも減るだろうと思う。
인구가 감소하고 있는 것도 있어서 우리 세대가 받을 수 있는 연금은 지금보다도 줄 것이라고 생각한다.

11 ★★

☐ 健康管理(けんこうかんり)

- 健康診断(けんこうしんだん) 건강진단
- 健康保険(けんこうほけん) 건강보험

건강관리

健康管理のため、水泳を始めました。
건강관리를 위해 수영을 시작했습니다.

最近、気軽に健康管理ができるアプリが続々登場している。
요즘 가볍게 건강관리를 할 수 있는 앱이 속속 등장하고 있다.

12 ★★★

☐ 気掛(きが)かり

- 類 心配(しんぱい) 걱정, 염려(=懸念(けねん))
- 憂慮(ゆうりょ) 우려

마음에 걸림, 걱정, 염려

ご近所の高齢者の様子がおかしく、何か気掛かりな点がございましたら、直ちにセンターにご連絡ください。
이웃집 고령자의 모습이 이상하고 뭔가 염려되는 점이 있으시면 즉시 센터로 연락 주십시오.

📋 적중 포인트

> 숙 備(そな)えあれば憂(うれ)い無(な)し 유비무환
> 気(き)になる 걱정이 되다

13 ★★

□ **顧みる** (かえり)

- 圖 回顧する 회고하다
- 振り返る 돌이켜보다, 회고하다

뒤돌아보다, 회상하다

今度のことは、自らの生き方を顧みるきっかけとなった。
이번 일은 스스로의 삶의 방식을 뒤돌아보는 계기가 되었다.

いつも慌ただしく生活しているが、時には自分を顧みられる余裕を持ちたい。
늘 분주하게 생활하고 있지만 때로는 자신을 뒤돌아볼 수 있는 여유를 가지고 싶다.

14 ★

□ **余生** (よせい)

- 圖 余命 여명, 여생
- 余年 여년, 앞으로 남아 있는 생애

여생

この本には、退職後の余生を楽しむ方法について詳細に書いてある。
이 책에는 퇴직 후의 여생을 즐기는 방법에 대해서 상세하게 쓰여 있다.

より豊かな余生を送るためには、年金についてもしっかり勉強しておくべきである。
보다 풍요로운 여생을 보내기 위해서는 연금에 대해서도 제대로 공부해 두어야 한다.

15 ★★

□ **長生き** (ながい)

- 圖 長寿 장수(=長命)
- 凡 短命 단명
- 長命を保つ 장수하다

장수

長生きする人は、夕食は少なめで朝食はしっかりと食べるという。
장수하는 사람은 저녁은 좀 적게, 아침은 제대로 먹는다고 한다.

彼は長生きして曾孫まで見た。
그는 장수하여 증손자까지 보았다.

16 ★★

□ **前向**き
- 反 後ろ向き 소극적임
- 肯定的 긍정적(↔否定的)
- 積極的 적극적(↔消極的)

(사고나 행동이) 적극적임, 진취적임

明るくて前向きな人の周りには、大勢の人が集まるものだ。
밝고 적극적인 사람의 주위에는 많은 사람이 모이는 법이다.

お金があれば老後の生活に自信がつくし、前向きにもなれる。
돈이 있으면 노후생활에 자신이 붙고 진취적으로도 될 수 있다.

📝 적중 포인트

독 はきはき 시원시원, 또렷또렷
きびきび 활기찬, 발랄한

---

17 ★★★

□ **~に伴**って
- ~に従って ~함에 따라서(=~に連れて)

~에 동반해서, ~함에 따라서

年を取るに伴って生ずる、生理機能の衰えを「老化」という。
나이를 먹음에 따라서 생기는 생리기능의 쇠퇴를 '노화'라고 한다.

人口高齢化に伴い、高齢者を中心に医療・介護分野で需要が増えることが予測される。
인구고령화에 동반해서 고령자를 중심으로 의료·간병분야에서 수요가 늘 것이 예측된다.

📝 적중 포인트

청+독 ~と共に ~와 함께

---

18 ★★

□ **対策**
- 対策を練る 대책을 짜다
- 対策を講じる 대책을 강구하다

대책

少子高齢化への早急な対策を練ってもらいたい。
저출산 고령화에 대한 조속한 대책을 짜 주었으면 한다.

老後難民にならないためには、現役のうちから対策を講じておくべきだ。
노후난민이 되지 않기 위해서는 현역인 동안부터 대책을 강구해 두어야 한다.

19 ★★

～向(む)け
- 圏 ～用(よう) ～용
- ～向(む)き ～에 적합함

～용, ～대상

最近(さいきん)、シニア向(む)けのビジネスが脚光(きゃっこう)を浴(あ)びているらしい。
요즘 시니어 대상 비즈니스가 각광을 받고 있는 것 같다.

高齢化(こうれいか)が急速(きゅうそく)に進(すす)む中(なか)、高齢者(こうれいしゃ)向(む)け住宅(じゅうたく)の普及(ふきゅう)が本格化(ほんかくか)している。
고령화가 급속하게 진행되는 가운데 고령자 대상 주택 보급이 본격화되고 있다.

20 ★★

触(ふ)れ合(あ)う
- 心(こころ)が通(つう)じる 마음이 통하다
- 接(せっ)する 접하다

서로 접촉하다, (마음이) 서로 통하다

高齢者(こうれいしゃ)は子供(こども)と触(ふ)れ合(あ)うことで、自分(じぶん)の役割(やくわり)を見(み)つけ、意欲(いよく)が高(たか)まります。
고령자는 아이와 서로 접촉함으로써 자신의 역할을 발견하고 의욕이 높아집니다.

核家族化(かくかぞくか)が進(すす)み、高齢者(こうれいしゃ)と子供(こども)が触(ふ)れ合(あ)う機会(きかい)が少(すく)なくなってきた。
핵가족화가 진행되어 고령자와 아이가 서로 접촉하는 기회가 적어졌다.

21 ★★

介護(かいご)
- 圏 看取(みと)り 간병, 병구완
- バリアフリー 배리어 프리, 장벽[장애] 제거

(자택에서 요양하는 환자의) 간병

父(ちち)は、10年間(じゅうねんかん)寝(ね)たきりの母(はは)を介護(かいご)している。
아버지는 10년간 몸져누워 있는 어머니를 간병하고 있다.

介護保険(かいごほけん)は、介護(かいご)が必要(ひつよう)になった高齢者(こうれいしゃ)を社会全体(しゃかいぜんたい)で支(ささ)える仕組(しく)みです。
간병보험은 간병이 필요해진 고령자를 사회 전체에서 떠받치는 구조입니다.

22 ★★★

□ **賄う**
まかな

- 整える 준비하다, 마련하다
- 財源 재원

조달하다, 마련하다

公的年金だけでは、老後の生活費を賄えないと認識している人が多い。
공적연금만으로는 노후의 생활비를 조달할 수 없다고 인식하고 있는 사람이 많다.

与党は年金の財源を、全額消費税で賄うという方式を提言した。
여당은 연금의 재원을 전액 소비세로 조달하는 방식을 제언했다.

23 ★★

□ **定年**
てい ねん

- 定年退職 정년퇴직
- わしも族 와시모족, 직장을 퇴직한 남편이 하루 종일 집에 있다가 부인이 외출 준비를 할 때면 '나도(와시모) 갈래'라고 하는 데서 생긴 말

정년

もうすぐ、私も定年です。
이제 곧 저도 정년입니다.

定年退職は、第二の人生のスタートでもある。
정년퇴직은 제2의 인생의 출발이기도 하다.

24 ★★★

□ **いつの間にか**

- あっという間に 눈 깜짝할 사이에
- 知らず知らずのうちに 부지불식간에, 어느샌가

어느샌가

いつの間にか白髪が目立つようになった。
어느샌가 흰머리가 눈에 띄게 되었다.

家でごろごろしていて、いつの間にか寝てしまうのは体力が落ちている証拠である。
집에서 빈둥거리고 있다가 어느샌가 잠들어 버리는 것은 체력이 떨어지고 있는 증거다.

Day 23 Check Up Test

★ 다음 단어의 뜻을 오른쪽에서 찾아 연결해 보세요.

❶ 終活 • • ⓐ 마음에 걸림, 걱정, 염려

❷ 徐々に • • ⓑ 연금

❸ 顧みる • • ⓒ 서서히, 천천히

❹ 年金 • • ⓓ 뒤돌아보다, 회상하다

❺ 気掛かり • • ⓔ 종말, 슈카쓰, 종말활동

★ 공란에 들어갈 적절한 단어를 보기에서 골라 넣으세요.

ⓐ 長生き	ⓑ 高齢化	ⓒ 介護
ⓓ 触れ合う	ⓔ 〜に伴って	ⓕ 老後
ⓖ 〜向け	ⓗ 前向き	ⓘ 特集

❻ 昔に比べて最近は、老人と_____機会が少なくなったような気がする。
❼ 彼は_____の秘訣の一つとして、小食を挙げている。
❽ あの会社は主に高齢者_____の製品を作っているという。
❾ 若い時から自分の_____生活についてきちんと考えてみるのは大切だ。
❿ 少子高齢化の進行_____人口構造も変化している。

정답 ❶.ⓔ ❷.ⓒ ❸.ⓓ ❹.ⓑ ❺.ⓐ ❻.ⓓ ❼.ⓐ ❽.ⓖ ❾.ⓕ ❿.ⓔ

+ 최신기출 기본 어휘

건강한 노후, 즐거운 인생 — 노후

청해

★ 加(か)入(にゅう) 가입	★ 到(とう)来(らい) 도래
★ 関(かん)心(しん) 관심	急(きゅう)速(そく) 급속
★ 資(し)金(きん) 자금	運(うん)用(よう) 운용
★ 運(うん)営(えい) 운영	余(よ)裕(ゆう) 여유
★ 進(しん)展(てん) 진전	背(はい)景(けい) 배경
★ 施(し)設(せつ) 시설	★ 世(せ)代(だい) 세대
★ 課(か)題(だい) 과제	準(じゅん)備(び) 준비
★ 意(い)識(しき) 의식	距(きょ)離(り) 거리
★ 進(しん)行(こう) 진행	★ 登(とう)録(ろく) 등록
★ 広(ひろ)げる 넓히다	保(ほ)険(けん)料(りょう) 보험료

독해

★ 変(へん)化(か) 변화	老(ろう)年(ねん)期(き) 노년기
★ ホームレス 노숙자	独(どっ)居(きょ)老(ろう)人(じん) 독거노인
★ ニュータウン 뉴타운	単(たん)身(しん)世(せ)帯(たい) 단독세대, 1인 가구
★ 身(しん)体(たい)機(き)能(のう) 신체기능	暖(あたた)か 따뜻함, 훈훈함
★ 延(えん)命(めい)装(そう)置(ち) 연명장치	★ 抱(かか)える 안다, 껴안다
生(せい)活(かつ)保(ほ)護(ご)制(せい)度(ど) 생활보호제도	★ 社(しゃ)会(かい)保(ほ)障(しょう)制(せい)度(ど) 사회보장제도
認(にん)知(ち)症(しょう) 인지증, 치매	★ 受(う)け取(と)る 받다, 수취하다
★ 助(たす)け合(あ)う 서로 돕다	★ 老(ろう)人(じん)ホーム 노인복지시설
★ 首(くび)を長(なが)くする 학수고대하다	★ ワーキングプア 워킹푸어
★ ベビーブーマー 베이비 부머, 베이비붐 때 태어난 사람들	

최신기출 고득점 어휘

건강한 노후, 즐거운 인생 노후

청해

- ★ 疎遠(そえん) 소원
- ★ 拡充(かくじゅう) 확충
- ★ 資産(しさん) 자산
- ★ 放置(ほうち) 방치
- ★ 絆(きずな) (끊기 어려운) 정, 인연
- ★ 構築(こうちく) 구축
- ★ 孤立(こりつ) 고립
- ★ 交流(こうりゅう) 교류
- ★ 福祉(ふくし) 복지
- ★ 死亡届(しぼうとどけ) 사망신고
- ★ 破綻(はたん) 파탄
- ★ 特色(とくしょく) 특색
- ★ 希薄(きはく) 희박
- ★ 格差(かくさ) 격차
- ★ 血縁(けつえん) 혈연
- ★ 疎外(そがい) 소외
- ★ 網羅(もうら) 망라
- ★ 低下(ていか) 저하
- ★ 混在(こんざい) 혼재
- ★ 孤独死(こどくし) 고독사

독해

- ★ 悲願(ひがん) 비원, 비장한 소원
- ★ 戦略(せんりゃく) 전략
- ★ 仕組(しく)み 구조
- ★ 身寄(みよ)り 친척
- ★ 過疎化(かそか) 과소화
- ★ 生(い)き甲斐(がい) 사는 보람
- ★ 基盤(きばん) 기반
- ★ 温(ぬく)もり 온기
- ★ 貧弱(ひんじゃく)さ 빈약함
- ★ 途絶(とだ)える 끊어지다, 두절되다
- ★ 加齢(かれい) 나이를 한 살 더 먹음
- ★ 努(つと)める 힘쓰다, 애쓰다
- ★ やけくそになる 자포자기하다
- ★ 同居(どうきょ) 동거, (가족이 한 집에서) 같이 삶
- ★ 取(と)り付(つ)く島(しま)がない 의지할 데가 없다
- ★ 団塊世代(だんかいせだい) 단카이세대, 1947년에서 1949년 사이에 태어난 일본의 베이비붐 세대

Day 24

기상・기후

오늘 날씨는 흐린 뒤 맑음

내일이 **待ちに待った** **遠足**인데 오전부터 계속 **土砂降り**여서 기분이 우울하다. **天気予報**에서는 오늘 날씨를 **低気圧**의 영향으로 오후에는 **曇り** 뒤 **晴れ**라고는 하는데, 요즘 워낙 **外れる**하는 경우가 많아서 **当てにならない**하는 것이 솔직한 기분이다. 나는 예전부터 비가 내리는 날이 너무 싫었다. 왜냐하면 비 때문에 옷이 **濡れる**하거나 **じめじめ**해서 빨래가 **乾く**하는 것도 더디기 때문이다. 다행히 조금 전부터 빗줄기가 점점 가늘어져 **しとしと**하게 내리고 있다. 이 비가 빨리 **止む**하면 좋겠다.

JPT 최신기출 어휘 베스트 14

- ☐ **待ちに待った** 기다리고 기다리던, 고대하던
- ☐ **遠足** 소풍
- ☐ **土砂降り** 비가 억수같이 내림
- ☐ **天気予報** 일기예보
- ☐ **低気圧** 저기압
- ☐ **曇り** 흐림
- ☐ **晴れ** 맑음, (하늘이) 갬
- ☐ **外れる** 맞지 않다, 빗나가다
- ☐ **当てにならない** 믿을 수 없다
- ☐ **濡れる** 젖다
- ☐ **じめじめ** 눅눅함, 축축함
- ☐ **乾く** 마르다, 건조하다
- ☐ **しとしと** 부슬부슬
- ☐ **止む** 그치다, 멎다

01 ★★★

☐ **待ちに待った**

- 待ち望む 대망하다, 기다리고 기다리다
- 待ち兼ねる 애타게 기다리다, 더 이상 참고 기다릴 수 없게 되다

기다리고 기다리던, 고대하던

もうすぐ、待ちに待ったゴールデンウィークですよ。
이제 곧 기다리고 기다리던 황금연휴예요.

待ちに待った雨のおかげで、草木も生き返るだろう。
기다리고 기다리던 비 덕분에 초목도 되살아날 것이다.

📝 적중 포인트

| 類 待ち焦がれる 애타게 기다리다
| 慣 首を長くする 목이 빠지게 기다리다

---

02 ★★

☐ **遠足**

- 類 ピクニック 피크닉, 소풍
- 見学 견학

소풍

遠足の日、体調不良のため、バスに酔ってしまった。
소풍날, 몸 상태가 좋지 않아서 버스 멀미를 하고 말았다.

遠足の思い出と言えば、何と言ってもおいしいお弁当ですね。
소풍의 추억이라고 하면 뭐니 뭐니 해도 맛있는 도시락이죠.

---

03 ★★★

☐ **土砂降り**

- ざあざあ 좍좍(비가 내리쏟아지는 소리)
- 降り注ぐ (햇빛·비 등이) 쏟아져 내리다
- 集中豪雨 집중호우
- ゲリラ豪雨 게릴라(성) 호우

비가 억수같이 내림

台風の影響なのか、朝から土砂降りが降っている。
태풍의 영향인지 아침부터 비가 억수같이 내리고 있다.

帰る途中、急に土砂降りが降ってきて、びしょ濡れになってしまった。
집에 돌아가는 도중에 갑자기 비가 억수같이 내려서 흠뻑 젖어 버렸다.

📝 적중 포인트

| 類 びしょ濡れ 흠뻑 젖음

Day **24** 오늘 날씨는 흐린 뒤 맑음 |기상·기후| • 295

04 ★★★

□ **天気予報** (てんきよほう)

- 週間予報(しゅうかんよほう) 주간예보
- 気象(きしょう)キャスター 기상캐스터(= お天気(てんき)キャスター)

일기예보

天気予報によると、台風が接近しているらしい。
일기예보에 의하면 태풍이 접근하고 있는 것 같다.

天気予報で、午後から雨が降ると言ってましたよ。洗濯物は中に入れて出かけた方がいいですよ。
일기예보에서 오후부터 비가 온다고 했어요. 빨래는 안에 넣고 나가는 편이 좋아요.

---

05 ★★

□ **低気圧** (ていきあつ)

- 반 高気圧(こうきあつ) 고기압
- 気圧配置(きあつはいち) 기압배치
- 気圧(きあつ)の谷(たに) 기압골

저기압

今日雨が降るのは、西から進んでくる低気圧のためだそうだ。
오늘 비가 내리는 것은 서쪽에서 다가오는 저기압 때문이라고 한다.

12日以降は北西から低気圧が近付き、気圧の谷や前線が日本上空を通過するため、天気が崩れる見込みです。
12일 이후는 북서에서 저기압이 다가와 기압골과 전선이 일본 상공을 통과하기 때문에 날씨가 나빠질 전망입니다.

---

06 ★★

□ **曇り** (くもり)

- どんより (하늘이) 어두침침한 모양
- 一雨来(ひとあめこ)そうだ 한차례 비가 올 것 같다

흐림

天気予報では、しばらくは曇りの日が続くと言ってましたよ。
일기예보에서는 당분간은 흐린 날이 계속될 거라고 했어요.

今年は曇りの日が多くて、紅葉がきれいに染まらなかったそうだ。
올해는 흐린 날이 많아서 단풍이 예쁘게 물들지 않았다고 한다.

📝 적중 포인트

관 雲行(くもゆ)きが怪(あや)しい 날씨가 수상하다

07 ★★

□ **晴れ** 맑음, (하늘이) 갬

- からりと 활짝(밝고 시원하게 넓은 모양)
- 晴天(せいてん) 청천, 맑은 하늘, 갠 날씨
- 好天(こうてん)に恵(めぐ)まれる 날씨가 좋다

今日(きょう)は、一日中(いちにちじゅう)予報通(よほうどお)り晴(は)れだった。
오늘은 하루 종일 예보대로 맑았다.

天気予報(てんきよほう)では、曇(くも)りのち晴(は)れだと言(い)っていました。
일기예보에서는 흐린 뒤 맑음이다 라고 했어요.

08 ★★★

□ **外(はず)れる** 맞지 않다, 빗나가다

- 반 当(あ)たる (예상이) 들어맞다, 적중하다(=的中(てきちゅう)する)
- 食(く)い違(ちが)う 일치하지 않다, 엇갈리다

最近(さいきん)、天気予報(てんきよほう)がよく外(はず)れる。
요즘 일기예보가 자주 맞지 않는다.

最近(さいきん)になって、気象庁(きしょうちょう)の予報(よほう)が外(はず)れるケースが多(おお)くて、市民(しみん)の不満(ふまん)が高(たか)まっているそうだ。
요즘 들어 기상청의 예보가 빗나가는 경우가 많아서 시민의 불만이 높아지고 있다고 한다.

09 ★★

□ **当(あ)てにならない** 믿을 수 없다

- 怪(あや)しい 수상하다, 의심스럽다
- 半信半疑(はんしんはんぎ) 반신반의

気象庁(きしょうちょう)の発表(はっぴょう)は、当(あ)てにならないと思(おも)う人(ひと)も多(おお)い。
기상청의 발표는 믿을 수 없다고 생각하는 사람도 많다.

結局(けっきょく)、気象庁(きしょうちょう)の桜(さくら)の開花予想日(かいかよそうび)も当(あ)てにならなかった。一週間(いっしゅうかん)も遅(おく)れたのだ。
결국 기상청의 벚꽃 개화 예상일도 믿을 것이 못 되었다. 1주일이나 늦어진 것이다.

10 ★★★

□ 濡れる

- ずぶ濡れ 흠뻑 젖음(=びしょ濡れ)
- びしょびしょ 흠뻑 젖음(=ずぶずぶ)

젖다

突然、にわか雨に降られて服が全部濡れてしまった。
갑자기 소나기가 내려서 옷이 전부 젖어 버렸다.

雨で道が濡れて滑りやすくなっているので、運転に気を付けてください。
비 때문에 길이 젖어서 미끄러지기 쉬우니까 운전에 주의하세요.

11 ★★★

□ じめじめ

- 湿っぽい 좀 축축하다, 눅눅하다

눅눅함, 축축함(습기가 많은 모양)

梅雨に入って、じめじめとした日が続いている。
장마가 시작되어 눅눅한 날이 이어지고 있다.

雨の日は家の中が湿っぽくて、じめじめしていますね。
비가 오는 날은 집 안이 습기가 차서 눅눅하네요.

📝 적중 포인트

형+동 湿る 눅눅해지다, 습기가 차다

12 ★★

□ 乾く

- 图 乾燥する 건조하다
- 乾かす 말리다
- からから 바삭바삭(바싹 마른 모양)

마르다, 건조하다

空気が非常に乾いていて、山火事が心配ですね。
공기가 몹시 건조해서 산불이 걱정스럽네요.

梅雨が明けて、天気がよくなり、洗濯物を干すとすぐに乾きます。
장마가 끝나고 날씨가 좋아져서 빨래를 널면 금새 마릅니다.

📝 적중 포인트

图 喉が渇く 목이 마르다

13 ★★

□ **しとしと**

- 春雨(はるさめ) 봄비
- 雨戸(あまど) 빗문

부슬부슬(비가 조용히 내리는 모양)

今朝から、しとしとと春雨が降っている。
오늘 아침부터 부슬부슬 봄비가 내리고 있다.

昨日は一日中雨がしとしとと降った。
어제는 하루 종일 비가 부슬부슬 내렸다.

14 ★★★

□ **止(や)む**

- 雨足(あまあし)が弱(よわ)まる 빗줄기가 약해지다
- 降(ふ)り積(つ)もる (눈 따위가) 내려 쌓이다

그치다, 멎다

午後には雨が止むだろうと思ったが、激しい雨が降り続いている。
오후에는 비가 그칠 것이라고 생각했는데 세찬 비가 계속 내리고 있다.

この雨は止みそうもない。一日中降りそうだ。
이 비는 그칠 것 같지 않다. 하루 종일 내릴 것 같다.

📝 적중 포인트

類 雨(あめ)が上(あ)がる 비가 그치다

15 ★★★

□ **温暖化(おんだんか)**

- 温室効果(おんしつこうか) 온실효과
- 気象異変(きしょういへん) 기상이변

온난화

地球温暖化を防ぐために、最善を尽くすべきだ。
지구온난화를 막기 위해서 최선을 다해야 한다.

人間の活動によって、温室効果ガスが増えたのも地球温暖化の原因の一つである。
인간의 활동에 의해 온실효과가스가 증가한 것도 지구온난화 원인 중 하나다.

16 ★★

□ 稲妻(いなずま)

- 圏 稲光(いなびかり) 번개
- 雷(かみなり)が鳴(な)る 천둥이 치다

번개

空(そら)を見上(みあ)げると、稲妻(いなずま)の光(ひかり)が見(み)えた。
하늘을 올려다보니 번갯불이 보였다.

稲妻(いなずま)と雷(かみなり)の音(おと)がすごくて、目(め)が覚(さ)めてしまった。
번개와 천둥 소리가 굉장해서 잠이 깨 버렸다.

17 ★★

□ 熱帯(ねったい)

- 亜熱帯(あねったい) 아열대
- 熱帯雨林(ねったいうりん) 열대우림

열대

一年中高温(いちねんじゅうこうおん)で、昼夜(ちゅうや)の気温差(きおんさ)が大(おお)きい気候(きこう)を「熱帯気候(ねったいきこう)」という。
일년 내내 고온으로 밤낮의 기온 차가 큰 기후를 '열대기후'라고 한다.

人口(じんこう)と農地需要(のうちじゅよう)の増加(ぞうか)によって、熱帯(ねったい)雨林(うりん)が減(へ)ってきている。
인구와 농지 수요 증가로 인해 열대우림이 줄어들고 있다.

18 ★★

□ 大気汚染(たいきおせん)

- 取(と)り囲(かこ)む 둘러싸다
- 大気圏(たいきけん) 대기권

대기오염

東(ひがし)アジアを中心(ちゅうしん)に、新興国(しんこうこく)で大気汚染(たいきおせん)が深刻化(しんこくか)している。
동아시아를 중심으로 신흥국에서 대기오염이 심각해지고 있다.

大気汚染(たいきおせん)の原因(げんいん)となる物質(ぶっしつ)は、「煤煙(ばいえん)」、「粉塵(ふんじん)」、「自動車排気(じどうしゃはいき)ガス」などだ。
대기오염의 원인이 되는 물질은 '매연', '분진', '자동차 배기가스' 등이다.

19 ★★

□ **降水量** _{こうすいりょう}

- 圓 雨量 우량, 강수량
- 降雪量 강설량

강수량

この地域に降水量が少ないのは、地形と季節風のためだと言われている。
이 지역에 강수량이 적은 것은 지형과 계절풍 때문이라고 한다.

今年の降水量は全国的に平年並みか、それ以上となることが予想されます。
올해 강수량은 전국적으로 평년 수준이거나 그 이상 될 것이 예상됩니다.

20 ★★

□ **霧** _{きり}

- 圓 霞 (봄)안개
- 霧が立つ 안개가 끼다
- 朝霧 아침 안개
- 夕霧 저녁 안개
- 夜霧 밤안개

안개

霧が立って、視界が非常に悪いですね。
안개가 껴서 시야가 굉장히 나쁘네요.

朝よりも霧が濃くなって、10メートル先も見えなくなった。
아침보다도 안개가 짙어져서 10m 앞도 보이지 않게 되었다.

📖 적중 포인트

圀 視界が悪い 시야가 나쁘다

21 ★★★

□ **天気が崩れる** _{てんき くず}

- 降水を伴う 강수를 동반하다
- 一転する 완전히 바뀌다

날씨가 나빠지다, 날씨가 흐려지다

週末から、天気が崩れるみたいよ。
주말부터 날씨가 나빠지는 모양이야.

午後は気圧の谷の影響で、天気が崩れるところが多いでしょう。
오후에는 기압골의 영향으로 날씨가 나빠지는 곳이 많을 것입니다.

22 ★★★

□ 氷点下(ひょうてんか)
- 圀 零下(れいか) 영하
- 摂氏(せっし) 섭씨(↔華氏(かし))
- 凝固点(ぎょうこてん) 응고점

빙점하, 영하

温度計(おんどけい)は氷点下(ひょうてんか)18度(じゅうはちど)を指(さ)している。
온도계는 영하 18도를 가리키고 있다.

明日(あした)北海道(ほっかいどう)は、最低気温(さいていきおん)が氷点下(ひょうてんか)20度(にじゅうど)まで下(さ)がり、大分(だいぶ)冷(ひ)え込(こ)んだ天気(てんき)になるでしょう。
내일 홋카이도는 최저기온이 영하 20도까지 내려가 상당히 추운 날씨가 될 것입니다.

23 ★★

□ 最高気温(さいこうきおん)
- 凨 最低気温(さいていきおん) 최저기온
- 平均気温(へいきんきおん) 평균기온
- 花冷(はなび)え 꽃샘추위

최고기온

今日(きょう)の最高気温(さいこうきおん)は、マイナス3度(さんど)だそうです。
오늘 최고기온은 마이너스 3도라고 합니다.

熱中症(ねっちゅうしょう)は、最高気温(さいこうきおん)が30度(さんじゅうど)以上(いじょう)になる真夏日(まなつび)に、多(おお)く発生(はっせい)するという。
일사병은 최고기온이 30도 이상이 되는 한여름날에 많이 발생한다고 한다.

24 ★★★

□ 梅雨(つゆ)
- 梅雨(つゆ)に入(はい)る 장마가 시작되다(↔梅雨(つゆ)が明(あ)ける)
- 梅雨入(つゆい)り 장마가 시작됨(↔梅雨明(つゆあ)け)
- 梅雨前線(ばいうぜんせん) 장마전선

장마

東京都(とうきょうと)は、6月中旬(ろくがつちゅうじゅん)から梅雨(つゆ)に入(はい)る見込(みこ)みです。
도쿄도는 6월 중순부터 장마가 시작될 전망입니다.

気象庁(きしょうちょう)によると、早(はや)ければ20日(はつか)に梅雨(つゆ)が明(あ)けるそうです。
기상청에 의하면 이르면 20일에 장마가 끝난다고 합니다.

Day 24 Check Up Test

★ 다음 단어의 뜻을 오른쪽에서 찾아 연결해 보세요.

❶ 温暖化 • • ⓐ 눅눅함, 축축함
❷ 濡れる • • ⓑ 온난화
❸ じめじめ • • ⓒ 번개
❹ 稲妻 • • ⓓ 젖다
❺ 低気圧 • • ⓔ 저기압

★ 공란에 들어갈 적절한 단어를 보기에서 골라 넣으세요.

ⓐ しとしと	ⓑ 外れる	ⓒ 土砂降り
ⓓ 最高気温	ⓔ 乾く	ⓕ 遠足
ⓖ 待ちに待った	ⓗ 大気汚染	ⓘ 天気が崩れる

❻ 朝から雨が_____降っています。今日は1日曇り空と雨模様みたいです。
❼ 天気予報では一日中晴れると言ったのに、_____の雨が降っている。
❽ 明日は_____ところが多くなりそうです。
❾ _____修学旅行なのに、朝から空模様が怪しい。
❿ 最近の天気予報はよく_____ので、念のため、傘を持って出かけた。

정답 ❶ ⓑ ❷ ⓓ ❸ ⓐ ❹ ⓒ ❺ ⓔ ❻ ⓐ ❼ ⓒ ❽ ⓘ ❾ ⓖ ❿ ⓑ

+ 최신기출 기본 어휘

오늘 날씨는 흐린 뒤 맑음 `기상·기후`

청해

- ★ 雲(くも) 구름 ☐☐☐
- ★ 雪(ゆき) 눈 ☐☐☐
- ★ 表示(ひょうじ) 표시 ☐☐☐
- ★ 海水(かいすい) 해수 ☐☐☐
- 風速(ふうそく) 풍속 ☐☐☐
- ★ 海洋(かいよう) 해양 ☐☐☐
- 火山(かざん) 화산 ☐☐☐
- ★ 密接(みっせつ) 밀접 ☐☐☐
- ★ 導入(どうにゅう) 도입 ☐☐☐
- ★ 観測(かんそく) 관측 ☐☐☐

- 増大(ぞうだい) 증대 ☐☐☐
- 激化(げきか) 격화 ☐☐☐
- 周辺(しゅうへん) 주변 ☐☐☐
- 統計(とうけい) 통계 ☐☐☐
- 南極(なんきょく) 남극 ☐☐☐
- 北極(ほっきょく) 북극 ☐☐☐
- 分布(ぶんぷ) 분포 ☐☐☐
- 温度(おんど) 온도 ☐☐☐
- ★ 四季(しき) 사계, 사계절 ☐☐☐
- 水滴(すいてき) 물방울 ☐☐☐

독해

- ★ データ 데이터 ☐☐☐
- ★ 季節風(きせつふう) 계절풍 ☐☐☐
- ★ 曇り空(くもりぞら) 흐린 하늘 ☐☐☐
- ★ 波浪(はろう) 파랑, 파도 ☐☐☐
- 太平洋(たいへいよう) 태평양 ☐☐☐
- ★ 晴れ上(は あ)がる 맑게 개다 ☐☐☐
- ★ 気象予報士(きしょうよほうし) 기상예보사 ☐☐☐
- ★ 潮(しお) 바닷물, 조수 ☐☐☐
- ★ 干(かん)ばつ 한발, 가뭄 ☐☐☐
- ★ 晴れ渡(は わた)る (하늘이) 활짝 개다 ☐☐☐

- 気象台(きしょうだい) 기상대 ☐☐☐
- 連続的(れんぞくてき) 연속적 ☐☐☐
- 日射量(にっしゃりょう) 일사량 ☐☐☐
- 注意報(ちゅういほう) 주의보 ☐☐☐
- 天気図(てんきず) 일기도 ☐☐☐
- 沿岸部(えんがんぶ) 연안부 ☐☐☐
- 自然科学(しぜんかがく) 자연과학 ☐☐☐
- 日照時間(にっしょうじかん) 일조시간 ☐☐☐
- 雨模様(あまもよう) 비가 올 듯한 날씨 ☐☐☐

+최신기출 고득점 어휘

오늘 날씨는 흐린 뒤 맑음 〔기상·기후〕

청해

- ★ 露(つゆ) 이슬
- 霜(しも) 서리
- ★ 疾風(しっぷう) 질풍
- 微風(びふう) 미풍
- 順風(じゅんぷう) 순풍
- 虹(にじ) 무지개
- ★ 吹雪(ふぶき) 눈보라
- 糠雨(ぬかあめ) 보슬비, 이슬비
- 秋雨(あきさめ) 가을비
- ★ 風速計(ふうそくけい) 풍속계
- 風浪(ふうろう) 풍랑
- 風向計(ふうこうけい) 풍향계
- ★ 雹(ひょう) 우박
- ★ 上陸(じょうりく) 상륙
- ★ 北上(ほくじょう) 북상
- ★ 凝結(ぎょうけつ) 응결
- ★ 空模様(そらもよう) 날씨
- ★ 山脈(さんみゃく) 산맥
- ★ 要素(ようそ) 요소
- ★ 寒流(かんりゅう) 한류
- 暖流(だんりゅう) 난류
- 霙(みぞれ) 진눈깨비
- 陽炎(かげろう) 아지랑이
- 測候所(そっこうじょ) 측후소, 기상관측소

독해

- ★ そよ風(かぜ) 산들바람
- 慈雨(じう) 자우, 단비
- 精度(せいど) 정도, 정밀도
- 山おろし(やま) 내리 부는 산바람
- 晴(は)れ間(ま) 구름 사이로 보이는 푸른 하늘
- ★ 曇(くも)りがち 흐려지기 쉬움, 흐린 날이 많음
- 雨(あめ)もよい 비가 올 듯함, 비가 올 듯한 날씨
- ★ 木枯(こが)らし 늦가을부터 초겨울에 걸쳐 부는 찬바람
- 牡丹雪(ぼたんゆき) 함박눈
- 旋風(せんぷう) 선풍, 회오리바람
- 万年雪(まんねんゆき) 만년설
- ★ 山岳地帯(さんがくちたい) 산악지대

Day 25

정치

의미 없는 싸움은 이제 그만!

일본 뉴스를 보고 있자니 한숨만 나온다. **国会 会期**말까지 2주도 남지 않았는데 2대 **政党**는 아직도 **常識外れ**한 행동만 하고 있다고 한다. 게다가 **大臣**이 **賄賂**를 받아 구속되었다는 소식도 함께 들려오니 정말이지 지금의 **政治家**들에게 **嫌気が差す**하는 사람도 많을 것 같다. 안 그래도 얼마 전에 **消費税** 증세 등의 법안이 **参議院**에서 **可決**되어 **政局**가 혼란스러운 상황이라고 하는데…. **生煮え**한 태도나 **辻褄**가 맞지 않는 답변만 하지 말고 부디 국민의 입장과 삶의 질 향상을 위해 노력하는 정치가들이 되었으면 좋겠다.

JPT 최신기출 어휘 베스트 14

- 国会(こっかい) 국회
- 会期(かいき) 회기
- 政党(せいとう) 정당
- 常識外れ(じょうしきはずれ) 상식을 벗어남
- 大臣(だいじん) 대신, (국무)장관
- 賄賂(わいろ) 뇌물
- 政治家(せいじか) 정치가
- 嫌気が差す(いやけがさす) 싫어지다, 싫증이 나다
- 消費税(しょうひぜい) 소비세
- 参議院(さんぎいん) 참의원
- 可決(かけつ) 가결
- 政局(せいきょく) 정국
- 生煮え(なまにえ) (태도·성질이) 모호함
- 辻褄(つじつま) 이치, 조리

01 ★★

国会 (こっかい)
- 通常国会 (つうじょうこっかい) 통상국회
- 臨時国会 (りんじこっかい) 임시국회

국회

国会では、来年度の予算をめぐって激論になった。
국회에서는 내년도 예산을 둘러싸고 격론이 일어났다.

民法の一部を改正する法案が、国会に提出された。
민법의 일부를 개정하는 법안이 국회에 제출되었다.

02 ★★

会期 (かいき)
- 定例会 (ていれいかい) 정례회
- 臨時会 (りんじかい) 임시회

회기

現在、国会には会期内に処理すべき法案が山積みになっている。
현재 국회에는 회기 내에 처리해야 하는 법안이 산적되어 있다.

国会会期内に、きちんと処理された法案は3割しかないという。
국회 회기 내에 제대로 처리된 법안은 30%밖에 없다고 한다.

03 ★★★

政党 (せいとう)
- 与党 (よとう) 여당 (↔野党 やとう)
- 政党交付金 (せいとうこうふきん) 정당교부금

정당

消費税をめぐった政党間の意見の食い違いが浮き彫りになっている。
소비세를 둘러싼 정당 간의 의견 차이가 뚜렷해지고 있다.

国民が政党に要求する法案と政党が推進しようとする法案が、全て食い違っている。
국민이 정당에 요구하는 법안과 정당이 추진하고자 하는 법안이 모두 어긋나고 있다.

04 ★★★

□ **常識外れ** (じょうしき はず)

상식을 벗어남

- 常識知らず 상식을 모름
- 一般常識 일반상식
- 非常識 몰상식

その国会議員の常識外れの行動に、みんな言葉を失った。
그 국회의원의 상식을 벗어난 행동에 모두 할 말을 잃었다.

今度の発言は、影響力の大きな国会議員の発言としては相当な常識外れだと思う。
이번 발언은 영향력이 큰 국회의원의 발언치고는 상당히 상식을 벗어난 것이라고 생각한다.

05 ★★

□ **大臣** (だいじん)

대신, (국무)장관

- 内閣総理大臣 내각총리대신, 수상(=首相)
- 外務大臣 외무대신, 외무장관
- ～相 ～상, ～대신, ～장관

今日、外務大臣がテロに対する談話を発表した。
오늘 외무대신이 테러에 대한 담화를 발표했다.

法務大臣は、賄賂事件でたった6ヵ月で大臣の地位を辞することになった。
법무대신은 뇌물사건으로 단 6개월에 대신의 자리를 사퇴하게 되었다.

06 ★★

□ **賄賂** (わいろ)

뇌물

- 金品 금품
- 便宜を図る 편의를 도모하다

農林水産大臣が、多額の賄賂を受け取ったことが明らかになった。
농림수산대신이 많은 금액의 뇌물을 받은 것이 밝혀졌다.

国会議員ともあろう者が賄賂をもらうなんて、あり得ないことである。
명색이 국회의원이라는 자가 뇌물을 받다니, 있을 수 없는 일이다.

확장 표현

청+독 見返りを求める 보상을 요구하다

07 ★★

☐ **政治家** (せいじか)
- 国会議員 (こっかいぎいん) 국회의원
- 閣僚 (かくりょう) 각료
- 官僚 (かんりょう) 관료

정치가

相変わらず、政治家の汚職問題が相次いでいる。
여전히 정치가의 독직 문제가 잇따르고 있다.

税金が政治家の海外研修という名目で、遊興費に使われるのは腹立たしいですね。
세금이 정치가의 해외연수라는 명목으로 유흥비에 쓰이는 것은 화가 나네요.

08 ★★★

☐ **嫌気が差す** (いやけがさす)
- うんざり 지긋지긋함
- こりごり 지긋지긋함

싫어지다, 싫증이 나다

今の内閣の誕生背景には、当時の政治に嫌気が差した国民の存在がある。
현 내각의 탄생 배경에는 당시의 정치가 싫어진 국민의 존재가 있다.

新しい内閣が構成されたが、全く代わり映えのしない政治家の顔触れに嫌気が差した。
새 내각이 구성되었지만 전혀 바꾼 보람이 없는 정치가의 진용에 싫증이 났다.

09 ★★

☐ **消費税** (しょうひぜい)
- 間接税 (かんせつぜい) 간접세(↔直接税(ちょくせつぜい))
- 引き上げ (ひきあげ) 인상(↔引き下げ(ひきさげ))
- 増税 (ぞうぜい) 증세(↔減税(げんぜい))

소비세

消費税を引き上げることには反対だ。
소비세를 인상하는 것에는 반대다.

政府は来年、消費税率を1パーセント引き上げるという消費増税法案を公表した。
정부는 내년에 소비세율을 1% 인상한다는 소비증세법안을 공표했다.

10 ★★

□ **参議院** (さんぎいん)
- 衆議院 (しゅうぎいん) 중의원
- 上院 (じょういん) 상원(↔下院 かいん)

참의원 (줄여서 「参院さんいん」이라고도 함)

日本の国会は、参議院と衆議院の2つの議院で成り立っている。
일본의 국회는 참의원과 중의원의 두 개의 의원으로 이루어져 있다.

参議院の定数は、公職選挙法により定められている。
참의원의 정족수는 공직선거법에 의해 정해져 있다.

11 ★★★

□ **可決** (かけつ)
- 凹 否決 (ひけつ) 부결
- 議決 (ぎけつ) 의결

가결

この議案の可決を宣布します。
이 의안의 가결을 선포합니다.

首相に対する問責決議は、野党の賛成多数で可決された。
수상에 대한 문책 결의는 야당의 찬성 다수로 가결되었다.

12 ★★

□ **政局** (せいきょく)
- 政局が行き詰まる 정국이 침체 상태에 빠지다
- 動向 (どうこう) 동향

정국

今は政局の収拾が重要だ。
지금은 정국 수습이 중요하다.

最近、政局が再び混乱している。
최근 정국이 다시 혼란스러워지고 있다.

13 ★★★

□ **生煮え** (なまに)

- あやふや 애매함, 모호함
- 曖昧(あいまい) 애매함, 모호함

(태도・성질이) 모호함

増税提案(ぞうぜいていあん)について、首相(しゅしょう)は生煮(なまに)えの態度(たいど)を取(と)っている。
증세 제안에 대해서 수상은 모호한 태도를 취하고 있다.

その政党(せいとう)の税制改革案(ぜいせいかいかくあん)は、生煮(なまに)えだと言(い)わざるを得(え)ない。
그 정당의 세제 개혁안은 모호하다고 말하지 않을 수 없다.

📝 **적중 포인트**

청+독 煮(に)え切(き)らない (생각이나 태도가) 미적지근하다, 애매하다

14 ★★★

□ **辻褄** (つじつま)

- 筋道(すじみち)が通(とお)る 조리가 있다, 이치에 맞다
- 理不尽(りふじん) 부당함

이치, 조리

その大臣(だいじん)の発言(はつげん)は、全(まった)く辻褄(つじつま)が合(あ)わなかった。
그 대신의 발언은 전혀 이치에 맞지 않았다.

彼(かれ)は辻褄(つじつま)が合(あ)わないことばかり言(い)っている。
그는 이치에 맞지 않는 말만 하고 있다.

15 ★

□ **失脚** (しっきゃく)

- 更迭(こうてつ) 경질
- 失言(しつげん) 실언

실각

結局(けっきょく)、彼(かれ)は収賄事件(しゅうわいじけん)で失脚(しっきゃく)した。
결국 그는 뇌물수수 사건으로 실각했다.

絶大(ぜつだい)な支持(しじ)を受(う)けていた彼(かれ)の失脚(しっきゃく)は、国民(こくみん)たちにもショックだったらしい。
많은 지지를 받고 있던 그의 실각은 국민들에게도 충격이었던 것 같다.

16 ★★★

□ **マニフェスト**

- 圓 選挙公約(せんきょこうやく) 선거공약
- 総選挙(そうせんきょ) 총선거

정권공약, 선거공약

総選挙(そうせんきょ)に向(む)けた与党(よとう)のマニフェストが報道(ほうどう)された。
총선거를 향한 여당의 선거공약이 보도되었다.

その党(とう)はマニフェスト実現(じつげん)を「国民(こくみん)との契約(けいやく)」と呼(よ)び掛(か)けている。
그 당은 선거공약 실현을 '국민과의 계약'이라고 호소하고 있다.

17 ★★

□ **物議(ぶつぎ)を醸(かも)す**

- 引(ひ)き起(お)こす 일으키다, 야기하다
- 波紋(はもん)を呼(よ)ぶ 파문을 일으키다

물의를 일으키다

国会(こっかい)でのある大臣(だいじん)の発言(はつげん)が物議(ぶつぎ)を醸(かも)している。
국회에서의 어느 대신의 발언이 물의를 일으키고 있다.

非常識(ひじょうしき)な発言(はつげん)で、物議(ぶつぎ)を醸(かも)す政治家(せいじか)が絶(た)えない。
몰상식한 발언으로 물의를 일으키는 정치가가 끊이지 않는다.

📝 적중 포인트

청+圓 火種(ひだね) 불씨

18 ★★★

□ **山場(やまば)**

- 圓 クライマックス 정점, 최고조 (=最高潮(さいこうちょう))
- 絶頂(ぜっちょう) 절정
- 正念場(しょうねんば) 중대한 국면, 중요한 시기

절정, 고비

核問題(かくもんだい)の解決(かいけつ)を目指(めざ)す6ヵ国協議(ろっこくきょうぎ)は、現在大(げんざいおお)きな山場(やまば)を迎(むか)えている。
핵문제 해결을 목표로 하는 6자회담은 현재 큰 고비를 맞이하고 있다.

社会保障(しゃかいほしょう)をめぐって、国会(こっかい)での議論(ぎろん)が最大(さいだい)の山場(やまば)を迎(むか)えている。
사회보장을 둘러싸고 국회에서의 논의가 최대의 고비를 맞이하고 있다.

📝 적중 포인트

청+圓 肝心要(かんじんかなめ) 가장 중요함

19 ★★★

□ **迫る** (せま)

- 🗾 近付く 다가오다(=押し迫る、差し迫る)
- 押し寄せる 밀어닥치다, 밀려들다, 몰려들다

다가오다, 닥쳐오다

危機に迫っているにもかかわらず、今の政権は責任を取ろうとしない。
위기가 닥쳐오고 있음에도 불구하고 현 정권은 책임을 지려고 하지 않는다.

ニュースによると、イギリスの下院選挙が1週間後の12日に迫っているそうだ。
뉴스에 의하면 영국의 하원선거가 1주일 후인 12일로 다가오고 있다고 한다.

20 ★★

□ **当選** (とうせん)

- 🔁 落選 낙선
- 再選 재선
- 立候補 입후보

당선

有名な俳優だった田中氏が、知事選に出て当選したという。
유명한 배우였던 다나카 씨가 지사선거에 나가서 당선되었다고 한다.

まだ開票率は30パーセントだが、鈴木候補の当選が確実視されているそうだ。
아직 개표율은 30%지만 스즈키 후보의 당선이 확실시되고 있다고 한다.

📖 **적중 포인트**

🗾 泡沫候補(ほうまつこうほ) 거품후보, 당선 가능성이 조금도 없는 후보자

21 ★★

□ **放棄** (ほうき)

- 投げ捨てる 내던지다, 팽개치다
- 棄権 기권

포기

投票によって、国政に参加する国民の権利を放棄すべきではない。
투표에 의해 국정에 참가하는 국민의 권리를 포기해서는 안 된다.

生活保護制度の改悪は、国の責任を放棄するようなことである。
생활보호제도의 개악은 국가의 책임을 포기하는 것과 같은 일이다.

📖 **적중 포인트**

🗾 匙を投げる (일에 가망이 없어) 손을 떼다, 단념하다

22 ★★

□ **過半数** (かはんすう)

- 多数決 (たすうけつ) 다수결
- 半分を越える (はんぶんをこえる) 절반을 넘다

과반수

所得税法改正案を、在席議員の過半数の賛成で議決した。
소득세법 개정안을 재석의원 과반수의 찬성으로 의결했다.

今回の決議案は賛成 53 票で、過半数以上の賛成で可決された。
이번 결의안은 찬성 53표로 과반수 이상의 찬성으로 가결되었다.

📘 적중 포인트

> 청 過半数を占める (かはんすうをしめる) 과반수를 차지하다

23 ★★

□ **献金** (けんきん)

- 企業献金 (きぎょうけんきん) 기업헌금
- 政治献金 (せいじけんきん) 정치헌금

헌금

農水相に続いて、文科相の不正献金疑惑が浮上した。
농수상에 이어 문과상의 부정헌금 의혹이 부상했다.

公認献金を受け取って、彼を公認したという噂が事実と明らかになった。
공천헌금을 받고 그를 공천했다는 소문이 사실로 밝혀졌다.

24 ★★

□ **弾劾** (だんがい)

- 弾劾案 (だんがいあん) 탄핵안
- 訴追 (そつい) 소추

탄핵

裁判官が弾劾により罷免されるのは、職務上の義務に著しく違反した時である。
재판관이 탄핵에 의해 파면되는 것은 직무상 의무를 명백히 위반했을 때다.

女性の下半身をスマホで盗撮した裁判官が、「弾劾裁判」により罷免された。
여성의 하반신을 스마트폰으로 도촬한 재판관이 '탄핵재판'에 의해 파면되었다.

Day 25 Check Up Test

★ 다음 단어의 뜻을 오른쪽에서 찾아 연결해 보세요.

❶ 辻褄　　　　•　　　•　ⓐ 이치, 조리

❷ マニフェスト　•　　　•　ⓑ 가결

❸ 迫る　　　　•　　　•　ⓒ 정권공약, 선거공약

❹ 可決　　　　•　　　•　ⓓ 다가오다, 닥쳐오다

❺ 物議を醸す　•　　　•　ⓔ 물의를 일으키다

★ 공란에 들어갈 적절한 단어를 보기에서 골라 넣으세요.

ⓐ 山場　　　ⓑ 政局　　　ⓒ 会期
ⓓ 賄賂　　　ⓔ 放棄　　　ⓕ 生煮え
ⓖ 常識外れ　ⓗ 嫌気が差す　ⓘ 過半数

❻ そんなに簡単に国民の権利を_____してはいけません。
❼ 現職大臣が_____を受け取った疑いで逮捕された。
❽ 政治家ときたら、いつも_____の態度ばかり取っているから、気に入らない。
❾ その議員の_____な行動に呆れて物も言えなかった。
❿ 今度の選挙で与党が_____の議席を維持できるかどうかは疑問だ。

정답　❶ ⓐ　❷ ⓒ　❸ ⓓ　❹ ⓑ　❺ ⓔ　❻ ⓔ　❼ ⓓ　❽ ⓕ　❾ ⓖ　❿ ⓘ

최신기출 기본 어휘

의미 없는 싸움은 이제 그만! 정치

청해

- ★ 閉会(へいかい) 폐회 ☐☐☐
- ★ 審議(しんぎ) 심의 ☐☐☐
- ★ 廃案(はいあん) 폐안, 폐기된 안건 ☐☐☐
- ★ 現職(げんしょく) 현직 ☐☐☐
- ★ 通過(つうか) 통과 ☐☐☐
- ★ 強硬(きょうこう) 강경 ☐☐☐
- ★ 公開(こうかい) 공개 ☐☐☐
- ★ 人材(じんざい) 인재 ☐☐☐
- ★ 引退(いんたい) 은퇴 ☐☐☐
- ★ 強行(きょうこう) 강행 ☐☐☐
- ★ 腐敗(ふはい) 부패 ☐☐☐
- ★ 任期(にんき) 임기 ☐☐☐
- ★ 税金(ぜいきん) 세금 ☐☐☐
- ★ 実施(じっし) 실시 ☐☐☐
- ★ 独自(どくじ) 독자 ☐☐☐
- ★ 骨格(こっかく) 골격 ☐☐☐
- ★ 集会(しゅうかい) 집회 ☐☐☐
- ★ 次期(じき) 차기 ☐☐☐
- ★ 立案(りつあん) 입안 ☐☐☐
- ★ 党首(とうしゅ) 당수, 당대표 ☐☐☐

독해

- ★ 論理的(ろんりてき) 논리적 ☐☐☐
- ★ 不合理(ふごうり) 불합리 ☐☐☐
- ★ 改革案(かいかくあん) 개혁안 ☐☐☐
- ★ 立法機関(りっぽうきかん) 입법기관 ☐☐☐
- ★ 公職選挙法(こうしょくせんきょほう) 공직선거법 ☐☐☐
- ★ 社会保障(しゃかいほしょう) 사회보장 ☐☐☐
- ★ 食い違い(くいちがい) 차이, 불일치, 어긋남 ☐☐☐
- ★ 掲げる(かかげる) 내걸다, 내세우다 ☐☐☐
- ★ ちぐはぐ 뒤죽박죽 ☐☐☐
- ★ 釘を刺す(くぎをさす) 못을 박다, 다짐을 해 두다 ☐☐☐
- ★ 無効(むこう) 무효 ☐☐☐
- ★ 不一致(ふいっち) 불일치 ☐☐☐
- ★ 支持者(しじしゃ) 지지자 ☐☐☐
- ★ 説明会(せつめいかい) 설명회 ☐☐☐
- ★ 幹事長(かんじちょう) 간사장 ☐☐☐
- ★ 予備選(よびせん) 예비선거 ☐☐☐
- ★ 討論会(とうろんかい) 토론회 ☐☐☐
- ★ 絡む(からむ) 얽히다, 관계되다 ☐☐☐
- ★ 文部科学大臣(もんぶかがくだいじん) 문부과학대신 ☐☐☐

최신기출 고득점 어휘

의미 없는 싸움은 이제 그만! **정치**

청해

- ★ 公務(こうむ) 공무
- ★ 黙認(もくにん) 묵인
- ★ 幹部(かんぶ) 간부
- ★ 牽制(けんせい) 견제
- ★ 転嫁(てんか) 전가
- ★ 召集(しょうしゅう) 소집
- ★ 攻防(こうぼう) 공방
- ★ 擁立(ようりつ) 옹립
- ★ 賛否(さんぴ) 찬부
- ★ 有無(うむ) 유무

- ★ 苦戦(くせん) 고전
- ★ 結束(けっそく) 결속
- ★ 派閥(はばつ) 파벌
- ★ 釈明(しゃくめい) 석명, 해명
- ★ 党略(とうりゃく) 당략
- ★ 趣旨(しゅし) 취지
- ★ 政務(せいむ) 정무
- ★ 戦術(せんじゅつ) 전술
- ★ 素案(そあん) 소안, 초안
- ★ 条文(じょうぶん) 조문

독해

- ★ 納得(なっとく) 납득
- ★ 留保(りゅうほ) 유보
- ★ 記者団(きしゃだん) 기자단
- ★ 補佐官(ほさかん) 보좌관
- ★ 児童手当(じどうてあて) 아동수당
- ★ 幕引き(まくひき) 끝나는 것, 종결
- ★ 折り合う(おりあう) 타협하다, 절충하다
- ★ 投げ出す(なげだす) 내팽개치다
- ★ 丸呑み(まるのみ) 무조건 받아들임, 수락함
- ★ 方針(ほうしん)を固(かた)める 방침을 굳히다

- ★ 意向(いこう) 의향
- ★ 高官(こうかん) 고관
- ★ 任命(にんめい) 임명
- ★ 非公式(ひこうしき) 비공식
- ★ デマ 데마, 선동, 악선전
- ★ 厚生労働省(こうせいろうどうしょう) 후생노동성
- ★ 強腰(つよごし) 강경한 태도
- ★ 弱腰(よわごし) 소극적임, 저자세

Day 26

국제관계 · 외교

벼랑 끝 외교의 달인은 어느 나라?

세계 각지에서 **テロ**나 **デモ** 등 **紛争**이 끊이지 않고 있다. 항상 느끼는 것이지만 국제관계에서는 정의, **平和**보다도 언제나 **国益**가 우선시되는 것 같다. 최근 우리나라도 인접국의 **核兵器** 개발 문제로 인해 지금까지의 **雪解けムード**가 순식간에 경색되어 점차 **緊張**가 고조되고 있는데, 서로가 조금씩 **歩み寄る**해서 해결의 **糸口**를 찾는 것이 필요하다고 생각한다. 그렇다고는 하지만 **果たして** 우리나라가 긴장의 극대화로 **交渉** 상대를 압박해서 **実利**를 취하는 **瀬戸際外交**의 달인인 그 나라의 외교력을 이길 수 있을까?

JPT 최신기출 어휘 베스트 14

- □ テロ 테러
- □ デモ 데모, 시위
- □ 紛争(ふんそう) 분쟁
- □ 平和(へいわ) 평화
- □ 国益(こくえき) 국익
- □ 核兵器(かくへいき) 핵무기
- □ 雪解(ゆきど)けムード 해빙무드
- □ 緊張(きんちょう) 긴장
- □ 歩(あゆ)み寄(よ)る 양보하다
- □ 糸口(いとぐち) 실마리
- □ 果(は)たして 과연, 정말로
- □ 交渉(こうしょう) 교섭, 협의, 협상
- □ 実利(じつり) 실리
- □ 瀬戸際外交(せとぎわがいこう) 벼랑 끝 외교

01 ★★

□ **テロ**
- 自爆テロ 자폭테러
- 無差別テロ 무차별테러
- 同時多発テロ 동시다발테러

테러(「テロリズム」의 준말)

テロ活動を支援する国とは、外交関係を絶つべきだ。
테러활동을 지원하는 나라와는 외교관계를 단절해야 한다.

世界平和を唱える一方で、またテロ事件が発生した。
세계 평화를 주창하는 한편으로, 또 테러사건이 발생했다.

02 ★★

□ **デモ**
- デモ隊 데모대

데모, 시위(「デモンストレーション」의 준말)

デモ隊がプラカードを掲げて、市内を行進している。
데모대가 플래카드를 내걸고 시내를 행진하고 있다.

約3万人の反戦デモ隊が繁華街を練り歩いた。
약 3만 명의 반전 데모대가 번화가를 행렬을 지어 천천히 걸었다.

03 ★★

□ **紛争**
- 揉め事 다툼, 분규, 내분
- 摩擦 마찰

분쟁

政権が変わって、紛争が治まった。
정권이 바뀌어서 분쟁이 수습되었다.

今回の紛争は、両国間の信頼不足のせいだ。
이번 분쟁은 양국 간의 신뢰 부족 탓이다.

📝 **적중 포인트**

圏 いざこざ (사소한) 다툼, 싸움, 분규

04 ★★★

□ **平和**(へいわ)

- 圆 ピース 평화
- 平和の象徴 평화의 상징

평화

平和のためには、核実験を止めることだ。
평화를 위해서는 핵실험을 중지해야 한다.

地球上からテロや戦争がなくなって、早く平和な世界が訪れるといいですね。
지구상에서 테러와 전쟁이 없어져서 빨리 평화로운 세상이 오면 좋겠네요.

05 ★★

□ **国益**(こくえき)

- 国利 국리, 국가 이익
- 国力 국력

국익

国益を理由に、国民の権利が侵害されてはいけない。
국익을 이유로 국민의 권리가 침해되어서는 안 된다.

今度の議会の決定は、国益に反すると非難されている。
이번 의회 결정은 국익에 반한다고 비난받고 있다.

06 ★★

□ **核兵器**(かくへいき)

- 6ヵ国協議 6자회담
- 原爆 원폭, 원자폭탄(「原子爆弾」의 준말)
- 原発 원자력발전소(「原子力発電所」의 준말)
- 滅びる 멸망하다, 없어지다

핵무기

国連が29日、核兵器禁止条約交渉のための大会を開催する。
유엔이 29일, 핵무기 금지조약 교섭을 위한 대회를 개최한다.

原発を持つことは、一年以内に核兵器の開発も可能であるということを意味する。
원자력발전소를 소유하는 것은 1년 이내에 핵무기 개발도 가능하다는 것을 의미한다.

07 ★★

雪解(ゆきど)けムード

- 冷戦(れいせん) 냉전

해빙무드

雪解(ゆきど)けムード作(づく)りのために、両国(りょうこく)は協力(きょうりょく)すべきだ。
해빙무드 조성을 위해서 양국은 협력해야 한다.

ぎくしゃくしていたアメリカと西(にし)ヨーロッパの関係(かんけい)も、雪解(ゆきど)けムードが漂(ただよ)っている。
삐걱거리던 미국과 서유럽의 관계도 해빙무드가 감돌고 있다.

08 ★★

緊張(きんちょう)

- 圏 テンション 긴장
- 緊張(きんちょう)をほぐす 긴장을 풀다
- 引(ひ)き締(し)まる 긴장시키다

긴장

みんな緊張(きんちょう)した様子(ようす)で話(はな)し合(あ)っています。
모두 긴장한 모습으로 의논하고 있습니다.

昨日(きのう)の交渉(こうしょう)で一旦(いったん)落(お)ち着(つ)いたものの、再(ふたた)び緊張(きんちょう)が高(たか)まりつつある。
어제 교섭으로 일단 안정되었지만 재차 긴장이 고조되고 있다.

09 ★★★

歩(あゆ)み寄(よ)る

- 圏 譲(ゆず)る 양보하다(=譲歩(じょうほ)する)
- 折(お)り合(あ)う 서로 타협하다

양보하다

両国(りょうこく)が歩(あゆ)み寄(よ)って、とうとう合意(ごうい)に達(たっ)した。
양국이 양보해서 드디어 합의에 도달했다.

彼(かれ)はすべての交渉国(こうしょうこく)が少(すこ)しずつ歩(あゆ)み寄(よ)って、今回(こんかい)の交渉(こうしょう)を成功(せいこう)させるべきだと述(の)べた。
그는 모든 협상국이 조금씩 양보해서 이번 협상을 성공시켜야 한다고 말했다.

📝 **적중 포인트**

圏 折(お)り合(あ)いをつける 타협을 짓다

10 ★★★

糸口 (いとぐち)

- 園 手掛(てが)かり 실마리, 단서(=端緒(たんしょ))
- 解決策(かいけつさく) 해결책

실마리

懸案(けんあん)の拉致問題解決(らちもんだいかいけつ)への糸口(いとぐち)を、早(はや)く探(さぐ)ってほしい。
현안인 납치문제 해결을 위한 실마리를 빨리 찾아주었으면 좋겠다.

今回(こんかい)の国際紛争(こくさいふんそう)は、外交部(がいこうぶ)の不断(ふだん)の努力(どりょく)で解決(かいけつ)の糸口(いとぐち)をつかんだそうだ。
이번 국제분쟁은 외교부의 부단한 노력으로 해결의 실마리를 잡았다고 한다.

11 ★★★

果(は)たして

- 思(おも)った通(とお)り 생각했던 대로
- 案(あん)の定(じょう) 아니나 다를까, 생각했던 대로, 역시

과연, 정말로

果(は)たして今(いま)の世(よ)は平和(へいわ)なのでしょうか。
과연 지금의 세상은 평화로운 것일까요?

外交権(がいこうけん)を他国(たこく)に委(ゆだ)ねた状態(じょうたい)を果(は)たして「独立(どくりつ)」と呼(よ)べるか。
외교권을 타국에 위임한 상태를 과연 '독립'이라고 부를 수 있을까?

12 ★★

交渉 (こうしょう)

- 妥結(だけつ) 타결
- 協定(きょうてい) 협정
- 難航(なんこう) 난항

교섭, 협의, 협상

彼女(かのじょ)は非同盟国(ひどうめいこく)とも交渉(こうしょう)して、実利(じつり)を追求(ついきゅう)する政策(せいさく)を広(ひろ)げた。
그녀는 비동맹국과도 교섭하여 실리를 추구하는 정책을 펼쳤다.

戦争(せんそう)の危機(きき)にある両国間(りょうこくかん)の交渉(こうしょう)は、なかなかうまくいかなかった。
전쟁 위기에 있는 양국 간의 협상은 좀처럼 잘 진행되지 않았다.

13 ★★

□ **実利** (じつり)
- 実利主義 (じつりしゅぎ) 실리주의
- 功利主義 (こうりしゅぎ) 공리주의

실리

今度(こんど)の会談(かいだん)は、経済的(けいざいてき)な実利(じつり)なしに終(お)わってしまった。
이번 회담은 경제적인 실리 없이 끝나 버렸다.

その国(くに)は、現実的(げんじつてき)な利益(りえき)を追求(ついきゅう)する実利主義(じつりしゅぎ)に徹底(てってい)していた。
그 나라는 현실적인 이익을 추구하는 실리주의를 철저히 했다.

14 ★★★

□ **瀬戸際外交** (せとぎわがいこう)
- 外交権 (がいこうけん) 외교권
- 外交戦略 (がいこうせんりゃく) 외교전략

벼랑 끝 외교

今度(こんど)の件(けん)は、瀬戸際外交(せとぎわがいこう)の一環(いっかん)として見(み)ても差(さ)し支(つか)えないだろう。
이번 건은 벼랑 끝 외교의 일환으로 봐도 지장이 없을 것이다.

その国(くに)は、国際社会(こくさいしゃかい)の圧力(あつりょく)にもかかわらず、核不拡散条約脱退(かくふかくさんじょうやくだったい)など、危険(きけん)な瀬戸際外交(せとぎわがいこう)をしている。
그 나라는 국제사회의 압력에도 불구하고 핵불확산조약 탈퇴 등 위험한 벼랑 끝 외교를 하고 있다.

15 ★★

□ **国連** (こくれん)
- 常任理事国 (じょうにんりじこく) 상임이사국
- 加盟国 (かめいこく) 가맹국

국제연합, 유엔(UN) (「国際連合(こくさいれんごう)」의 준말)

国連(こくれん)の第一(だいいち)の目的(もくてき)は、国家間(こっかかん)の平和(へいわ)と安全(あんぜん)を維持(いじ)することである。
유엔의 가장 중요한 목적은 국가 간의 평화와 안전을 유지하는 것이다.

国連(こくれん)では、新(あら)たな環境保全協定(かんきょうほぜんきょうてい)の締結(ていけつ)を進(すす)めているそうだ。
유엔에서는 새로운 환경보전협정의 체결을 추진하고 있다고 한다.

16 ★★

□ **首脳** (しゅのう)

- 首相 (しゅしょう) 수상
- 大統領 (だいとうりょう) 대통령
- 談話 (だんわ) 담화

수뇌, 정상

両国の<u>首脳</u>は会談に先立ち、記者会見を開いた。
양국 정상은 회담에 앞서 기자회견을 열었다.

先進国の<u>首脳</u>が集まって、核問題に対して協議した。
선진국의 정상이 모여 핵문제에 대해서 협의했다.

17 ★★

□ **開発途上国** (かいはつとじょうこく)

- 類 発展途上国 (はってんとじょうこく) 발전도상국
- 新興国 (しんこうこく) 신흥국
- 先進国 (せんしんこく) 선진국

개발도상국

政府は<u>開発途上国</u>に対し、30億円の包括援助を保証しました。
정부는 개발도상국에 대해 30억 엔의 포괄원조를 보증했습니다.

政府は<u>開発途上国</u>に対する経済支援の拡大を通じて、第三世界外交を強化する方針だと発表した。
정부는 개발도상국에 대한 경제 지원 확대를 통해 제삼 세계 외교를 강화할 방침이라고 발표했다.

18 ★★★

□ **情勢** (じょうせい)

- 国情 (こくじょう) 국정
- 体制 (たいせい) 체제

정세

現在の国際<u>情勢</u>は不確実性が増している。
현재 국제 정세는 불확실성이 더해지고 있다.

グローバル化の進展に伴い、国際<u>情勢</u>も日々変化している。
세계화가 진전됨에 따라 국제 정세도 나날이 변화하고 있다.

19 ★★

□ **隣国** (りんこく)
- 近隣国(きんりんこく) 가까운 이웃나라
- 隣接(りんせつ) 인접

인접국, 이웃나라

様々(さまざま)な分野(ぶんや)の交流(こうりゅう)で、隣国(りんこく)との関係(かんけい)を発展(はってん)させたい。
다양한 분야의 교류로 이웃나라와의 관계를 발전시키고 싶다.

今後(こんご)とも、隣国(りんこく)と友好的(ゆうこうてき)な関係(かんけい)を維持(いじ)することを願(ねが)っています。
앞으로도 이웃나라와 우호적인 관계를 유지하기를 바라고 있습니다.

20 ★★

□ **再建** (さいけん)
- 建(た)て直(なお)す 다시 짓다
- 復興(ふっこう) 부흥

재건

皆(みな)さんの寄付金(きふきん)は、学校(がっこう)や道路(どうろ)の再建(さいけん)などに使(つか)われます。
여러분의 기부금은 학교와 도로의 재건 등에 쓰입니다.

再建工事(さいけんこうじ)は行(おこな)われているものの、完全(かんぜん)な復旧(ふっきゅう)まではかなりの時間(じかん)がかかりそうだ。
재건공사는 행해지고 있지만 완전한 복구까지는 상당한 시간이 걸릴 것 같다.

21 ★★★

□ **弾圧** (だんあつ)
- 弾圧(だんあつ)を受(う)ける 탄압을 받다
- 押(お)さえ付(つ)ける 억누르다, 억압하다

탄압

彼(かれ)は政府(せいふ)の弾圧(だんあつ)を避(さ)けて、ヨーロッパに亡命(ぼうめい)した。
그는 정부의 탄압을 피해서 유럽으로 망명했다.

独裁者(どくさいしゃ)は絶対権力(ぜったいけんりょく)を握(にぎ)って国民(こくみん)を弾圧(だんあつ)し、財産(ざいさん)を奪(うば)った。
독재자는 절대 권력을 쥐고 국민을 탄압하고 재산을 빼앗았다.

22 ★★★

□ **角突き合い**
- 園 衝突 충돌
- いさかい 말다툼, 언쟁
- いがみ合い 서로 싸움, 서로 반목함

(사이가 나빠서) 서로 으르렁거림

与野党はいつも角突き合いをしている。
여당과 야당은 늘 티격태격하고 있다.

両国は無人島をめぐって、何十年にもわたって角突き合いをしている。
양국은 무인도를 둘러싸고 수십 년간이나 걸쳐서 으르렁거리고 있다.

23 ★★

□ **達する**
- 園 至る 이르다
- 及ぶ (어떤 상태에까지) 이르다

이르다, 도달하다, 달하다

国外に逃れたシリア難民の数は、すでに600万人に達している。
국외로 도망친 시리아 난민 수는 이미 600만 명에 이르고 있다.

イギリス政府は、ロンドンで自爆テロ事件が発生し、死者が50人以上に達したと発表した。
영국 정부는 런던에서 자폭테러 사건이 발생하여 사망자가 50명 이상에 달했다고 발표했다.

24 ★★

□ **足並みを揃える**
- 力を合わせる 힘을 합치다
- 一致団結 일치단결

보조를 맞추다

日韓両国が足並みを揃えることは、極めて重要だと思う。
일한 양국이 보조를 맞추는 것은 매우 중요하다고 생각한다.

世界各国で足並みを揃えて、テロ組織の一斉検挙に動き出している。
세계 각국에서 보조를 맞춰서 테러조직의 일제 검거에 움직이기 시작했다.

Day 26 Check Up Test

★ 다음 단어의 뜻을 오른쪽에서 찾아 연결해 보세요.

❶ 達する • • ⓐ (사이가 나빠서) 서로 으르렁거림

❷ 首脳 • • ⓑ 이르다, 도달하다, 달하다

❸ 国連 • • ⓒ 수뇌

❹ 交渉 • • ⓓ 교섭, 협의, 협상

❺ 角突き合い • • ⓔ 국제연합, 유엔(UN)

★ 공란에 들어갈 적절한 단어를 보기에서 골라 넣으세요.

ⓐ 国益　　　ⓑ 核兵器　　　ⓒ 糸口
ⓓ 果たして　ⓔ 弾圧　　　　ⓕ 雪解けムード
ⓖ 瀬戸際外交　ⓗ 歩み寄る　ⓘ テロ

❻ 交渉の成立で、再び_____が高まってきた。
❼ 首相の戦争支持発言は、_____に反すると野党から非難された。
❽ 現在も世界のどこかの国では、_____が製造、実験されているだろう。
❾ 一党独裁支配が続き、自由に発言する市民への_____もますます強められている。
❿ これといった解決の_____が未だにないのが現状である。

정답　❶.ⓑ　❷.ⓒ　❸.ⓔ　❹.ⓓ　❺.ⓐ　❻.ⓕ　❼.ⓐ　❽.ⓑ　❾.ⓔ　❿.ⓒ

+ 최신기출 기본 어휘

벼랑 끝 외교의 달인은 어느 나라? 국제관계·외교

청해

- ★ 戦争(せんそう) 전쟁
- ★ 条約(じょうやく) 조약
- ★ 締結(ていけつ) 체결
- ★ 懸案(けんあん) 현안
- ★ 民衆(みんしゅう) 민중
- ★ 孤児(こじ) 고아
- ★ 難航(なんこう) 난항
- ★ 武装(ぶそう) 무장
- ★ 駐留(ちゅうりゅう) 주류, 주둔
- ★ 主権(しゅけん) 주권

- ★ 関与(かんよ) 관여
- ★ 内戦(ないせん) 내전
- ★ 通商(つうしょう) 통상
- ★ 声明(せいめい) 성명
- ★ 発言(はつげん) 발언
- ★ 見解(けんかい) 견해
- ★ 虐殺(ぎゃくさつ) 학살
- ★ 勢力(せいりょく) 세력
- ★ 反乱(はんらん) 반란
- ★ 国籍(こくせき) 국적

독해

- ★ 帰還(きかん) 귀환
- ★ 措置(そち) 조치
- ★ 加担(かたん) 가담
- ★ 再点検(さいてんけん) 재점검
- ★ 独裁者(どくさいしゃ) 독재자
- ★ 在外同胞(ざいがいどうほう) 재외동포
- ★ 少数民族(しょうすうみんぞく) 소수민족
- ★ 安全保障(あんぜんほしょう) 안전보장

- ★ 報復(ほうふく) 보복
- ★ 亡命(ぼうめい) 망명
- ★ 一辺倒(いっぺんとう) 일변도
- ★ 陰謀説(いんぼうせつ) 음모설
- ★ 過激派(かげきは) 과격파
- ★ 配備(はいび) 배비, 배치
- ★ 社会主義(しゃかいしゅぎ) 사회주의
- ★ 軍事政権(ぐんじせいけん) 군사정권

- ★ 踏(ふ)みにじる 짓밟다, 유린하다
- ★ ナショナリズム 내셔널리즘, 민족주의

+최신기출 고득점 어휘

벼랑 끝 외교의 달인은 어느 나라? 〔국제관계·외교〕

청해

- ★ 人権(じんけん) 인권
- ★ 強化(きょうか) 강화
- ★ 密接(みっせつ) 밀접
- ★ 沿岸(えんがん) 연안
- ★ 国交(こっこう) 국교
- ★ 処刑(しょけい) 처형
- ★ 機関(きかん) 기관
- ★ 過剰(かじょう) 과잉
- ★ 鎮圧(ちんあつ) 진압
- ★ 推進(すいしん) 추진

- ★ 迫害(はくがい) 박해
- ★ 早期(そうき) 조기
- ★ 繁栄(はんえい) 번영
- ★ 混迷(こんめい) 혼미
- ★ 支配(しはい) 지배
- ★ 協力(きょうりょく) 협력
- ★ 返送(へんそう) 반송
- ★ 慣例(かんれい) 관례
- ★ 公開(こうかい) 공개
- ★ 貢献(こうけん) 공헌

독해

- ★ 地位(ちい) 지위
- ★ 活躍(かつやく) 활약
- ★ 火炎瓶(かえんびん) 화염병
- ★ 多様性(たようせい) 다양성
- ★ 多角的(たかくてき) 다각적
- ★ 訪れる(おとずれる) 방문하다, 찾다
- ★ 探る(さぐる) 찾다, 탐색하다
- ★ グローバル化(か) 세계화
- ★ 国交正常化(こっこうせいじょうか) 국교정상화
- ★ 立ちはだかる(たちはだかる) 가로막다, 막아서다

- ★ 防衛(ぼうえい) 방위
- ★ 使節団(しせつだん) 사절단
- ★ 植民地(しょくみんち) 식민지
- ★ 無防備(むぼうび) 무방비
- ★ 訴える(うったえる) 호소하다, 하소연하다
- ★ 一層(いっそう) 한층, 더욱더
- ★ 一進一退(いっしんいったい) 일진일퇴
- ★ 対外政策(たいがいせいさく) 대외정책
- ★ 枠組み(わくぐみ) 틀을 짬, 윤곽

Day 27

사건·사고

"그냥!"이라는 말이 제일 무서워

최근 사회에 **不満**을 가지고 불특정 사람을 **攻撃**하는 **通り魔** 사건이 **後を絶たない**. 얼마 전에 일어난 사건의 **容疑者** 인터뷰를 보니 살인 이유에 대해 "그냥!"이라고 대답하는 것을 보고 나는 **呆れる**해서 말도 나오지 않았다. 전문가에 의하면 이런 사건의 증가는 불안정한 **心理**가 주요 원인으로, 그 외에 고용문제나 **他人**에 대한 **無関心** 등 사회적인 요인도 크다고 한다. 이런 **犯罪**의 피해자들은 자신이 희생양이 된 이유가 **明らかになる**하지 않아서 그 **後遺症**가 꽤 오래간다고 한다. **心**의 여유를 가지고 서로 **思いやり**하는 따뜻한 사회가 되었으면 좋겠다.

JPT 최신기출 어휘 베스트 14

- □ 不満 (ふまん) 불만
- □ 攻撃 (こうげき) 공격
- □ 通り魔 (とおりま) 묻지마 범죄
- □ 後を絶たない (あとをたたない) 끊이지 않다
- □ 容疑者 (ようぎしゃ) 용의자
- □ 呆れる (あきれる) 어이없다, 기가 막히다
- □ 心理 (しんり) 심리
- □ 他人 (たにん) 타인, 남
- □ 無関心 (むかんしん) 무관심
- □ 犯罪 (はんざい) 범죄
- □ 明らかになる (あきらかになる) 밝혀지다, 드러나다
- □ 後遺症 (こういしょう) 후유증
- □ 心 (こころ) 마음
- □ 思いやり (おもいやり) 배려

01 ★★

□ **不満** (ふまん)

- 🈯 満足 (まんぞく) 만족
- 不満を抱く 불만을 품다
- 不満を覚える 불만을 느끼다

불만

10人の被害者を出したこの事件は、社会に対する不満が原因であった。
10명의 피해자를 낸 이번 사건은 사회에 대한 불만이 원인이었다.

ネット上に投稿された新幹線への不満を調べたところ、「自殺事件などの事故が怖い」という意見が最も多かった。
인터넷상에 투고된 신칸센에 대한 불만을 조사한 결과, '자살사건 등의 사고가 무섭다'라는 의견이 가장 많았다.

02 ★★

□ **攻撃** (こうげき)

- 🈯 守備 (しゅび) 수비
- 無差別 (むさべつ) 무차별
- 攻める (せめる) 공격하다
- 仇を討つ (あだをうつ) 원수를 갚다

공격

テロ軍は、民生施設や民間人にも無差別攻撃を加えた。
테러군은 민생시설이나 민간인에게도 무차별 공격을 가했다.

国連の安全保障理事会の決議に基づいて、攻撃を開始した。
유엔의 안전보장이사회의 결의에 의거하여 공격을 개시했다.

03 ★★★

□ **通り魔** (とおりま)

- 危害を加える (きがいをくわえる) 위해를 가하다

묻지마 범죄

通り魔殺傷事件で封鎖されていたホコ天が昨日再開された。
묻지마 범죄 상상사건으로 봉쇄되어 있었던 보행자천국이 어제 재개되었다.

無関係の人を殺傷する通り魔殺人事件は、今年に入って全国で14件発生した。
무관한 사람을 살상하는 묻지마 범죄 살인사건은 올해 들어 전국에서 14건 발생했다.

📝 **적중 포인트**

🈁 物騒 (ぶっそう) 위험함, 뒤숭숭함

04 ★★★

□ **後を絶たない**

- 後を絶つ 완전히 없어지다
- 後を追う 뒤를 쫓아가다

끊이지 않다

家庭内暴力が後を絶ちませんね。
가정 내 폭력이 끊이지 않네요.

人種差別に対する報復テロが、世界各地で後を絶たない。
인종차별에 대한 보복테러가 세계 각지에서 끊이지 않는다.

05 ★★

□ **容疑者**

- 被疑者 피의자
- 疑い 혐의(=嫌疑)

용의자

カメラの右端に写っている人が容疑者です。
카메라의 오른쪽 끝에 찍혀 있는 사람이 용의자입니다.

警察によると、今も容疑者は供述を拒んでいるという。
경찰에 의하면 지금도 용의자는 진술을 거부하고 있다고 한다.

📝 적중 포인트

> 관 疑わしきは罰せず 무죄 추정의 원칙, 범죄를 저질렀다는 것이 증명되지 않으면 유죄를 언도해서는 안 된다는 원칙

06 ★★★

□ **呆れる**

- 관 呆れ返る 어이가 없어서 할 말이 없어지다, 기가 막히다
- 唖然 아연(기가 막혀서 말이 안 나오는 모양)

어이없다, 기가 막히다

犯人の図々しい態度に呆れて物も言えなかった。
범인의 뻔뻔스러운 태도에 어이가 없어서 말도 나오지 않았다.

あまりにもばからしい犯行動機に呆れてしまった。
너무나도 어처구니없는 범행 동기에 기가 막혀 버렸다.

📝 적중 포인트

> 관 呆気に取られる 어안이 벙벙하다, 어리둥절하다

07 ★

心理(しんり)

- 深層心理(しんそうしんり) 심층심리
- 奥底(おくそこ) (마음)속, 본심

심리

動物(どうぶつ)を虐待(ぎゃくたい)する人(ひと)の心理(しんり)には、一体(いったい)どういうものがあるのでしょうか。
동물을 학대하는 사람의 심리에는 도대체 어떤 것이 있는 것일까요?

08 ★★

他人(たにん)

- 赤(あか)の他人(たにん) 생판 남
- 他人行儀(たにんぎょうぎ) (남처럼) 서먹서먹함

타인, 남

他人(たにん)に名義(めいぎ)を貸(か)すことは、絶対(ぜったい)にしないようにご注意(ちゅうい)ください。
타인에게 명의를 빌려 주는 것은 절대로 하지 않도록 주의해 주십시오.

他人(たにん)のIDやパスワードを盗(ぬす)み、その人(ひと)のふりをして悪事(あくじ)を働(はたら)くというサイバー犯罪(はんざい)が増(ふ)えている。
타인의 아이디와 패스워드를 훔쳐서 그 사람인 척을 하며 못된 짓을 하는 사이버 범죄가 늘고 있다.

📝 **적중 포인트**

|독| 水臭(みずくさ)い 서먹서먹하다

09 ★★

無関心(むかんしん)

- 유 無頓着(むとんちゃく) 무관심
- 鈍感(どんかん) 둔감

무관심

お年寄(としよ)りたちは、社会(しゃかい)の無関心(むかんしん)の中(なか)で暮(く)らしている。
노인들은 사회의 무관심 속에 살고 있다.

増(ふ)え続(つづ)ける校内暴力(こうないぼうりょく)の問題(もんだい)について、親(おや)として無関心(むかんしん)ではいられない。
계속 늘고 있는 교내폭력 문제에 대해서 부모로서 무관심하게 있을 수는 없다.

10 ★★★

□ **犯罪**(はんざい)

- 犯罪を犯(おか)す 범죄를 저지르다
- 初犯(しょはん) 초범
- 再犯(さいはん) 재범

범죄

私(わたし)は歪(ゆが)んだ家庭教育(かていきょういく)だけが、少年犯罪(しょうねんはんざい)の原因(げんいん)だとは思(おも)っていません。
저는 잘못된 가정교육만이 소년범죄의 원인이라고는 생각하지 않습니다.

犯罪者(はんざいしゃ)の年少化(ねんしょうか)が目立(めだ)っているが、今回(こんかい)の強盗事件(ごうとうじけん)の犯人(はんにん)も、やはり未成年者(みせいねんしゃ)だった。
범죄자의 연소화가 눈에 띄는데 이번 강도사건의 범인도 역시 미성년자였다.

📝 **적중 포인트**

> 확信犯(かくしんはん) 확신범, 도덕적·종교적 또는 정치적 확신에 근거해서 행하는 범죄

11 ★★★

□ **明(あき)らかになる**

- 明(あか)るみに出(で)る 드러나다, 공개되다
- 明白(めいはく) 명백

밝혀지다, 드러나다

彼(かれ)の供述(きょうじゅつ)から、暗殺事件(あんさつじけん)の全貌(ぜんぼう)が明(あき)らかになった。
그의 진술로 암살사건의 전모가 드러났다.

事件(じけん)の真実(しんじつ)は、時間(じかん)が経(た)てば自(おの)ずから明(あき)らかになるでしょう。
사건의 진실은 시간이 지나면 저절로 밝혀지겠지요.

12 ★★

□ **後遺症**(こういしょう)

- リハビリ 재활훈련
- トラウマ 트라우마, 정신적인 외상
- 悪影響(あくえいきょう) 악영향

후유증

主人(しゅじん)は追突事故(ついとつじこ)の影響(えいきょう)で、後遺症(こういしょう)がひどく今(いま)も病院(びょういん)に入院(にゅういん)している。
남편은 추돌사고의 영향으로 후유증이 심해서 지금도 병원에 입원하고 있다.

交通事故(こうつうじこ)の後遺症(こういしょう)は、何年(なんねん)も経(た)ってから症状(しょうじょう)が出(で)る場合(ばあい)もあるそうだ。
교통사고 후유증은 몇 년이나 지난 후에 증상이 나타나는 경우도 있다고 한다.

13 ★★

心 (こころ)
마음

- 憫 身 몸, 신체
- 心身 심신

物事に感謝する心のある人が増える世の中になってほしい。
매사에 감사하는 마음이 있는 사람이 늘어나는 세상이 되었으면 좋겠다.

家族を思う熱い涙が、誘拐事件の犯人の心を動かしたそうだ。
가족을 생각하는 뜨거운 눈물이 유괴사건 범인의 마음을 움직였다고 한다.

14 ★★★

思いやり (おも)
배려

- 同 気配り 배려
- 譲る 양보하다

彼女ほど、思いやりのある人はいない。
그녀만큼 배려가 있는 사람은 없다.

思いやりのある人が増える世の中になってほしい。
배려가 있는 사람이 늘어나는 세상이 되었으면 좋겠다.

📝 **적중 포인트**

> 国 気を遣う 주위 사람이나 일에 세세하게 마음을 쓰다

15 ★★★

巻き込む (まこ)
말려들게 하다, 휩쓸리게 하다

- 同 巻き添えにする 말려들게 하다
- 引き込む 끌어들이다(=引き入れる)

もう少しで、とんでもない事件に巻き込まれるところだった。
하마터면 터무니없는 사건에 말려들 뻔했다.

登山家が雪崩に巻き込まれたらしいですよ。
등산가가 눈사태에 휩쓸린 모양이에요.

16 ★★★

押し寄せる

- 類 殺到する 쇄도하다
- 押し掛ける 몰려들다, 밀어닥치다

밀어닥치다, 밀려들다, 몰려들다

堤防が崩れ、大量の水が押し寄せてきた。
제방이 무너져서 대량의 물이 밀려들어왔다.

いきなり押し寄せてきたファンのせいで、大怪我をした人が続出した。
갑자기 몰려든 팬 때문에 큰 부상을 입은 사람이 속출했다.

17 ★★

訴訟

- 類 訴え 소송
- 起訴 기소
- 訴える 소송하다, 고소하다

소송

医療ミスによる訴訟で、病院側の過失が認められましたね。
의료사고에 의한 소송에서 병원측 과실이 인정되었군요.

長年の騒音問題訴訟も、どうやら和解が成立しそうだ。
오랜 동안의 소음문제 소송도 겨우 화해가 성립될 것 같다.

18 ★

遺族

- 類 遺家族 유가족
- 形見 유품

유족, 유가족

交通事故で死亡した人の遺族たちは、加害者に補償を要求した。
교통사고로 사망한 사람의 유족들은 가해자에게 보상을 요구했다.

身内を殺された遺族の心の痛みは、想像以上のものがあると思われる。
가족이 살해당한 유족의 마음의 고통은 상상 이상일 것이라고 생각된다.

19 ★★

前代未聞(ぜんだいみもん)
- 未曾有(みぞう) 미증유, 지금까지 일어난 적이 없는 일
- 初耳(はつみみ) 처음 들음, 또는 그 이야기

전대미문

前代未聞(ぜんだいみもん)の連続殺人事件(れんぞくさつじんじけん)が映画化(えいがか)された。
전대미문의 연쇄살인사건이 영화화되었다.

航空機(こうくうき)を使(つか)った前代未聞(ぜんだいみもん)のテロ事件(じけん)は、全世界(ぜんせかい)に衝撃(しょうげき)を与(あた)えた。
항공기를 이용한 전대미문의 테러사건은 전 세계에 충격을 주었다.

20 ★★

安否(あんぴ)
- 消息(しょうそく) 소식
- 近況(きんきょう) 근황

안부

被災地(ひさいち)へは安否(あんぴ)確認(かくにん)の電話(でんわ)が殺到(さっとう)した。
재해지역에는 안부 확인 전화가 쇄도했다.

遭難者(そうなんしゃ)の安否(あんぴ)を憂慮(ゆうりょ)する電話(でんわ)が、一晩中(ひとばんじゅう)ひっきりなしにかかってきた。
조난자의 안부를 우려하는 전화가 밤새 그칠 새 없이 걸려 왔다.

21 ★★

振(ふ)り込(こ)め詐欺(さぎ)
- 同 母(かあ)さん助(たす)けて詐欺(さぎ) 엄마 도와줘 사기, 보이스피싱
- あくどい 악랄하다
- マルチ商法(しょうほう) 다단계 판매방식
- ねずみ講(こう) 피라미드 마케팅

보이스피싱

最近(さいきん)、振(ふ)り込(こ)め詐欺(さぎ)や投資詐欺(とうしさぎ)の被害(ひがい)が後(あと)を絶(た)たない。
최근 보이스피싱이나 투자사기 피해가 끊이지 않는다.

振(ふ)り込(こ)め詐欺(さぎ)被害者(ひがいしゃ)の75パーセントが被害(ひがい)に遭(あ)う前(まえ)は、騙(だま)されない自信(じしん)があったと回答(かいとう)した。
보이스피싱 피해자의 75%가 피해를 입기 전에는 속지 않을 자신이 있었다고 회답했다.

22 ★★★

☐ **騙す**
_{だま}

- 圏 欺く 속이다(=ごまかす)
  _{あざむ}
- 偽る 사칭하다, 속이다
  _{いつわ}
- なりすます ~인 체[척]하다

속이다

老人を騙してお金を奪い取るなんて、不届き者だね。
노인을 속여서 돈을 빼앗다니, 괘씸한 사람이군.

人を騙して金儲けをするより、むしろ貧しいままの方がいい。
남을 속여서 돈벌이를 하기 보다 오히려 가난한 채인 편이 좋다.

📝 적중 포인트

圏 お茶を濁す 적당히 얼버무리다

23 ★★★

☐ **名乗る**
_{な の}

- 名乗り出る 이름을 밝히고 나서다
  _{な の で}
- 名付ける 칭하다, 일컫다
  _{な づ}

자기가 바로 장본인임을 말하다

彼は自分が犯人だと警察に名乗った。
그는 자신이 범인이라고 경찰에 밝혔다.

刑事だと名乗った人から電話がかかってきた。
형사라고 자칭한 사람으로부터 전화가 걸려 왔다.

24 ★★

☐ **求刑**
_{きゅうけい}

- 言い渡す (결정이나 명령을) 선고하다
  _{い わた}
- 執行猶予 집행유예
  _{しっこうゆうよ}

구형

5人の市民を殺した彼は、結局終身刑を求刑された。
5명의 시민을 죽인 그는 결국 종신형을 구형받았다.

検事の公訴事実をすべて認めた判事は、求刑通りに終身刑を宣告した。
검사의 공소 사실을 모두 인정한 판사는 구형대로 종신형을 선고했다.

Day 27 Check Up Test

★ 다음 단어의 뜻을 오른쪽에서 찾아 연결해 보세요.

❶ 後遺症 • • ⓐ 밝혀지다, 드러나다
❷ 後を絶たない • • ⓑ 보이스피싱
❸ 明らかになる • • ⓒ 끊이지 않다
❹ 通り魔 • • ⓓ 묻지마 범죄
❺ 振り込め詐欺 • • ⓔ 후유증

★ 공란에 들어갈 적절한 단어를 보기에서 골라 넣으세요.

ⓐ 巻き込む	ⓑ 訴訟	ⓒ 名乗る
ⓓ 前代未聞	ⓔ 騙す	ⓕ 求刑
ⓖ 名乗る	ⓗ 攻撃	ⓘ 容疑者

❻ テロリストが無差別に一般市民を襲撃することは_____であった。
❼ その国はテロ_____で多大な打撃を受けた。
❽ 彼は飲酒運転による重大な人身事故を起こし、検察側から懲役3年を_____された。
❾ _____は一貫して嫌疑を否認しているということです。
❿ 関係のない人まで_____なんて、ひどすぎる。

정답 ❶ ⓔ ❷ ⓒ ❸ ⓐ ❹ ⓓ ❺ ⓑ ❻ ⓓ ❼ ⓗ ❽ ⓕ ❾ ⓘ ❿ ⓐ

최신기출 기본 어휘

"그냥!"이라는 말이 제일 무서워 〔사건·사고〕

청해

- ★ 喚起(かんき) 환기
- ★ 再考(さいこう) 재고
- ★ 釈放(しゃくほう) 석방
- ★ 共犯(きょうはん) 공범
- ★ 防御(ぼうぎょ) 방어
- ★ 多発(たはつ) 다발, 빈발
- ★ 注意(ちゅうい) 주의
- ★ 衝撃(しょうげき) 충격
- ★ 無罪(むざい) 무죄
- ★ 監禁(かんきん) 감금

- ★ 虐待(ぎゃくたい) 학대
- ★ 噴出(ふんしゅつ) 분출
- ★ 送検(そうけん) 송검
- ★ 封鎖(ふうさ) 봉쇄
- ★ 暴行(ぼうこう) 폭행
- ★ 捜査(そうさ) 수사
- ★ 発見(はっけん) 발견
- ★ 逃走(とうそう) 도주
- ★ 有罪(ゆうざい) 유죄
- ★ 爆発(ばくはつ) 폭발

독해

- ★ 拘束(こうそく) 구속
- ★ 残虐性(ざんぎゃくせい) 잔학성
- ★ 悪質性(あくしつせい) 악질성
- ★ ひったくり 날치기
- ★ 嫌疑(けんぎ) 혐의
- ★ 路上強盗(ろじょうごうとう) 노상강도
- ★ 罪(つみ)を犯(おか)す 죄를 저지르다
- ★ 奪(うば)う 빼앗다
- ★ 仕立(した)てる (그럴 듯하게) 꾸미다
- ★ 警鐘(けいしょう)を鳴(な)らす 경종을 울리다

- ★ 破片(はへん) 파편
- ★ 武力(ぶりょく) 무력
- ★ 怨恨(えんこん) 원한
- ★ 濡(ぬ)れ衣(ぎぬ) 누명
- ★ 否認(ひにん) 부인
- ★ バラバラ殺人(さつじん) 토막살인
- ★ 脅(おど)かす 위협하다
- ★ 締(し)め付(つ)け 억압, 압박
- ★ 突(つ)き付(つ)ける 들이대다

+ 최신기출 고득점 어휘

"그냥!"이라는 말이 제일 무서워 　사건·사고

청해

★ 危害 위해	★ 負傷 부상
★ 通報 통보	★ 誤認 오인
★ 暴走 폭주	★ 実刑 실형
★ 発端 발단	★ 助長 조장
★ 泥酔 만취	★ 鬱憤 울분
★ 拉致 납치	★ 詐欺 사기
★ 乱入 난입	★ 毒物 독물
★ 服役 복역	★ 発砲 발포
★ 誘拐 유괴	★ 脅迫 협박
★ 懲役 징역	★ 標的 표적

독해

★ 刺す 찌르다	★ 発覚 발각
★ 遺体 유체, 시체	★ 治安 치안
★ 罰則 벌칙	★ 献花 헌화
★ 証拠 증거	★ 密輸 밀수
★ 潜む 숨다, 잠재하다	★ 不審 수상함
★ 手口 (범죄) 수법	★ 防犯カメラ 방범카메라
★ 飛び降り自殺 투신자살	★ 収賄 수뢰, 뇌물을 받음
★ 奪い取る 빼앗다, 탈취하다	★ 飲酒運転 음주운전

★ エスカレートする 점차 격화되다

★ 取り返しがつかない 돌이킬 수 없다

Day 28

재난 · 재해

잊을 수 없는 그날의 악몽

나는 **悪夢**와 같은 그날을 잊을 수가 없다. **明け方** 집이 **ぐらぐら** 흔들리더니 선반에서 물건이 떨어지기 시작했다. **とっさに** "앗! **地震**이구나."라고 느끼고 바로 책상 밑으로 몸을 숨겼다. 다행히 우리 동네는 고지대라서 **津波**의 걱정은 없지만 **土砂崩れ**는 조금 걱정되었다. 아침에 뉴스를 보니 지진은 진도 8.2로 **推定**되는 **類を見ない** 초강진으로, 대부분의 철도가 **運転を見合わせる**한다고 한다. **破損**된 집들을 보며 자연 앞에서 인간이 얼마나 무력한지를 **つくづく** 느꼈다. 다시 한 번 **災害** 방지에 **万全を期する**해야겠다.

JPT 최신기출 어휘 베스트 14

- □ 悪夢(あくむ) 악몽
- □ 明け方(あけがた) 동틀녘, 새벽녘
- □ ぐらぐら 흔들흔들
- □ とっさに 순간적으로
- □ 地震(じしん) 지진
- □ 津波(つなみ) 쓰나미, 지진해일
- □ 土砂崩れ(どしゃくず) 산사태
- □ 推定(すいてい) 추정
- □ 類を見ない(るいをみない) 유례를 볼 수 없다
- □ 運転を見合わせる(うんてんをみあわせる) 운전을 보류하다
- □ 破損(はそん) 파손
- □ つくづく 절실히, 정말
- □ 災害(さいがい) 재해
- □ 万全を期する(ばんぜんをきする) 만전을 기하다

01 ★★

悪夢 (あくむ)

- 反 吉夢(きちむ) 길몽
- 悪夢(あくむ)にうなされる 악몽에 시달리다

악몽

目の前に広がっている光景は、正に悪夢のようだった。
눈앞에 펼쳐진 광경은 실로 악몽 같았다.

悪夢のような地震に見舞われ、避難生活を強いられている人は40万人と言われている。
악몽과 같은 지진을 만나 피난생활을 강요받고 있는 사람은 40만 명이라고 한다.

📝 적중 포인트

동 夢(ゆめ)を見(み)る 꿈을 꾸다

02 ★

明け方 (あけがた)

- 反 暮(く)れ方(がた) 저녁때, 해질녘(=夕方)
- 暁(あかつき) 새벽, 새벽녘
- 未明(みめい) 미명, 새벽

동틀녘, 새벽녘

明け方の雷に驚いて目が覚めました。
새벽녘에 천둥에 놀라 잠이 깼습니다.

台風第4号は、6月19日夕方から20日明け方にかけて九州を縦断した。
태풍 제4호는 6월 19일 저녁때부터 20일 새벽녘에 걸쳐서 규슈를 관통했다.

03 ★★★

ぐらぐら

- 동 ゆらゆら 흔들흔들
- 揺(ゆ)れる 흔들리다

흔들흔들(크게 흔들려 움직이는 모양)

強い地震で建物がぐらぐらと揺れた。
강한 지진으로 건물이 흔들흔들 흔들렸다.

ぐらぐら揺れる本棚から、本がどさっと落ちてきた。
흔들흔들 흔들리는 책장에서 책이 툭 떨어졌다.

04 ★

□ とっさに

- 圏 立ち所に 즉시, 곧
- 即座に 즉석에서, 당장
- 直ちに 바로, 곧

순간적으로

嫌な予感がして、とっさに身を屈めた。
불길한 예감이 들어서 순간적으로 몸을 굽혔다.

突然の出来事だったから、とっさに反応できなかった。
갑자기 생긴 일이었기 때문에 순간적으로 반응할 수 없었다.

05 ★★★

□ 地震

- 余震 여진
- 震度 진도

지진

お昼のニュースで聞いたんだけど、地震で道路も鉄道も不通だそうよ。
정오 뉴스에서 들었는데 지진으로 도로도 철도도 불통이래.

相次ぐ地震の影響で、各自治団体も本格的な避難訓練を実施している。
잇따른 지진의 영향으로 각 자치단체도 본격적인 피난훈련을 실시하고 있다.

06 ★★

□ 津波

- 到達予想時刻 도달 예상 시각
- 襲来 내습
- 防波堤 방파제

쓰나미, 지진해일

今のところ、津波の心配はないそうだ。
지금으로서는 쓰나미의 걱정은 없다고 한다.

大きな地震が海底に発生した時、時として津波を伴うことがあります。
큰 지진이 해저에 발생했을 때, 때에 따라서는 쓰나미를 동반하는 경우가 있습니다.

07 ★★

土砂崩れ
- 斜面 경사면
- ずり落ちる 흘러내리다
- 地滑り 산허리나 사면을 구성하는 토지의 표층부분이 아래쪽으로 이동하는 현상

산사태

ここは大雨が降った場合、土砂崩れが起きる恐れがある。
이곳은 큰비가 내렸을 경우, 산사태가 일어날 우려가 있다.

激しい雨に見舞われ、土砂崩れや浸水被害などが相次いだ。
세찬 비를 만나 산사태와 침수 피해 등이 잇따랐다.

---

08 ★★

推定
- 推し測る 헤아리다, 짐작하다
- 推測 추측

추정

現在までの推定では、負傷者が25人、死者が36人ほどです。
현재까지의 추정으로는 부상자가 25명, 사망자가 36명 정도입니다.

この地震で、これまでに40人が死亡し、その他に数百人が負傷したと推定されている。
이번 지진으로 지금까지 40명이 사망하고 그 밖에 수백 명이 부상했다고 추정되고 있다.

---

09 ★★

類を見ない
- 類ない 견줄 바가 없다, 비할 바가 없다
- 同類 동류, 같은 종류

유례를 볼 수 없다

類を見ない災害に見舞われ、日本全体が悲しみに暮れております。
유례를 볼 수 없는 재해를 만나 일본 전체가 슬픔에 잠겨 있습니다.

東日本大震災は、世界でも類を見ないほどの大きな災害となった。
동일본대지진은 세계에서도 유례를 볼 수 없을 정도의 큰 재해가 되었다.

📝 **적중 포인트**
- 청 右に出る者がいない 능가할 사람이 없다
- 독 類まれ 유례가 드묾

10 ★★

運転を見合わせる
- 途絶える 두절되다, 끊어지다
- 不通 불통

운전을 보류하다

台風第5号の影響で、ほとんどの電車が運転を見合わせることになった。
태풍 제5호의 영향으로 대부분의 전철이 운전을 보류하게 되었다.

車両点検のため、運転を見合わせていましたが、8時5分頃運転を再開しました。
차량 점검 때문에 운전을 보류하고 있었습니다만 8시 5분경 운전을 재개했습니다.

11 ★★

破損
- 壊れる 부서지다, 파손되다
- 破壊 파괴
- 崩壊 붕괴

파손

火山の噴火により、家屋が破損した。
화산 분화에 의해 가옥이 파손되었다.

竜巻で建物が破損しましたが、補償されますか。
회오리바람으로 건물이 파손되었는데 보상받나요?

12 ★★★

つくづく
- 類 しみじみ 정말로, 절실하게
- 痛切に 절실히
- 身に染みる (마음에) 사무치다

절실히, 정말

今回のことで、自然の恐ろしさと人間の無力さをつくづく感じた。
이번 일로 자연의 무서움과 인간의 무력함을 절실히 느꼈다.

今回の地震でつくづく水のありがたさが、身に染みた。
이번 지진으로 정말 물의 고마움이 마음에 사무쳤다.

13 ★★★

□ **災害**

- 被災地 재해지역
- 被災者 이재민, 재해를 당한 사람

재해

災害防止のための、根本的な対策を立てる必要がある。
재해 방지를 위한 근본적인 대책을 세울 필요가 있다.

熊本市では、一連の地震の後、死亡した被災者の遺族から「災害弔慰金」の申請を受けた。
구마모토 시에서는 일련의 지진 후, 사망한 이재민의 유족으로부터 '재해 조위금' 신청을 받았다.

14 ★★★

□ **万全を期する**

- 万全の備え 만전의 대비
- 万全の注意を払う 만전의 주의를 기울이다
- 備えあれば憂い無し 유비무환

만전을 기하다

原子力発電所の周辺における、地域住民の安全確保に万全を期している。
원자력발전소 주변에서의 지역 주민의 안전 확보에 만전을 기하고 있다.

被害者の皆様が、適切な補償を受けられるように万全を期してまいりたいと思っております。
피해자 여러분이 적절한 보상을 받을 수 있도록 만전을 기해 나가고 싶습니다.

15 ★

□ **死者**

- 反 生存者 생존자
- 死傷者 사상자
- 負傷者 부상자

사망자

今回の事故で死者が出なかったのは、不幸中の幸いだ。
이번 사고로 사망자가 나오지 않은 것은 불행 중 다행이다.

犠牲者のうち、現在分かっている男女別・年齢別の死者数をグラフにした。
희생자 중 현재 밝혀진 남녀별·연령별 사망자수를 그래프로 나타냈다.

16 ★★★

□ 復興
- 復興計画 부흥 계획
- 復旧 복구

부흥

震災復興には、まだまだ長い時間がかかりそうだ。
지진 재해 부흥에는 아직도 오랜 시간이 걸릴 것 같다.

政府は今も、被災地の復興支援に力を入れている。
정부는 지금도 재해지역 부흥 지원에 힘을 쏟고 있다.

17 ★★

□ 義捐金
- 支援 지원
- 募金 모금

의연금

義捐金のご協力、ありがとうございました。
의연금에 협력해 주셔서 감사합니다.

震災後に集めた義捐金は、どう使われたのでしょうか。
지진 재해 후에 모은 의연금은 어떻게 사용된 것일까요?

18 ★★★

□ 見舞う
- 襲う (달갑지 않은 것이) 덮치다, 습격하다
- お見舞い 위로의 말

(「~われる」의 꼴로) (재난 등을) 만나다, 당하다

この地域も梅雨前線の影響で、豪雨災害に見舞われた。
이 지역도 장마전선의 영향으로 호우 재해를 당했다.

予期せぬ地震に見舞われ被災された方々に対し、心からお見舞い申し上げます。
예기치 않은 지진을 만나 피해를 입으신 분들에 대해 진심으로 위로의 말씀드립니다.

19 ★★

洪水 (こうずい)

- 類 日照り 가뭄
- 水害(すいがい) 수해

홍수

洪水の影響で野菜の値段が高騰していますね。
홍수의 영향으로 채솟값이 급등하고 있네요.

台風による洪水で、駐車中の車が水没してしまった。
태풍에 의한 홍수로 주차 중인 차가 수몰되어 버렸다.

20 ★★

多発 (たはつ)

- しきりに 끊임없이
- 頻発(ひんぱつ) 빈발

다발, 빈발

夏は食中毒が多発する時期です。
여름은 식중독이 빈발하는 시기입니다.

至るところで、災害や災難が多発していますね。
도처에서 재해와 재난이 빈발하고 있네요.

21 ★★

思いがけない (おも)

- 類 思い付きもしない 생각지도 못하다
- 案外(あんがい) 의외로, 예상외로

생각지도 못하다

本当に、それは思いがけない災難だった。
정말로 그것은 생각지도 못한 재난이었다.

人生には、全く思いがけないことが起こるものだ。
인생에는 전혀 생각지도 못한 일이 일어나는 법이다.

📝 적중 포인트

> 類 思わぬ 뜻밖의, 예상치 않은
> 思いも寄らない 미처 생각지 못하다, 뜻밖이다

22 ★★★

□ **黄砂**(こうさ)
- 微細(びさい) 미세
- PM2.5(ピーエムにてんご) 초미세먼지

황사

毎年(まいとし)、春(はる)になると中国(ちゅうごく)から大量(たいりょう)の黄砂(こうさ)が飛(と)んでくる。
매년 봄이 되면 중국으로부터 대량의 황사가 날아온다.

黄砂(こうさ)で市内(しない)が霞(かす)んで見(み)えますね。
황사 때문에 시내가 부옇게 보이네요.

23 ★★

□ **大雨**(おおあめ)
- 類 暴雨(ぼうう) 폭우
- 土砂降(どしゃぶ)り 비가 억수같이 내림

큰비, 호우

大雨(おおあめ)で交通(こうつう)がストップした。
큰비로 교통이 멈췄다.

大雨(おおあめ)の影響(えいきょう)で川(かわ)が氾濫(はんらん)し、住宅地(じゅうたくち)が冠水(かんすい)した。
호우의 영향으로 강이 범람하여 주택지가 물에 잠겼다.

📋 **적중 포인트**

> 類 雨天中止(うてんちゅうし) 우천중지, 비로 인한 중지

24 ★

□ **壊滅**(かいめつ)
- 全滅(ぜんめつ) 전멸
- 再生不能(さいせいふのう) 재생불능

괴멸, 궤멸

津波(つなみ)で村(むら)が壊滅(かいめつ)したそうだ。
쓰나미로 마을이 괴멸했다고 한다.

大地震(おおじしん)で、約(やく)8割(はちわり)の家屋(かおく)が倒壊(とうかい)し壊滅状態(かいめつじょうたい)になった村(むら)もあった。
대지진으로 약 80%의 가옥이 무너져서 괴멸상태가 된 마을도 있었다.

Day 28 Check Up Test

★ 다음 단어의 뜻을 오른쪽에서 찾아 연결해 보세요.

❶ 多発 • ⓐ 의연금
❷ 万全を期する • ⓑ 산사태
❸ 義捐金 • ⓒ 생각지도 못하다
❹ 思いがけない • ⓓ 다발, 빈발
❺ 土砂崩れ • ⓔ 만전을 기하다

★ 공란에 들어갈 적절한 단어를 보기에서 골라 넣으세요.

ⓐ 黄砂	ⓑ 災害	ⓒ 不通
ⓓ ぐらぐら	ⓔ 死者	ⓕ 類を見ない
ⓖ 大雨	ⓗ 破損	ⓘ つくづく

❻ 地震の影響で木製の棚が＿＿＿＿揺れ始めた。
❼ このような災難は、世界でも＿＿＿＿という。
❽ ＿＿＿＿の粒子は非常に細かいので、健康被害は深刻です。
❾ 昨年の冬の大雪で屋根が大きく＿＿＿＿してしまった。
❿ 今回の地震で、津波の恐ろしさを＿＿＿＿感じさせられました。

정답 ❶.ⓓ ❷.ⓔ ❸.ⓐ ❹.ⓒ ❺.ⓑ ❻.ⓓ ❼.ⓕ ❽.ⓐ ❾.ⓗ ❿.ⓘ

최신기출 기본 어휘

잊을 수 없는 그날의 악몽 (재난·재해)

청해

- ★ 天災(てんさい) 천재
- ★ 人災(じんさい) 인재
- ★ 転落(てんらく) 전락, 굴러 떨어짐
- ★ 軽減(けいげん) 경감
- ★ 噴火(ふんか) 분화
- ★ 再建(さいけん) 재건
- ★ 避難(ひなん) 피난
- 密集(みっしゅう) 밀집
- ★ 捜索(そうさく) 수색
- ★ 海底(かいてい) 해저

- ★ 嵐(あらし) 폭풍우
- ★ 防止(ぼうし) 방지
- ★ 耐震(たいしん) 내진
- 風害(ふうがい) 풍해
- ★ 防災(ぼうさい) 방재
- 消防(しょうぼう) 소방
- 緊急(きんきゅう) 긴급
- 衛生(えいせい) 위생
- 低温(ていおん) 저온
- 高温(こうおん) 고온

독해

- ★ 流失(りゅうしつ) 유실
- ★ 警備(けいび) 경비
- ★ 連絡(れんらく) 연락
- ★ 暴風(ぼうふう) 폭풍
- ★ 整備(せいび) 정비
- ★ 海水面(かいすいめん) 해수면
- ★ 豪雪(ごうせつ) 대설, 큰눈
- ★ 天災地変(てんさいちへん) 천재지변
- ★ 竜巻(たつまき) 회오리바람
- ★ 高潮(たかしお) 해일

- ★ 規模(きぼ) 규모
- ★ 破壊力(はかいりょく) 파괴력
- 氷河期(ひょうがき) 빙하기
- ★ もたらす 초래하다
- 無茶苦茶(むちゃくちゃ) 엉망진창
- 広域(こういき) 광역, 넓은 구역
- 災禍(さいか) 재화, 재난
- 引き抜く(ひきぬく) 뽑다, 뽑아내다
- 総崩れ(そうくずれ) 궤멸, 완패
- 巻き上げる(まきあげる) 말아 올리다

최신기출 고득점 어휘

잊을 수 없는 그날의 악몽 (재난·재해)

청해

- ★ 危機(きき) 위기 ☐☐☐
- ★ 衝擊(しょうげき) 충격 ☐☐☐
- ★ 遭遇(そうぐう) 조우, (우연히) 만남 ☐☐☐
- ★ 異常(いじょう) 이상 ☐☐☐
- ★ 起因(きいん) 기인 ☐☐☐
- ★ 陷沒(かんぼつ) 함몰 ☐☐☐
- ★ 隕石(いんせき) 운석 ☐☐☐
- ★ 集約(しゅうやく) 집약 ☐☐☐
- ★ 損害(そんがい) 손해 ☐☐☐
- ★ 伴(とも)う 동반하다 ☐☐☐
- ★ 激烈(げきれつ) 격렬 ☐☐☐
- ★ 落下(らっか) 낙하 ☐☐☐
- ★ 地形(ちけい) 지형 ☐☐☐
- ★ 岩盤(がんばん) 암반 ☐☐☐
- ★ 生死(せいし) 생사 ☐☐☐
- ★ 安否(あんぴ) 안부 ☐☐☐
- ★ 修復(しゅうふく) 수복, 수리 ☐☐☐
- ★ 惨事(さんじ) 참사 ☐☐☐
- ★ 被爆(ひばく) 피폭 ☐☐☐
- ★ 放出(ほうしゅつ) 방출 ☐☐☐

독해

- ★ 大規模(だいきぼ) 대규모 ☐☐☐
- ★ 渦巻(うずまき) 소용돌이 ☐☐☐
- ★ 風水害(ふうすいがい) 풍수해 ☐☐☐
- ★ 避難所(ひなんじょ) 피난소 ☐☐☐
- ★ 致命傷(ちめいしょう) 치명상 ☐☐☐
- ★ 転倒(てんとう) 전도, 넘어짐 ☐☐☐
- ★ ボランティア 자원봉사자 ☐☐☐
- ★ 傾(かたむ)く 기울다, 기울어지다 ☐☐☐
- ★ 倒壊(とうかい) 도괴, 무너짐 ☐☐☐
- ★ 引(ひ)き起(お)こす 야기하다 ☐☐☐
- ★ 軽視(けいし) 경시 ☐☐☐
- ★ 災(わざわ)い 재앙, 재난 ☐☐☐
- ★ 放射能(ほうしゃのう) 방사능 ☐☐☐
- ★ 核燃料(かくねんりょう) 핵연료 ☐☐☐
- ★ 廃棄物(はいきぶつ) 폐기물 ☐☐☐
- ★ 沈没(ちんぼつ) 침몰 ☐☐☐
- ★ ぶち壊(こわ)す 때려 부수다 ☐☐☐
- ★ 打(う)ちのめす 큰 타격을 입히다 ☐☐☐
- ★ 使用済(しようず)み 사용이 끝남 ☐☐☐
- ★ 取(と)り込(こ)む 혼잡하다 ☐☐☐

Day 29

사회문제

니트! 이대로 괜찮은가?

오늘 아침 **朝刊**을 보니 요즘 **ニート**가 **急増**하고 있다는 기사가 실려 있었다. ニート란 직업이나 교육에 관심이 없는 **未婚**의 젊은이를 말하는데, 이런 사람들이 **だんだん** 늘어 사회문제가 되고 있다고 한다. 이 기사를 보고 **アルバイト**를 하며 **稼ぐ**하는 **フリーター**가 낫다는 생각이 든다. 기사에서 **ニート**는 **引きこもり**로 발전하는 경우가 많고, 또 대부분 **うつ病**를 앓고 있다는 내용이 눈에 띈다. 게다가 최악의 경우, 현실을 **悲観**해 **自殺**로 이어진다고 하니 큰 사회문제가 아닐 수 없다. **一刻も早く** 서로 **支え合える**하는 사회가 되었으면 좋겠다.

JPT 최신기출 어휘 베스트 14

- 朝刊 조간
- ニート 니트
- 急増 급증
- 未婚 미혼
- だんだん 점점
- アルバイト 아르바이트
- 稼ぐ (돈을) 벌다
- フリーター 프리터
- 引きこもり 은둔형외톨이
- うつ病 우울증
- 悲観 비관
- 自殺 자살
- 一刻も早く 한시라도 빨리
- 支え合う 서로 떠받치다, 서로 지지하다

01 ★★★

ちょう かん
朝刊

- 凹 夕刊 석간
- 折り込みチラシ 신문에 끼워넣는 전단지

조간

私はいくら忙しくても、朝刊1面に掲載された記事は必ず読んでいる。
나는 아무리 바빠도 조간 1면에 게재된 기사는 반드시 읽고 있다.

今朝の朝刊に、勇敢な犬が人の命を救ったという記事が載っていた。
오늘 아침 조간에 용감한 개가 사람의 목숨을 구했다는 기사가 실려 있었다.

02 ★★

ニート

- 就労 취로
- 無職者 무직자

니트, 직업이나 교육에 관심이 없는 미혼의 젊은이

フリーターやニートといった、若者の不安定就労の問題が深刻だ。
프리터나 니트와 같은 젊은이의 불안정 취로 문제가 심각하다.

弊社では、ニートや引きこもりの方の職業訓練及び就職を支援しております。
폐사[저희 회사]에서는 니트나 은둔형외톨이인 분의 직업훈련 및 취직을 지원하고 있습니다.

03 ★★★

きゅうぞう
急増

- 凹 急減 급감
- 急上昇 급상승

급증

厳しい経済環境を背景にした、精神的な病が急増している。
혹독한 경제환경을 배경으로 한 정신적인 병이 급증하고 있다.

日本では最近、社会的な繋がりを持たない人が急増している。
일본에서는 최근 사회적인 유대를 가지지 못하는 사람이 급증하고 있다.

04 ★★

□ 未婚
- 婚活 공카쓰, 결혼활동(「結婚活動」의 준말)
- 晩婚化 만혼화, 결혼을 늦게 하는 현상

미혼

最近、親に経済的に依存する中年未婚者が増えているという。
요즘 부모에게 경제적으로 의존하는 중년 미혼자가 늘고 있다고 한다.

付き合っている異性がいない未婚者の割合が、過去最多を記録したという。
교제하고 있는 이성이 없는 미혼자의 비율이 과거 최다를 기록했다고 한다.

05 ★★★

□ だんだん
- 圏 次第に 점차, 점점
- ますます 점점
- 着々 착착

점점

晩婚化が進んで、結婚の平均年齢がだんだん高くなっている。
만혼화가 진행되어 결혼 평균 연령이 점점 높아지고 있다.

地球温暖化の原因となる二酸化炭素の量は、だんだん増えてきた。
지구온난화의 원인이 되는 이산화탄소의 양은 점점 늘었다.

06 ★★★

□ アルバイト
- 時給 시급
- パートタイム 파트타임
- 日雇い 일용직

아르바이트(줄여서「バイト」라고도 함)

勉強もせず、アルバイトばかりしている学生が多い。
공부도 하지 않고 아르바이트만 하고 있는 학생이 많다.

学生時代にアルバイトをしたことが、今とても役に立っている。
학창시절에 아르바이트를 한 것이 지금 매우 도움이 되고 있다.

07 ★★★

稼ぐ

- 儲ける 돈을 벌다
- 共稼ぎ 맞벌이(=共働き)

(돈을) 벌다

彼はテレビのインタビューで、「稼いだお金を全額寄付する」と言っていた。
그는 TV 인터뷰에서 '번 돈을 전액 기부하겠다'라고 말했다.

いくら稼いでも病気になればそれまでだ。
아무리 돈을 벌어도 병이 나면 그것으로 끝이다.

08 ★★★

フリーター

- 契約社員 계약사원
- 派遣社員 파견사원

프리터, 아르바이트로 생활하는 사람

フリーターとは定職に就かず、アルバイトで生計を立てる人を指す。
프리터란 일정한 직장에 나가지 않고 아르바이트로 생계를 꾸리는 사람을 가리킨다.

周りを見ると、意外にフリーターを続けている人が多い。
주위를 보면 의외로 프리터를 계속하고 있는 사람이 많다.

09 ★★★

引きこもり

- 閉じこもる 틀어박히다
- 対人関係 대인관계
- 乗り越える 극복하다

은둔형외톨이

家から外に出ない、いわゆる引きこもり状態の子供が増えています。
집에서 밖으로 나오지 않는, 이른바 은둔형외톨이 상태인 아이가 늘고 있습니다.

ある新聞の「高齢引きこもり、悩む親」という記事が大きな反響を呼んでいる。
어느 신문의 '고령 은둔형외톨이, 괴로워하는 부모'라는 기사가 큰 반향을 일으키고 있다.

10 ★

□ **うつ病**
- そううつ病 조울증
- 食欲低下 식욕저하
- 不眠症 불면증

우울증

精神的な打撃を受けると、うつ病に繋がりがちです。
정신적인 타격을 입으면 우울증으로 이어지기 쉽습니다.

うつ病克服の第一歩は、正しい診断をしてもらうことである。
우울증 극복의 첫걸음은 올바른 진단을 받는 것이다.

11 ★

□ **悲観**
- 凡 楽観 낙관
- 悲観主義 비관주의(=ペシミズム)

비관

国内景気の先行きを悲観する声が強まっている。
국내 경기의 전망을 비관하는 소리가 드세어지고 있다.

何でも悲観的に考える癖が付いてしまうと、消極的な行動しかできなくなります。
무엇이든지 비관적으로 생각하는 버릇이 들어 버리면 소극적인 행동밖에 할 수 없게 됩니다.

12 ★

□ **自殺**
- 自殺未遂 자살미수
- 飛び降り自殺 투신자살

자살

いじめによる、自殺問題が深刻になっている。
괴롭힘에 의한 자살문제가 심각해지고 있다.

多様化する若者の「生きづらさ」は、若者の自殺リスクを高めている。
다양화되는 젊은이의 '고달픈 삶'은 젊은이의 자살 위험을 높이고 있다.

13 ★★

□ **一刻も早く**
- 先決課題 선결과제
- 早急に 조급히, 급히

한시라도 빨리

一刻も早く正常な状態に戻るよう、最善を尽くします。
한시라도 빨리 정상적인 상태로 돌아오도록 최선을 다하겠습니다.

貧困のない世界を一刻も早く実現するためには、どんな方法があるのでしょうか。
빈곤이 없는 세계를 한시라도 빨리 실현하기 위해서는 어떤 방법이 있을까요?

14 ★★

□ **支え合う**
- 助け合う 서로 돕다
- 協力 협력

서로 떠받치다, 서로 지지하다

みんなで支え合う健やかな社会を作りましょう。
모두 함께 서로 지지하는 건강한 사회를 만듭시다.

違いを認め、お互いを支え合えるような心構えが大切です。
차이를 인정하고 서로 지지할 수 있는 마음가짐이 중요합니다.

📝 적중 포인트

類 持ちつ持たれつ 상부상조(서로 돕거나 도움을 받거나 하는 모양)

15 ★★

□ **アルコール依存症**
- アル中 알코올 중독('アルコール中毒'의 준말)
- 飲酒 음주
- 意志 의지

알코올 의존증('알코올 중독'을 고쳐 부르는 이름)

アルコール依存症は、長年の飲酒の結果として生じてきた「飲酒コントロール障害」です。
알코올 의존증은 오랜 기간의 음주 결과로서 생겨난 '음주 컨트롤 장애'입니다.

一旦、アルコール依存症になると、自分の意志で飲酒行動をコントロールすることができなくなります。
일단 알코올 의존증이 되면 자신의 의지로 음주 행동을 컨트롤할 수 없게 됩니다.

16 ★★

不登校
- 登校拒否 등교거부
- 友人関係 교우관계
- いじめ 이지메, (특히 학교에서의) 괴롭힘

등교거부

最近、また「不登校」の児童・生徒が増えている。
요즘 다시 '등교거부'하는 초등학생·중고생이 늘고 있다.

子供が不登校になった場合、親は何をするべきでしょうか。
아이가 등교거부를 하게 된 경우, 부모는 무엇을 해야 할까요?

📝 적중 포인트

白い目で見る 차가운 눈초리로 보다, 백안시하다(=白眼視する)

17 ★★

孤独
- 孤独死 고독사
- 疎外感 소외감
- 仲間外れ 따돌림을 받음

고독

自殺へと追い込まれる人たちは、みんな孤独を味わっていたそうだ。
자살로 내몰린 사람들은 모두 고독을 느끼고 있었다고 한다.

最近、孤独死する老人が増えているということが社会問題となっている。
최근 고독사하는 노인이 늘고 있다는 것이 사회문제가 되고 있다.

18 ★★

財源
- 財源不足 재원부족
- 充当する 충당하다
- 穴埋め (결손을) 메움, 보충

재원

税金は、国家財政の基礎となる財源だ。
세금은 국가 재정의 기초가 되는 재원이다.

政府は財政運営に必要な財源の確保を図るために、公債を発行することにした。
정부는 재정 운영에 필요한 재원 확보를 꾀하기 위해서 공채를 발행하기로 했다.

📝 적중 포인트

財源が底を突く 재원이 바닥나다

19 ★★★

懸念 (けねん)

- 類 心配(しんぱい) 걱정, 염려
- 危惧(きぐ) 위구, 걱정하고 두려워함
- 憂慮(ゆうりょ) 우려

걱정, 염려

少子化の影響として、「年金への不安」を懸念する声が多い。
저출산화의 영향으로서 '연금에 대한 불안'을 걱정하는 목소리가 많다.

この冬、電力不足が懸念されるため、自主的な節電にご協力をお願いいたします。
올겨울 전력 부족이 우려되기 때문에 자주적인 절전에 협력을 부탁드립니다.

20 ★★

貧困 (ひんこん)

- 貧(まず)しい 가난하다
- 低所得者(ていしょとくしゃ) 저소득자
- 所得格差(しょとくかくさ) 소득격차

빈곤

貧困は未だに世界最大の問題である。
빈곤은 아직도 세계 최대의 문제다.

不景気の影響で、今後ますます貧困や失業問題は深刻になっていくだろう。
불경기의 영향으로 앞으로 점점 빈곤이나 실업문제는 심각해져 갈 것이다.

📝 적중 포인트

> 類 食(く)うや食(く)わず 아주 가난하여 생활이 어려운 모양

21 ★★

受動喫煙 (じゅどうきつえん)

- 類 間接喫煙(かんせつきつえん) 간접흡연(=不本意(ふほんい)喫煙(きつえん))
- 分煙(ぶんえん) (공공장소나 직장 등에서) 흡연구역이나 흡연시간을 제한하는 일

간접흡연

このサイトでは、受動喫煙による健康被害についてご紹介しています。
이 사이트에서는 간접흡연에 의한 건강 피해에 대해서 소개하고 있습니다.

日本では受動喫煙を防ぐため、受動喫煙防止の規定を盛り込んだ「健康増進法」が施行されている。
일본에서는 간접흡연을 방지하기 위해 간접흡연방지 규정을 포함시킨 '건강증진법'이 시행되고 있다.

22 ★★★

□ **少子化** (しょうしか)

- 少子高齢化 (しょうしこうれいか) 저출산 고령화
- 総人口 (そうじんこう) 총인구
- 核家族化 (かくかぞくか) 핵가족화

저출산화

どうしたら少子化(しょうしか)に歯止(はど)めがかかるのか。
어떻게 하면 저출산화에 제동이 걸릴 것인가?

若年世代(じゃくねんせだい)の経済的不安定(けいざいてきふあんてい)が、少子化(しょうしか)を加速(かそく)させる一因(いちいん)になっている。
젊은 세대의 경제적 불안정이 저출산화를 가속화시키는 한 원인이 되고 있다.

📋 적중 포인트

> 청+독 拍車(はくしゃ)をかける 박차를 가하다
> 歯止(はど)めをかける 제동을 걸다

23 ★

□ **福祉** (ふくし)

- 援助 (えんじょ) 원조
- 拡充 (かくじゅう) 확충

복지

福祉(ふくし)事業(じぎょう)における一番(いちばん)の課題(かだい)と言(い)えば、人材(じんざい)の確保(かくほ)と育成(いくせい)であろう。
복지사업에 있어서의 가장 큰 과제라고 하면 인재 확보와 육성일 것이다.

海外(かいがい)の動物(どうぶつ)福祉(ふくし)団体(だんたい)では、「犬(いぬ)との正(ただ)しい接(せっ)し方(かた)」をマニュアル化(か)している。
해외의 동물복지단체에서는 '개와의 올바른 접촉방법'을 매뉴얼화하고 있다.

24 ★

□ **ワーキングプア**

- 生活難 (せいかつなん) 생활난

워킹푸어(줄여서 「ワープア」라고도 함)

今(いま)、日本(にほん)では、ワーキングプア層(そう)の急拡大(きゅうかくだい)が大(おお)きな社会問題(しゃかいもんだい)となっている。
지금 일본에서는 워킹푸어층의 급속한 확대가 큰 사회문제가 되고 있다.

一般的(いっぱんてき)にワーキングプアの年収(ねんしゅう)は、200万円(にひゃくまんえん)以下(いか)と言(い)われています。
일반적으로 워킹푸어의 연수입은 200만 엔 이하라고 합니다.

Day 29 Check Up Test

★ 다음 단어의 뜻을 오른쪽에서 찾아 연결해 보세요.

❶ 急増 •   • ⓐ 점점
❷ 受動喫煙 •   • ⓑ 급증
❸ だんだん •   • ⓒ 은둔형외톨이
❹ 少子化 •   • ⓓ 간접흡연
❺ 引きこもり •   • ⓔ 저출산화

★ 공란에 들어갈 적절한 단어를 보기에서 골라 넣으세요.

ⓐ 朝刊	ⓑ 孤独	ⓒ アルバイト
ⓓ 懸念	ⓔ 財源	ⓕ ニート
ⓖ アルコール依存症	ⓗ 一刻も早く	ⓘ 福祉

❻ 学費や生活費は、全て_____で稼いだお金で賄っている。
❼ 次の政権では、_____の確保が重要な課題となるだろう。
❽ その問題は、_____解決策を講じるべきである。
❾ _____を放置していると、50代前半で死亡するケースが多くなるという。
❿ 友人たちに囲まれていても時々_____を感じる時がある。

정답 ❶.ⓑ ❷.ⓓ ❸.ⓐ ❹.ⓔ ❺.ⓒ ❻.ⓒ ❼.ⓔ ❽.ⓗ ❾.ⓖ ❿.ⓑ

+ 최신기출 기본 어휘

니트! 이대로 괜찮은가? `사회문제`

청해

★ 薬物(やくぶつ)	약물
★ 暴力(ぼうりょく)	폭력
★ 人種(じんしゅ)	인종
★ 促進(そくしん)	촉진
★ 実態(じったい)	실태
★ 改善(かいぜん)	개선
★ 集団(しゅうだん)	집단
★ 虐待(ぎゃくたい)	학대
★ 懸案(けんあん)	현안
★ 認識(にんしき)	인식
★ 活用(かつよう)	활용
★ 分析(ぶんせき)	분석
★ 貢献(こうけん)	공헌
★ 推進(すいしん)	추진
★ 役割(やくわり)	역할
★ 賛成(さんせい)	찬성
★ 反対(はんたい)	반대
★ 的確(てきかく)	적확, 정확
★ 個人(こじん)	개인
★ 影響(えいきょう)	영향

독해

★ 人権(じんけん)	인권
★ 平和(へいわ)	평화
★ 支障(ししょう)	지장
★ 安楽死(あんらくし)	안락사
★ 過疎問題(かそもんだい)	과소문제
★ 利己主義(りこしゅぎ)	이기주의
★ 呼び掛(よびか)ける	호소하다
★ 徐々(じょじょ)に	서서히, 천천히
★ 社会保障制度(しゃかいほしょうせいど)	사회보장제도
★ 取(と)り返(かえ)しが付(つ)かない	돌이킬 수 없다
★ 簡単(かんたん)	간단
★ 勘違(かんちが)い	착각
★ 導(みちび)く	안내하다, 이끌다
★ 依存症(いぞんしょう)	의존증
★ 未(いま)だに	아직도, 아직껏
★ 叶(かな)う	이루어지다
★ 早速(さっそく)	곧, 즉시, 빨리
★ 金銭感覚(きんせんかんかく)	금전감각

최신기출 고득점 어휘

니트! 이대로 괜찮은가? (사회문제)

청해

- ★ 成果(せいか) 성과
- 徹底(てってい) 철저
- 重大(じゅうだい) 중대
- ★ 規制(きせい) 규제
- ★ 考慮(こうりょ) 고려
- ★ 頻度(ひんど) 빈도
- 現実(げんじつ) 현실
- 空想(くうそう) 공상
- 倫理(りんり) 윤리
- 解明(かいめい) 해명
- ★ 崩壊(ほうかい) 붕괴
- ★ 情報(じょうほう) 정보
- ★ 論理(ろんり) 논리
- ★ 共生(きょうせい) 공생
- ★ 拡大(かくだい) 확대
- ★ 顕著(けんちょ) 현저
- ★ 意識(いしき) 의식
- ★ 対応(たいおう) 대응
- ★ 対処(たいしょ) 대처
- 事項(じこう) 사항

독해

- 非難(ひなん) 비난
- ★ 着目(ちゃくもく) 착안
- ★ 展開(てんかい) 전개
- ★ 隠蔽(いんぺい) 은폐
- ★ 思いやり(おもいやり) 배려
- ★ 主眼点(しゅがんてん) 주안점
- ★ 設ける(もうける) 설치하다
- ★ 非効率性(ひこうりつせい) 비효율성
- ★ 練る(ねる) (계획 등을) 다듬다
- 山積み(やまづみ) 산적
- 敏感(びんかん) 민감
- ★ 成長(せいちょう) 성장
- ★ 排除(はいじょ) 배제
- ★ 犠牲(ぎせい) 희생
- ★ お互いに(おたがいに) 서로
- ★ 多国籍(たこくせき) 다국적
- ★ 抱える(かかえる) (어려움 등을) 안다
- ★ ～を通じて(をつうじて) ～을 통해서
- ★ 逸らす(そらす) (딴 데로) 돌리다
- ★ 掛け持ち(かけもち) 겸임, 겸직

Day 30

IT・통신

오늘은 스마트폰 사러 가는 날

오늘은 아침 일찍 **携帯電話**를 사러 **家電量販店**에 갔다. 지금 **機種**로 바꾼 지 채 1년도 되지 않았지만 **新型 スマホ**가 갖고 싶어서 바꾸기로 했다. 업무상 **Eメール**나 **インターネット**의 사용 빈도가 높기 때문에 **スマホ**는 필수 **アイテム**다. 거기에 **ツイッター**나 **フェイスブック**도 많이 해서 빠른 **アップロード**가 가능한 제품이 필요하다. 새 **スマホ**를 구입하고 돌아오는 길에 기념으로 **着うた**도 **アプリ**스토어에서 **ダウンロード**해서 최신곡으로 바꿨다.

JPT 최신기출 어휘 베스트 14

- □ 携帯電話(けいたいでんわ) 휴대전화
- □ 家電量販店(かでんりょうはんてん) 가전양판점, 가전제품판매점
- □ 機種(きしゅ) 기종
- □ 新型(しんがた) 신형
- □ スマホ 스마트폰
- □ Eメール 이메일, 전자메일
- □ インターネット 인터넷
- □ アイテム 아이템
- □ ツイッター 트위터
- □ フェイスブック 페이스북
- □ アップロード 업로드
- □ 着(ちゃく)うた 착신 노래
- □ アプリ 앱
- □ ダウンロード 다운로드

01 ★★★

□ **携帯電話** (けいたいでんわ)

- 無言電話 (むごんでんわ) 무언전화
- いたずら電話 (でんわ) 장난전화

휴대전화(줄여서 「携帯 けいたい」라고도 함)

最近、小学生の中で携帯電話を持っていない子はほとんどいないという。
요즘 초등학생 중에서 휴대전화를 가지고 있지 않은 아이는 거의 없다고 한다.

何度も携帯にかけてみたが、全く出てこない。
몇 번이나 휴대전화로 걸어 봤는데 전혀 받지 않는다.

📝 **적중 포인트**

> 電話をかける 전화를 걸다(=電話をする)
> 電話が遠い 전화 감이 멀다

02 ★

□ **家電量販店** (かでんりょうはんてん)

- 電気屋 (でんきや) 전자제품판매점
- 電気製品 (でんきせいひん) 전자제품

가전양판점, 가전제품판매점

家の近くに大きな家電量販店があって、とても便利だ。
집 근처에 큰 가전제품판매점이 있어서 아주 편리하다.

あの家電量販店は品物の数も少なく、しかも不親切だから、あまり行きたくない。
그 가전제품판매점은 물건수도 적고 게다가 불친절해서 그다지 가고 싶지 않다.

03 ★

□ **機種** (きしゅ)

- 機種変 (きしゅへん) 기종변경(「機種変更 きしゅへんこう」의 준말)
- 新製品 (しんせいひん) 신제품

기종

こちらの機種でよろしければ、お安くできます。
이 기종으로 괜찮으시다면 싸게 해 드릴 수 있어요.

こちらの製品は、「アンドロイド」で動かす機種でございます。
이 제품은 '안드로이드'로 작동하는 기종입니다.

04 ★★

□ **新型**(しんがた)

- 最新型(さいしんがた) 최신형
- 仕様(しよう) 사양

신형

このスマートウォッチは、昨日発売(きのうはつばい)されたばかりの新型(しんがた)です。
이 스마트워치는 어제 막 발매된 신형입니다.

次々(つぎつぎ)と新型製品(しんがたせいひん)ができるので、若(わか)い消費者(しょうひしゃ)は古(ふる)い型(かた)の製品(せいひん)には見向(みむ)きもしない。
잇따라 신형제품이 만들어지기 때문에 젊은 소비자는 구형 제품에는 눈길도 주지 않는다.

05 ★★

□ **スマホ**

- 圏 多機能携帯電話(たきのうけいたいでんわ) 다기능 휴대전화, 스마트폰
- タッチパネル 터치패널
- 液晶(えきしょう)パネル 액정패널

스마트폰(『스마트폰』의 준말)

現在(げんざい)、この機種(きしゅ)のスマホがシェアの50(ごじゅっ)パーセント以上(いじょう)を占(し)めております。
현재 이 기종의 스마트폰이 시장점유율의 50% 이상을 차지하고 있습니다.

中国(ちゅうごく)は米国(べいこく)を抜(ぬ)いて、スマホの委託販売台数(いたくはんばいだいすう)世界一(せかいいち)の市場(しじょう)となった。
중국은 미국을 제치고 스마트폰 위탁판매 대수 세계 제일의 시장이 되었다.

06 ★

□ **Eメール**(イー)

- 添付(てんぷ)ファイル 첨부파일
- 返信(へんしん) 답장
- 宛名(あてな) 수신인명

이메일, 전자메일

Eメール(イー)は、ネットワークを利用(りよう)した代表的(だいひょうてき)なコミュニケーションツールです。
이메일은 네트워크를 이용한 대표적인 커뮤니케이션 도구입니다.

送信者(そうしんしゃ)のEメール(イー)アドレスが拒否(きょひ)されたため、メッセージを送信(そうしん)できませんでした。
송신자의 이메일 주소가 거부되었기 때문에 메시지를 송신할 수 없었습니다.

07 ★★★

□ インターネット

- パスワード 패스워드
- 光ファイバー 광섬유
- ググる 구글(google)로 검색하다

인터넷

何が問題なのか、朝からインターネットに接続できない。
무엇이 문제인 것인지 아침부터 인터넷에 접속할 수 없다.

今の時代は、紙面に代わってインターネットが情報源の主流を成している。
지금 시대는 지면을 대신해서 인터넷이 정보원의 주류를 이루고 있다.

08 ★★

□ アイテム

- プレーヤー 플레이어
- 武器 무기

아이템

我が社は、新しいアイテムの開発に力を入れている。
우리 회사는 새로운 아이템 개발에 힘을 쏟고 있다.

このゲームは、レベルを上げれば上げるほどもらえるアイテムが増える。
이 게임은 레벨을 올리면 올릴수록 받을 수 있는 아이템이 늘어난다.

09 ★

□ ツイッター

- ブログ 블로그
- フォロワー 팔로워
- つぶやき 트위터상에 남긴 글
- ツイる 트위터를 하다

트위터

ツイッターで、フォロワーが最も多い「有名人」は誰ですか。
트위터에서 팔로워가 가장 많은 '유명인'은 누구예요?

ツイッターの強みは、リアルタイムの情報共有です。
트위터의 강점은 실시간 정보 공유입니다.

10 ★

□ フェイスブック

- インスタ 인스타그램(「インスタグラム」의 준말)
- いいね (페이스북상의) 좋아요
- シェア 공유

페이스북

フェイスブックは、親しい友達の近況が分かるツールです。
페이스북은 친한 친구의 근황을 알 수 있는 도구입니다.

彼はツイッターとフェイスブックを連携させて使っていた。
그는 트위터와 페이스북을 연계시켜서 사용하고 있었다.

11 ★

□ アップロード

- ネットワーク 네트워크
- バックアップ 백업

업로드

このサイトでは、ファイルサイズ無制限で各種ファイルをアップロードできます。
이 사이트에서는 파일 사이즈 무제한으로 각종 파일을 업로드할 수 있습니다.

不明なエラーが発生したため、アップロードが失敗しました。
알 수 없는 에러가 발생했기 때문에 업로드가 실패했습니다.

12 ★

□ 着うた

- 着メロ 착신 멜로디(「着信メロディー」의 준말)
- 待ち受け画面 대기화면
- 配信 배신, (정보 등의) 전송

착신 노래(「着信うた」의 준말)

携帯サイトで、最新着うたをダウンロードして変えました。
휴대전화 사이트에서 최신 착신 노래를 다운로드해서 바꿨습니다.

初めて聞いたけど、とても気に入って着うたはこの曲にしました。
처음 들었는데 너무 마음에 들어서 착신 노래는 이 곡으로 했습니다.

13 ★★

□ **アプリ**

- ロックをかける 잠그다
- 認証(にんしょう) 인증

앱(「アプリケーション」(애플리케이션)의 준말)

昨日(きのう)、アプリショップで最新(さいしん)アプリを購入(こうにゅう)した。
어제 앱스토어에서 최신 앱을 구입했다.

アプリを削除(さくじょ)した場合(ばあい)は、再(さい)インストールが必要(ひつよう)です。
앱을 삭제한 경우에는 재설치가 필요합니다.

14 ★

□ **ダウンロード**

- 落(お)とす 다운로드하다
- 開(ひら)く 열다
- 圧縮(あっしゅく) (파일의) 압축(↔解凍(かいとう) (파일의) 압축풀기)

다운로드

ファイルをダウンロードしたら、ファイルがどこに保存(ほぞん)されたか分(わ)からなくなってしまった。
파일을 다운로드했는데 파일이 어디에 보존되었는지 모르게 되어 버렸다.

このプログラムをダウンロードして、インストールする方法及(ほうほうおよ)び注意事項(ちゅういじこう)を説明(せつめい)します。
이 프로그램을 다운로드해서 설치하는 방법 및 주의사항을 설명하겠습니다.

15 ★★★

□ **省(しょう)エネ商品(しょうひん)**

- エコ家電(かでん) 친환경·초절전[에너지절약]형 가전제품
- 環境(かんきょう)に優(やさ)しい 친환경적이다
- 省(はぶ)く 생략하다, 줄이다

에너지절약형 상품

家電製品(かでんせいひん)を買(か)うなら、省(しょう)エネ商品(しょうひん)にした方(ほう)がいいよ。
가전제품을 살 거라면 에너지절약형 상품을 사는 편이 좋아.

省(しょう)エネ商品(しょうひん)の購入(こうにゅう)で、電気代(でんきだい)が大分(だいぶ)減(へ)りました。
에너지절약형 상품 구입으로 전기요금이 상당히 줄었습니다.

16 ★★★

注目 ちゅうもく

- 人目を引く 이목을 끌다
- 引き付ける (마음) 끌다
- 気を引く 마음[관심]을 끌다

주목

最近、音声認識ができる翻訳アプリが注目を集めている。
최근 음성인식을 할 수 있는 번역앱이 주목을 모으고 있다.

今回発売される新型携帯は、従来の物より軽くて薄いということで、すでにマスコミから注目を浴びている。
이번에 발매되는 신형휴대전화는 종래의 것보다 가볍고 얇다는 점에서 이미 매스컴으로부터 주목을 받고 있다.

📝 적중 포인트

청+图 注目を浴びる 주목을 받다
图 注目の的 주목의 대상

17 ★★★

伝言 でんごん

- 图 言付け 전언(=言伝)
- 用件 용건
- 置き手紙 쪽지, 메모

전언

机の上に吉村さんからの伝言、置いときました。
책상 위에 요시무라 씨한테서의 전언 놔 뒀어요.

ご伝言がありましたら、お伝えいたします。
전언이 있으시면 전해 드리겠습니다.

18 ★

自ずと おのずと

- 图 ひとりでに 저절로
- 自ら 스스로

저절로, 자연히

電車内で隣の人が何かを読んでいる時、それに自ずと目が行く。
전철 안에서 옆 사람이 뭔가를 읽고 있을 때 거기에 저절로 눈이 간다.

これくらい目を引く商品なら、誰でも自ずと手が伸びてしまうだろう。
이 정도로 눈을 끄는 상품이라면 누구든지 저절로 손이 가 버릴 것이다.

19 ★★

力を入れる

- 主力 주력
- 力を込める 힘을 집중하다

(하는 일에) 힘을 쏟다, 주력하다

こちらが今弊社で力を入れている商品でございます。
이것이 지금 폐사[저희 회사]에서 주력하고 있는 상품입니다.

この製品は、発売前からウェブサイトを中心に宣伝に力を入れた。
이 제품은 발매 전부터 웹사이트를 중심으로 선전에 힘을 쏟았다.

📝 적중 포인트

칭+독 力を注ぐ 힘을 쏟다

20 ★★

開発

- 実用化 실용화

개발

新しい商品の開発をめぐって、意見が対立した。
새로운 상품의 개발을 둘러싸고 의견이 대립했다.

人工衛星の打ち上げには、多くの資金が必要であり、アジア諸国が共同で開発している。
인공위성 발사에는 많은 자금이 필요해서 아시아 여러 나라가 공동으로 개발하고 있다.

21 ★★

革新

- 유 イノベーション 이노베이션, 혁신
- 改革 개혁

혁신

技術革新によって、新製品が次々と開発された。
기술 혁신에 의해 신제품이 잇따라 개발되었다.

世界の最も革新的な企業トップ50社に、国内企業2社がランクインした。
세계의 가장 혁신적인 기업 톱 50개사에 국내 기업 2개사가 올라 있었다.

Day 30 오늘은 스마트폰 사러 가는 날 | IT·통신 | · 373

22 ★★

□ **目を見張る**
- 特売品 특매품
- 出来栄え 솜씨, 기량, 만듦새

눈을 크게 뜨다, 눈이 휘둥그레지다

情報通信技術の発達には、目を見張るものがある。
정보통신기술의 발달에는 눈이 휘둥그레지는 점이 있다.

タブレット端末は、目を見張るような急成長を続けている。
태블릿 단말기는 눈이 휘둥그레질 만한 급성장을 계속하고 있다.

23 ★

□ **制覇**
- 覇権を握る 패권을 쥐다
- 頂点に立つ 정점에 서다

제패

日本の半導体産業は、かつて世界を制覇した。
일본의 반도체산업은 일찍이 세계를 제패했다.

A社の世界制覇の秘訣は、現地戦略で世界のスマホユーザーを囲い込んだことだ。
A사의 세계 재패의 비결은 현지 전략으로 세계의 스마트폰 유저를 확보한 것이다.

24 ★★

□ **先を争う**
- 我先に 앞다투어(=我勝ちに)
- 殺到 쇄도

앞을 다투다

最近、国内のゲーム企業が先を争ってヨーロッパに進出しているそうだ。
최근 국내의 게임 기업이 앞을 다투어 유럽에 진출하고 있다고 한다.

日本の主要ITメーカーは、海外の優秀な人材を先を争って採用している。
일본의 주요 IT제조회사는 해외의 우수한 인재를 앞을 다투어 채용하고 있다.

📋 적중 포인트

[청] 躍起になる 기를 쓰다

Day 30 Check Up Test

★ 다음 단어의 뜻을 오른쪽에서 찾아 연결해 보세요.

❶ インターネット •   • ⓐ 에너지절약형 상품
❷ 先を争う •   • ⓑ 앱
❸ 伝言 •   • ⓒ 전언
❹ アプリ •   • ⓓ 앞을 다투다
❺ 省エネ商品 •   • ⓔ 인터넷

★ 공란에 들어갈 적절한 단어를 보기에서 골라 넣으세요.

ⓐ 自ずと   ⓑ 力を入れる   ⓒ アップロード
ⓓ 目を見張る ⓔ スマホ   ⓕ 携帯電話
ⓖ ツイッター ⓗ 革新   ⓘ 制覇

❻ このファイルは容量が大きすぎて_____するのに時間がかかりそうだ。
❼ 彼のコンピューターに対する知識には、_____ものがある。
❽ その大臣が_____で何気なく言った発言が今物議を醸している。
❾ 広告に_____甲斐があって、売り上げがぐんと伸びた。
❿ その企業の技術開発への情熱には_____頭が下がる。

정답 ❶ ⓔ ❷ ⓓ ❸ ⓒ ❹ ⓑ ❺ ⓐ ❻ ⓒ ❼ ⓓ ❽ ⓖ ❾ ⓑ ❿ ⓐ

+ 최신기출 기본 어휘

오늘은 스마트폰 사러 가는 날 IT·통신

청해

★ 創造 (そうぞう) 창조	☐ ☐ ☐	★ 発売 (はつばい) 발매	☐ ☐ ☐
★ 搭載 (とうさい) 탑재	☐ ☐ ☐	★ 移行 (いこう) 이행	☐ ☐ ☐
★ 変換 (へんかん) 변환	☐ ☐ ☐	★ 独自 (どくじ) 독자	☐ ☐ ☐
★ 閲覧 (えつらん) 열람	☐ ☐ ☐	★ 専用 (せんよう) 전용	☐ ☐ ☐
★ 通話 (つうわ) 통화	☐ ☐ ☐	★ 主軸 (しゅじく) 주축	☐ ☐ ☐
★ 通信 (つうしん) 통신	☐ ☐ ☐	★ 顧客 (こきゃく) 고객	☐ ☐ ☐
★ 効率 (こうりつ) 효율	☐ ☐ ☐	★ 画面 (がめん) 화면	☐ ☐ ☐
★ 急速 (きゅうそく) 급속	☐ ☐ ☐	★ 披露 (ひろう) 피로, 공표함	☐ ☐ ☐
★ 対応 (たいおう) 대응	☐ ☐ ☐	★ 通常 (つうじょう) 통상	☐ ☐ ☐
★ 繊細 (せんさい) 섬세	☐ ☐ ☐	★ 画像 (がぞう) 화상, 영상	☐ ☐ ☐

독해

★ 苦戦 (くせん) 고전	☐ ☐ ☐	★ 手触り (てざわり) 감촉	☐ ☐ ☐
★ 触る (さわる) (가볍게) 닿다, 손을 대다	☐ ☐ ☐	★ 動画 (どうが) 동영상	☐ ☐ ☐
★ サイト 사이트	☐ ☐ ☐	★ 報道陣 (ほうどうじん) 보도진	☐ ☐ ☐
★ 広げる (ひろげる) 넓히다	☐ ☐ ☐	★ データ 데이터	☐ ☐ ☐
★ 試作品 (しさくひん) 시작품, 시제품	☐ ☐ ☐	★ 続々と (ぞくぞくと) 속속, 잇따라	☐ ☐ ☐
★ 世界初 (せかいはつ) 세계 최초	☐ ☐ ☐	★ スクリーン 스크린	☐ ☐ ☐
★ 目玉商品 (めだましょうひん) 특가상품	☐ ☐ ☐	★ 取り扱う (とりあつかう) 취급하다	☐ ☐ ☐
★ とらわれる 구애되다	☐ ☐ ☐	★ プロジェクター 프로젝터	☐ ☐ ☐
★ 目指す (めざす) 지향하다, 목표로 하다	☐ ☐ ☐	★ 薄型テレビ (うすがたテレビ) 박형[슬림형] TV	☐ ☐ ☐
★ マーケティング 마케팅	☐ ☐ ☐	★ デジタル放送 (デジタルほうそう) 디지털방송	☐ ☐ ☐

+ 최신기출 고득점 어휘

오늘은 스마트폰 사러 가는 날 〔IT·통신〕

청해

- ★ 活用(かつよう) 활용 ☐☐☐
- ★ 運営(うんえい) 운영 ☐☐☐
- ★ 愛用(あいよう) 애용 ☐☐☐
- ★ 流通(りゅうつう) 유통 ☐☐☐
- ★ 出資(しゅっし) 출자 ☐☐☐
- ★ 小型(こがた) 소형 ☐☐☐
- ★ 大型(おおがた) 대형 ☐☐☐
- ★ 卸売(おろ)り 도매 ☐☐☐
- ★ 小売(こう)り 소매 ☐☐☐
- ★ ツール 도구 ☐☐☐

- ★ 有害(ゆうがい) 유해 ☐☐☐
- ★ 高度(こうど) 고도 ☐☐☐
- ★ 経由(けいゆ) 경유 ☐☐☐
- ★ 激減(げきげん) 격감 ☐☐☐
- ★ 自宅(じたく) 자택 ☐☐☐
- ★ 直撃(ちょくげき) 직격 ☐☐☐
- ★ 戦略(せんりゃく) 전략 ☐☐☐
- ★ 流出(りゅうしゅつ) 유출 ☐☐☐
- ★ チャット 채팅 ☐☐☐
- ★ 汎用化(はんようか) 범용화 ☐☐☐

독해

- ★ ハッカー 해커 ☐☐☐
- ★ プロセス 과정 ☐☐☐
- ★ 販売数(はんばいすう) 판매수 ☐☐☐
- ★ インフラ 인프라 ☐☐☐
- ★ 撤退(てったい) 철퇴, 철수 ☐☐☐
- ★ セキュリティー 안전 ☐☐☐
- ★ プリンター 프린터 ☐☐☐
- ★ ウェブサイト 웹사이트 ☐☐☐
- ★ ディスプレー 디스플레이 ☐☐☐
- ★ サイバー攻撃(こうげき) 사이버공격 ☐☐☐

- ★ 手軽(てがる)さ 간편함 ☐☐☐
- ★ 発信元(はっしんもと) 발신원 ☐☐☐
- ★ システム 시스템 ☐☐☐
- ★ 形跡(けいせき) 형적, 흔적, 자취 ☐☐☐
- ★ IPアドレス(アイピー) IP주소 ☐☐☐
- ★ お気(き)に入(い)り 즐겨찾기 ☐☐☐
- ★ 不正(ふせい)アクセス 부정접속 ☐☐☐
- ★ 見(み)せびらかす 과시하다 ☐☐☐
- ★ 漏(も)れる 누설되다 ☐☐☐
- ★ 立(た)ち上(あ)げる (컴퓨터를) 가동시키다 ☐☐☐

주요 어휘 색인

あ행 · 380
か행 · 387
さ행 · 396
た행 · 405
な행 · 412
は행 · 415
ま행 · 421
や행 · 424
ら행 · 426
わ행 · 427

相変わらず 여전히, 변함없이	192, 275
愛国者 애국자	189
愛国心 애국심	189
合図 신호	247
相次いで 잇달아	130
アイテム 아이템	369
相反する 상반되다	188
曖昧 애매함, 모호함	49, 311
仰ぐ 위를 보다, 쳐다보다	21
青信号 (신호등의) 파란신호	247
青田買い 졸업 전에 학생과 입사 계약을 맺음	235
青二才 풋내기	158
アカウントを乗っ取る 계정을 빼앗다	61
赤字 적자	276
赤信号 (신호등의) 빨간신호	247
暁 새벽, 새벽녘	343
赤の他人 생판 남	333
上がり症 남 앞에서 극도로 긴장하기 쉬운 성질	241
上がる 얼다, 긴장하다	241
明るみに出る 드러나다, 공개되다	334
空き時間 비는 시간	91
空き巣 빈집털이	46
空き巣犯 빈집털이범	46
飽きっぽい 싫증을 잘 내다	72
明らかにする 밝혀내다, 규명하다	176
明らかになる 밝혀지다, 드러나다	334
呆れ返る 어이가 없어서 할말이 없어지다, 기가 막히다	332
呆れる 어이없다, 기가 막히다	332
あくどい 악랄하다	337
悪夢 악몽	343
悪夢にうなされる 악몽에 시달리다	343
あぐらをかく 책상다리를 하고 앉다	19
明け方 동틀녘, 새벽녘	343
挙げ句の果て 결국	167
浅い (기간·생각·경험 등이) 얕다, 모자라다	120
朝霧 아침 안개	301
朝寝坊する 늦잠을 자다	43
欺く 속이다	338
朝飯前 식은 죽 먹기	235
味付け 맛을 냄	215
足並みを揃える 보조를 맞추다	326
足の踏み場もない 발 디딜 곳도 없다	38
味わい (음식의) 맛, 풍미	217
足を組む 다리를 꼬다	25
足を運ぶ (일부러) 방문하다, 찾아가 보다	119
焦る 안달하다, 초조하게 굴다	49
汗をかく 땀을 흘리다	86
唖然 아연	332
温まる 따뜻해지다	47
あたふた 허겁지겁, 허둥지둥, 황급히	80
頭が真っ白になる 머리가 새하얘지다, (놀라거나 갑작스러워서) 아무 생각이 나지 않다	44

頭に叩き込む 머릿속에 주입시키다	228	アポを取る 약속을 잡다	155
頭を捻る 골똘히 생각하다	57	雨足が弱まる 빗줄기가 약해지다	299
当たる (예상이) 들어맞다, 적중하다	297	甘い 무르다, 허술하다, 만만하다	154
仇を討つ 원수를 갚다	331	雨具 (우산·비옷 등) 우비	46
悪化 악화	274	雨戸 빗문	299
暑がり屋 더위를 잘 타는 사람	73	雨が上がる 비가 그치다	299
厚切り 두껍게 썲	212	危うく~ところだった 하마터면 ~할 뻔했다	55
呆気に取られる 어안이 벙벙하다, 어리둥절하다	332	怪しい 수상하다, 의심스럽다	297
圧縮 (파일의) 압축	371	あやふや 애매함, 모호함	311
圧する 누르다, 제압하다	168	過ち 잘못, 과실	130
あっという間に 눈 깜짝할 사이에	290	誤り 잘못, 실수, 과오	130
圧迫 압박	168	歩み寄る 양보하다	321
アップロード 업로드		粗い 까칠까칠하다	86
宛名 수신인명	368	争い 다툼, 싸움, 분쟁	190
当てにする 기대다, 기대하다	146	争う 다투다, (우열을) 겨루다	274
当てにならない 믿을 수 없다	297	改める (좋게) 고치다, 바로잡다	271
後片付け 뒷마무리, 설거지	33, 215	アリーナ (관람석이 있는) 경기장	127
後始末 뒤처리, 뒷정리	215	有り様 모양, 상태	178
後払い 후불	57, 165	歩き回る 돌아다니다	110
後を追う 뒤를 쫓아가다	332	アルコール依存症 알코올 의존증	359
後を絶たない 끊이지 않다	332	アル中 알코올 중독	359
後を絶つ 완전히 없어지다	332	アルバイト 아르바이트	356
穴埋め (결손을) 메움, 보충	170, 360	慌ただしい 어수선하다, 부산하다	80
亜熱帯 아열대	300	慌てる 당황하다, 허둥거리다	44
暴れる 난폭하게 굴다, 날뛰다	225	哀れ 가엾음, 불쌍함	50
油をひく 기름을 두르다	212	案外 의외로, 예상외로	94, 349
アプリ 앱	371	暗記重視 암기중시	228
		暗証番号 비밀번호	169

安堵する 안도하다	81	
案内板 안내판	34	
案の定 아니나 다를까, 생각했던 대로, 역시	322	
安否 안부	337	

い

いい気になる (혼자서) 우쭐해지다, 좋아하다	188
いいね (페이스북상의) 좋아요	370
Eメール 이메일, 전자메일	368
言い渡す (결정이나 명령을) 선고하다	338
硫黄 유황	105
意外 의외, 뜻밖, 예상외	94
活かす 활용하다	141
遺家族 유가족	336
いがみ合い 서로 싸움, 서로 반목함	326
～行き ～행	108
行き当たり 막다른 곳	251
勢いよく 기세 좋게	35
行き届く (생각이) 구석구석까지 미치다	74
生き残る 살아남다	274
行き渡る 널리 퍼지다	119
育成 육성	122
いくら～ても 아무리 ～해도	140
生け花 꽃꽂이	92
いける 상당하다, 좋다	214
いさかい 말다툼, 언쟁	326
いざこざ (사소한) 다툼, 싸움, 분규	190, 319

意志 의지	359
維持 유지	194
いじめ 이지메, (특히 학교에서의) 괴롭힘	224, 360
いずれにせよ 어쨌든, 어쨌든 간에	119
依然として 여전히	192, 275
忙しい 바쁘다	151
遺族 유족, 유가족	336
いたずら電話 장난전화	367
抱く (마음속에) 안다, 품다	24
痛手 (정신적·물질적) 상처, 타격, 피해	158
痛ましい 애처롭다, 가엾다, 참혹하다	50, 248
痛み止め 진통제	265
炒めご飯 볶음밥	213
炒める (기름에) 볶다	213
至る 이르다	326
至れり尽くせり 빈틈없음, 극진함	74
一日中 하루 종일	45
一人前 제 몫을 함	239
一文惜しみ 인색함, 구두쇠	59
一夜漬け 벼락치기	229
一様に 한결같이	167
一括払い 일시불	57, 165
一気に 단숨에, 단번에	164
一刻も早く 한시라도 빨리	359
一酸化炭素 일산화탄소	145
一睡もしない 한숨도 자지 않다	152
一寸の虫にも五部の魂 지렁이도 밟으면 꿈틀한다	194

<ruby>一斉<rt>いっせい</rt></ruby>に 일제히	164
<ruby>一致団結<rt>いっちだんけつ</rt></ruby> 일치단결	326
<ruby>一転<rt>いってん</rt></ruby>する 완전히 바뀌다	301
いつの<ruby>間<rt>ま</rt></ruby>にか 어느샌가	290
<ruby>一泊二日<rt>いっぱくふつか</rt></ruby> 1박 2일	103
<ruby>一般常識<rt>いっぱんじょうしき</rt></ruby> 일반상식	308
<ruby>一般廃棄物<rt>いっぱんはいきぶつ</rt></ruby> 일반폐기물	145
<ruby>一風<rt>いっぷう</rt></ruby><ruby>変<rt>か</rt></ruby>わった 좀 색다른, 좀 특이한	93
<ruby>一方通行<rt>いっぽうつうこう</rt></ruby> 일방통행	251
<ruby>一歩<rt>いっぽ</rt></ruby>も<ruby>引<rt>ひ</rt></ruby>かない 한 걸음도 물러나지 않다	190
<ruby>偽<rt>いつわ</rt></ruby>る 사칭하다, 속이다	338
<ruby>糸口<rt>いとぐち</rt></ruby> 실마리	322
<ruby>稲妻<rt>いなずま</rt></ruby> 번개	300
<ruby>稲光<rt>いなびかり</rt></ruby> 번개	300
<ruby>居眠<rt>いねむ</rt></ruby>り<ruby>運転<rt>うんてん</rt></ruby> 졸음운전	249
<ruby>居眠<rt>いねむ</rt></ruby>りする (앉아서) 졸다	43, 83
イノベーション 이노베이션, 혁신	373
<ruby>違法駐車<rt>いほうちゅうしゃ</rt></ruby> 위법주차	252
<ruby>未<rt>いま</rt></ruby>だに 아직도, 아직껏	192, 275
イメージ 이미지	201
イメージアップ 이미지 업	201
イメージチェンジ 이미지 체인지	201
いやいや 마지못해	45
<ruby>嫌<rt>いや</rt></ruby>がらせ 짓궂음, 괴롭힘	224
<ruby>嫌気<rt>いやけ</rt></ruby>が<ruby>差<rt>さ</rt></ruby>す 싫어지다, 싫증이 나다	309
<ruby>苛<rt>いら</rt></ruby>だたしい 초조하다	73
<ruby>苛立<rt>いらだ</rt></ruby>つ (신경이) 곤두서다, 초조해지다	49
<ruby>色眼鏡<rt>いろめがね</rt></ruby>で<ruby>見<rt>み</rt></ruby>る 색안경을 끼고 보다	118

<ruby>飲酒<rt>いんしゅ</rt></ruby> 음주	359
<ruby>飲酒運転<rt>いんしゅうんてん</rt></ruby> 음주운전	249
インスタ 인스타그램	370
インターネット 인터넷	369
インタビュー 인터뷰	205
インフレ 인플레이션, 통화 팽창	277
インベストメント 투자, 출자	166

う

ウイークエンド 위크엔드, 주말	103
<ruby>植<rt>う</rt></ruby>える 심다	96
うきうき 들썽들썽	108
<ruby>受<rt>う</rt></ruby>け<ruby>入<rt>い</rt></ruby>れる 받아들이다	120, 156
<ruby>受<rt>う</rt></ruby>け<ruby>継<rt>つ</rt></ruby>ぐ 이어받다, 계승하다	191
<ruby>受身<rt>うけみ</rt></ruby> 수동	202
<ruby>動<rt>うご</rt></ruby>き 움직임, 몸놀림, 동작	19
<ruby>後<rt>うし</rt></ruby>ろ<ruby>向<rt>む</rt></ruby>き 소극적임	288
<ruby>薄型<rt>うすがた</rt></ruby>テレビ 박형[슬림형] TV	199
<ruby>薄切<rt>うすぎ</rt></ruby>り 얇게 썲	212
うずくまる 웅크리다, 웅크리고 앉다	22
<ruby>疑<rt>うたが</rt></ruby>い 혐의	332
<ruby>疑<rt>うたが</rt></ruby>わしきは<ruby>罰<rt>ばっ</rt></ruby>せず 무죄 추정의 원칙, 범죄를 저질렀다는 것이 증명 되지 않으면 유죄를 언도해서는 안 된다는 원칙	332
うだうだ 이러쿵저러쿵	86
<ruby>打<rt>う</rt></ruby>ち<ruby>合<rt>あ</rt></ruby>わせ 협의	156
<ruby>内気<rt>うちき</rt></ruby> 내성적임, 소심함	70

打ち出す 내세우다, 제창하다	278
有頂天になる 기뻐서 어쩔 줄 모르다	105
うっそう 울창함	35
訴え 소송	336
訴える 호소하다, 하소연하다	141
訴える 소송하다, 고소하다	336
うつ病 우울증	358
うつ伏せる 엎드리다	20
俯く 고개를 숙이다	19
うつらうつら 꾸벅꾸벅	83
映り 영상	204
虚ろ 얼빠짐	199
器 그릇	33
腕が上がる 솜씨가 늘다	98, 211
腕が鳴る (솜씨를 보이고 싶어서) 팔이 근질근질해지다	211
腕時計 손목시계	32
腕前 솜씨, 기량, 수완	98
腕を組む 팔짱을 끼다	25
腕を振るう 솜씨를 발휘하다	211, 242
雨天中止 우천중지, 비로 인한 중지	350
疎い (물정에) 어둡다	120
うとうと 꾸벅꾸벅	83
促す 촉구하다	141
うなぎ登り (물가·지위 등이) 마구 뛰어오름	272
頷く 수긍하다	179
うなだれる 고개를 떨어뜨리다	19
鵜呑みにする 그대로 받아들이다	156

海辺 해변, 바닷가	38
羨ましい 부럽다	71
羨む 부러워하다	71
売り切れる 다 팔리다, 매진되다	60
雨量 우량, 강수량	301
嬉しい 기쁘다	105
うろうろ 어정버정, 얼쩡얼쩡, 허둥지둥	81
狼狽える 허둥거리다, 당황하다	44
上向き 오름세	272
うんざり 지긋지긋함	309
運転を見合わせる 운전을 보류하다	346

え

営業 영업	152
営業活動 영업활동	152
営業部 영업부	152
衛生 위생	263
衛星中継 위성중계	127
映像 영상	204
永年 오랜 세월, 긴 세월	122
得がたい 얻기 힘들다	96
液晶パネル 액정패널	368
液体 액체	175
エコ家電 친환경·초절전[에너지 절약]형 가전제품	371
餌 먹이	22
悦に入る (마음속으로) 기뻐하다	105

エネルギー 에너지	143	
エモーション 감정, 정서	117	
エラー 에러, 실수	130	
円形(えんけい) 원형	31	
園芸(えんげい) 원예	96	
援助(えんじょ) 원조	362	
演奏(えんそう)する 연주하다	116	
遠足(えんそく) 소풍	295	
エントリーシート 엔트리시트, 입사지원서	236	

お

おいおい 엉엉	84	
生(お)い茂(しげ)る 우거지다	35	
追(お)い付(つ)く 따라잡다	129	
応(おう)じる 응하다	156	
横断(おうだん)する 횡단하다	247	
横断歩道(おうだんほどう) 횡단보도	249	
横断歩道(おうだんほどう)を渡(わた)る 횡단보도를 건너다	249	
凹凸(おうとつ) 요철, 울퉁불퉁함	85	
横柄(おうへい) 무례함, 건방짐	69	
応用科学(おうようかがく) 응용과학	175	
往来(おうらい) 왕래	118	
大雨(おおあめ) 큰비, 호우	350	
覆(おお)い被(かぶ)さる (위에서) 덮이다	37	
覆(おお)う (위에) 덮다, 뒤덮다	37	
大方(おおかた) 대부분	167	
大手企業(おおてきぎょう) 대기업	237	
大通(おおどお)り 대로, 큰길	252	
大(おお)まか 대범함	69	
おおらか 느긋하고 대범한 모양	69	
お金(かね)を入(い)れる 돈을 넣다	34	
お金(かね)を下(お)ろす 돈을 찾다[인출하다]	168	
お勘定(かんじょう) 계산	48	
起(お)き上(あ)がる 일어나다, 일어서다	79	
置(お)き傘(がさ) 예비로 학교나 근무처 등에 비치해 두는 우산	46	
置(お)き手紙(てがみ) 쪽지, 메모	372	
置(お)き時計(どけい) 탁상시계	32	
補(おぎな)う 메우다, 보충하다	170	
起(お)きる 일어나다, 기상하다	21	
奥底(おくそこ) (마음)속, 본심	333	
奥深(おくぶか)い 뜻이 깊다, 심오하다	98	
奥行(おくゆ)き (지식·생각 등의) 깊이	98	
遅(おく)れ 늦음	45	
おごる 한턱내다	59, 218	
押(お)さえ付(つ)ける 억누르다, 억압하다	325	
抑(おさ)える 억제하다	163	
お下(さ)がり (윗사람의) 후물림	58	
惜(お)しい 아깝다, 애석하다	133	
教(おし)える 가르치다, 일러 주다	189	
押(お)し掛(か)ける 몰려들다, 밀어닥치다	336	
押(お)し出(だ)す 적극적으로 내세워 보이다	278	
押(お)し付(つ)ける 강하게 누르다	168	
押(お)し止(と)める 막다, 제지하다	163	
押(お)し並(な)べて 대체로, 모두, 한결같이	167	

推し測る 헤아리다, 짐작하다	345	
惜しむ 아끼다	59	
惜しむ 아까워하다, 애석해하다	133	
お正月 설, 설날	193	
押し寄せる 밀어닥치다, 밀려들다, 몰려들다	313, 336	
お節料理 오세치요리, 설 등에 먹는 특별요리	193	
襲う (달갑지 않은 것이) 덮치다, 습격하다	348	
～恐れがある ～할 우려가 있다	169	
教わる 배우다, 가르침을 받다	189, 223	
おたおた 갈팡질팡	8	
おちおち 마음 놓고, 차분히	86	
落ちこぼれ 낙오자	228	
落ち込む (나쁜 상태에) 빠지다, 침체되다	167, 271	
落ち着く (마음·행동이) 침착하다	44	
落ち葉 낙엽	23	
お茶の子さいさい 식은 죽 먹기, 누워서 떡 먹기	235	
お調子者 경박한 사람, 비위를 잘 맞추는 사람, 살살이	72	
おっちょこちょい 덜렁거림, 경박함	73	
お釣り 거스름돈	48	
お年玉 세뱃돈	193	
お年寄り 노인	285	
落とす 다운로드하다	371	
訪れる 방문하다	119	
劣る 떨어지다, 뒤지다	58	
お腹が空く 배가 고프다	49	

お腹の虫が鳴く 배가 고프다	49	
自ずと 저절로, 자연히	372	
負ぶう 업다	25	
負ぶさる 업히다	25	
お見舞い 병문안, 문병	261	
お見舞い 위로의 말	348	
お土産 (여행지 등에서 사 오는) 선물	109	
思いがけない 생각지도 못하다	349	
思い付きもしない 생각지도 못하다	349	
思いのほか 뜻밖에, 의외로	94	
思いも寄らない 미처 생각지 못하다, 뜻밖이다	349	
思いやり 배려	335	
思った通り 생각했던 대로	322	
表 (야구) 초	131	
表通り 큰길	252	
主に 주로	115	
重荷 무거운 부담	166	
趣 멋, 풍취, 정취	107	
徐 서서히, 천천히	82, 284	
思わぬ 뜻밖의, 예상치 않은	349	
お安いご用 쉬운 일	235	
お湯を沸かす 물을 끓이다	33	
及ぶ (어떤 상태에까지) 이르다	326	
折り合いをつける 타협을 짓다	321	
折り合う 서로 타협하다	321	
折り込みチラシ 신문에 끼워넣는 전단지	355	
オリジナル 오리지널	116	

折り畳み傘 접는 우산	46
折り畳み自転車 접이식 자전거	251
オリンピック 올림픽	134
疎か 소홀함, 등한함	260
音楽 음악	116
温室効果 온실효과	299
温暖化 온난화	299
温度が下がる 온도가 내려가다	47
おんぶする 업다	25

か

母さん助けて詐欺 엄마 도와줘 사기, 보이스피싱	337
カーブ 커브, 곡선	31
改悪 개악, 고치어 도리어 나빠지게 함	271
買い入れる 사들이다, 매입하다	56
外貨 외화	278
改革 개혁	373
快活 쾌활	71
外貨両替 외화 환전	278
海岸 해안	38
外観 외관	67
会期 회기	307
快気祝い 쾌유 축하	261
解決策 해결책	322
外見 외견, 외관, 겉모습	67
介護 (자택에서 요양하는 환자의) 간병	289
外交権 외교권	323
外交戦略 외교전략	323
回顧する 회고하다	287
開催される 개최되다	128
改札口 개찰구	253
外需 외수	276
解消 해소	107
会席料理 가이세키요리, 회석요리	211
改善 개선	271
解凍 해동	177
開発 개발	373
開発途上国 개발도상국	324
開幕 개막	128
外務大臣 외무대신, 외무장관	308
壊滅 괴멸, 궤멸	350
買い物上手 쇼핑을 잘함	55
街路樹 가로수	38
かえって 오히려, 도리어	179
顧みる 뒤돌아보다, 회상하다	287
顔が真っ青になる 얼굴이 새파래지다	48
顔負け 무색해짐	97
抱える 안다, 껴안다	24
価格 가격	57
科学 과학	175
欠かす 빠뜨리다, 거르다, 빼다	206

屈める 굽히다, 구부리다	22
輝く 빛나다	84
掻き集める 그러모으다	23
夏季オリンピック 하계 올림픽	134
書き方 작성법	153
欠く 없다, 부족하다	206
画一性 획일성	120
核家族化 핵가족화	362
学習 학습	226
拡充 확충	362
革新 혁신	373
確信犯 확신범, 도덕적·종교적 또는 정치적 확신에 근거해서 행하는 범죄	334
学生時代 학창시절	223
学生食堂 학생식당	46
獲得 획득	134
確認 확인	178
核兵器 핵무기	320
閣僚 각료	309
学力低下 학력저하	228
家計簿 가계부	275
掛け替えのない 다시없다, 둘도 없다	96
可決 가결	310
掛け離れる 동떨어지다	182
過去 과거	188
過去を振り返る 과거를 되돌아보다	188
傘立て 우산꽂이	46
嵩張る 부피가 커지다	176
飾る 꾸미다, 장식하다	92
傘を差す 우산을 쓰다	46
貸し渋る (은행 등) 금융기관이 대출을 꺼려하다	165, 273
貸し付け 대부, 대출	273
過重 과중	166
貸す 빌려 주다	165
霞 (봄)안개	301
風邪 감기	261
課税 과세	109
風邪気味 감기 기운	261
稼ぐ (돈을) 벌다	357
仮説 가설	181
風邪をこじらす 감기를 악화시키다	261
風邪を引く 감기에 걸리다	259
画像 화상	204
家族団らん 가족단란	103
ガソリン 가솔린, 휘발유	142
かたかた 달그락달그락	82
肩の荷が重い 어깨가 무겁다, 책임이 무겁다	166
形見 유품	336
傾く 기울다, 경향을 띠다	205
偏る (한군데로) 쏠리다, 치우치다	118, 205
肩を組む 어깨동무하다	25
肩を並べる 어깨를 나란히 하다	97
肩を持つ 편들다, 두둔하다	121, 205
価値 가치	91

がちがち 딱딱		83
勝ち気 지기 싫어하는 성질		71
かちゃかちゃ 짤그랑짤그랑		82
がちゃつく 짤그랑거리다		82
活火山 활화산		182
がつがつ 게걸게걸		80
活気 활기		91
学級崩壊 학급붕괴		225
担ぐ 지다, 메다		122
がっちり (체격이나 짜임새가) 다부진		67
かつて 일찍이, 전에		188
葛藤 갈등		190
かっとする 벌컥 화를 내다		74
活力 활력		91
活力が湧く 활력이 솟다		91
活力素 활력소		91
仮定 가정		181
合点 납득, 수긍		179
家電量販店 가전양판점, 가전제품판매점		367
花道 꽃꽂이		92
過熱 과열		163
金遣いが荒い 돈의 씀씀이가 헤프다		56
過熱気味 과열 기미		163
～かねない ～할지도 모른다		169
～かねる ～하기 어렵다		169
かばう 감싸다, 비호하다		121
がばと 벌떡, 벌렁		79
過半 과반		226
過半数 과반수		314
過半数を占める 과반수를 차지하다		314
花瓶 꽃병		92
株 주식		170
がぶがぶ 벌컥벌컥, 벌떡벌떡		80
がみがみ 구시렁구시렁, 앙알앙알		85
雷が鳴る 천둥이 치다		300
上半期 상반기		152
仮眠を取る 선잠을 자다		83, 249
加盟国 가맹국		323
画面 화면		199
～かもしれない ～일지도 모른다		169
辛い 맵다, 짜다		216
からから 바삭바삭		298
体付き 몸매, 체격		68
からりと 활짝		297
借りる 빌리다		165
軽々しい 경솔하다, 경박하다, 경망스럽다		73
カルチャー 컬처, 문화		115
過労運転 과로운전		249
カロリー 칼로리		216
かわいそう 불쌍함, 가엾음		50, 248
乾かす 말리다		298
乾く 마르다, 건조하다		298
管轄 관할		190
感慨無量 감개무량		133
考えに考えた末 생각하고 생각한 끝에		57
環境 환경		143

環境に優しい 친환경적이다	143, 371
環境破壊 환경파괴	143
観光 관광	110
観光資源 관광자원	140
観光スポット 관광명소	110
観察 관찰	181
閑散 한산	33
患者 환자	266
観衆 관중	131
鑑賞 감상	92
感情 감정	117
頑丈 튼튼함	67, 261
感情の起伏が激しい 감정의 기복이 심하다	117
肝心要 가장 중요함	312
感性的 감성적	203
間接喫煙 간접흡연	361
間接税 간접세	309
観戦 관전	131
乾燥する 건조하다	298
韓定食 한정식	218
看板 간판	34
感無量 감개무량	133
韓流 한류	115
官僚 관료	309
緩和 완화	277

気圧の谷 기압골	296
気圧配置 기압배치	296
義捐金 의연금	348
気が合う 마음이 맞다	68
機会 기회	236
危害を加える 위해를 가하다	331
気が多い 변덕스럽다	72
気掛かり 마음에 걸림, 걱정, 염려	286
気が利く 영리하다, 재치 있다	74
気がする 생각[느낌]이 들다	200
気が散る 마음이 흐트러지다, 주의가 산만해지다	86
気が強い 기가 세다	200
気が遠くなる 정신이 아찔해지다	50
気が晴れる 밝고 상쾌한 기분이 되다	107
気が弱い 마음이 약하다	70
気軽に 부담 없이	94
聞き返す 다시 묻다, 되묻다	205
効き目 효과	265
帰郷 귀향	192
起業 기업, 새로 사업을 일으킴	242
企業献金 기업헌금	314
効く 잘 듣다, 효력이 있다	265
器具 기구	213
危惧 위구, 걱정하고 두려워함	361
気配り 배려	74, 335

議決 의결	310
棄権 기권	313
帰国 귀국	109
帰国の途に就く 귀국길에 오르다	109
ぎざぎざ (톱날처럼) 깔쭉깔쭉함	85
気さく 소탈함, 싹싹함, 서글서글함	70
兆し 조짐, 징조	271
刻む 조각하다, 새기다	37
記事 기사	204
記者 기자	204
記者会見 기자회견	204
機種 기종	367
機種変 기종변경	367
基準 기준	144
気象異変 기상이변	299
気象キャスター 기상캐스터	296
起床する 기상하다	21
机上の空論 탁상공론	176
傷 상처	265
傷がうずく 상처가 쑤시다, 상처가 욱신거리다	265
傷を負う 상처를 입다	265
帰省 귀성	192
帰省ラッシュ 귀성 러시	192
季節の変わり目 환절기	259
起訴 기소	336
基礎体力 기초체력	262
気体 기체	175
鍛える (심신을) 단련하다	97

吉夢 길몽	343
几帳面 꼼꼼함	72
きちんと 깔끔히, 말끔히, 말쑥이	139
きつい 꼭 끼다	60
きっかけ 계기	236
ぎっしり 가득, 잔뜩	32
ぎっちり 가득	32
切手 우표	94
喜怒哀楽 희노애락	117
気に入らない 마음에 들지 않다	240
気に入る 마음에 들다	240
気にかける 마음에 두다	70
気に食わない 마음에 들지 않다	240
気にする 신경을 쓰다, 걱정하다	200
気になる 걱정이 되다	286
気に病む 마음에 두고 끙끙 앓다, 걱정하다	84
気の毒 안됐음, 딱함, 가엾음, 불쌍함	50
奇抜 기발	93
気晴らし 기분전환	107
きびきび 활기찬, 발랄한	242, 288
厳しい 엄격하다	154
気分転換 기분전환	105
気まぐれ 변덕, 변덕쟁이	72
気難しい 까다롭다, 신경질적이다	73
きめ細か 세심함	74
逆転勝ち 역전승	130
逆転負け 역전패	130
逆に 반대로, 역으로	179

気安い 허물없다, 거리낌 없다	70
キャッシュ 캐시, 현금	56
キャンセル 캔슬, 해약, 취소	110
キャンセル待ち 예약 취소 대기	110
窮屈 (꼭 끼어) 갑갑함	60
求刑 구형	338
急減 급감	355
急上昇 급상승	355
急増 급증	355
究明 구명	179
急落 급락	167
きゅっきゅっ 빡빡	82
競技場 경기장	127
凝結 응결	177
凝固点 응고점	302
教師 교사	225
競争 경쟁	274
強調 강조	157
協定 협정	322
郷土料理 향토요리	211
協力 협력	359
行列 행렬	24
曲線 곡선	31
曲線を描く 곡선을 그리다	31
気弱 심약함, 심지가 약함	70
きらきら 반짝반짝	84
気楽に 마음 편히	94
霧 안개	301
霧が立つ 안개가 끼다	301
切り詰める 절약하다, (지출을) 줄이다	55, 140, 272
亀裂 균열	36
切れる 떨어지다, 다 되다	60, 145
際立つ 두드러지다, 눈에 띄다	97
気を使う 신경을 쓰다	260
気を遣う 주위 사람이나 일에 세세하게 마음을 쓰다	335
気を引く 마음[관심]을 끌다	372
気を揉む 마음을 졸이다	49
銀河系 은하계	182
近況 근황	337
禁じる 금하다, 금지하다	62
緊張 긴장	321
緊張をほぐす 긴장을 풀다	321
筋トレ 근력운동	67
金品 금품	308
勤務時間 근무시간	155
金メダル 금메달	134
銀メダル 은메달	134
金融 금융	164
金融機関 금융기관	164
金融政策 금융정책	164
金利 금리	165
近隣国 가까운 이웃나라	325

く

具合が悪い	건강 상태가 좋지 않다	259
食い違う	일치하지 않다, 엇갈리다	297
ぐいと	단숨에	80
食い止める	막다, 방지하다	163
空車	빈차	254
空前絶後	전무후무	237
空腹	공복	49, 217
食うや食わず	아주 가난하여 생활이 어려운 모양	361
ググる	구글(google)로 검색하다	369
くしゃみ	재채기	261
苦渋の決断	고뇌의 결단	57
苦情	불평, 불만	164
くすくす	킥킥, 킬킬	83
ぐずぐず	꾸물꾸물, 우물쭈물	74, 84
～くせに	～주제에, ～이면서도	157
口に合う	입맛에 맞다	214
愚痴をこぼす	푸념하다	164
くっつく	달라붙다	178
覆す	뒤집다, 뒤엎다	37
くどい	장황하다	85
くどくど	장황하게, 지리하게	85
愚鈍	우둔함	49
苦杯を嘗める	고배를 맛보다	127
首が回らない	(빚 때문에) 옴짝달싹 못하다	273
首を縦に振る	고개를 끄덕이다, 승낙하다, 찬성하다	179
首を長くする	목이 빠지게 기다리다	295
くまができる	다크서클이 생기다	152
組み立てる	조립하다	95
雲行きが怪しい	날씨가 수상하다	296
曇り	흐림	296
悔しい	분하다	127
悔し涙	분해서 흘리는 눈물	127
悔し涙を流す	분해서 눈물을 흘리다	71
くよくよ	끙끙	84
クライマックス	정점, 최고조	312
くらくら	어질어질	50
ぐらぐら	흔들흔들	343
繰り広げる	펼치다, 벌이다	132
狂う	틀어지다	104
グルメ	미식가	105
クレームをつける	클레임을 걸다	164
暮れ方	저녁때, 해질녘	343
クレジットカード	신용카드	56
苦労する	고생[수고]하다	50
黒字	흑자	276
黒山のような人集り	새까맣게 모인[인산인해를 이룬] 사람 떼	131
詳しい	잘 알고 있다, 정통하다, 밝다	120
詳しい	상세하다	181
ぐんぐん	부쩍부쩍	230
群集	군집	146

軍配が上がる 승부에서 이기다	130	

け

景気 경기	163
契機 계기	236
経済 경제	275
経済状態 경제상태	275
掲示板 게시판	34
継承する 계승하다	191
軽率 경솔	72
携帯電話 휴대전화	367
契約 계약	157
契約社員 계약사원	238, 357
契約を取り付ける 계약을 성사시키다	157
契約を結ぶ 계약을 맺다	157
経由地 경유지	108
毛嫌い 까닭 없이 싫어함	121
景色 경치, 풍경	105
けじめを食う 따돌림을 당하다	224
下車 하차	253
けだるい 어쩐지 나른하다	259
けち 인색함, 쩨쩨함	59
欠陥 결함	43, 151
結局 결국	167
結合 결합	178
決済 결제	56
決して 결코	189
欠場 결장	129
決選 결선	128
欠損 결손	170
月曜病 월요병	103
懸念 걱정, 염려	361
下落 하락	167
げらげら 껄껄	83
ゲリラ豪雨 게릴라(성) 호우	295
権威 권위	225
権威者 권위자	225
権威主義 권위주의	225
嫌悪 혐오	121
見学 견학	295
嫌韓流 혐한류	115
研究 연구	181
献金 헌금	314
現金 현금	56
健康管理 건강관리	286
健康診断 건강진단	286
健康保険 건강보험	286
検証 검증	181
健全 건전	266
原爆 원폭, 원자폭탄	320
原発 원자력발전소	320
見物人 구경꾼	131
倹約 검약	140, 272
原油 원유	142

こ

後遺症 후유증	334
好印象 좋은 인상	69
幸運 행운	129
高架 고가	254
豪華 호화	218
公害 공해	145
交換 교환	60
高気圧 고기압	296
好況 호황	271
公共性 공공성	199
攻撃 공격	331
高血圧 고혈압	264
黄砂 황사	350
口座 계좌	168
交渉 교섭, 협의, 협상	322
向上 향상	97
更新 갱신	108
香辛料 향신료	215
洪水 홍수	349
降水量 강수량	301
降水を伴う 강수를 동반하다	301
降雪量 강설량	301
高速道路 고속도로	247
肯定的 긍정적	288
公的年金 공적연금	286
更迭 경질	311
好天に恵まれる 날씨가 좋다	297
購入 구입	56
購買 구매	55
香ばしい 향기롭다, 구수하다	217
後半 후반	129
好評を博す 호평을 받다	116
興奮する 흥분하다	241
好物 좋아하는 음식	214
効用 효용	265
功利主義 공리주의	323
公立 공립	229
交流 교류	194
高齢化 고령화	283
凍る 얼다	177
枯渇 고갈	145
国益 국익	320
ごくごく 벌컥벌컥, 꿀꺽꿀꺽	80
国債 국채	169
国際交流 국제교류	194
国際サッカー連盟 국제축구연맹, FIFA	128
国情 국정	24
国民年金 국민연금	286
国利 국리, 국가 이익	320
国力 국력	320
国連 국제연합, 유엔(UN)	323
凍える 추위로 얼다	177
心 마음	335
心が通じる 마음이 통하다	289

색인・395

こざっぱり 산뜻하게, 말쑥하게	139	
腰掛ける 걸터앉다	19	
ごしごし (힘을 주어) 싹싹, 박박	82	
故障する 고장 나다	43	
腰を下ろす 앉다	19	
固体 고체	175	
ご馳走 (음식) 대접, 맛있는 음식, 진수성찬	107, 218	
ご馳走する 대접하다	59, 218	
ご馳走になる 대접받다	59, 218	
国会 국회	307	
国会議員 국회의원	309	
国公立 국공립	229	
ごった返す 몹시 혼잡하다, 붐비다	252	
こってり (맛·색깔 등이) 진함	215	
固定金利 고정금리	165	
孤独 고독	360	
孤独死 고독사	360	
ごとごと 탁탁, 덜그럭덜그럭	83	
言付け 전언	372	
殊に 특히, 각별히	200	
好ましい 바람직하다	144	
好み 취미, 기호, 취향	92	
こぼす 엎지르다	24	
ごま油 참기름	212	
ゴミ 쓰레기	139	
ゴミの分別収集 쓰레기 분리수거	139	
固有 고유	116	
雇用 고용	237	

こりごり 지긋지긋함	309	
五輪 올림픽	134	
凝る 열중하다, 미치다	202	
コレクター 수집가	94	
壊れる 고장 나다	43	
壊れる 부서지다, 파손되다	346	
婚活 곤카쓰, 결혼활동	356	
根拠 근거	144, 176	
ごんごん 댕댕	79	
献立 식단, 메뉴	216	
コンディション 컨디션	259	
コンプレックス 콤플렉스, 열등감	68	
コンプレックスを抱く 열등감을 갖다	68	

さ

ざあざあ 좍좍	295	
サービス残業 서비스 잔업, 잔업수당이 지불되지 않는 시간외 노동	155	
最悪 최악	43	
サイエンス 과학	175	
財貨 재화	275	
災害 재해	347	
再建 재건	325	

<ruby>債<rt>さい</rt>券<rt>けん</rt></ruby> 채권		169
<ruby>財<rt>ざい</rt>源<rt>げん</rt></ruby> 재원		290, 360
<ruby>財<rt>ざい</rt>源<rt>げん</rt>が底<rt>そこ</rt>を突<rt>つ</rt>く</ruby> 재원이 바닥나다		360
<ruby>財<rt>ざい</rt>源<rt>げん</rt>に富<rt>と</rt>む</ruby> 재원이 풍부하다		360
<ruby>財<rt>ざい</rt>源<rt>げん</rt>不<rt>ぶ</rt>足<rt>そく</rt></ruby> 재원부족		360
<ruby>最<rt>さい</rt>期<rt>ご</rt></ruby> 최후, 임종		283
<ruby>最<rt>さい</rt>高<rt>こう</rt>気<rt>き</rt>温<rt>おん</rt></ruby> 최고기온		302
<ruby>最<rt>さい</rt>新<rt>しん</rt>型<rt>がた</rt></ruby> 최신형		368
<ruby>再<rt>さい</rt>生<rt>せい</rt>不<rt>ふ</rt>能<rt>のう</rt></ruby> 재생불능		350
<ruby>再<rt>さい</rt>選<rt>せん</rt></ruby> 재선		313
<ruby>最<rt>さい</rt>善<rt>ぜん</rt></ruby> 최선		43
<ruby>最<rt>さい</rt>善<rt>ぜん</rt>を尽<rt>つ</rt>くす</ruby> 최선을 다하다		154
<ruby>最<rt>さい</rt>低<rt>てい</rt>気<rt>き</rt>温<rt>おん</rt></ruby> 최저기온		302
<ruby>財<rt>ざい</rt>テク</ruby> 재테크		170
<ruby>才<rt>さい</rt>能<rt>のう</rt></ruby> 재능		241
<ruby>再<rt>さい</rt>犯<rt>はん</rt></ruby> 재범		334
<ruby>細<rt>さい</rt>胞<rt>ぼう</rt></ruby> 세포		180
<ruby>債<rt>さい</rt>務<rt>む</rt></ruby> 채무		169
<ruby>債<rt>さい</rt>務<rt>む</rt>整<rt>かん</rt>理<rt>り</rt></ruby> 채무관리		273
<ruby>再<rt>さい</rt>利<rt>り</rt>用<rt>よう</rt></ruby> 재활용		141
<ruby>幸<rt>さいわ</rt>い</ruby> 다행히		129
<ruby>栄<rt>さか</rt>える</ruby> 번창하다, 번영하다		193
<ruby>下<rt>さ</rt>がる</ruby> 내려가다		167
<ruby>先<rt>さき</rt>を争<rt>あらそ</rt>う</ruby> 앞을 다투다		374
<ruby>作<rt>さく</rt>戦<rt>せん</rt></ruby> 작전		132
<ruby>作<rt>さく</rt>戦<rt>せん</rt>が図<rt>ず</rt>に当<rt>あ</rt>たる</ruby> 작전이 들어맞다		132
<ruby>作<rt>さく</rt>戦<rt>せん</rt>を立<rt>た</rt>てる</ruby> 작전을 세우다		132
<ruby>作<rt>さく</rt>戦<rt>せん</rt>を練<rt>ね</rt>る</ruby> 작전을 짜다		132
<ruby>避<rt>さ</rt>ける</ruby> 피하다		180
<ruby>支<rt>ささ</rt>え合<rt>あ</rt>う</ruby> 서로 떠받치다, 서로 지지하다		359
<ruby>差<rt>さ</rt>し出<rt>だ</rt>す</ruby> 제출하다		153
<ruby>匙<rt>さじ</rt>を投<rt>な</rt>げる</ruby> (일에 가망이 없어) 손을 떼다, 단념하다		313
さっさと 지체 없이, 척척		242
<ruby>殺<rt>さっ</rt>到<rt>とう</rt></ruby> 쇄도		374
<ruby>殺<rt>さっ</rt>到<rt>とう</rt>する</ruby> 쇄도하다		336
さっぱり 산뜻함, 담백함		215
サブカルチャー 서브컬처		115
<ruby>差<rt>さ</rt>別<rt>べつ</rt></ruby> 차별		224
<ruby>寒<rt>さむ</rt>気<rt>け</rt></ruby> 한기, 오한		261
さめざめ 하염없이		84
<ruby>冷<rt>さ</rt>める</ruby> 식다, 차가워지다		47
<ruby>左<rt>さ</rt>右<rt>ゆう</rt></ruby> 좌우		250
<ruby>皿<rt>さら</rt></ruby> 접시		33
<ruby>皿<rt>さら</rt>洗<rt>あら</rt>い</ruby> 설거지		215
ざらざら (표면이) 까칠까칠, 까슬까슬		86
<ruby>騒<rt>さわ</rt>がしい</ruby> (소리가) 시끄럽다		144
<ruby>騒<rt>さわ</rt>ぐ</ruby> 떠들다		79
<ruby>触<rt>さわ</rt>る</ruby> (가볍게) 닿다, 손을 대다		26
<ruby>三<rt>さん</rt>角<rt>かく</rt>形<rt>けい</rt></ruby> 삼각형		31
<ruby>参<rt>さん</rt>議<rt>ぎ</rt>院<rt>いん</rt></ruby> 참의원		310
<ruby>残<rt>ざん</rt>業<rt>ぎょう</rt></ruby> 잔업		155
<ruby>残<rt>ざん</rt>業<rt>ぎょう</rt>手<rt>て</rt>当<rt>あて</rt></ruby> 잔업수당		155
<ruby>産<rt>さん</rt>業<rt>ぎょう</rt>廃<rt>はい</rt>棄<rt>き</rt>物<rt>ぶつ</rt></ruby> 산업폐기물		145
<ruby>参<rt>さん</rt>考<rt>こう</rt></ruby> 참고		144
<ruby>残<rt>ざん</rt>存<rt>そん</rt></ruby> 잔존, 생존		274

残高(ざんだか) 잔고, 잔액	169	

し

仕上がる(しあがる) 완성되다	213
幸せ(しあわせ) 행복	129
虐げる(いたげる) 못살게 굴다, 학대하다	224
強いて言えば(しいていえば) 굳이 말하자면	143
シェア 시장점유율	158
シェア 공유	330
支援(しえん) 지원	348
塩辛い(しおからい) 짜다	216
仕送り(しおくり) 생활비나 학비를 돕기 위해 금품을 보내 줌	275
視界が悪い(しかいがわるい) 시계[시야]가 나쁘다	301
紫外線(しがいせん) 자외선	180
資格(しかく) 자격	240
四角い(しかくい) 네모나다	31
資格を取る(しかくをとる) 자격을 따다	240
仕方なく(しかたなく) 어쩔 수 없이	45
しかも 게다가	44
志願動機(しがんどうき) 지원동기	236
時間を潰す(じかんをつぶす) 시간을 때우다	91
しきたり (이제까지의) 관습, 관례	192
しきたりを守る(しきたりをまもる) 관습을 지키다	192
時給(じきゅう) 시급	356
しきりに 끊임없이	349
資金繰り(しきんぐり) 자금조달	170

しくしく 훌쩍훌쩍	84
試験(しけん) 시험	226
資源(しげん) 자원	140
思考(しこう) 사고	117
自己紹介(じこしょうかい) 자기소개	118
仕込み(しこみ) (음식점 등에서) 물품 구입	218
試作品(しさくひん) 시작품, 시제품	58
自殺(じさつ) 자살	358
自殺未遂(じさつみすい) 자살미수	358
死者(ししゃ) 사망자	347
支出(ししゅつ) 지출	61
辞書(じしょ) 사전	230
死傷者(ししょうしゃ) 사상자	347
辞書を引く(じしょをひく) 사전을 찾(아보)다	230
地震(じしん) 지진	344
地滑り(じすべり) 산허리나 사면을 구성하는 토지의 표층부분이 아래쪽으로 이동하는 현상	345
姿勢(しせい) 자세	20
私生活(しせいかつ) 사생활	206
姿勢を取る(しせいをとる) 자세를 취하다	20
自然科学(しぜんかがく) 자연과학	175
思想(しそう) 사상	117
次第(しだい) 점차, 점점	276, 356
支度(したく) 채비, 준비	44
下ごしらえ(したごしらえ) 미리 재료 등을 손질하여 만들어 둠	218
下準備(したじゅんび) 미리 해 두는 준비	218
下作り(したづくり) 미리 재료 등을 손질하여 만들어 둠	218

じたばた 허둥지둥	79	
視聴者 시청자	199	
失格 실격	133	
失脚 실각	311	
失言 실언	311	
実験 실험	176	
執行猶予 집행유예	338	
疾病 질병	262	
質問 질문	205	
実用化 실용화	373	
実利 실리	323	
実利主義 실리주의	323	
質量 질량	176	
指摘 지적	202	
自転車 자전거	251	
自転車を漕ぐ 자전거 페달을 밟다, 자전거를 타다	251	
死闘 사투	132	
児童 아동, (특히) 초등학생	225	
自動販売機 자동판매기	34	
しとしと 부슬부슬	299	
品切れ 품절	60	
老舗 노포	107	
しのぎを削る 맹렬하게 싸우다, 치열하게 경쟁하다	274	
自爆テロ 자폭테러	319	
支払う 지불하다	48, 57	
紙幣 지폐	34	

脂肪 지방	216	
死亡率 사망률	285	
自慢する 자랑하다	188	
染み込む (색·맛·냄새 등이 안까지) 스며들다	215	
しみじみ 정말로, 절실하게	133, 346	
締め切り 마감	153	
じめじめ 눅눅함, 축축함	298	
湿っぽい 좀 축축하다, 눅눅하다	298	
占める 점하다, 차지하다	158, 275	
湿る 눅눅해지다, 습기가 차다	298	
下半期 하반기	152	
シャイ 샤이, 소심함, 수줍어함	73	
社員食堂 사원식당	46	
社会人 사회인	239	
しゃがむ 쭈그리고 앉다	22	
蛇口 수도꼭지	35	
遮断機 차단기	250	
借金 빚	273	
借金地獄 빚지옥	273	
車道 차도	249	
斜面 경사면	345	
じゃんじゃん 땡땡땡	79	
終焉 종언, 임종	283	
自由形 자유형	134	
就活 취활, 슈카쓰, 취업활동	236	
終活 종활, 슈카쓰, 종말활동	283	
週間予報 주간예보	296	
衆議院 중의원	310	

週休二日制	주5일근무제	103
修士	석사	235
収集	수집	94
就職	취직, 취업하는 것	235
就職難	취업난	235
就職氷河期	취업빙하기	237
終身雇用	종신고용	237
渋滞	정체	192, 252
集中	집중	95
集中豪雨	집중호우	295
集中力	집중력	95
充当する	충당하다	360
週末	주말	103
襲来	내습	344
修練	수련	97
就労	취로	355
主演	주연	116
塾	학원	226
受験	수험, 입시	227
受験生	수험생	227
受験戦争	수험전쟁	227
主治医	주치의	266
首相	수상	324
受諾	수락	156
出国	출국	109
出社	출근	155
出生率	출생률	285
出費	출비, 지출	61, 273
出費が嵩む	지출이 늘어나다	61
出費を抑える	지출을 억제하다	55
受動喫煙	간접흡연	361
受動的	수동적	202
取得	취득	240
主として	주로	115
首脳	수뇌	324
守備	수비	331
趣味	취미	92
樹木	수목, 나무	35
受容	수용	120
主力	주력	373
巡礼	순례	110
〜相	〜상, 〜대신, 〜장관	110
仕様	사양	368
上院	상원	310
省エネ	에너지절약	143
省エネ商品	에너지절약형 상품	371
紹介	소개	118
照会	조회	169
しょうがない	어쩔 수없다	45
上京	상경	192
条件	조건	176
上限	상한	277
少子化	저출산화	362
常識知らず	상식을 모름	308
常識外れ	상식을 벗어남	241, 308
常識を欠く	상식이 결여되다	241

少子高齢化 (しょうしこうれいか) 저출산 고령화	283, 362	
乗車券 (じょうしゃけん) 승차권	253	
少数民族 (しょうすうみんぞく) 소수민족	191	
情勢 (じょうせい) 정세	324	
肖像権 (しょうぞうけん) 초상권	206	
消息 (しょうそく) 소식	337	
状態 (じょうたい) 상태	178	
情緒 (じょうちょ) 정서	117	
上出来 (じょうでき) 썩 잘함	227	
衝動買い (しょうどうがい) 충동구매	55	
衝突 (しょうとつ) 충돌	250, 326	
常任理事国 (じょうにんりじこく) 상임이사국	323	
正念場 (しょうねんば) 중대한 국면, 중요한 시기	312	
消費者物価 (しょうひしゃぶっか) 소비자물가	272	
消費税 (しょうひぜい) 소비세	109, 309	
丈夫 (じょうぶ) 건강함, 튼튼함	261	
正面衝突 (しょうめんしょうとつ) 정면충돌	250	
将来 (しょうらい) 장래	191	
ショートする 합선되다	47	
食事 (しょくじ) 식사	107	
食事を抜く (しょくじをぬく) 식사를 거르다	107	
食中毒 (しょくちゅうどく) 식중독	263	
食堂 (しょくどう) 식당	46	
食欲旺盛 (しょくよくおうせい) 식욕왕성	216	
食欲低下 (しょくよくていか) 식욕저하	358	
食欲不振 (しょくよくふしん) 식욕부진	216	
食欲をそそる (しょくよく) 식욕을 돋우다	216	
如才ない (じょさいない) 빈틈없다	73	
徐々に (じょじょに) 서서히, 천천히	284	
初対面 (しょたいめん) 첫 대면	69	
食感 (しょっかん) 식감	214	
食器 (しょっき) 식기	33	
所得格差 (しょとくかくさ) 소득격차	361	
初犯 (しょはん) 초범	334	
処分 (しょぶん) 처분	254	
処分を下す (しょぶんをくだす) 처분을 내리다	254	
処方箋 (しょほうせん) 처방전	264	
書物 (しょもつ) 책, 서적	96	
知らず知らずのうちに (しらずしらず) 부지불식간에, 어느샌가	290	
調べる (しらべる) 찾다, 조사하다	230	
じりじり 찌르릉찌르릉	79	
私立 (しりつ) 사립	229	
印 (しるし) 표, 표시	37	
シルバーサービス 실버서비스	284	
シルバー産業 (さんぎょう) 실버산업, 노인을 대상으로 한 산업	284	
シルバータウン 실버타운	284	
白い目で見る (しろいめでみる) 차가운 눈초리로 보다, 백안시하다	360	
四六時中 (しろくじちゅう) 온종일, 하루 종일	45	
じわじわ 서서히	276	
じわりじわり 서서히	276	
進学塾 (しんがくじゅく) 진학학원	226	
新型 (しんがた) 신형	368	
新型インフルエンザ (しんがた) 신종독감	263	
神経質 (しんけいしつ) 신경질(적)	74	

일본어	한국어	페이지
新興国（しんこうこく）	신흥국	324
信号無視（しんごうむし）	신호무시	249
人材（じんざい）	인재	241
人材育成（じんざいいくせい）	인재육성	241
人種差別（じんしゅさべつ）	인종차별	224
進出（しんしゅつ）	진출	129
信じる（しんじる）	믿다	206
新人（しんじん）	신인, 신입	158
心身（しんしん）	심신	266, 335
心身障害（しんしんしょうがい）	심신장애	266
申請（しんせい）	신청	108
人生（じんせい）	인생	283
人生観（じんせいかん）	인생관	283
人生の岐路に立つ（じんせいのきろにたつ）	인생의 기로에 서다	283
新製品（しんせいひん）	신제품	58, 367
深層心理（しんそうしんり）	심층심리	333
新卒（しんそつ）	그해에 학교를 새로 졸업한 사람	235
震度（しんど）	진도	344
浸透（しんとう）	침투	119
新入社員（しんにゅうしゃいん）	신입사원	158
信念（しんねん）	신념	117
心配（しんぱい）	걱정, 염려	286, 361
心配性（しんぱいしょう） 사소한 일에도 고민하며 걱정하는 성질, 또는 그런 사람		70
心配する（しんぱいする）	걱정하다	70
新聞（しんぶん）	신문	200
進歩（しんぽ）	진보	230
新米（しんまい）	신참	158
信用（しんよう）	신용	206
信頼（しんらい）	신뢰	206
心理（しんり）	심리	333
人力車（じんりきしゃ）	인력거	36

す

일본어	한국어	페이지
水泳（すいえい）	수영	134
水害（すいがい）	수해	349
吸い込む（すいこむ）	빨아들이다, 흡수하다	118
炊事（すいじ）	취사	212
水質（すいしつ）	수질	105
推測（すいそく）	추측	345
衰退（すいたい）	쇠퇴	193
推定（すいてい）	추정	345
水道（すいどう）	수도	35
随筆（ずいひつ）	수필	96
図々しい（ずうずうしい）	뻔뻔스럽다, 낯두껍다, 철면피다	69
透き通る（すきとおる）	비쳐 보이다, 투명하다	177
隙間なく（すきまなく）	빈틈없이	32
スクープ	스쿠프, 특종(기사)	204
スクープする	특종을 입수하다	204
透ける（すける）	사물을 통해 맞은편 것이 보이다	177
筋道が通る（すじみちがとおる）	조리가 있다, 이치에 맞다	311
進む（すすむ）	나아가다, 진출하다	129
スタジアム	스타디움, 운동 경기장	127
すたすた	바삐, 총총히	81

すっぱい 시다		216
すっぽかす 약속을 어기다		155
捨てる 버리다		23, 139
素泊まり (식사는 하지 않고) 잠만 자는 숙박		103
ストレス 스트레스		260
ストレス解消 스트레스 해소		260
ストレスがたまる 스트레스가 쌓이다		260
ストレスに苛まれる 스트레스에 시달리다		260
スピリット 스피릿, 혼, 정신		117
ずぶ濡れ 흠뻑 젖음		298
すべすべ (표면이) 매끈매끈함, 반들반들함		86, 177
滑り止め 하향 안전 지원		227
スマホ 스마트폰		368
隅 구석		32
隅に置けない 보통내기가 아니다, 함부로 얕볼 수 없다		32
すらすら 척척, 술술, 거침없이		85
ずらりと 즐비하게, 죽		24
すり 소매치기		46
ずり落ちる 흘러내리다		345
スリル 스릴		98
鋭い 예리하다		49

せ

性格 성격		68
性格が合う 성격이 맞다		68
生活慣習病 생활습관병, 성인병		264
生活難 생활난		362
生活費 생활비		275
政局 정국		310
政局が行き詰まる 정국이 침체상태에 빠지다		310
製作 제작		95
政治家 정치가		309
政治献金 정치헌금		314
青春時代 청춘시절		223
精神 정신		117
成人病 성인병		264
製造 제조		95
生存 생존		274
生存者 생존자		347
生態系 생태계		146
成長 성장		230
晴天 청천, 맑은 하늘, 갠 날씨		297
生徒 (중·고교) 학생		225
政党 정당		307
政党交付金 정당교부금		307
ぜい肉 군살		217
制覇 제패		374
製品 제품		58
正方形 정사각형		31
精密検査 정밀검사		266
背負う 짊어지다, 업다		25
背負う 짊어지다, 지다, 떠맡다		122
背泳ぎ 배영		134

색인・403

背が高い 키가 크다	67
背が伸びる 키가 자라다	67
背が低い 키가 작다	67
赤外線 적외선	180
席に着く 자리에 앉다	19
責任を持つ 책임을 지다	239
赤飯 (찹쌀로 지은) 팥밥	212
石油 석유	142
積極的 적극적	288
摂氏 섭씨	302
接する 접하다	289
絶頂 절정	312
説明 설명	176
絶滅 절멸, 멸종	146
絶滅危惧種 멸종 위기종	146
節約 절약	140, 272
瀬戸際外交 벼랑 끝 외교	323
迫る 다가오다, 닥쳐오다	313
攻める 공격하다	331
世論 여론	199
せわしい 바쁘다	151
選挙公約 선거공약	312
先決課題 선결과제	359
前後 전후	250
繊細 섬세	72
千差万別 천차만별	120
先進国 선진국	324
先生 선생(님)	225

先祖代々 선조대대	107
前代未聞 전대미문	337
前兆 전조	271
先入観 선입관	118
前半 전반	129
前半期 전반기	152
前方 전방	250
全滅 전멸	350
占有率 점유율	158
戦慄 전율	98
戦略 전략	278
全力を尽くす 전력을 다하다	154
線路 선로	250

そ

粗悪 조악	58
そううつ病 조울증	358
憎悪 증오	121
騒音 소음	144
騒音レベル 소음레벨	144
早急 조급히, 급히	359
壮健 장건, 건강함	261
相互作用 상호작용	146
掃除 청소	23
総人口 총인구	362
騒々しい 시끄럽다, 어수선하다	79
増税 증세	309

일본어	의미	페이지
総選挙 そうせんきょ	총선거	312
疎外感 そがいかん	소외감	360
即座に そくざに	즉석에서, 당장	344
底値を脱する そこねをだっする	바닥 시세를 벗어나다	276
素材 そざい	소재	175
訴訟 そしょう	소송	336
粗大ゴミ そだいゴミ	(가전제품 등의) 대형 쓰레기	139
育てる そだてる	기르다, 성장시키다	193
ぞっとする	오싹하다	98
備えあれば憂い無し そなえあればうれいなし	유비무환	286, 347
備える そなえる	대비하다	43
そびえる	우뚝 솟다	34
それに	게다가	44
損害 そんがい	손해	158, 168
損失 そんしつ	손실	158, 168
損する そんする	손해를 보다	276

た

第一印象 だいいちいんしょう	첫인상	69, 239
退院 たいいん	퇴원	261
ダイエット	다이어트	217
体格 たいかく	체격	68
大気汚染 たいきおせん	대기오염	300
大気圏 たいきけん	대기권	300
退勤 たいきん	퇴근	155
大好物 だいこうぶつ	아주 좋아하는 음식	214
テイクアウト	테이크 아웃	62
大差 たいさ	큰 차이	182
体細胞 たいさいぼう	체세포	180
対策 たいさく	대책	288
対策を講じる たいさくをこうじる	대책을 강구하다	288
対策を練る たいさくをねる	대책을 짜다	288
大して たいして	그다지, 별로	187
退社 たいしゃ	퇴근	155
退社 たいしゃ	퇴사	238
大衆音楽 たいしゅうおんがく	대중음악	116
退場 たいじょう	퇴장	133
退職 たいしょく	퇴직	235
大臣 だいじん	대신, (국무)장관	308
対人関係 たいじんかんけい	대인관계	357
体制 たいせい	체제	324
体積 たいせき	체적, 부피	176
大卒者 だいそつしゃ	대졸자	235
体調 たいちょう	몸 상태, 컨디션	259
体調不調 たいちょうふちょう	컨디션이 좋지 않음	259
体調を崩す たいちょうをくずす	몸 상태가 나빠지다	259
体調を整える たいちょうをととのえる	컨디션을 조절하다	259
大抵 たいてい	대강, 대개	55
大統領 だいとうりょう	대통령	324
台無し だいなし	형편없이 됨, 엉망이 됨	47
体罰禁止 たいばつきんし	체벌금지	227
大部分 だいぶぶん	대부분	226

大半 태반, 대부분	226	脱却 벗어남	277
大木 큰 나무	35	脱サラ 탈샐러리맨	242
太陽エネルギー 태양에너지	143	達者 능숙함	85
太陽系 태양계	182	達者 건강함	261
対立 대립	190	達する 이르다, 도달하다, 달하다	326
体力 체력	262	タッチパネル 터치패널	368
体力が衰える 체력이 쇠약해지다	262	立て看板 입간판	34
ダウンロード 다운로드	371	建て直す 다시 짓다	325
倒れる 쓰러지다	81	立て札 팻말	34
抱き締める 꽉 껴안다	24	たとえ〜ても 설사[설령] 〜라도	140
多機能携帯電話 다기능 휴대전화, 스마트폰	368	他人 타인, 남	333
妥協 타협	154	他人行儀 (남처럼) 서먹서먹함	333
類ない 견줄 바가 없다, 비할 바가 없다	345	楽しい 즐겁다	223
類まれ 유례가 드묾	345	楽しむ 즐기다	223
炊く (밥을) 짓다	212	多発 다발, 빈발	190, 349
抱く (실제로) 안다	24	旅 여행	104
タクシーが捕まらない 택시가 잡히지 않다	254	たびたび 자주	190
タクシーを拾う 택시를 잡다	254	だぶだぶ 헐렁헐렁	60
たくましい 늠름하다, 건장하다	67	食べず嫌い 먹어 보지도 않고 싫어함	214
妥結 타결	322	多忙 다망, 매우 바쁨	151
確かめる 확인하다	178	魂 혼, 마음, 정신	117, 194
多数決 다수결	314	騙す 속이다	338
助け合う 서로 돕다	359	玉突き追突 연쇄추돌	250
訪ねる 방문하다	119	ため息 한숨	224
直ちに 바로, 곧	344	ため息をつく 한숨을 쉬다	224
立ち往生 (꽉 막혀) 오도 가도 못함	252	容易い 쉽다, 용이하다	94
立ち所に 즉시, 곧	344	多様性 다양성	120
立ち振る舞い 행동거지	239	頼る 의지하다, 의존하다	146

일본어	한국어 뜻	페이지
だらだら (액체가) 질질, 줄줄, 지루하게		35, 86
多量 다량, 많은 양		142
だるい 나른하다		106, 259
弾圧 탄압		325
弾圧を受ける 탄압을 받다		325
弾劾 탄핵		314
弾劾案 탄핵안		314
ダンク 덩크		132
単細胞 단세포		180
断じて 결코, 도저히		189
男女差別 남녀차별		224
炭素 탄소		145
だんだん 점점		356
担任 담임		225
堪能 뛰어남, 능란함		239
暖房 난방		48
暖房機器 난방기기		48
暖房を付ける 난방을 켜다		48
短命 단명		287
鍛練する 단련하다		97
談話 담화		324

ち

일본어	한국어 뜻	페이지
遅延 지연		45, 253
遅延証明書 지연증명서		253
近付く 다가오다		313
力を合わせる 힘을 합치다		326
力を入れる (하는 일에) 힘을 쏟다, 주력하다		373
力を込める 힘을 집중하다		373
力を注ぐ 힘을 쏟다		373
力を尽くす 힘을 쓰다		50
地球 지구		182
遅刻 지각		45
知識 지식		223
遅滞 지체		253
着うた 착신 노래		370
着々 착착		356
着払い 착불		57
着メロ 착신 멜로디		370
注意する 주의하다, 조심하다		260
注意を怠る 주의를 게을리 하다		249
注意を払う 주의를 기울이다		249
注意を引く 주의를 끌다		249
注意を向ける 주의를 기울이다		95
注意を呼び掛ける 주의를 호소하다		249
中華料理 중화요리		218
中堅企業 중견기업		237
中古 중고		58
中古品 중고품		58
注射 주사		264
駐車場 주차장		252
注射を打ってもらう 주사를 맞다		264
中小企業 중소기업		237
躊躇する 주저하다		74
中火 중불		217

注目 주목	372
注目の的 주목의 대상	372
注目を浴びる 주목을 받다	372
昼夜を問わず 주야를 불문하고	45
駐輪場 주륜장, 자전거를 세워 두는 곳	251
朝刊 조간	200, 355
長期間 장기간	122
兆候 징후	271
彫刻 조각	37
調子に乗る 기분이 좋아 경망스러운 말과 행동을 하다	72
長寿 장수	287
調整 조정	104
調節 조절	104
長蛇の列 장사진	24
頂点に立つ 정점에 서다	374
長方形 직사각형	31
調味料 조미료	215
長命を保つ 장수하다	287
調理法 조리법	211
貯金 저금	168
直線 직선	31
散らかる 흩어지다, 어질러지다	38
散らばる 흩어지다	38

つ

つい 그만, 무심코	55
ツイッター 트위터	369
追突 추돌	250
遂に 마침내, 드디어, 끝내	167
ツイる 트위터를 하다	369
通学 통학	251
通勤 통근	251
通じて 통틀어	115
通常国会 통상국회	307
通じる 정통하다	181
痛切に 절실히	346
使い捨て (한 번) 쓰고 버림, 일회용	141
使い捨て容器 일회용 용기	62
つかむ 붙잡다, 잡다	26
疲れがたまる 피로가 쌓이다	106
疲れが取れない 피로가 풀리지 않다	259
疲れが取れる 피로가 풀리다	106
突き当たり 막다른 곳	251
次から次に 계속해서	130
次々に 잇달아, 차례차례	130
突き止める 밝혀내다, 찾아내다	179
尽きる 다하다, 떨어지다, 바닥나다	145
つくづく 절실히, 정말	346
作り上げる 만들어 내다, 완성하다	95
辻褄 이치, 조리	311
培う 기르다, 배양하다	193
津波 쓰나미, 지진해일	344
角突き合い (사이가 나빠서) 서로 으르렁거림	326

つぶやき 트위터상에 남긴 글	369	
つべこべ 이러쿵저러쿵	85	
詰めが甘い 일의 마지막 마무리가 무르다	154	
詰め込み教育 주입식 교육	228	
梅雨 장마	302	
梅雨入り 장마가 시작됨	302	
梅雨に入る 장마가 시작되다	302	
強火 강한 불	217	
釣り 낚시	22	
釣りをする 낚시를 하다	22	
鶴の一声 (절대) 권위자의 한마디	225	

て

手当 (상처 등의) 치료, 처치	265
庭園 정원	96
低気圧 저기압	296
定期券 정기권	253
定期検査 정기검사	266
テイクアウト 테이크 아웃	62
締結 체결	157
提出 제출	153
低所得者 저소득자	361
停滞 정체	276
定着する 정착하다	121
停電 정전	47
定年 정년	29
定年退職 정년퇴직	290

低迷 침체	276
定例会 정례회	307
手遅れ 때가 늦음, 때를 놓침	265
手掛かり 실마리, 단서	322
手が付けられない 손을 댈 수 없다	227
てかてか 반들반들, 번들번들	84
手軽に 손쉽게, 간단하게	94
出来上がる 완성되다, 다 되다	213
出来事 일어난 일, 사건, 사고	203
適当 적당	62
出来栄え 솜씨, 기량, 만듦새	374
てきぱき 척척	242
できるだけ 되도록, 가능한 한	142
手際 솜씨, 수완	98
てくてく 터벅터벅	81
でこぼこ 요철, 울퉁불퉁함	85
手頃 (자기 능력·조건에) 알맞음, 적당함	62
デジタル放送 디지털방송	201
手数料 수수료	56, 278
出だし 첫머리	153
徹夜 철야, 밤샘	152
手に余る 힘에 부치다	227
手に入れる 손에 넣다, 입수하다	61
手に負えない 힘에 부치다	227
手に入る 손에 들어오다, 입수하다	96
手緩い 단호히 하지 않고 미적지근하다	154
~で働く ~에서 일하다	156
手ぶら 빈손	109

デフレ 디플레이션, 통화 수축	277	天然資源 천연자원	140
手土産 (인사차 들고 가는) 간단한 선물	109	添付ファイル 첨부파일	368
デモ隊 데모대	319	電話が遠い 전화 감이 멀다	367
デモ 데모, 시위	319	電話をかける 전화를 걸다	367
手持ち 수중에 있음	56		
テレビ 텔레비전, TV	199		
テロ 테러	319	**と**	
添加物 첨가물	215	吐息 한숨	224
電気エネルギー 전기에너지	143	問い詰める 캐묻다, 추궁하다	205
天気が崩れる 날씨가 나빠지다, 날씨가 흐려지다	301	透過 투과	177
		冬季オリンピック 동계 올림픽	134
電気釜 전기밥솥	213	陶芸 도예	95
電気炊飯器 전기밥솥	213	陶芸家 도예가	95
電気製品 전자제품	367	動向 동향	163, 310
電気ポット 전기주전자	33	登校 등교	251
電気屋 전자제품판매점	367	登校拒否 등교거부	360
天気予報 일기예보	296	動作 동작	19
伝言 전언	372	投資 투자	166
転職 전직, 이직	240	投資家 투자가	166
テンション 긴장	321	陶磁器 도자기	95
電信柱 전신주	34	同時多発テロ 동시다발테러	319
電柱 전봇대	34	同時に 동시에	164
電池を入れ替える 전지를 교체하다	32	投手 투수	131
伝統 전통	187	当選 당선	313
伝統音楽 전통음악	116	当然 당연	180
伝統主義 전통주의	187	銅像 동상	37
伝統を破る 전통을 깨다	187	同族意識 동족의식	191
天然ガス 천연가스	141	到達予想時刻 도달 예상 시각	344

일본어	한국어	페이지
投入 (とうにゅう)	투입	166
透明 (とうめい)	투명	177
銅メダル (どう-)	동메달	134
同類 (どうるい)	동류, 같은 종류	345
道路 (どうろ)	도로, 길	247
通り一遍 (とおいっぺん)	형식적임, 피상적임	260
通り過ぎる (とおすぎる)	(어느 장소를) 지나가다	247
通り魔 (とおま)	묻지마 범죄	331
溶かす (とかす)	(물 따위에) 녹이다, 풀다	214
説き明かす (ときあかす)	사물의 의미를 잘 이해할 수 있도록 설명하다	176
～ときたら	～로 말하자면	157
どきどき	(긴장·초조 등으로) 두근두근	108
ときめき	설렘, 가슴이 두근함	108
特異 (とくい)	특이	93
得意先 (とくいさき)	(단골) 거래처	151
特技 (とくぎ)	특기	92
特産品 (とくさんひん)	특산품	109
特集 (とくしゅう)	특집	284
特集記事 (とくしゅうきじ)	특집기사	284
特集を組む (とくしゅうをくむ)	특집을 짜다	284
読書 (どくしょ)	독서	96
独占 (どくせん)	독점	158
特種 (とくだね)	특종	204
独特 (どくとく)	독특	93
特に (とくに)	특히, 특별히	200
特売品 (とくばいひん)	특매품	374
特別に (とくべつに)	특별히	200
独立 (どくりつ)	독립	242
得をする (とくをする)	이득을 보다	166
溶け込む (とけこむ)	융화하다, 동화하다	119
渡航 (とこう)	도항	109
～どころか	～은커녕	154
閉じこもる (とじこもる)	틀어박히다	357
土砂崩れ (どしゃくずれ)	산사태	345
土砂降り (どしゃぶり)	비가 억수같이 내림	295, 350
閉じる (とじる)	닫다	81
途絶える (とだえる)	두절되다, 끊어지다	346
ドタキャン	직전이 되어서 약속을 파기함	110, 155
どたばた	우당탕, 요란스럽게, 허둥대며	79
どちらかと言うと (どちらかというと)	어느 쪽이냐 하면	143
とっさに	순간적으로	344
届ける (とどける)	보내다, 배달하다	61
整える (ととのえる)	조절하다	104
整える (ととのえる)	정돈하다, 가다듬다	218
整える (ととのえる)	준비하다, 마련하다	290
～と共に (とともに)	～와 함께	288
とにかく	어쨌든, 여하튼, 아무튼	119
～とはいえ	～라고 해도	140
飛び降り自殺 (とびおりじさつ)	투신자살	358
ともあれ	하여튼, 어쨌든	119
ともかく	어쨌든	119
共稼ぎ (ともかせぎ)	맞벌이	357
トラウマ	트라우마, 정신적인 외상	68, 334
ドラマ	드라마	116
取り上げる (とりあげる)	(이렇다 하게) 문제삼다, 초들다	157

取り入れる 받아들이다, 수용하다	120
鳥インフルエンザ 조류독감	263
取り返す 되찾다, 회복하다	93
取り囲む 둘러싸다	300
取り組む 몰두하다	92
取り消す 취소하다	110
とりこ 포로, (비유적으로) 어떤 일에 마음을 빼앗긴 사람	202
取り出す 꺼내다	34
取引先 거래처	151
取り巻く 둘러싸다, 에워싸다	143
取り戻す 되찾다, 회복하다	93, 170
取り止める 그만두다, 취소하다	110
泥縄式 벼락치기식	229
とろ火 약한 불, 뭉근한 불	217
泥棒 도둑	46
度を越す 도를 넘다	163
鈍感 둔감	49, 333
どんぐりの背比べ 도토리 키 재기, 어슷비슷함	67
どんなに 아무리	140
とんぼ返り (목적지에 갔다가) 곧바로 되돌아옴	103
どんより (하늘이) 어두침침한 모양	296

ナーバス 너버스, 신경질적인 상태	74
内閣総理大臣 내각총리대신, 수상	308
内需 내수	276
内定 내정	236
内定通知 내정통지	236
なお 덧붙여 말하면, 또한	44
なおざり 소홀, 등한	260
長生き 장수	287
長年 긴 세월, 오랫동안, 여러 해	122
仲間外れ 따돌림을 받음	360
眺め 전망, 조망, 경치	105
眺める 바라보다	23
投げ捨てる 내던지다, 팽개치다	313
菜種油 유채기름	212
名付ける 칭하다, 일컫다	338
納得 납득	179
納得がいく 납득이 가다	179
撫でる 쓰다듬다	26
名乗り出る 이름을 밝히고 나서다	338
名乗る 자기가 바로 장본인임을 말하다	338
生意気 건방짐, 주제넘음	69
生ゴミ 음식물 쓰레기	139
生中継 생중계	127
生煮え (태도・성질이) 모호함	74, 311
生放送 생방송	201
～並み ～와 같은, 동등한	97

並木 가로수 38
習う 배우다 223
奈落に落ちる 나락[지옥]에 떨어지다 43
~ならではの ~만의, ~이 아니고는 (할 수 없는) 116
並び立つ 줄지어 서다 38
並ぶ (나란히) 늘어서다, (줄을) 서다 24
並べる (물건 등을) 늘어놓다, 진열하다 24
ならわし 습관, 관례, 풍습 192
なりすまし使用 남의 것을 자신의 것인 것처럼 사용함, 부정사용 62
なりすます ~인 체[척]하다 62, 338
なるべく 가능한 한 142
難航 난항 322
難治の病 난치병 262

に

ニート 니트, 직업이나 교육에 관심이 없는 미혼의 젊은이 355
煮え切らない (생각이나 태도가) 미적지근하다, 애매하다 311
苦い 쓰다 216
~にかかわらず ~에 관계없이 188
~にかかわる ~에 관계되다 188
~に限らず ~뿐만 아니라 154
~に勝つ ~을 이기다 130
握る (손가락을 구부려) 쥐다 26
肉体 육체 117

憎む 미워하다 121
にこにこ 생긋생긋, 싱글벙글 83
二酸化炭素 이산화탄소 145
~に従って ~함에 따라서 288
~に従事する ~에 종사하다 156
~に携わる ~에 종사하다 156
煮立てる 펄펄 끓이다 214
~に就く ~에 종사하다 156
日程 일정 104
日程表 일정표 104
~に勤める ~에 근무하다 156
~に伴って ~에 동반해서, ~함에 따라서 288
担う (책임 따위를) 짊어지다, 떠맡다, 지다 122
~に反して ~에 반해서, ~와는 반대로 179
~にひきかえ ~와는 반대로 179
鈍い 둔하다, 느리다, 굼뜨다 49
鈍る 둔해지다, 무디어지다 203
~に負ける ~에 지다 130
~にもかかわらず ~임에도 불구하고 157, 188
~に基づいて ~에 입각[의거]하여 144
にやにや 히죽히죽, 싱글싱글 83
入院 입원 261
入社 입사 238
入社試験 입사시험 238
入手 입수 96
二輪車 이륜차 36
煮る 삶다, 끓이다, 익히다 212
人間ドック 종합검진 266

색인 • 413

| 認証にんしょう 인증 | 371 |

ぬ

抜ぬかす 빠뜨리다, 거르다	206
拭ぬぐう 닦다	24
温ぬるい 미지근하다	47
濡ぬれる 젖다	298

ね

値打ねうち 가치, 값어치	91
値ねが張はる 값이 비싸다	57
猫撫ねこなで声ごえ 간사스러운 목소리, 알랑거리는 목소리	26
猫ねこの手ても借かりたい 몹시 바쁘다	151
寝転ねころがる 아무렇게나 누워 뒹굴다	20
寝転ねころぶ 아무렇게나 드러눕다, 뒹굴다	20
寝過ねすごす 늦잠을 자다	43
ねずみ講こう 피라미드 마케팅	337
寝ねそべる 엎드려 눕다	20
ネタ (신문기사·소설 등의) 소재	204
寝ねたきり老人ろうじん 질병으로 자리에 누운 채 일어나지 못하는 노인	285
値段ねだん 값, 가격	57
熱戦ねっせん 열전	132
熱帯ねったい 열대	300
熱帯雨林ねったいうりん 열대우림	300

熱中ねっちゅうする 열중하다	92
ネットワーク 네트워크	370
寝ねても覚さめても 자나 깨나	45
値引ねびき 할인	59
根掘ねほり葉掘はほり 꼬치꼬치, 미주알고주알	239
眠ねむい 졸리다	43
眠気ねむけがさす 졸음이 오다	83
根ねも葉はもない 아무 근거도 없다	144
狙ねらう (목표·기회를) 노리다	230
寝ねる 자다	21
根ねを下おろす 뿌리를 내리다, 정착하다	121
根ねを張はる 뿌리를 뻗다, 사고·풍습 등이 사회에 침투하다	121
年金ねんきん 연금	286
念ねんを押おす 다짐하다	178

の

能動的のうどうてき 능동적	202
納品先のうひんさき 납품처	151
逃のがす 놓치다	265
軒並のきなみ 일제히, 모두	167
～の末すえ ~한 끝에	167
覗のぞき込こむ 들여다보다	23
望のぞましい 바람직하다	144
臨のぞむ 임하다	278
のどか 한가로움	93
喉のどが渇かわく 목이 마르다	298

414

표제어	뜻	페이지
喉から手が出る	몹시 갖고 싶다	61
伸びる	자라다	21
のほほん	빈둥빈둥	93
～のみならず	～뿐만 아니라	154
呑む	받아들이다	156
乗り降り	타고 내림	253
乗り越える	극복하다	357
乗り込む	올라타다	253
乗り継ぎ便	환승편	108
乗り場	승차장	253
のろのろ	느릿느릿	86
のんびり	느긋함	105

は

パーキングエリア	주차장	252
場当たり	즉흥적임	229
パートタイム	파트타임	356
梅雨前線	장마전선	302
廃棄物	폐기물	145
歯医者	치과, 치과의사	22
拝借する	「借りる」(빌리다)의 겸양어	165
配信	배신, (정보 등의) 전송	370
配送する	배송하다	61
配達する	배달하다	61
排他的	배타적	115
売買	매매	170
俳優	배우	116
生える	나다, 자라다	21
～はおろか	～은커녕, ～은 고사하고	154
破壊	파괴	146, 346
～ばかりか	～뿐만 아니라	154
破棄	파기	157, 236
掃き集める	쓸어 모으다	23
はきはき	시원시원, 또렷또렷	242, 288
掃く	쓸다	23
育む	키우다, 보호 육성하다	122
博士	박사	235
拍車をかける	박차를 가하다	362
拍手	박수	131
拍手喝采	박수갈채	131
ぱくぱく	덥석덥석	80
派遣社員	파견사원	238, 357
覇権を握る	패권을 쥐다	374
歯応え	씹는 맛	214
歯触り	음식을 씹을 때의 느낌	214
端	끝, 가장자리	32
恥ずかしがり屋	부끄럼을 잘 타는 사람	73
バスケット	농구	132
パスポート	여권	108
外れる	맞지 않다, 빗나가다	297
パスワード	패스워드	369
破損	파손	346

果(は)たして 과연, 정말로	322
働(はたら)き手(て) 일손, 일꾼	238
ばたん 쾅	81
破綻(はたん) 파탄	274
ぱちぱち 짝짝	131
発揮(はっき) 발휘	242
発揮(はっき)する 발휘하다	211
バックアップ 백업	370
初試合(はつしあい) 첫 시합	128
ばったり 푹	79
発展途上国(はってんとじょうこく) 발전도상국	324
初耳(はつみみ) 처음 들음, 또는 그 이야기	337
歯止(はど)めをかける 제동을 걸다	362
花金(はなきん) 불금	103
鼻(はな)にかける 자랑하다	188
花冷(はなび)え 꽃샘추위	302
パニックに陥(おちい)る 패닉에 빠지다	44
省(はぶ)く 생략하다, 줄이다	371
歯(は)ブラシ 칫솔	22
浜辺(はまべ) 바닷가	38
はまる 빠지다	202
歯磨(はみが)き粉(こ) 치약	22
～はもちろん(のこと) ~은 물론이고	180
～はもとより ~은 물론이고	180
波紋(はもん)を呼(よ)ぶ 파문을 일으키다	312
腹(はら)に据(す)えかねぬ (분노를) 참을 수 없다	127
針(はり) 바늘	264
バリアフリー 배리어 프리, 장벽[장애] 제거	289

春雨(はるさめ) 봄비	299
貼(は)る 붙이다	94
晴(は)れ 맑음, (하늘이) 갬	297
ハローワーク 헬로 워크, (일본의) 공공 직업 안정소	240
歯(は)を磨(みが)く 이를 닦다	22
繁栄(はんえい) 번영	193
反感(はんかん)を買(か)う 반감을 사다	121
晩婚化(ばんこんか) 만혼화, 결혼을 늦게 하는 현상	356
犯罪(はんざい) 범죄	334
犯罪(はんざい)を犯(おか)す 범죄를 저지르다	334
繁盛(はんじょう) 번성, 번창	193
半信半疑(はんしんはんぎ) 반신반의	297
万全(ばんぜん)の備(そな)え 만전의 대비	347
万全(ばんぜん)の注意(ちゅうい)を払(はら)う 만전의 주의를 기울이다	347
万全(ばんぜん)を期(き)する 만전을 기하다	347
反則(はんそく) 반칙	133
反対(はんたい) 반대	179
反対側(はんたいがわ) 반대측	248
販売促進(はんばいそくしん) 판매촉진	152
半分(はんぶん)を越(こ)える 절반을 넘다	314

ひ

PM2.5(ピーエムにてんご) 초미세먼지	350
ひいき 편애	121
ピース 평화	320
日帰(ひがえ)り 당일치기	103

火加減(ひかげん) 불을 조절함		217
ぴかぴか 번쩍번쩍, 반짝반짝		84
光(ひかり)ファイバー 광섬유		369
ひかれる 치이다		248
悲観(ひかん) 비관		358
悲観主義(ひかんしゅぎ) 비관주의		358
引(ひ)き上(あ)げ 인상		309
引(ひ)き上(あ)げる 인상하다		277
引(ひ)き起(お)こす 일으키다, 야기하다		312
引(ひ)き込(こ)む 끌어들이다		335
引(ひ)きこもり 은둔형외톨이		357
引(ひ)き下(さ)げる 인하하다		277
引(ひ)き締(し)まる 긴장시키다		321
被疑者(ひぎしゃ) 피의자		332
引(ひ)き継(つ)ぐ 뒤를 이어받다		191
引(ひ)き付(つ)ける (마음을) 끌다		372
ひき逃(に)げ (자동차 등이) 뺑소니침		248
ひき逃(に)げ犯(はん) 뺑소니범		248
引(ひ)き分(わ)け 무승부		130
ピクニック 피크닉, 소풍		295
秘訣(ひけつ) 비결		211
否決(ひけつ) 부결		310
ひげを剃(そ)る 수염을 깎다, 면도하다		21
微細(びさい) 미세		350
被災者(ひさいしゃ) 이재민, 재해를 당한 사람		347
被災地(ひさいち) 재해지역		347
ひざまずく 무릎을 꿇다		26
膝(ひざ)を崩(くず)す 편히 앉다		26
膝(ひざ)を伸(の)ばす 다리를 뻗다		26
非常識(ひじょうしき) 몰상식		241, 308
びしょ濡(ぬ)れ 흠뻑 젖음		295
びしょびしょ 흠뻑 젖음		298
非正規社員(ひせいきしゃいん) 비정규사원		238
火種(ひだね) 불씨		312
引(ひ)っ込(こ)み思案(じあん) 소극적임, 또는 그런 태도·성격		70
びっしょり 흠뻑		35
びっしり 꽉, 빽빽이		32
匹敵(ひってき)する 필적하다		97
日照(ひで)り 가뭄		349
一雨来(ひとあめき)そうだ 한차례 비가 올 것 같다		296
秘湯(ひとう) 사람들에게 별로 알려져 있지 않은 온천		105
人影(ひとかげ) 사람의 모습		33
人手(ひとで) 일손, 인력		238
人手(ひとで)が足(た)りない 일손이 모자라다		238
人通(ひとどお)り 사람의 왕래		33
人目(ひとめ)を引(ひ)く 이목을 끌다		372
ひとりでに 저절로		372
非難(ひなん) 비난		157, 202
ひねる 돌리다, 틀다		35
火(ひ)の車(くるま) 몹시 쪼들림		273
批判(ひはん) 비판		202
ひびが入(はい)る 금이 가다		36
ひび割(わ)れ 금이 감, 균열		36
暇潰(ひまつぶ)し 심심풀이		91
肥満(ひまん) 비만		217
日雇(ひやと)い 일용직		356

색인 • 417

病気 병, 질병	262
標準偏差 표준편차	229
氷点下 빙점하, 영하	302
病人 병자	266
平泳ぎ 평영	134
開かれる 열리다, 개최되다	128
開く 열다	371
昼寝をする 낮잠을 자다	43
疲労 피로	106
拾う 줍다	23, 139
火を通す 삶거나 굽거나 해서 음식에 열을 가하다	213
敏感 민감	74
貧困 빈곤	361
品質 품질	58
品質管理 품질관리	151
瀕する (절박한 상태에) 직면하다, 처하다	146
頻発 빈발	190, 349

ふ

フィッシング 낚시	22
風景 풍경, 경치	106
風味 풍미	217
フェイスブック 페이스북	370
不衛生 비위생	263
フォロワー 팔로워	369
深い (지식 등이) 풍부하다, 깊다	120

ぶかぶか 헐렁헐렁	60
不堪 미숙함	239
武器 무기	369
吹き替え (외국영화 등의) 더빙	116
噴き出す 내뿜다	35, 182
噴き出る 뿜어 나오다, (물·석유 따위가) 힘차게 솟다	141
不況 불황	271
拭く 닦다, 훔치다	24, 82
副業 부업	240
副作用 부작용	264
福祉 복지	362
不景気 불경기	163, 271
不幸中の幸い 불행 중 다행	129
ふさふさ 주렁주렁	36
不治の病 불치병	262
負傷者 부상자	347
風情 풍치, 운치	36
防ぐ (재해 등을) 막다, 예방하다	262
蓋 뚜껑, 덮개	33
ふためく 후다닥 소리를 내다, 허둥거리다	79
負担 부담	166
不通 불통	346
物価 물가	272
物価指数 물가지수	272
ぶつかる 부딪치다	83
復旧 복구	348
物議を醸す 물의를 일으키다	312

418

<ruby>復興<rt>ふっこう</rt></ruby> 부흥		325, 348
<ruby>復興計画<rt>ふっこうけいかく</rt></ruby> 부흥 계획		348
<ruby>物質<rt>ぶっしつ</rt></ruby> 물질		175
<ruby>物質<rt>ぶっしつ</rt></ruby>エネルギー 물질에너지		175
<ruby>物騒<rt>ぶっそう</rt></ruby> 위험함, 뒤숭숭함		331
<ruby>不登校<rt>ふとうこう</rt></ruby> 등교거부		360
<ruby>太っ腹<rt>ふとっぱら</rt></ruby> 도량이 큼, 배짱이 두둑함		69
<ruby>不法投棄<rt>ふほうとうき</rt></ruby> 불법 투기		139
<ruby>不満<rt>ふまん</rt></ruby> 불만		331
<ruby>不満を抱く<rt>ふまん いだ</rt></ruby> 불만을 품다		331
<ruby>不満を覚える<rt>ふまん おぼ</rt></ruby> 불만을 느끼다		331
<ruby>踏み切り<rt>ふ き</rt></ruby> (철도의) 건널목		250
<ruby>不眠症<rt>ふみんしょう</rt></ruby> 불면증		358
プライバシー 프라이버시, 사생활		206
フリースロー 자유투		132
フリーター 프리터, 아르바이트로 생활하는 사람		357
<ruby>振り返る<rt>ふ かえ</rt></ruby> 돌이켜보다, 회고하다		287
<ruby>振り込め詐欺<rt>ふ こ さぎ</rt></ruby> 보이스피싱		337
<ruby>降り注ぐ<rt>ふ そそ</rt></ruby> (햇빛·비 등이) 쏟아져 내리다		295
<ruby>降り積もる<rt>ふ つ</rt></ruby> (눈 따위가) 내려 쌓이다		299
<ruby>不良品<rt>ふりょうひん</rt></ruby> 불량품		151
<ruby>触れ合う<rt>ふ あ</rt></ruby> 서로 접촉하다, (마음이) 서로 통하다		289
ブレーカー (회로) 차단기		47
プレーヤー 플레이어		369
プレゼン 프레젠테이션		153
ブログ 블로그		369
<ruby>分煙<rt>ぶんえん</rt></ruby> (공공장소나 직장 등에서) 흡연구역이나 흡연시간을 제한하는일		361
<ruby>噴火<rt>ふんか</rt></ruby> 분화		182
<ruby>文化<rt>ぶんか</rt></ruby> 문화		115
<ruby>文化遺産<rt>ぶんかいさん</rt></ruby> 문화유산		115
<ruby>噴火口<rt>ふんかこう</rt></ruby> 분화구		182
<ruby>文化交流<rt>ぶんかこうりゅう</rt></ruby> 문화교류		194
<ruby>文化財<rt>ぶんかざい</rt></ruby> 문화재		115
<ruby>分割払い<rt>ぶんかつばら</rt></ruby> 할부		57, 165
<ruby>文献<rt>ぶんけん</rt></ruby> 문헌		153
<ruby>紛失物<rt>ふんしつぶつ</rt></ruby> 분실물		23
<ruby>噴水<rt>ふんすい</rt></ruby> 분수		35
<ruby>紛争<rt>ふんそう</rt></ruby> 분쟁		319
<ruby>分裂<rt>ぶんれつ</rt></ruby> 분열		180

へ

<ruby>平均気温<rt>へいきんきおん</rt></ruby> 평균기온		302
<ruby>平均寿命<rt>へいきんじゅみょう</rt></ruby> 평균수명		285
<ruby>平均値<rt>へいきんち</rt></ruby> 평균치		229
<ruby>平和<rt>へいわ</rt></ruby> 평화		320
<ruby>平和の象徴<rt>へいわ しょうちょう</rt></ruby> 평화의 상징		320
ページをめくる 페이지를 넘기다		230
ベースボール 베이스 볼, 야구		131
ぺこぺこ (배가) 몹시 고픔		49
ベストを<ruby>尽くす<rt>つ</rt></ruby> 최선을 다하다		154
<ruby>隔たる<rt>へだ</rt></ruby> 떨어지다, 차이가 생기다		182

へとへと	몹시 피곤함, 녹초가 됨	105
ペナルティー	페널티, 벌칙	133
へらへら	실실	83
ぺらぺら	술술	85
変化(へんか)	변화	177
勉強(べんきょう)	공부	226
便宜を図る(べんぎをはかる)	편의를 도모하다	308
偏見(へんけん)	편견	118
返済(へんさい)	반제, 상환, 빚을 갚음	165, 273
偏差値(へんさち)	편차치	229
返信(へんしん)	답장	368
返送(へんそう)	반송	60
変動(へんどう)	변동	177
変動金利(へんどうきんり)	변동금리	165
返品(へんぴん)	반품	60

ほ

暴雨(ぼうう)	폭우	350
崩壊(ほうかい)	붕괴	346
放棄(ほうき)	포기	313
報告書(ほうこくしょ)	보고서	153
傍若無人(ぼうじゃくぶじん)	방약무인, 아무 거리낌도 없이 제멋대로 행동하는 것	69
放送(ほうそう)	방송	201
放送衛星(ほうそうえいせい)	방송위성	201
ぼうっと	멍하니	199
報道(ほうどう)	보도	203
報道機関(ほうどうきかん)	보도기관	203
防波堤(ぼうはてい)	방파제	344
豊富(ほうふ)	풍부	142
泡沫候補(ほうまつこうほ)	거품후보, 당선 가능성이 조금도 없는 후보자	313
暴落(ぼうらく)	폭락	167
ポーズ	포즈, 자세	20
朗らか(ほがらか)	명랑함, 쾌활함	71
募金(ぼきん)	모금	348
保護(ほご)	보호	194
歩行者天国(ほこうしゃてんごく)	보행자천국	252
誇らしい(ほこらしい)	자랑스럽다	188
誇る(ほこる)	자랑하다, 뽐내다	188
欲しい(ほしい)	갖고 싶다	61
補習塾(ほしゅうじゅく)	보습학원	226
ほっと	후유	81
没頭(ぼっとう)	몰두	92, 181
没入(ぼつにゅう)	몰입	95
ぼつぼつ	차차, 슬슬	284
歩道橋(ほどうきょう)	육교	254
ほとんど	대부분, 거의	55
骨を折る(ほねをおる)	애를 쓰다	50
ほぼ	거의, 대강, 대략	55
ぼやっと	멍청히, 멍하니	199
彫り物(ほりもの)	조각	37
滅びる(ほろびる)	멸망하다, 없어지다	146, 320
ぽろぽろ	(눈물이) 뚝뚝	84

本腰になる 진지하게 임하다	278	
本腰を入れる 진지한 자세로 임하다	278	
ぼんぼん 탁탁, 휙휙	83	

待ち焦がれる 애타게 기다리다	295	
待ちに待った 기다리고 기다리던, 고대하던	295	
待望む 대망하다, 기다리고 기다리다	295	
真っ赤 새빨감	48	
真っ青 새파람	48	
まとめる 정리하다	153	
学ぶ 배우다, 익히다, 공부하다	223	
間に合う 시간에 대다, 시간에 늦지 않다	45	
マニフェスト 정권공약, 선거공약	312	
疎ら 드문드문함, 뜸함	33	
麻痺 마비	203	
守る (규칙 등을) 지키다, 준수하다	194	
丸い 둥글다	31	
マルチ商法 다단계 판매방식	337	
満車 만차	252	
満足 만족	331	
真ん中 한가운데	32	
万引き 물건을 사는 척하고 슬쩍 훔침	46	
真ん丸い 아주 둥글다	31	

ま

前払い 선불	57, 165	
前触れ 예고, 전조	271	
前向き (사고나 행동이) 적극적임, 진취적임	288	
賄う 조달하다, 마련하다	290	
曲がる 구부러지다	31	
巻き込む 말려들게 하다, 휩쓸리게 하다	252, 335	
巻き添えにする 말려들게 하다	335	
負け惜しみ (지고도) 억지를 부림	71	
負けず嫌い (유달리) 지기 싫어함, 또는 그런 사람	71	
摩擦 마찰	319	
麻酔 마취	203	
マスコミ 매스컴	199	
貧しい 가난하다	361	
ますます 점점	356	
マスメディア 매스 미디어, 대중매체	199	
待ち受け画面 대기화면	370	
待ち兼ねる 애타게 기다리다, 더 이상 참고 기다릴 수 없게 되다	295	

み

身 몸, 신체	335	
見上げる (위를) 쳐다보다, 올려다보다	21	
ミーティング 미팅, 회합	156	
見下ろす 내려다보다	21	
見返りを求める 보상을 요구하다	308	
味方 (자기)편, 편듦	121	

実が生る 열매가 열리다	36
右肩上がり 경기 등이 상승해 가는 모습	272
右に出る者がいない 능가할 사람이 없다	345
見極める 진위를 판별하다, 가리다	179
身ごしらえ 치장, 몸차림	44
見事 훌륭함	227
未婚 미혼	356
身支度 치장, 몸차림	44
みじん切り 잘게 썲	212
微塵も 조금도, 추호도	189
ミス 실수, 잘못	130
水入らず (남이 끼지 않은) 집안 식구끼리	103
自ら 스스로	372
水臭い 서먹서먹하다	333
水漏れ 누수	35
見せかけ 외관, 외견, 겉치레	67
見せ付ける 여봐란 듯이 보이다, 과시하다	242
未曾有 미증유, 지금까지 일어난 적이 없는 일	337
味噌汁 된장국	214
見出し 표제	200
見た目 겉보기, 외관	67
満ち足りる 흡족해하다	223
三日坊主 작심삼일	72
見つめる 응시[주시]하다	23
看取り 간병, 병구완	289
見習う 본받다	189
見なり 몸집	68
見なりを整える 옷차림을 단정히 하다	44

身に染みる (마음에) 사무치다	346
見に付ける 몸에 익히다, (지식·학문·기술 등을) 습득하다	189, 223
実る 열매를 맺다, 열매가 열리다	36
見晴らし 전망, 조망	105
身震いする 몸을 떨다	98
見舞う (「~われる」의 꼴로) (재난 등을) 만나다, 당하다	348
見回る (순찰이나 구경하기 위해) 돌아보다	110
未明 미명, 새벽	343
見巡る (구경 등을 하기 위해) 돌아보다	110
未来 미래, 장래	191
見渡す (멀리) 바라보다	23
見渡す限り 눈에 들어오는 것은 모두	23
実を摘む 열매를 따다	36
民族 민족	191
民族主義 민족주의	189

む

無益 무익	201
向かい側 맞은편	248
無関心 무관심	333
~向き ~에 적합함	289
~向け ~용, ~대상	289
惨 비참하다, 애처롭다	248
向こう側 맞은편	248
無言電話 무언전화	367

無差別 무차별		331
無差別テロ 무차별테러		319
虫が好かない 어쩐지 마음에 들지 않다, 주는 것 없이 밉다		240
無職者 무직자		355
結び付く 연결되다, 맺어지다		178
無駄遣い 낭비		140, 272
無断 무단		62
夢中になる 열중하다		92, 202
無頓着 무관심		333
胸がいっぱいになる (감동으로) 가슴이 벅차다		133
胸を撫で下ろす 안심하다, 한시름 놓다		81
めっきり 눈에 띄게, 현저히		97, 230
目眩 현기증		50
目眩がする 현기증이 나다		50
目をそらす 시선을 돌리다		19
目を伏せる 눈을 내리깔다		19
目を見張る 눈을 크게 뜨다, 눈이 휘둥그레지다		374
免疫力 면역력		263
免疫力を高める 면역력을 높이다		263
免許停止 면허정지		254
免税店 면세점		109
免税品 면세품		109
面接 면접		239

め

目当て 목표		230
明白 명백		334
明朗 명랑		71
目が覚める 잠이 깨다		21
目が回る 매우 바쁘다		151
めきめき 눈에 띄게, 부쩍부쩍		97, 230
目指す 목표로 하다		230
目指まし時計 자명종시계		32
目印 표지, 표시		37
目立って 눈에 띄게, 두드러지게		97
めちゃくちゃ 엉망진창, 형편없음		47
めちゃめちゃ 엉망진창		47

も

猛威を振るう 맹위를 떨치다		263
儲ける 돈을 벌다		357
燃えないゴミ 불에 타지 않는 쓰레기		139
燃えるゴミ 불에 타는 쓰레기		139
もぐもぐ 우물우물		80
もさもさ 우물우물, 꾸물꾸물		86
～もさることながら ～도 물론이거니와		180
もたれる 기대다		25
持ち合わせ 그때 마침 가지고 있음, 현재 가진 돈		56
持ち帰り (집으로) 가지고 돌아감, 포장		62
持ち込む 가지고 들어오[가]다		118

持ちつ持たれつ 상부상조	359
持ち直す 회복되다	93
もったいない 아깝다	133
持ってこい 꼭 알맞음, 안성맞춤	61
もっとも 지당함	144
持て成し 대접, 접대	218
物知り 박식함	181
揉む 비비다	26
揉め事 다툼, 분규, 내분	319
もやもや 마음이 답답하고 개운하지 않은 모양	84
もれなく 빠짐없이, 전부	167
文句を言う 불평하다	164

養う (실력 등을) 기르다, 배양하다	193
矢印 화살표	37
安物買いの銭失い 싼 것이 비지떡	55
躍起になる 기를 쓰다	374
宿 숙소	106
雇う 고용하다	237
宿る 깃들다	118, 194
屋根付き 지붕이 달림	36
敗れる 지다, 패하다	133
病 병	262
大和魂 일본 민족 고유의 정신	194
山場 절정, 고비	312
止む 그치다, 멎다	299
やむを得ず 어쩔 수 없이, 부득이하게	45
やり返す 반박하다	71
やり手 수완가	239
和らぐ 누그러지다	277

や

やかん 주전자	33
焼き餅を焼く 질투하다	71
野球 야구	131
夜勤 야근	155
約束を守る 약속을 지키다	155
役に立つ 쓸모가 있다, 도움이 되다	201
役目 임무, 직무, 역할	205
役割 역할, 임무	205
役割を果たす 역할을 다하다	205
養う 기르다, 양육하다	122

ゆ

遺言 유언	283
由緒 유서, 유래	106
有益 유익	201
有価証券 유가증권	170
夕刊 석간	355
夕霧 저녁 안개	301
融資 융자	165
優柔不断 우유부단	74

友人関係 (ゆうじんかんけい) 교우관계	360
誘致 (ゆうち) 유치	128
ゆうゆう 유유, 느긋함, 넉넉함	82
憂慮 (ゆうりょ) 우려	286, 361
愉快 (ゆかい) 유쾌	223
雪解けムード (ゆきど) 해빙무드	321
譲る (ゆず) 양보하다	321, 335
油断する (ゆだん) 방심하다	86
油断大敵 (ゆだんたいてき) 방심은 금물	86
ゆっくり 느긋하게, 푹	105
ゆったり 누긋하게	105
ゆとり 여유	93
ゆとり教育 (きょういく) 유토리 교육, 여유 교육	228
夢を見る (ゆめ み) 꿈을 꾸다	343
ゆらゆら 흔들흔들	343
ゆらり 여유 있고 느긋한 모습	82
緩める (ゆる) 완화하다	277
揺れる (ゆ) 흔들리다	343

よ

夜明かし (よあ) 철야, 밤샘	152
～用 (よう) ~용	289
容疑者 (ようぎしゃ) 용의자	332
用件 (ようけん) 용건	372
擁護 (ようご) 옹호	121
幼少年期 (ようしょうねんき) 유소년기	223
洋食 (ようしょく) 양식	218
様子 (ようす) 모습	178
容積 (ようせき) 용적, 부피	176
容量 (ようりょう) 용량	176
余暇 (よか) 여가	91
夜霧 (よぎり) 밤안개	301
預金を引き出す (よきん ひ だ) 예금을 찾다	168
横切る (よこぎ) 가로지르다, 횡단하다	247
横になる (よこ)	20
横這い (よこば) 보합상태	272
余剰資金 (よじょうしきん) 잉여자금	170
余震 (よしん) 여진	344
余生 (よせい) 여생	287
予選 (よせん) 예선	128
よちよち 아장아장	81
与党 (よとう) 여당	307
余年 (よねん) 여년, 앞으로 남아 있는 생애	287
呼び掛ける (よ か) 호소하다	141
予備校 (よびこう) 입시학원	228
呼び止める (よ と) 불러 세우다	254
予防 (よぼう) 예방	262
予防接種 (よぼうせっしゅ) 예방접종	262
余命 (よめい) 여명, 여생	287
余裕 (よゆう) 여유	93
寄り合い (よ あ) 모임, 회합	156
寄り掛かる (よ か) 기대다	25
寄り掛かる (よ か) 기대다, 의지하다	146
喜ぶ (よろこ) 기뻐하다	105
弱火 (よわび) 약한 불	217

ら

<ruby>落選<rt>らくせん</rt></ruby> 낙선		313
<ruby>落雷<rt>らくらい</rt></ruby> 낙뢰, 벼락이 떨어짐		47
<ruby>楽観<rt>らっかん</rt></ruby> 낙관		358
ラッシュアワー 러시아워		252
<ruby>乱用<rt>らんよう</rt></ruby> 남용		264

り

<ruby>利益<rt>りえき</rt></ruby> 이익		168
リサイクル 리사이클, 재활용		141
<ruby>利子<rt>りし</rt></ruby> 이자		166
<ruby>理性的<rt>りせいてき</rt></ruby> 이성적		203
リソース 자원		140
<ruby>利息<rt>りそく</rt></ruby> 이자		166
<ruby>陸橋<rt>りっきょう</rt></ruby> 육교		254
<ruby>立候補<rt>りっこうほ</rt></ruby> 입후보		313
<ruby>立派<rt>りっぱ</rt></ruby> 훌륭함		227
リハビリ 재활훈련		334
<ruby>理不尽<rt>りふじん</rt></ruby> 부당함		311
<ruby>流暢<rt>りゅうちょう</rt></ruby> 유창함		85
<ruby>良化<rt>りょうか</rt></ruby> 좋아짐, 호전		274
<ruby>領土<rt>りょうど</rt></ruby> 영토		190
<ruby>領土権<rt>りょうどけん</rt></ruby> 영토권		190
<ruby>料理<rt>りょうり</rt></ruby> 요리		211
<ruby>旅館<rt>りょかん</rt></ruby> 여관		106
<ruby>旅券<rt>りょけん</rt></ruby> 여권		108
<ruby>旅行<rt>りょこう</rt></ruby> 여행		104
<ruby>旅行先<rt>りょこうさき</rt></ruby> 여행지		104
<ruby>旅行に行く<rt>りょこう い</rt></ruby> 여행(하러) 가다		104
<ruby>利率<rt>りりつ</rt></ruby> 이율		166
<ruby>履歴書<rt>りれきしょ</rt></ruby> 이력서		239
<ruby>理論<rt>りろん</rt></ruby> 이론		176
<ruby>隣国<rt>りんごく</rt></ruby> 인접국, 이웃나라		325
<ruby>臨時会<rt>りんじかい</rt></ruby> 임시회		307
<ruby>臨時国会<rt>りんじこっかい</rt></ruby> 임시국회		307
<ruby>隣接<rt>りんせつ</rt></ruby> 인접		325

る

<ruby>類を見ない<rt>るい み</rt></ruby> 유례를 볼 수 없다		345

れ

<ruby>零下<rt>れいか</rt></ruby> 영하		302
<ruby>冷戦<rt>れいせん</rt></ruby> 냉전		321
<ruby>冷房<rt>れいぼう</rt></ruby> 냉방		48
<ruby>歴史<rt>れきし</rt></ruby> 역사		187
<ruby>歴史観<rt>れきしかん</rt></ruby> 역사관		187
<ruby>歴史教育<rt>れきしきょういく</rt></ruby> 역사교육		187
レジ 계산대		48

レシート 영수증	56
レシピ 레시피	211
レジャー 레저, 여가	91
レストラン 레스토랑	46
劣等感 열등감	68

ろ

老後 노후	285
老後設計 노후설계	285
老後難民 노후난민, 빈곤 등의 이유로 자력으로 의식주를 해결하지 못하는 고령자	285
老人 노인	285
漏電 누전	47
労働市場 노동시장	237
労働人口 노동인구	283
浪人 재수	228
浪人生 재수생	228
浪費 낭비	140
ローン 대출(금)	273
ローンを組む 대출을 받다	273
録画中継 녹화중계	127
ろくに 제대로	187
ろくろく 제대로, 변변히, 충분히	187
路地 골목길	252
路上 노상, 길가	247
6ヵ国協議 6자회담	320

ロックをかける 잠그다	371
露天風呂 노천온천	105
論理的 논리적	203

わ

ワーキングプア 워킹푸어	362
ワールドカップ(W杯) 월드컵	128
歪曲 왜곡	205
賄賂 뇌물	308
和気あいあい 화기애애	103
ワクチン 백신	263
わくわく (기대·설렘으로) 두근두근	108
わけない 간단하다, 수월하다	235
分け隔て 차별	224
和魂洋才 일본 고유의 정신과 서양 학문을 겸비함	194
技 기술, 솜씨, 기예	98
わしも族 와시모족, 직장을 퇴직한 남편이 하루 종일 집에 있다가 부인이 외출 준비를 할 때면 '나도(わしも) 갈래'라고 하는 데서 생긴 말	290
和食 일식	218
割り当てる 할당하다	205
割り勘 각자 부담	59
割引 할인	59
我先に 앞다투어	374

わんわん 멍멍　　　　　　　84

~を契機に ~을 계기로　　　　236
~を基にして ~을 근거[토대]로 하여　　144